本書是國家社會科學基金重大招標項目"吐魯番出土文書再整理與研究"
（17ZDA183）的階段性成果，出版得到國家社會科學基金專項資助

吐魯番出土文書新探
（第二編）

劉安志　主編

WUHAN UNIVERSITY PRESS
武漢大學出版社

圖書在版編目(CIP)數據

吐魯番出土文書新探.第二編/劉安志主編 . —武漢:武漢大學出版社,
2021.12
ISBN 978-7-307-14325-8

Ⅰ.吐… Ⅱ.劉… Ⅲ. 出土文物—文書—研究—吐魯番地區
Ⅳ.K877.94

中國版本圖書館 CIP 數據核字(2021)第 271544 號

責任編輯:李 程 責任校對:李孟瀟 整體設計:涂 馳

出版發行:**武漢大學出版社** (430072 武昌 珞珈山)
(電子郵箱:cbs22@whu.edu.cn 網址:www.wdp.com.cn)
印刷:武漢精一佳印刷有限公司
開本:787×1092 1/16 印張:17 字數:424 千字 插頁:2
版次:2021 年 12 月第 1 版 2021 年 12 月第 1 次印刷
ISBN 978-7-307-14325-8 定價:99.00 元

前　言

　　作爲中西交通樞紐的新疆吐魯番地區，早在新石器時代，距今六七千年前，就有了人類的活動。這裏自古以來就是多民族聚居之地，從司馬遷《史記》記載的"姑師"算起，有文字記載的歷史至少已有二千年。自西漢開始，中央政府即在吐魯番東部設戊己校尉，建高昌壁，派漢軍駐屯。其後經歷了高昌郡、高昌國、唐西州、高昌回鶻、吐魯番王國等幾個發展階段。由於特殊的地理環境和氣候條件，這裏的地上地下留存有衆多的歷史文化遺產。二十世紀初葉以來，這裏出土了大量公元四世紀至十四世紀的紙質文書，皆爲當時的真實記錄，内容極爲豐富，是研究絲綢之路和中國中古史的珍貴文獻資料。其中一九五九年至一九七五年吐魯番阿斯塔那和哈拉和卓中古墓葬出土上萬片文書殘紙，在武漢大學唐長孺先生主持下成立的"吐魯番出土文書整理小組"，對其進行拆揭、綴合、録文、標點、斷代、定名，十易寒暑，最終成功復原出近一八〇〇件較爲完整的官私文書，使埋藏地下的千年古塚遺文公諸天下。一九八一年至一九九六年，文物出版社正式出版了《吐魯番出土文書》釋文本十册、圖文本四卷，爲中外學人提供了一大批珍貴的文獻資料，極大地推動了中國中古史及敦煌吐魯番學的發展。這是中華人民共和國成立以來出土文獻整理研究取得的重大標誌性成果，在國内外學術界産生了重要而深遠的影響。一九七五年後，阿斯塔那、交河故城、吐峪溝千佛洞等地出土的吐魯番文書，包括《吐魯番出土文書》漏收的阿斯塔那三六〇號墓文書，在唐長孺先生、陳國燦先生指導下，由柳洪亮先生負責整理，編著《新出吐魯番文書及其研究》一書，一九九七年由新疆人民出版社出版，亦是吐魯番出土文書整理研究的重要成果。

　　特别值得一提的是，作爲《吐魯番出土文書》主編的唐長孺先生，以及整理組成員陳國燦、朱雷、程喜霖、王素等先生，爲該書的整理做了大量準備和考證工作。在唐先生故宅保存的尚待整理的遺稿中，僅讀《吐魯番出土文書》筆記就有三册，近四百頁。此外，還有與整理該書相關的讀《流沙墜簡》筆記、讀散見吐魯番文書卡片，以及大量陳國燦、朱雷、程喜霖、王素等先生寫給唐先生談整理工作的信件。態度認真，準備充分，是《吐魯番出土文書》整理研究質量得到充分保證的重要原因。

　　儘管如此，隨着信息化、數字化時代的到來，以及相關學術研究的不斷深入，《吐魯番出土文書》《新出吐魯番文書及其研究》存在的問題與不足也慢慢顯現。尤其是二書所附圖版均爲黑白照片，且限於當時的水平和條件，拍攝質量總體較差，少數圖版係據黑白照片翻拍，文字模糊，無法與下面的釋文直接對照。不僅如此，原有的重要標記和信息，如鈐印、朱書、押署、紙背簽署等，也都無法清晰展現出來。這些問題與不足，大大影響了文書的使用價值，無法滿足當今社會各界的需要。因此，對《吐魯番出土文書》《新出吐魯番文書及其研究》進行再整理與研究，就顯得十分迫切和必要了！

　　二〇一七年，由武漢大學歷史學院暨中國三至九世紀研究所、故宫博物院古文獻研究所、新疆維吾爾自治區博物館、新疆維吾爾自治區吐魯番博物館四家單位合作，以"吐魯番出土文書再整理與研究"爲題，共同申報國家社科基金重大招標項目，並成功獲批（項目編號：17ZDA183）。該項目旨在依據新拍的吐魯番文書彩色照片，參考中外學界數十年來已有的研究成果，對《吐魯番出土文書》《新出吐魯番文書及其研究》進行再整理與研究，在文書的重新綴合、録文、標點、斷代、定名等方面，取得新的突破和重要進展，並附上高清彩色圖版，可爲中外學界提供圖版更爲清晰、録文更爲精準、綴合更爲科學、斷代更爲合理、定名更爲準確的第一手吐魯番出土文書新資料。同時，圍繞文書内容，展開中古史研究領域重大問題的思考與探索，取得若干創新性科研成果，爲推動中國中古史研究和中國敦煌吐魯番學的發展作出力所能及的貢獻。

目　録

唐長孺先生 110 周年誕辰紀念論文專輯

附録　陳國燦先生吐魯番地名研究論文集萃

唐長孺先生 110 周年誕辰紀念論文專輯

唐長孺師與吐魯番文書

朱 雷

在回顧唐長孺師畢生學術貢獻時，就不能不提到在他倡議並領導下，歷時十三年纔完成的吐魯番文書的整理和出版工作。

唐師接觸吐魯番文書，據我所知，早年是通過王樹枏的《新疆訪古録》、金祖同的《流沙遺珍》等。新中國成立後，除了黄文弼的《吐魯番考古記》，就是《文物》雜志二十世紀六十年代後所刊載的少量發掘簡報，還有沙知先生利用出土文書研究有關契券制度的文章，以及所能見到的日本學者的一些研究成果。更集中地看到利用敦煌吐魯番文書研究唐史的論著是在一九六二年。唐師囑人由香港購回日本西域文化研究會所編的《敦煌吐魯番社會經濟資料》上、下兩册，其中除引用敦煌文書外，還比較完整地引用了"大谷文書"。利用吐魯番文書研究唐史中的某些問題，此時已引起了唐師的關注，只是由於"左"的干擾，特別是唐師於一九六四年去北京參加《二十四史》的校點工作，一去十年，直到一九七四年夏纔完成，因而耽擱了下來。

一九七三年夏，爲了編寫中國古代史教材，時任中共武漢大學歷史系黨支部書記的彭神保提出一個點子：爲編寫教材外出搜集考古材料。當時，居然得到校方同意，隨即擬出路綫圖：洛陽—西安（包括周圍諸縣）—天水麥積山—蘭州—新疆—敦煌—大同。於當年十月初成行，十二月中旬由蘭州趕到烏魯木齊。

在新疆維吾爾自治區博物館展覽廳中，看到了數件文書。在此期間，也看到了當年出版的 11 期《文物》雜志，其上有多篇新疆同人利用文書撰寫的論文。接着新疆博物院的熱情介紹，使我們大開眼界，異常興奮和激動。當時，彭神保提議給正在北京中華書局做校點工作的唐長孺師寫信，介紹初步所見所聞。當年十二月底到達敦煌千佛洞後，接到唐師的信，認爲這批文書的價值，就在於在某些問題上，"將使唐史研究爲之改觀"。同時，提到已向國家文物局領導王冶秋、劉仰嶠建議整理這批出土文書，並獲得同意。一九七四年元月中旬，我們趕到北京，向唐師作了匯報，並見到國家文物局領導，知道王冶秋決定由唐師主持，由新疆與武漢大學合作，文物出版社負責出資，開展整理工作。

一九七四年春節後，唐師決定動身前，考慮到整理工作本身之需要，也考慮新疆方面文獻資料的缺乏，故開出了一大批書目。這些圖書既有基本史籍，也有内典；既有學術專著，也有工具書。除了向武漢大學校、系及研究室、圖書資料室借用外，唐師的一套揚州版《全唐文》也裝箱。又考慮到工作的特殊需要，還將在西安購得的一臺舊式國產複印機一起運到新疆。而就在動身前夕，唐師一人被強留下來，要他去做他不願做的事——"評法批儒"。而其他能去的人，也因種種原因，一直拖到當年九月中旬纔動身去烏魯木齊。

一九七五年四月底，唐師始成行赴新疆，先期帶通曉英語、日語，熟知典籍年近六旬的譚兩宜先生和我去烏魯木齊。唐師去了吐魯番哈拉和卓、阿斯塔那墓葬區，看到發現文書的古墓，也參觀了交河、高昌兩座古城，激動不已。但就在去南疆的庫車後，因乘坐在手扶拖拉機挂帶的斗車上，行走的"機耕道"，路况極差，强烈的顛簸致使右眼眼底出血，造成失明。由於新疆醫療條件差，唐師不得不返回北京，住進工農兵醫院（即同仁醫院）診治。我與譚兩宜則留新疆繼續工作，譚兩宜負責清理博物館藏文書登記，我則又下吐魯番地區博物館，清理、拼合、録文其所藏文書及墓誌。

其間，王冶秋又專門給國務院寫報告，提出由唐師負責，帶領專班人員，整理吐魯番文書。李先念副總理批示"擬同意"，又經鄧小平副總理圈閲，遂決定將此項工作轉至北京進行。我與譚兩宜在九月底結束新疆工作，於十月初到北京，在醫院瞭解到唐師本因深度近視，視網膜極易脱落，又因眼底出血，造成晶體混濁，復明有難度，直到十一月十五日唐師纔出院。這時，新疆博物館也將館藏文書裝箱運到北京，參加整理工作的各路人馬也陸續抵達，唐師開始全身心地投入領導整理工作。

在唐師指導下，我根據一九六二年冬在唐師指導下所作敦煌文書録文校補的體會，以及一九七四年、一九七五年在新疆初涉吐魯番文書整理的點滴體會，加上學習歷史所一九五八年所編《敦煌資料》第1輯，以及日本所出《敦煌吐魯番社會經濟資料》上、下册，吸取、借鑒其有益的方法，草擬了一個"録文須知"。經整理組討論，定下了一個共同遵守的工作原則。

面對近萬片的殘片，首先要在辨識的基礎上，作出準確録文，而録文和碎片的拼合是兩項最基本的工作。但出於文物保護的要求，最開始還必須僅據那些照、洗並不高明的小照片，做録文與拼合。唐師也和大家同樣拿着小照片去做録文工作，但由於右眼已失明，左眼戴鏡矯正也只有0.3度，困難遠非常人所能想象。最後，唐師發現若在照片背後用臺燈照射，正面看起來就比較清晰，這一經驗也爲大家所仿效。

在録文核對，以及準確進行碎片拼合時，就要接觸原件了，而這些出自千餘年前古屍身上之物，其中不少還有血污等因素，辨識既難，且多有屍臭味，甚至可能還有細菌，但唐師毫不考慮個人健康，每道工序皆不免省。我出於考慮唐師身體健康，勸他注意少接觸，但唐師説："我不看原件，怎麼知道對與不對？"只好在休息時和進餐前帶他去洗手。

字難辨識，殘片難拼合，這都是常人所難以想象的。而進入"定名""斷代"階段，更是艱辛，因爲判斷文書整理成功的標誌，主要是根據釋文拼合之準確，"定名"之遵合古制，"斷代"之清晰等諸方因素。其中，文書之準確"定名"和"斷代"所要求的學術水準是很高的，難度因而也是極大的。故作爲文書整理的領導者，尤須在歷史及古文獻、書法諸方面具有淵博精深之學識，方能對這批從十六國到唐代開元、天寶年間的官、私文書，以及古書、佛、道經典作出準確之定名。面對大量並無紀年之殘片，既要考慮紙質，又要考慮書法之時代風格變化。除了這些"外證"，還特別需要從文書本身尋求"内證"，從而作出適當的判斷（準確或比較接近的"斷代"）。

由於整理組成員來自多方，學識、性格不同，甚或間有"利益"之衝突，也會影響整個整理工作。但唐師不僅憑借自己的學術威望，而且以"求大同，存小異"的原則，處理以不同形式表現出來的各種問題，保證了較快、較好地完成整理工作，並陸續出版了十册録文本和四巨册圖文本的《吐魯番出土文書》。在全書出版後，文物出版社的多位編輯都多次給我講道："要不是唐先生的領導坐鎮，你們的工作就不可能完成。"

人們往往只看到唐先生在整理工作上的貢獻，可能忽視或不知，唐先生在完成整理工作過程中，又直接培養了那些有機會參加整理工作的同志，從具體某一個字的辨識，到文書的拼合、定名、斷代，以及進一步的研究，皆直接或間接得益於唐師的教誨。特別是唐師決不搞知識私有，總是毫無保留地當眾講出自己的精辟創見。當時也有人立即搶先撰文發表。我曾和唐師談及此事，但他毫不在意，依然毫無保留地告訴大家。

由於唐師的倡導和領導，整理開始於一九七四年，至一九八六年春，歷時十三年，終於大功告成。唐師提出對吐魯番文書的整理，是在他年屆六十歲時，這時他在學術上早已功成名就，但他在學術上永不止步，永不滿足於已取得的成就，始終保持高度而敏銳的學術洞察力，始終肩負着強烈的學術責任感。唐師長期離家，持續十年在北京校點"北朝四史"是這樣；遠赴新疆，克服目疾的折磨，在長達十餘年的時間內主持吐魯番文書的整理工作更是如此。在唐師身上，可以深刻體會到什麼是"忘我"的精神，什麼是真正的學人風範。

一九七六年，唐山大地震。唐師有驚無險，並因避震入住故宮武英殿，接着又帶領整理組轉到上海繼續工作，直到當年底，始返京。工作的繁重，生活的困難，加之年紀的增長，唐師生過病，還入北京醫院救治過。特別是在恢復研究生的招收後，唐師還要返校給他的研究生和系裹的本科生開課講授，又擔任《中國大百科全書·隋唐卷》主編，還有國內外學術會議，這些都要花費相當的精力，但始終沒有影響他對整理工作的指導。唐師返校是因爲研究生的培養需要，但唐師母骨折住院，唐師卻沒有爲此請假回武漢照料。唐師在京工作期間，絕大多數日子，中餐在食堂就餐，早、晚餐就由我這個自入初中到參加工作後，均是吃食堂，而不會做飯菜的人去掌勺，但唐師從不高要求，更不責難我。

正是在唐長孺師坐鎮和他身先士卒的率領下，終於完成了吐魯番文書的整理和出版。今天我們在緬懷唐先生的風範時，學習和繼承他光明磊落、無私奉獻的高尚品德，這是最重要的，也是最難以學到的。

附記：本文原載《河北學刊》2005 年第 5 期，收入本文集時，有個別訂正。

唐長孺先生與《吐魯番出土文書》

王　素

《唐長孺文集》終於由北京中華書局出版了①。該文集全八卷，不少分卷都收有唐長孺師關於吐魯番文書的研究論文。這些研究論文，高屋建瓴，見微知著，將吐魯番文書披露的歷史信息汲取到極致，現在重讀，仍能感受唐師學問的廣闊境界和深厚素養。而唐師從事吐魯番文書研究，時間其實並不太長，大約從整理《吐魯番出土文書》（本文以下簡稱《文書》）開始。

新中國成立後，一九五九年到一九七五年，新疆考古工作者在吐魯番阿斯塔那、哈拉和卓等古墓群進行過十三次發掘，出土了大量晉—唐文書。而在此之前，學術界能夠見到的吐魯番文書，只有法國馬伯樂編撰的《斯坦因第三次中亞探險所獲漢文文書考釋》②和日本西域文化研究會編撰的《西域文化研究》中的《敦煌吐魯番社會經濟資料》上下二冊③。因此，學術界對這批吐魯番文書期望甚殷，希望能夠早日整理出版，推動"吐魯番學"的進一步發展。

從我們二〇一七年在武大珞珈山唐師故宅發現唐師整理《文書》的三冊筆記看，唐師對《文書》整理工作也是極爲重視，將《文書》整理作爲自己晚年最重要的工作之一。④ 這項工作始於一九七五年整理組成立，終於一九九六年最後一部圖書出版，前後經歷了二十二個年頭。《文書》的整理地點，除唐山大地震後，短暫遷往故宮和上海外，一直都在北京五四大街紅樓國家文物局古文獻研究室。唐師作爲整理組組長、項目負責人、全書主編，基本上始終其事。

我是一九八一年九月武漢大學歷史系畢業，分配到北京國家文物局古文獻研究室，開始參加《文書》整理工作的。一九八六年至一九八七年之前，唐師基本每年寒暑假都來北京，主持整理工作，我是主要接待者和協助者。一九八八年後，整理工作大致告一段落，唐師不再來北京，我有工作問題，不是寫信請教，就是去武漢大學匯報。直至一九九四年十月十四日唐師病逝前，我與唐師一直保持着工作聯繫。因此，對唐師整理《文書》的情況，應該説比較瞭解。

---

① 唐長孺：《唐長孺文集》（全八卷），中華書局 2011 年版。

② H. Maspero：*Les Documents Chinois de la troisième expédition de Sir Aurel Stein en Asie Centrale*，London，1953.

③ 西域文化研究會：《敦煌吐魯番社會經濟資料》上、下，《西域文化研究》第二、三冊，（日本）京都法藏館 1959、1960 年版。

④ 參閱劉瑩：《新發現唐長孺先生整理吐魯番文書筆記概述》，《文物》2021 年第 5 期，第 89～96 頁；又：《關於麴氏高昌"義和政變"學術史的新發現——讀唐長孺先生整理吐魯番文書筆記零拾》，《西域研究》2021 年第 2 期，第 25～33 頁。

　　如所周知，唐師早年參加過"二十四史"的點校工作，由他主持點校的"北朝四史"（《魏書》《北齊書》《周書》《北史》），被學術界譽爲"二十四史"點校的典範。唐師一直認爲：古籍涵蓋面甚廣，《文書》亦屬古籍之一種。一九八三年，我給唐師寫信，詢問唐師是否有讓我參加中華書局古籍整理的意向；同年八月二十日，唐師給我回信，就曾明確指出："我並沒有要你參加整理古籍，你目前的工作，基本上就是整理古籍，包括整理碑刻、文書都是。"因此，按照唐師的理解，《文書》的整理，雖然難免有自身的特點，如需要拆揭、綴合、釋録、斷代、定性、等等，與古籍整理不同，但在此之外，也應與"北朝四史"一樣，嚴格按照古籍整理的規範進行。事實上也是如此。譬如《文書》的整理：（1）每座墓葬都有"墓解"，每件文書多有"題解"，類似古籍整理的"點校説明"。（2）在儘量保存原貌的情況下，每件文書均加標點，人名、地名、朝代、年號等均加專名綫，標點用法和專名綫用法與古籍整理相同。（3）雖然没有"版本校"和"校勘記"，但有"本校""他校""理校"，以及相當"校勘記"的"注釋"。關於第三點，舉例説明如下：

（一）關於"本校"

　　"本校"就是一本書内部互校。唐師主持點校"北朝四史"常用。

　　哈拉和卓九六號墓《北涼玄始十二年（四二三）兵曹牒爲補代差佃守代事》第16、17行記官吏署名與關白時間爲：

16　　　　　□□□□　　識
17　　　□始十二年正月十三日白

第16行前四字原缺，下附注釋云："據其他文書，知此處（即關白時間前行）當爲'校曹主簿'四字。"①

　　阿斯塔那五九號墓《北涼玄始十二年（四二三）失官馬責賠文書一》第11至13行記關白時間與官吏署名爲：

11　　玄始十二年二月九日白
12　　　□簿　　起
13　　　￣￣￣　　憘

第12行"□"，據其他文書爲"主"字。"￣￣￣"下附注釋云："據其他文書，連署于'主簿'後面的有'功曹史'或'五官'，但此處末一字所保留的字尾既不像'史'字，也不像'官'字，究係何官名，待考。"②

（二）關於"他校"

　　"他校"就是與其他史籍參校。唐師主持點校"北朝四史"使用較多。

---

① 唐長孺主編：《吐魯番出土文書》[壹]，文物出版社1992年版，第31頁。
② 唐長孺主編：《吐魯番出土文書》[壹]，文物出版社1992年版，第14頁。

阿斯塔那五九號墓《殘辭一》第4行有"不勝冤痛"句，"冤"下附注釋云："原件書作'冕'，亦見於北魏元融妃盧貴蘭墓誌（原注：參趙萬里《漢魏南北朝墓誌集釋》圖版150），係'冕'的異體字，本件假借爲'冤'。"①

阿斯塔那五號墓《唐某鄉户口帳一》第三段第11行頂格原寫"龐老"二字，下附注釋云："即癃老。《詩·小雅·車攻》：'四牡龐龐。'《經典釋文》卷六毛詩音義中：'龐，鹿同反。'《集韻》卷一東韻：'龐音籠。'龐與癃同在東韻，音近通用。癃是疲病的意思。這裏二字頂格，與一般户口帳形式不符，且癃老是前代名色，唐代法令上只稱老男，別無癃老名目，疑是後加。"②

（三）關於"理校"

"理校"就是根據情理考校。唐師主持點校"北朝四史"使用最多。

哈拉和卓九一號墓《西涼建初四年（四〇八）秀才對策文》第7、17行分別記時間爲：

7　　　　　　　□二月卅日
17　　　建初四年正月戊申朔一日戊申□

第7行上有缺文，"二月卅日"下附注釋，認爲第7行爲策問時間，第17行爲對策時間，云："'二月'上缺字，據下對策在建初四年正月一日，策問當是三年十二月卅日（即認爲'二月'上缺應爲'建初三年十'五字）。"③

阿斯塔那九一號墓《唐張赤頭等家口給糧三月帳》第5~8行記户主張赤頭家口給糧三月帳，兹按原格式録如下：

5　□主張赤頭家口六人，三石五斗。
6　　一人丁男，一日粟三升三合三勺。二人丁妻，與粟□□□
7　　三人中小，一日粟一升五合。
8　　右計當□□□石五斗五升。

第5行"□"，據其他文書爲"户"字。第6行下有缺文、第8行中有缺文，部分數字不詳。第5行"六人，三石五斗"下附注釋云："原文如此，此數有誤。下行丁妻二人日給粟數雖已損缺，但同類帳中丁妻一人日給二升五合，則二人當五升，三項合計一月當三石八斗五升，三月計當一十一石五斗五升，與以下8行之尾數（五斗五升）合。如按一月三石五斗計，則三月當一十石五斗，與8行之三月合計尾數不符。"④

此外，"二十四史"的點校，重在文字校訂，不在史實考證，故要嚴格區分"校史"與

---

①　唐長孺主編：《吐魯番出土文書》[壹]，文物出版社1992年版，第22頁。
②　唐長孺主編：《吐魯番出土文書》[叁]，文物出版社1996年版，第184頁。
③　唐長孺主編：《吐魯番出土文書》[壹]，文物出版社1992年版，第56~57頁。
④　唐長孺主編：《吐魯番出土文書》[叁]，文物出版社1996年版，第12頁。

"考史"的界限。關於《文書》的文字校訂，前舉諸例多已包含，這裏再舉二例：

阿斯塔那一號墓《西涼建初十四年(四一八)韓渠隨葬衣物疏》第10行"高縣"下附注釋云："'高'下脱'昌'字。此墓在哈拉和卓，屬當時的高昌縣境。"①

阿斯塔那一五〇號墓《唐白夜默等雜器物帳》第9行"曹不之擬"下附注釋云："原作'曹不擬之'，'之'字右上有一點。按同墓《唐翟建折等雜器物帳》中有'曹不之擬'，其'之'字右上無點，則知本件'之'字右上一點係互乙符號，遂據改。"②

關於嚴格區分"校史"與"考史"的界限，這裏僅舉一例：

阿斯塔那三六四號墓《高昌延昌二十六年(五八六)某人從□□崇邊夏鎮家菜園券》第2行有"鎮家"一詞③，《文書》稿本下原附注釋云："墓誌中已見有'鎮西府'，'鎮'應指此類而言。又稱'家'，《三國志·吳書》卷四《太史慈傳》、卷五《吳王權徐夫人傳》中均記稱'州'爲'州家'。"唐師在旁邊批云："南朝亦見'州家'，唐代'州家'、'府家'常見。唐代文書中又見'戍家'。若是'鎮西府'，應稱'府家'。高昌有'鎮'，見《梁書·高昌傳》。此'鎮'字與'鎮西府'無涉。"認爲這是"考史"而非"校史"，將這條注釋删去了。④

此外，唐師主持整理《文書》，從個人風格來説，有兩個特點：

(一)親力親爲，不當挂名主編

這是唐師的一貫作風。記得一九八二年，我和林小安兄商議創辦不定期室刊《出土文獻研究》，我給唐師寫了一封信，想請唐師當主編。同年五月四日，唐師給我回信，説：

> 來函讀悉。本室出版這本刊物是有條件的。但我決不能當主編，這一點我早就和王東明同志説了。挂名不做事、不負責是很不好的。目前中央進行調整機構，我覺得一個精神就是名實相副。既是主編就必須審稿，至少審難以立即決定的稿，我的眼力、我的時間已不容許我增加這一方面的負擔了。我看歷史研究所魏晉南北朝隋唐史室的論文集每期載明責任編輯，並無主編，爲什麽不可以呢? 中青年同志爲什麽不能當主編呢?

信中提到的王東明先生，時爲古文獻研究室負責人；提到的歷史研究所魏晉南北朝隋唐史室的論文集，指《魏晉隋唐史論集》(但唐師可能記錯了，該論文集只編印了兩輯，每輯都有主編，是已故黃烈先生)。可見唐師對當主編"挂名不做事、不負責"是很不贊同的。因此，唐師主持整理《文書》，所有文稿都要親自過目，最後定稿尤其要親自參加。在現存《文書》早期文稿檔案中，隨處可見唐師批改的文字，從中不僅可以看出唐師學識的淵博，更可以看出唐師對文稿審讀的認真負責。特別是最後的定稿。一九八〇年後，由於《文

---

① 唐長孺主編：《吐魯番出土文書》[壹]，文物出版社1992年版，第5頁。

② 唐長孺主編：《吐魯番出土文書》[叁]，文物出版社1996年版，第26頁。

③ 唐長孺主編：《吐魯番出土文書》[壹]，文物出版社1992年版，第385頁。

④ 王素：《〈吐魯番出土文書〉早期整理工作述評——以〈吐魯番出土文書〉整理組現存檔案爲中心》，《吐魯番學研究》2003年第1期，第31~45頁。現已收入本書。

書》初稿已經完成，整理組只留下六人，分工大致是：唐師領導陳國燦、朱雷、程喜霖三先生負責最後定稿，吳震先生負責出版前的校對，李徵先生負責全部圖版的攝製。還記得當時唐師每年寒暑假來北京，與陳、朱、程三位先生在一起進行最後定稿的情景。唐師當時眼睛已極爲不好，只能坐在桌子旁邊，讓陳、朱、程三位先生中的一人讀文稿。唐師聚精會神地聽，覺得釋文有問題，就讓李徵先生將原件取出，自己親自核對；覺得解説、注釋有問題，就口述應該如何修改。我在一旁看着、聽着，感覺獲益良多。

(二) 見仁見智，尊重不同意見

　　唐師是位極爲謙遜的長者。《文書》初稿將要完成時，唐師就提出《文書》要出版兩種本子：一種是釋文本(有文無圖，又稱簡裝本)，十冊，爲徵求意見本；一種是圖文本(上圖下文，又稱精裝本)，肆冊，爲最後的定本。唐師後來也多次提出，要整理組成員注意收集學術界對釋文本的意見，以便作爲圖文本修訂的參考。我參加《文書》整理，做的第一項工作，就是遵照唐師的指示，接受李徵先生安排，將釋文與原件對校。一九八二年一月初，我校訂《晉陽秋》殘卷，通過查證史籍，有一些想法，給唐師寫信作了匯報。同月二十日，唐師給我回信，説：

　　　　來函悉。所述《晉陽秋》古寫本校正之例，似有理，但我手頭無録文及照片，須核對決定。所云“原件殘缺不可識，甚至無墨痕，録文徑作某字”，疑“整理者參照其他文書來判定”。按條例不能以他件填補，如果有點畫可尋者，例於外加□，決不能徑補。至於無絲毫墨蹟可尋者，只能作缺文。如你上舉《晉陽秋》“齊”字，如果要補，就應作齊。如果不能決定則作□。

最後唐師還是尊重了我的意見，同意按我的想法在釋文本中作了適當處理。① 後來我編輯圖文本，唐師要求我根據圖版對釋文進行最後校訂。唐師曾特別對我説：“你在編輯本書時，務必要將圖版與釋文對校。這可以説是最後一校。我們不能放棄這個改正錯誤的機會。”當然，我校訂出來的問題，如何修改，最後仍須由唐師親自審定。一九九四年春，唐師已經臥病在床，還請陳國燦先生將我關於《文書》圖文本[肆]的校訂意見讀給他聽，並逐條進行審定。特別值得一提的是，《文書》釋文本整理出自衆手，“墓解”“題解”“注釋”等文字風格各不相同，我做了一些統一文字的工作，唐師都同意並採納了。

　　這裏順帶提一下，國家文物局曾有規定，出土的文物文獻資料，沒有公開整理出版，個人不允許先寫文章發表。這個規定有三個方面的意義：(1)體現對考古工作者勞動的尊重；(2)提供與國內外研究者公平競爭的平臺；(3)保證這些資料整理成果出版的轟動效應。唐師對此是嚴格執行的。關於這條紀律，我剛參加《文書》整理工作，唐師就對我有所交代。一九八二年五月四日，唐師給我寫信，還專門提道：“我們規定，沒有發表的文

---

① 唐長孺主編：《吐魯番出土文書》[貳]，文物出版社 1994 年版，第 112～115 頁。另參王素：《吐魯番所出〈晉陽秋〉殘卷史實考證及擬補》，原載《中華文史論叢》1984 年第 2 輯，上海古籍出版社 1984 年版，第 25～47 頁，收入《漢唐歷史與出土文獻》，故宮出版社 2011 年版，第 352～368 頁。

書，一律暫時不發表文章。"因此，至少從我個人而言，無論是當時參加整理《文書》，還是稍後主持整理《新中國出土墓誌》《長沙走馬樓三國吳簡》《長沙東牌樓東漢簡牘》，以及現在主持整理《故宫博物院藏殷墟甲骨文》，都沒有違反過這條紀律。而當時有位某先生，要來整理組抄文書，唐師説有上述紀律，不敢同意，竟然引起一些無稽流言；唐師無可奈何，同意某先生抄了一些文書，僅提出希望不要先寫文章發表，但某先生並未遵守，造成一些非常不好的影響。一九八三年十一月一日，唐師給我寫信説："我年已七十，七十老翁何所求，只是希望把文書整理工作及身完成而已。我覺得有的同志很不瞭解，我爲什麼要如此熱心地參加這工作，總以爲我有所圖，那就只好由他去説了。"一九八五年五月五日，唐師給我寫信又説："我只希望身前及見吐魯番文書全部出齊，也算完成了一件事。"都是有感而發。我們知道：原國家文物局古文獻研究室是國內整理出土文獻的專門機構，曾經主持過不少出土文獻的整理，但成爲完璧者卻寥若晨星。從多卷本項目來説，一九七五年成立的《銀雀山漢墓竹簡》《馬王堆漢墓帛書》《吐魯番出土文書》三個整理組，到我增補再刊本文的二〇一一年爲止，《銀雀山漢墓竹簡》《馬王堆漢墓帛書》均未出齊①，僅唐師主持整理的《吐魯番出土文書》堪稱完璧②。我保存的六十餘封唐師來信，主要都是談《文書》的整理和出版工作，至今重讀，仍能感受唐師一切爲了繁榮學術的拳拳之心。

　　《文書》的整理出版，不僅爲"吐魯番學"的發展起到促進作用，也爲吐魯番出土文書的整理樹立了典範。《文書》釋文本，一九九二年獲得中華人民共和國新聞出版署頒發的全國首屆古籍整理圖書評獎一等獎；《文書》圖文本，一九九七年獲得中華人民共和國新聞出版署頒發的國家圖書獎提名獎，一九九九年獲得中華人民共和國新聞出版署頒發的全國第二屆古籍整理圖書評獎一等獎，同年獲得中國共產黨中央宣傳部頒發的國家社會科學研究基金圖書評獎一等獎，同年獲得中國社會科學院頒發的首屆郭沫若中國歷史學獎三等獎。這是對《文書》的質量和學術價值的充分肯定。陳國燦先生的《斯坦因所獲吐魯番文書研究》③，柳洪亮先生的《新出吐魯番文書及其研究》④，陳國燦、劉永增二先生的《日本寧樂美術館藏吐魯番文書》⑤，新疆維吾爾自治區吐魯番學研究院、武漢大學中國三至九世紀研究所的《吐魯番柏孜克里克石窟出土漢文佛教典籍》⑥，榮新江、李肖、孟憲實三位先生的《新獲吐魯番出土文獻》⑦，對《文書》以外的吐魯番出土文書進行整理，其規範和體例均參照《文書》的整理模式進行。這又是對《文書》的整理模式的充分肯定。唐師對

---

①　《銀雀山漢墓竹簡》原計劃整理出版三卷，僅第一、二卷，文物出版社 1985、2010 年出版。《馬王堆漢墓帛書》原計劃整理出版六卷，僅第一、三、四卷，文物出版社 1981、1983、1985 年出版。

②　唐長孺主編：《吐魯番出土文書》釋文本全十册，文物出版社 1981—1991 年版；唐長孺主編：《吐魯番出土文書》圖文對照本全肆卷，文物出版社 1992—1996 年版。

③　陳國燦：《斯坦因所獲吐魯番文書研究》，武漢大學出版社 1994 年版。

④　柳洪亮：《新出吐魯番文書及其研究》，新疆人民出版社 1997 年版。

⑤　陳國燦、劉永增：《日本寧樂美術館藏吐魯番文書》，文物出版社 1997 年版。

⑥　新疆維吾爾自治區吐魯番學研究院、武漢大學中國三至九世紀研究所編：《吐魯番柏孜克里克石窟出土漢文佛教典籍》，文物出版社 2007 年版。

⑦　榮新江等主編：《新獲吐魯番出土文獻》，中華書局 2008 年版。

於"吐魯番學"的貢獻，值得我們永遠銘記！

　　附記：本文原載《古籍整理出版情況簡報》2008 年第 1 期(總 443 期)，改寫再刊《中華讀書報》2011 年 7 月 6 日第 15 版，增補再刊《魏晉南北朝隋唐史資料》第二十七輯(唐長孺先生百年誕辰紀念專輯，武漢大學人文社會科學學報編輯部 2011 年版)，均爲簡體本。此次係首次改爲繁體本，並作了相應的增訂，可以視爲本文的最終定本。

《吐魯番出土文書》早期整理工作述評
——以《吐魯番出土文書》整理組現存檔案爲中心

王 素

　　《吐魯番出土文書》作爲一部開創"吐魯番學"的劃時代的出土文獻合集①，在整理過程中已經引起學術界的廣泛關注②。一九八一年一月二十五日，該書主編唐長孺師在東京大學講演，首次較爲全面地介紹該書的內容及價值，更加激發學術界的研究熱情③。該書釋文本第一至第三冊同年推出④，各種評介文章有如雨後春筍⑤。同時，研究工作也全面展開⑥。這些均爲人所熟知，無須贅述。這裏準備介紹的，是該書早期整理工作的一些重要情況。這不僅因爲，這些情況，除了整理組成員外，幾乎無人知曉，還因爲，瞭解這些情況，對於體諒整理工作的艱辛和不易，推動"吐魯番學"的發展和進步，無疑會很有裨助。

一、從《吐魯番出土文書》整理組現存檔案説起

　　一九八一年秋冬之交，我從武漢大學歷史系畢業，來到國家文物局古文獻研究室，正式參加《吐魯番出土文書》整理組的工作。我開始做的工作是校對，即將整理組做的釋文與文書原件進行校核。當時，整理組成員李徵先生從檔案中找出一份《校核文書原件項目》給我，共十三條，命我照章執行。這十三條全文如下：

---

　　① 按：該書釋文本全十冊，文物出版社 1981—1991 年出齊；圖文對照本全肆冊，文物出版社 1992—1996 年出齊。本文以下凡引該書，釋文本各冊略稱"文書一"至"文書十"，圖文對照本各冊略稱"圖文壹"至"圖文肆"，不再注明版本信息。

　　② 參閱池田温：《吐魯番文書資料集への期待》，（日本）《月刊シルクロ-ド》第六卷第一號，1980年，第 7 頁；堀敏一：《唐長孺先生と吐魯番文書》，（日本）《燎原》第十三號，1981 年，第 2~4 頁。

　　③ 參閱池田温：《中國における吐魯番文書整理研究の進展——唐長孺教授講演の紹介を中心に》，（日本）《史學雜誌》第九十一編第三號，1982 年，第 59~85 頁；唐長孺：《新出吐魯番文書發掘整理經過及文書簡介》，原載（日本）《東方學報》（京都）第五十四號，1982 年，第 83~100 頁，改名《新出吐魯番文書簡介》，收入《山居存稿》，中華書局 1989 年版，第 310~332 頁。

　　④ 文書一至文書三，文物出版社分別於 1981 年 1、10、12 月出版。

　　⑤ 主要有白須净真：《〈吐魯番出土文書　第一冊〉——その紹介と紀年の考察》，（日本）《書論》第十八號，1981 年，第 130~165 頁；王素：《〈吐魯番出土文書〉前三冊評介》，《中國史研究》1983 年第2 期，第 155~163 頁。

　　⑥ 參閱榮新江：《中國所藏吐魯番文書及其對中古史研究的貢獻》，臺灣《敦煌學》第二十一輯，1998 年，第 41~61 頁；王素：《吐魯番考古及出土文獻研究的回顧與前瞻——以晉—唐漢文非佛經爲主》，臺灣《漢學研究通訊》第二十卷第三期，2001 年，第 221~239 頁。

1. 釋文中的文字是否準確，有無脱漏。
2. 釋文中使用的符號是否與原件、原文相符。
3. 釋文中有無遺漏 "前缺" "後缺" 及 "中缺" 處。
4. 如原件爲藍書，是否在釋文中已説明。
5. 原件中的朱書字，是否在釋文中有所介紹。
6. 原件如有勾勒，是否在釋文中有所指明。
7. 檢查拼接處是否合理。
8. 檢查釋文行號與原件相符否。
9. 夾行字處理恰當否。
10. 同一文書碎裂爲二、三片，檢查其排列順序是否恰當。
11. 隨時發現的其他情況。
12. 原件中所鈴印文及其位置是否在釋文中説明。
13. 原件號碼與録文袋、照片、裝訂本是否一致，要做到統一。

從此，我不僅確知整理組有檔案，還從檔案中感到文書整理工作的艱辛和不易。

此後，由於研究室僅我一人參加整理組工作（原代表研究室參加整理組工作的王去非先生因身體緣故已經退出），而整理組工作又須在研究室進行，李徵先生開始陸續將一些整理組的檔案移交給我保管。這些檔案主要可分以下六類：

（1）《吐魯番出土文書》原始照片千餘張。這些照片大部分爲二十世紀七十年代中期文物出版社的攝影師專赴新疆攝製。早期整理工作主要根據這些原始照片。後來，國家文物局將文書原件全部調到北京，這些原始照片就很少使用了。但文書原件屢經搬動，難免折損，只有這些原始照片纔能保存原貌。就此而言，這些原始照片的價值難以估量。

（2）《吐魯番出土墓誌目録》一册。分阿斯塔那地區、哈拉和卓地區、雅爾湖西區、其他四個部分，共收墓誌 155 方，少數有釋文，多數注明收藏單位。其中，有的墓誌至今尚未發表。如《唐乾封二年（六六七）劉不六墓誌》[1]，似乎始終没有公佈。就此而言，這册墓誌目録也有很高價值。

（3）《吐魯番出土文書發掘記録》一袋。包括部分墓葬的發掘記録和圖表資料。有的繪明屍體擺放方位，文物、文書所在位置。其中，67TAM80（高昌嚴道高與妻合葬墓）、67TAM78（唐嚴懷保與妻合葬墓）二墓尤爲詳細，均爲發掘簡報所不載。[2] 就此而言，這袋發掘記録也有很高價值。

（4）《新疆維吾爾自治區博物館出土文物登記表》七本。又名《吐魯番出土文書整理資料》。實際是整理組借用新疆博物館的表格，記録吐魯番出土文書的有關情況。故只有文

---

[1]　按：劉不六其人，《吐魯番出土文書》凡三見：一見《高昌武城塲作額名籍》（60TAM339：50/1-3；文書三，218 頁；圖文壹，397 頁）；一見《唐張慶守等領粟帳》（59TAM302：30/4-4［a］；文書五，44 頁；圖文貳，190 頁）；一見《唐永徽五年（六五四）西州高昌縣武城鄉范阿伯等納菜薪抄》（66TAM338：32/5；文書五，140 頁；圖文貳，244 頁）。

[2]　參閲新疆維吾爾自治區博物館：《（1966—1969 年）吐魯番縣阿斯塔那—哈拉和卓古墓葬清理簡報》，《文物》1972 年第 1 期，第 8~29 頁。

書，没有文物。每件文書均依次登記田野號、名稱、質地、時代、尺寸、完殘情況及備注等，也有很高的價值。

（5）《吐魯番出土文書整理資料》一袋。此袋與前面的登記表不同，主要是一些信函、資料和文件。如關於著名造紙技術史研究專家潘吉星先生對吐魯番出土文書用紙進行檢驗及取樣的一組文件，包括一九七七年二月八日自然科學史研究所給文物局文物處的報告，次日（九日）文物處簽署的意見，一九七八年一月十九日李徵先生給《文物》月刊的報告，附録的《紙樣鑒定送樣表》《十六國時期紙取樣表》等，十分齊全。也有很高的價值。

（6）《吐魯番出土文書》原始稿本若干册。主要爲高昌郡和高昌國部分。雖然並不完整，但分類編排，有長篇的解題，有詳細的注釋，可以看出整理組最初的整理思路和爲此所作的努力。近年，我對高昌郡文獻和高昌國文獻所作的分類①，關尾史郎先生關於所謂"五胡文書"中"條呈"文書的分類見解②，也都可以從中找到借鑒。總之，這些原始稿本的價值也難以估量。

根據以上分類介紹，可以看出，這些檔案雖然較爲凌亂，且不甚完整，但都具有很高的價值。我曾向李徵先生請教：這些檔案爲何不全？他告訴我：整理組於一九七四年冬成立，設在位於北京沙灘的"紅樓"。一九七六年夏，唐山大地震爆發，整理組先遠徙上海，後近遷故宮。直到一九七八年，地震危險完全過後，纔又回到"紅樓"③。因爲奔波遷徙，檔案遺失頗多。這無疑令人感到非常遺憾。然而對這些現存檔案的價值並無太大的影響。因爲，儘管這些現存檔案凌亂不全，但只要稍加整理，還是能夠從中獲得很多非常有用的信息。在此，可以先談高昌郡文書的早期分類整理。

二、高昌郡文書的早期分類整理

如前所説，高昌郡文書的早期整理，是分類進行的。當時所以要採取分類的形式，是因爲多數成員都認定這種形式對研究者使用最爲便利。此前整理出版的同類圖書，《敦煌資料》（第一輯）就是分類的④。但高昌郡文書共分多少類，現在已不可考（我曾向整理組有關成員詢問，但時間已久，各人記憶均不相同）。僅知現存高昌郡文書分類檔案，只有第二類"名籍、簿帳"，第四類"辭、啓"，第五類"隨葬衣物疏"（附柩銘、鎮文），並且各

---

① 參閲王素：《吐魯番出土高昌文獻編年》，臺灣新文豐出版公司 1997 年版。該書將高昌郡國文獻分爲勅令、符牒、奏狀、辭啓、簿疏、條記、籍帳、券契、條刺班示文書、上言白事文書、差遣替補文書、責罰追捕文書、買賣借貸文書、傳勘調輸文書、隨葬衣物疏、碑誌、器物銘文、詩文古籍、寫經題記、雜類文書二十類。

② 關尾史郎：《條呈——トゥルファン出土五胡文書分類試論（Ⅰ）》，（日本）《東アジア——歴史と文化》第十號，2001 年，第 1~13 頁。

③ 按：余英時 1978 年 11 月 15 日往謁唐師，是在故宮博物院，説明其時尚未回到"紅樓"。參閲余英時：《追憶與唐長孺先生的一次會談》，《魏晉南北朝隋唐史資料》第二十一輯（唐長孺教授逝世十周年紀念專輯），武漢大學文科學報編輯部 2004 年版，第 25 頁。

④ 中國科學院歷史研究所資料室：《敦煌資料》第一輯，中華書局 1961 年版。該書將所收敦煌資料分爲户籍、名籍、地畝、敦煌寺院僧尼等名牒、契約文書、附録六大類，其中契約文書大類下又分買賣、典租、雇傭、借貸、其他契約文書五小類。

有解題。現將這三類文書的解題依次迻録如下。

第二類"名籍、簿帳"解題：

這批文書雖多數無紀年，且殘損較重，但據同墓出土其他佐證，可知均屬西涼至北涼時期，其中三件有明確紀年，爲西涼建初、北涼玄始、夏真興。據史傳所載，夏並未統治過高昌地區，可能是赫連勃勃攻占長安後，北涼曾一度表示臣服，用夏的年號。由此可見，即令處於分裂時期，高昌地區依然受中原地區各政治勢力消長的强烈影響，並可補史書之闕。

籍、帳中多數爲封建政權徵斂文書，是研究當時封建剥削形態、階級關係的最直接、可靠的依據。李相等名籍是按人口、年齡徵發徭役，年僅十或十五，就已列爲服役對象。田畝出麥帳則是按田畝數徵收糧食。據西涼建初十一年張仙入貸床文書，劉普條呈綿、絲帳等，可見還設有官吏從事高利貸活動，貸出有糧食、絲及毛織品。附録中收入的馮照等貲合簿還表明當時曾實行按土地多寡和類別計貲的制度。按貲配生馬帳記載，有貲一或六斛即被抑配養馬一匹，備官府徵發。各種封建剥削的制度既繼承兩漢，也通行於南北朝。

在殘酷剥削下，貧富分化與階級對立是明顯的。前引貲合簿中，有"貲合二百六十三斛"之多；而配生馬帳中，有的只"貲一斛"，有的"貲六斛"，差距相當大。從奴婢月廩麥帳中，還看到奴婢所處的卑賤地位。

"民族鬥爭，説到底是一個階級鬥爭問題。"十六國時期高昌地區歷次最高統治者中有漢族，也有少數民族。但作爲被剥削的勞動者，從籍、帳中可以看到除漢族外，還有氐族彊姓、龜兹帛姓等兄弟民族。正是各族勞動人民在共同的階級和生産鬥爭中，推動了社會的發展，促進了民族融合。

此外，這部分文書還爲研究紡織工業的發展，提供了新資料。關於白疊的記載，遠早于《梁書·高昌傳》。關於蠶種、絹機以及各種絲織品的記載，説明至遲在這一時期，高昌在"絲綢之路"中的地位，就不僅是一個中轉站，而其本身就是産地之一。

其中關於大夏真興年號、"按貲配生馬"制度、絲織手工業狀況等見解，反映了當時對此類問題的認識①，是學術史研究很有價值的資料。"附録"所收"馮照等貲合簿"，爲中國科學院圖書館等單位藏吐魯番舊出文書②。據此可知：《吐魯番出土文書》早期整理工作，並不限於吐魯番新出文書，原本是想將吐魯番舊出文書一併收入的。

---

① 關於此類問題，另參：關尾史郎：《北涼政權と"真興"奉用——〈吐魯番出土文書〉劄記（一）》，（日本）《東洋史苑》第二十一號，1982 年，第 1～22 頁，劉學堂譯文，《新疆文物》1988 年第 1 期，第 98～104 頁；朱雷：《北涼的按貲配生馬制度》，原載《魏晉南北朝隋唐史資料》第三期，1981 年，第 11～14 頁，改名《吐魯番出土文書中所見的北涼按貲配生馬制度》，再刊《文物》1983 年第 1 期，第 35～38 頁；唐長孺：《吐魯番文書中所見絲織手工業技術在西域各地的傳播》，原載《出土文獻研究》，文物出版社 1985 年版，第 146～151 頁，收入《山居存稿》，中華書局 1989 年版，第 388～398 頁。

② 參閱朱雷：《吐魯番出土北涼貲簿考釋》，原載《武漢大學學報》1980 年第 4 期，第 33～43 頁，收入《敦煌吐魯番文書研究》，甘肅人民出版社 1984 年版，第 8～32 頁；町田隆吉：《吐魯番出土"北涼貲簿"をめぐって》，（日本）《東洋史論》第三號，1982 年，第 38～67 頁。

第四類"辭、啓"解題：

　　這裏收有辭和啓二十件，記有年號的早自前秦建元廿年（三八四），晚到北涼義和□年（四三一至四三九），分別出土在七座墓葬裏。

　　辭是無官職人給官府打的報告。啓是較廣泛的文書名稱，通用於下對上的公文和私人書信。這裏收入的文書中大部分本身都已寫明辭和啓，有的據內容歸入此類。

　　這類文書中，有的爲了被差屯守，有的爲了被差充當馬頭，他們提出准予免除的要求。劉□明啓中有"合貲""馬頭""二年穀草"等話；馮淵啓則是爲了馬死無法賠補，因而以"閱馬遘"的罪名被謫守白芳。這二件都和見於第二類文書中按貲配養馬的徭役有關。韓瓮自期召弟應身辭更充分表明了服役逃亡，家屬連坐的封建壓迫制度。這些文書雖然很多殘缺不全，卻具體地反映了當時徭役壓迫的嚴重。

　　翟定爲了雇人耕牀的事，向官府呈辭。這個翟定在西涼建初二年當過西部平水的官，這時（玄始十一年，四一一）他不做官了，在家雇人耕牀，過着剝削生活，有事就驚官動府，壓迫雇傭的農民，文書反映了封建剝削、壓迫和階級矛盾。

　　從某人爲"抄不息"請援啓中，可以看到在當時封建割據形勢下，頻繁發生的抄略活動對農業生產的破壞，從反面加強了各族人民要求統一，反對分裂的鬥爭。

　　這些文書，對於這一時期的階級關係，提供了一些有價值的資料。

其中關於辭、啓等公文的見解，也反映了當時對此類公文的認識。①　關於"閱馬遘"等問題的分析，可與前類解題所述"按貲配生馬"制度聯繫起來理解。雖然也有一些疑問，如將屬於張氏王國的建初二年（四九〇）文書誤屬西涼②，但當時的認識大致如此，似乎不足爲怪。

　　第五類"隨葬衣物疏"（附柩銘、騭文）解題：

　　"衣物疏"是隨葬的迷信文書，早在公元前三世紀末楚墓中就有這種記載衣物隨葬的遣策。漢代在嶺南地區遣贈衣物也有板牘的形式，它與《漢書·原涉傳》"削牘爲疏，具記衣被、棺木，下至飯含之物"的記載相符。到兩晉時期，隨着社會歷史的發展，它在內容和性質上也有了一層新的變化，後期冥化現象加深，宗教迷信色調愈濃，逐漸從遣贈衣物的形態上演變成了死者"去天入地"的通行文書。

　　新中國成立以來，在阿斯塔那與哈拉和卓兩墓葬群中出土的這批紙本衣物疏，就具有典型意義。其中屬於東晉十六國時期的有十一件，從它所署的紀年和共存的文書看，大致是從前秦建元二十年（三八四）前後到北涼末。它直接反映了高昌居民的喪葬習俗面貌，既有儒家的倫理觀念，也雜糅了道家及陰陽家的宗教迷信思想，所以在內容上也就出現了以四神代筆作證的立券格式，並申明"不得認名"，即是不得妄認

---

　　①　參閱祝總斌：《高昌官府文書雜考》，《敦煌吐魯番文獻研究論集》第二輯，北京大學出版社1983年版，第478~486頁。

　　②　參閱白須淨真：《高昌墓磚考釋》（三），（日本）《書論》第十九號，1981年，第158~167頁；王素：吐魯番出土張氏高昌時期文物三題》，《文物》1993年第5期，第54~55頁。

占奪的意思，因此它又成了墓主人所持對衣物所有權的證明書。

在這批衣物疏中所記録的衣物、服飾名稱，不僅對勘訂隨葬實物是可靠的依據，同時也是研究兩晉時期生活面貌方面的重要資料。其中部分隨葬物中，雖然也出現有"黄金千兩""絹百匹"以假物充數的現象，但它主要的服飾名稱均與實物相符，仍然是死者所處經濟地位的標誌。有的衣物疏説：如果有被占奪，要由"大平事了"；有的採用官府符令術語，寫上"急急如律令"。從而説明這些地下陰司的虚僞象徵也往往正是人間現實生活的翻版。

這批衣物疏所記的年號，可以確知的有前秦的建元、西涼的建初、夏的真興。這些年號表明了高昌地方政權和内地的緊密聯繫(有一些年號，如建平、龍興、緣禾，史籍不載，尚待進一步考察)。這時期的衣物疏並記載有死者的姓名、身份和死亡時間，建初十四年死亡的韓渠妻、真興七年死亡的宋泮妻隗儀容和緣禾六年死亡的翟萬，都分别寫明他們是高昌郡孝敬里和延壽里的居民，也説明高昌地區所實行的郡、縣、鄉、里制度與内地完全一樣，它有力地闡明新疆自古以來就是我國領土不可分割的一個組成部分，這批衣物疏也正是我國西部地區領土和主權的歷史見證。

在衣物疏之後附録的兩件柩銘均出於哈拉和卓墓葬中。"柩銘"是旌表死者的隨葬物，其淵源是從古代的"銘旌"演化而來，由於在長期封建社會中受儒家"禮不下庶人"的説教影響，所以僅流行於少數上層人物之間，也是等級觀念的標誌。它雖然在性質上與衣物疏不同，但都爲墓葬及其死者判别年代方面提供了依據。

另外在西涼建初十四年韓渠妻紙鞋的外底上書有一藍色"䮱"字，而阿斯塔那五九號墓的衣物疏上也寫有"䮱"字。䮱，據《爾雅·釋詁》，是"陞"的意思，疑是道家祈禱"昇天"的術語。今也作爲這一類的附録。

這篇解題，對隨葬衣物疏的源流及内容，進行了頗爲詳盡的考察，完全可以視作一篇研究隨葬衣物疏的論文。後來研究隨葬衣物疏者，主要見解亦不出此①。此外，解題對"附録"所收柩銘與銘旌的關係，䮱文與道教的關係，也進行了一定程度的探討，也具有不同尋常的學術意義。後來鮮見有人對柩銘進行專門研究，解題的探討似乎成爲絶響。而後來研究䮱文者，主要見解同樣也不出此②。

---

① 參閲小田義久：《吐魯番出土の隨葬衣物疏について》，(日本)《龍谷大學論集》第四〇九號，1976 年，第 78~104 頁；白須凈真：《隨葬衣物疏付加文言(死人移書)の書式とその源流——吐魯番盆地古墳群出土の隨葬衣物疏の研究》(1)，(日本)《佛教史學研究》25-2，1983 年，第 72~99 頁；鄭學檬：《吐魯番出土文書"隨葬衣物疏"初探》，《敦煌吐魯番出土經濟文書研究》，廈門大學出版社 1986 年版，第 414~444 頁；侯燦：《吐魯番晉—唐古墓出土隨葬衣物疏綜考》，《新疆文物》1988 年第 4 期，第 35~44 頁；孟憲實：《吐魯番出土隨葬衣物疏的性質及其相關問題》，《吐魯番學研究專輯》，烏魯木齊縣印刷廠 1990 年版，第 192~208 頁；鍾國發：《也談吐魯番晉—唐古墓隨葬衣物疏》，《新疆師範大學學報》1995 年第 3 期，第 1~10 頁。

② 參閲黄烈：《略論吐魯番出土的"道教符録"》，《文物》1981 年第 1 期，第 51~55 頁；又，《南北朝時期道教西傳高昌試探》，《魏晉南北朝史研究》，四川省社會科學院出版社 1986 年版，第 288~299 頁。後將二文合併，改名《吐魯番出土道教符録與道教西傳高昌》，收入《中國古代民族史研究》，人民出版社 1987 年版，第 459~469 頁。

通過以上介紹，可以知道：儘管由於檔案不全，早期整理的高昌郡文書僅存三類，但從解題披露的信息分析判斷，整理者爲文書分類做了很多工作。這些工作，不僅反映了整理者對文書形制的把握，也反映了整理者對文書内容的理解。這一點，從接着要談的高昌國文書的早期分類整理中也可看出。

三、高昌國文書的早期分類整理

如前所説，高昌國文書的早期整理，也是分類進行的。但高昌國文書的分類，没有高昌郡文書那麽簡單。從檔案顯示的情況看，高昌郡文書只有一種分類，而高昌國文書卻有三種分類（目録）。這主要是因爲，高昌郡文書數量、品種較少，整理組對於分類意見較爲統一，而高昌國文書數量、品種較多，整理組對於分類意見存在分歧。

第一種分爲八類，大類之下還有小類：

壹　契券類
1. 租佃券；2. 借貸券；3. 買賣券；4. 雇傭券；5. 租賃券；6. 雜券；7. 殘券
貳　公文類
1. 奏文；2. 符令；3. 辭狀；4. 殘雜公文
叁　簿籍類
1. 田租酒課籍；2. 役課籍；3. 名籍；4. 租田簿；5. 條記
肆　帳曆類
1. 糧食出納帳；2. 支付食品雜物帳；3. 殘雜帳
伍　寺院文書類
1. 僧尼名籍；2. 僧尼財物疏；3. 寺院籍帳
陸　隨葬衣物疏類
柒　譜牒類
捌　雜類

此種分類與前述高昌郡文書分類比較，除“隨葬衣物疏”仍單作一類外，前述“辭、啓”類相當“公文”大類下的“辭狀”小類，前述“名籍、簿帳”由一類分爲“簿籍”“帳曆”二類。這也顯示，文書的早期分類，並非一成不變。隨着文書數量、品種的增多，分類也會越來越細密。

第二種亦分八類，大類之下也有小類：

壹　契券類
1. 夏佃券；2. 借貸券；3. 買賣券；4. 雇傭券；5. 租賃券；6. 雜券；7. 殘券
貳　帳曆類
1. 錢糧出納帳；2. 支付食品雜物帳；3. 殘雜帳
叁　簿籍類
1. 田租酒課籍；2. 役課籍；3. 名籍；4. 牲畜簿；5. 條記

　　肆　文案類

1. 部曹；2. 符令；3. 辭狀；4. 殘雜文案

　　伍　譜牒類

　　陸　隨葬衣物疏類

　　柒　寺院文書類

1. 僧尼名籍；2. 僧尼財物疏；3. 寺院籍帳

　　捌　殘雜文書類

此種分類與前種比較，除去次序不同，實際上大同小異。主要區別在於大、小類名稱有些變化。大類之中，前種的"公文"變爲"文案"，"雜"變爲"殘雜文書"；小類之中，前種的"租佃"變爲"夏佃"，"奏文"變爲"部曹"，"糧食出納帳"變爲"錢糧出納帳"。如果説有大的歧異，那就是：前種"簿籍"大類有"租田簿"小類，此種没有；此種"簿籍"大類有"牲畜簿"小類，前種没有。

　　第三種分爲十類，大類之下也有小類：

　　壹　契券類

1. 夏佃券；2. 借貸券；3. 買賣券；4. 雇傭券；5. 租賃券；6. 雜券；7. 殘券

　　貳　辭狀類

　　叄　簿籍類

1. □□簿；2. 馬籍；3. 薪車丁輸籍；4. 名籍；5. 雜籍

　　肆　條記類

　　伍　帳曆類

1. 供奉酒食帳；2. 支付帳；3. 收入帳；4. 徵用雜物帳；5. 雜帳

　　陸　公文類

1. 奏文；2. 符剌；3. 案卷；4. 雜公文

　　柒　寺院文書類

1. 僧尼名籍；2. 僧尼財物疏；3. 寺院籍帳

　　捌　隨葬衣物疏類

　　玖　譜牒類

　　拾　雜類

此種分類與前二種比較，最大區別在於將原屬"簿籍"大類的"條記"小類和原屬"公文""文案"大類的"辭狀"小類，分別獨立出來作爲大類。這可以説是具有相當膽識的。根據近年的研究："條記"屬於"納税證明書"①，與"簿籍"性質頗不相同，本來就不應歸於一

---

　　①　參閲關尾史郎：《トゥルファン出土高昌國税制關係文書の基礎的研究——條記文書の古文書學的分析を中心として》（一）~（九）（未完），（日本）《新潟大學人文科學研究》第七十四、七十五、七十八、八十一、八十三、八十四、八十六、九十八、九十九號，1988、1989、1990、1992、1993、1993、1994、1998、1999 年，第 47~109、39~93、149~177、25~63、21~70、101~138、1~26、93~117、33~58 頁。

類。而"辭狀"特別是"辭"，無論是在高昌郡時期（高昌郡時期"辭"屬於司法專用公文）①，還是在高昌國時期（高昌國時期"辭"屬於庶民上呈高昌王的文書）②，似乎也都不應歸於普通"公文"和"文案"。此外，小類名稱又有些變化。如前種"牲畜簿"變爲"馬籍"，"役課籍"變爲"薪車丁輸籍"，"符令"變爲"符刺"，"帳曆"大類下的小類幾乎全有變化，等等，不贅舉。

按道理説，高昌國文書既有三種分類，則每種分類都應有説明爲何分類的解題。但非常遺憾，現存高昌國文書分類檔案，僅有第三種分類中的第壹類"契券"和第貳類"辭狀"的解題。現將這二類解題迻録如下。

第壹類"契券"解題：

本類共收契券八十八件，附録一件。完整者較少，大多數有殘缺，除少數契券當時有意保存在墓中以外，其餘都是作爲廢紙使用的。凡文中見到自具名稱者均稱爲"券"。

契券開端都寫明立券的年、月、日，並標出紀年的干支。現存年代可以確定者只有四十三件，計爲：麴堅章和年間一件，麴□和平年間一件，麴乾固延昌年間十四件，麴伯雅延和年間十件、重光年間三件，麴□義和年間二件，麴文泰延壽年間十二件，附録一件亦有延昌紀年。其餘四十五件的紀年雖已殘缺，但據同墓出土文書或其他證據推斷，可估定其大致的年代。因此，我們可以認爲，這八十八件契券約有百分之九十五屬延昌二十年（五八○）以後之物，其中屬延昌年間者將近一半，另一半屬延和以後。總括而言，這些契券所反映的是高昌麴氏王朝後半期的社會經濟面貌。

我們根據内容和性質，又將這些契券分爲七項：一、夏佃券三十四件（"夏"即假借之意，這是當時高昌地區用來指租佃的習用語），二、借貸券二十件（另附録一件），三、買賣券八件，四、雇傭券五件，五、租賃券二件，六、雜券三件，七、殘券十六件。其中夏佃、借貸、買賣、雇傭四項不僅數量較多，内容的史料價值也很高。夏佃券幾乎占全部契券的半數，大多是夏麥田、床田的券，説明當時田地租佃的現象非常普遍。在買賣券中，買田券僅見一件，買葡萄園券二件，似可表明當時田地買賣的現象是比較少見的。高昌文書中，經常遇到"作人"這種身份的名稱，在麴氏王朝時期，"作人"爲數甚多。本類所收契券對研究這個時期"作人"的性質提供了重要的材料，其中有一件買賣作人的券尤其值得注意。

就文字程式言，這些契券承襲了十六國時期以來某些舊有的習用語。然而，對於立券雙方的權利和義務，對於不能履行條件時的法律責任，都比以往規定得更爲嚴格、瑣細和明確，顯見這個時期的契券要比十六國時期苛繁得多。券末都有"倩書"

---

① 如柳洪亮研究高昌郡公文，特別回避"辭、啓"，認爲"辭、啓"内容有關刑獄訴訟，屬於司法專用公文。見《高昌郡官府文書中所見十六國時期郡府官僚機構的運行機制——高昌郡府公文研究》，原載《文史》第43輯，中華書局1997年版，收入《新出吐魯番文書及其研究》，新疆人民出版社1997年版，第323頁。

② 參閲本間寬之：《麴氏高昌國の文書行政——主として辭をめぐって》，（日本）《史滴》第十九號，1997年，第2~13頁；又：《麴氏高昌國の一側面——文書形式"辭"から》（要旨），（日本）《史觀》第一三八册，1998年，第119~121頁。

和“時見”的簽名，少數契券上除上述二者外，還加上“臨坐”的簽名。在簽名處也見到畫指節的個別例子。麴氏王朝時期的契券已形成比較固定的形式，因此，有些契券雖然文字殘缺較多，而根據其殘存的形式特點，即可斷定它是否屬這個時期之物。

這篇解題，對高昌國契券的内容和形制進行了較爲全面的介紹和歸納，可以算作高昌國契券的早期研究成果。其中提到的土地買賣問題和作人身份問題，成爲後來高昌土地買賣研究和高昌作人身份研究的先聲。此外，還有一點值得注意，這就是沿襲傳統觀點，仍將“義和”屬於“麴□”，説明當時整理組對所謂“義和政變”尚未形成新的認識①。

第貳類“辭狀”解題：

　　本類共收辭狀七件，或根據文中自具的名稱，或根據文字的特定形式，均可歸入辭狀。其中一件屬高昌闞氏王朝時期，另六件大約都屬麴乾固延昌年間。

　　麴氏王朝時期的辭狀有幾件都是向“殿下”申請的，末尾記録“殿下”的批令。“殿下”當指高昌王子而言。按《周書·高昌傳》云：“官有令尹一人，比中夏相國；次有公二人，皆其王子也，一爲交河公，一爲田地公。……其大事決之於王，小事則世子及二公隨狀斷決。”這些辭狀可以證實《周書》所謂小事由王子斷決之説。

　　這七件辭狀中，申請買葡萄園的兩件，申請買田的一件，申請免脱租調的兩件，餘二件内容殘缺未詳。由此可以證明，當時在高昌買取田地必須得到官方的批准。

這篇解題，由於是首次對高昌國辭狀進行綜合評介，難免存在一些疏誤。譬如辭狀中的“殿下”，按照中原王國制度，顯然應指“高昌王”，而不應指“高昌王子”。而既然大前提出現了問題，那麼以下與《周書·高昌傳》進行印證，得出的“辭狀”由“王子斷決”之説，也就不能成立了。還有，最後所説“高昌買取田地必須得到官方的批准”，其中“官方”也是由王子代王斷決辭狀得出，也不完全正確。這説明，吐魯番出土文書的整理，確實不是一件容易的事。

　　通過以上介紹，可以知道：儘管由於檔案不全，早期整理的高昌國文書分類僅存三目，解題僅存二類，但從分類和解題披露的信息分析判斷，整理者也爲文書分類做了很多工作。這些工作，雖然有的因意見存在分歧而難以形成共識（如分類），有的因理解存在疑問而難以被人接受（如解題），但整理者爲此付出的勞動卻不容忽視。當然，整理者早期爲文書整理所做的工作決不僅僅是分類。接下來可以談談高昌郡國文書的其他早期整理工作。

四、高昌郡國文書的其他早期整理工作

　　我們知道：文書的整理，分類僅是開始，解題也僅是開始的解説，都還不能算作具體

---

　　① 按：儘管我非常贊同傳統將“義和”屬於“麴□”的觀點，但整理組後來實際認爲發動政變的是“麴氏王室”以外的人和勢力。有關成果（包括唐師、吳震等先生），見王素：《高昌史稿——統治編》，文物出版社1998年版，第372~390頁。此不贅舉。

的工作。具體的工作很多，對每件文書而言，首先自然是釋文，而釋文之後，最主要的是斷代(含題解)和注釋。現將高昌郡國文書的早期斷代和注釋工作介紹如下。

文書的斷代工作，需要較爲全面的發掘資料。但在當時，很難做到。因爲吐魯番考古只發表了一些簡報，尚未整理、出版綜合性報告。在没有現成的發掘資料的情況下，整理組爲了做好斷代工作，只好通過有關方面收集。前舉整理組現存檔案的第二至第五類，主要都是通過有關方面收集的爲文書斷代服務的發掘資料。由於不少都是帶着問題收集，所以凌亂不全，不成系統。

譬如爲了給高昌郡時期的 66TAM62 號墓文書斷代，特別請有關方面寄來該墓葬的原始發掘記録(複印件)，全文爲：

該墓爲豎穴掏洞式，有完整木棺，棺内置一完好女乾屍。五銖錢出在棺外西側中部。灰陶罐無彩，其上疊置一陶盤，内盛食物殘渣，均置於棺外。棺内屍體上覆一淺黄色紗質絹被，上置緣禾五年衣物疏。紙鞋置於兩足間。下身穿絹裙，上服右衽，内穿絹兩當，足穿絹襪，頭用藍色方巾包裹，扣於頷前。出土文物有：

灰陶碗一件，灰陶罐一件，五銖銅錢一枚，緣禾五年衣物疏一件，紙鞋一雙，紗片一包，絹枕殘片一包，藍地、紅地、白花染纈一包，五彩雲塊絹一包，葡萄六畝出售殘件一件，償麥殘件一件，文書殘片一件，文書殘片三件，文書殘片三件，文書殘片一件、黄絳紗一包，女屍領邊黄綈二片。

該墓現有文書十三件：一爲《北凉緣禾五年隨葬衣物疏》，二爲《翟彊辭爲征行逋亡事》，三爲《翟彊辭爲受賕事》，四爲《翟彊殘啓》，五爲《翟彊辭爲負麥被批牛事》，六爲《翟彊辭爲共治葡萄園事一》，七爲《翟彊辭爲共治葡萄園事二》①，八爲《翟彊殘啓》，九爲《韓暖等名籍》，一〇爲《闞媚興名籍》，一一至一三爲《文書殘片》(文書一，第 97～109 頁；圖文壹，第 47～54 頁)。大致均可與發掘記録印證。該墓文書説明認爲：“本墓出有緣禾五年隨葬衣物疏。緣禾據考可能即北魏太武帝延和年號，其時北凉稱臣於北魏，故用北魏年號。北魏至延和四年又改元太延，緣禾五年疑即北魏太延二年(四三六)。”(文書一，第97 頁；圖文壹，第 47 頁)應該也是參考該原始發掘記録作出的。

又譬如爲了給高昌郡末期的 75TKM99 號墓文書斷代，特別寫信向已返新疆的原整理組成員、該墓主要發掘者穆舜英先生詢問。一九七八年三月十六日，穆舜英先生由新疆給整理組來信，説：“關於來信問及 TKM99 號墓文書出土情況，我們研究後，我單獨寫了一個情況，隨信附去，請根據所提供情況處理。”穆舜英先生寫的情況全文如下：

關於 TKM99 號墓文書出土情況，經與李徵、王明哲二同志研究，一致同意以TKM99 號墓文書出土的原始田野記録爲根據。TKM99 號墓原始田野記録中關於文書出土情況是：

---

① 本件有紅墨水痕迹(圖文壹，52 頁)，整理組現存檔案亦有記録。李徵《吐魯番文書整理組文書修復出外登記記録》工作本記載：“1977 年元月 12 日，核對原件時粘了紅墨水，66TAM62：6/1。”簽名爲“吴震”。也可見工作之仔細。

（1）建平六年張世容衣物疏（TKM99：7）是捲成條插於女屍頭髮中。（2）無年號衣物疏（TKM99：16）是在女屍頭骨附近。（3）承平八年翟紹遠買婢券（背面爲義熙五年道人弘度從翟紹遠舉錦契）（TKM99：6）是墓道中清出。（4）延昌廿二年康長受從孟忠邊歲出券（背面爲高昌寺院施捐帳單）（TKM99：9）是墓道清出。（5）建初七年蘇娥奴柩銘（寫在紅絹上）是墓道清出。（6）九月十四日失火被燒物帳單（TKM99：17）是墓道清出。（7）隗惠安文書（TKM99：18）是墓道清出。

　　TKM99 號墓時代應以建平六年張世容衣物疏爲根據。

後來發表的由穆舜英先生執筆的發掘簡報，進一步指出：

　　有的墓内文物明顯的是從其他墓中混入的。如 75TKM99 號墓，墓室中有男、女屍各一具，出土了"建平六年張世容隨葬衣物疏"，在女屍頭部又出土了一張不具年號的"隨葬衣物疏"。在此墓墓道中清理出：1."建初七年蘇娥奴柩銘"，係寫在一片紅絹上；2."承平八年翟紹遠買婢券"，其背面爲"義熙五年道人弘度從翟紹遠舉錦契"；3."延昌廿二年康長受從孟忠邊歲出券"，其背面爲麴氏高昌時期常見的寺院施捐帳單。其中翟紹遠文契和 75TKM88 號墓出土的文書"承平五年道人法安弟阿奴從翟紹遠舉錦契"，無論内容、提到的人物和格式，都是一致的，這顯然是 75TKM88 號墓内的文書混入了 75TKM 99 號墓中。①

整理組部分採納了穆舜英先生的意見，在相關文書的題解及注釋中作了説明（文書一，第 183~195 頁；圖文壹，第 90~98 頁）。後來，白須淨真先生和我根據發掘簡報和文書的題解及注釋，斷定建初爲張氏王國年號，承平、義熙爲麴氏王國年號。② 能夠得出如此結論，與該墓文書的早期整理工作是分不開的。

　　文書的注釋工作，據現存部分早期文稿分析，原本是極爲詳細的。以前秦時期的《缺名隨葬衣物疏一》（59TAM305：8）爲例，原有十七條注釋：

　　[一]絳：Jiàng，音匠。大紅色。
　　[二]結髮：束髮的絹帶，見《急就篇》顏師古注。
　　[三]鍮鉅釵：鍮，Tōu，音偷。鍮石即黃銅。鉅同框。黃銅製成的框形髮釵。
　　[四]絓：guà，音挂。粗綢，今繭綢。
　　[五]覆面：蓋在死者臉上的面巾，通常以絹錦縫成，周圍縫綴有荷葉邊。
　　[六]紺綪：紺，gàn，音贛。綪，qiàn，音歉。都是青紅色的絲織品。
　　[七]尖：不詳，當是一種頭飾。

---

① 　新疆博物館考古隊（穆舜英執筆）：《（1975）吐魯番哈拉和卓古墓群發掘簡報》，《文物》1978 年第 6 期，第 1 頁。
② 　參閱白須淨真：《〈吐魯番出土文書　第一册〉———その紹介と紀年の考察》，（日本）《書論》第十八號，1981 年，第 130~165 頁；王素：《吐魯番出土張氏高昌時期文物三題》，《文物》1993 年第 5 期，第 53~60 頁。

　　［八］練：熟絹。

　　［九］褌：kūn，音坤。有襠的短褲。

　　［一〇］縹：piǎo，音漂。青黄色。

　　［一一］褲：古代的褲專指無襠的套褲。

　　［一二］量：别寫作"罩""罿"等，同"兩"，一量即一雙。

　　［一三］蹹鞠囊：蹹，tā，音拓。同"蹋"，别寫作"荅""合"等。鞠，qū，音屈。
不詳何物。"蹋鞠"或同"蹋鞠"，即指踢球。但"蹹鞠囊"仍不可解，待考。

　　［一四］懷袖囊：袖也别寫作"右""祐"。不詳何物，待考。

　　［一五］黄手絲二兩：黄手絲又稱手中黄絲。此墓衣物疏所屬死者雙手各握一五
銖錢，用一條黄麻縷穿連，其他墓中死者也有握長絹一幅的，均當爲此物。

　　［一六］銅錢二枚：即指雙手所握的錢。

　　［一七］手脚爪囊：不詳何物，待考。

但後來認爲没有必要，全部删去，一條也没有了（文書一，第 9 頁；圖文壹，第 3 頁）。
如果不是翻閲整理組的這些現存檔案，有誰知道整理者曾經爲文書的注釋做了這麽多的工
作呢？

　　唐長孺師對文書的注釋非常重視。他審閲早期契券類文書稿，曾親筆在扉頁寫了一個
總的意見，共三條：

　　①文中□□□□□號悉作□□□□。

　　②注文對漏寫的字應注"某字下（或上）漏寫某字"，不要作"缺某字"，因爲缺是
指原有而缺的字，與原文漏寫不同。

　　③題解中所謂"高昌麴氏紀年""麴氏王朝紀年"有何不同？應統一。

其中第一條係針對釋文，意謂將行間長中缺號都改成只占三格的短中缺號。第三條係針對
題解。第二條就是專門針對注釋的。本類文書稿所收《高昌延昌二十六年（五八六）某人從
□□崈邊夏鎮家菜園券》（67TAM364：10/2），原對其中"鎮家"出注云：

　　墓誌中已見有"鎮西府"，"鎮"應指此類而言。又稱"家"，《三國志·吴書》卷四
　《太史慈傳》、卷五《吴王權徐夫人傳》中均記稱"州"爲"州家"。

唐長孺師在旁邊批曰：

　　南朝亦見"州家"，唐代"州家""府家"常見。唐代文書中又見"戍家"。若是"鎮
　西府"，應稱"府家"。高昌有"鎮"，見《梁書·高昌傳》。此"鎮"字與"鎮西府"無涉。

最後，也是認爲此"鎮家"難以解明，將這條注釋删去了（文書三，第 187 頁；圖文壹，第
385 頁）。整理組現存檔案中，隨處可見唐長孺師批改的文字。這是唐師留給我們的一筆
極爲寶貴的財富，假以時日整理出來，對於推動"吐魯番學"的發展和進步，無疑會很有

幫助。

通過以上介紹，可以知道：儘管由於檔案不全，早期整理的高昌郡國文書，斷代資料凌散，注釋保存不多，但從披露的信息分析判斷，整理者也爲文書的斷代和注釋做了很多工作。這些工作，雖然在已經出版的釋文本和圖文對照本中，很難全部顯現，但在客觀上保證了《吐魯番出土文書》的質量。而這一點，無疑是有目共睹的。

五、餘論

綜上所述，可以看出，整理組早期做的很多工作，後來都廢棄了。雖然有時感到非常可惜，但在當時恐怕不得不如此。譬如分類：高昌郡文書數量、品種較少，只有一種分類。高昌國文書數量、品種較多，就有了三種分類。唐西州文書數量、品種更多，恐怕不知會產生多少種分類。顯然，到了高昌國文書整理階段，這項分類工作就已經很難進行下去了。因此，在整理組現存檔案中，有關唐西州文書的分類資料很少，僅有一個大類，爲"籍帳"，分上、下，籍帳上分四個小類，爲：（1）手實；（2）户等籍；（3）户籍；（4）點籍樣。籍帳下分七個小類，爲：（1）田畝簿帳；（2）請田、欠田、授田簿；（3）佃人名籍；（4）名籍；（5）殘籍帳；（6）雜帳；（7）附錄。大概文書的早期分類工作，到此也就結束了。現在看來，根據考古方法，按墓葬整理，按墓葬年代編排，也確實比分類要科學得多。又譬如注釋：在整理組現存檔案中，高昌郡文書注釋較多，高昌國文書注釋較少，唐西州文書注釋更少。這似乎說明，隨着整理的深入，整理者也已感到，解讀音義的注釋，還是越少越好。整理者的工作，主要應是釋文、定名、斷代，注釋當然需要，但須與此三者有關。整理者不能越俎代庖，扮演工具書的角色，做一些屬於工具書的工作。現在看來，這種選擇也是正確的。需要強調的是，儘管這些早期做的工作，大多看似無用，但卻總結了教訓，積累了經驗。最後出版的《吐魯番出土文書》，從體例而言，已經成爲出土文獻整理的範本。陳國燦先生整理斯坦因舊獲吐魯番文書，柳洪亮先生整理一九七五年後新獲吐魯番文書，都參照了該書的體例①，就是最好的證明。

附記：本文原爲 2001 年 11 月 17 日上午在日本東京東洋文庫内陸アジア出土古文獻研究會上的講演稿，原稿爲繁體本，後在《吐魯番學研究》2003 年第 1 期刊發，轉爲簡體本，多有錯訛。此次恢復繁體本，並作了相應的增訂，可以視爲本文的最終定本。順帶提及：2005 年，我在辦理調往故宫博物院手續期間，已將這批珍貴《文書》檔案，移交給中國文化遺産研究院圖書館保管。

---

① 陳國燦：《斯坦因所獲吐魯番文書研究》，武漢大學出版社 1994 年版；柳洪亮：《新出吐魯番文書及其研究》，新疆人民出版社 1997 年版。

新發現唐長孺先生整理吐魯番文書筆記概述*

劉　瑩

　　二十世紀五十年代至七十年代，新疆維吾爾自治區博物館考古隊對吐魯番縣阿斯塔那村北、哈拉和卓村東中古墓葬進行了十三次發掘，同一時期，吐魯番文物保管所也對同一地點中古墓葬進行了若干次發掘，出土了大量晉至唐時期文書，引起學界的廣泛關注。一九七四年冬，經周恩來總理批准，王冶秋主持，在北京相繼成立了《馬王堆漢墓帛書》《銀雀山漢墓竹簡》《吐魯番出土文書》三個整理組。其中，《吐魯番出土文書》（本文簡稱《文書》）整理組，由武漢大學歷史系教授、系主任唐長孺先生擔任組長（一九七八年唐先生兼任國家文物局古文獻研究室主任），開始對其中漢文文書進行整理出版。這項整理出版工作從一九七五年年初，一直持續到一九九六年十二月，是二十世紀中國歷史學界和考古學界的重大事件，影響極爲深遠。

　　二〇一七年二月底至三月初，中華書局爲配合修訂本《魏書》的宣傳，由徐俊總經理帶隊赴武漢大學採訪，在唐長孺先生家中發現了唐先生的讀書筆記與兩冊整理《文書》筆記（簡稱甲本與乙本）。四月，故宫博物院王素先生赴武漢大學，在唐先生家中又發現一冊整理《文書》筆記（簡稱丙本），以及爲整理《文書》而寫的讀《流沙墜簡》筆記等。① 學界都只知道《文書》是出土文獻整理的典範和出版物的成品樣式，不知道《文書》整理的細節和這個成品樣式的形成過程，因而這是一個重大發現。這裏將唐先生三冊整理《文書》筆記的情況概述如下。

一、三本筆記的概況

　　甲本封面已泛黄，上部印行書體"工作筆記"四個紅字，下部有兩條紅綫，唐先生在第一條紅綫上用鋼筆寫"目録（一）"（見圖一）。

　　甲本筆記共40張，80頁，其中有13頁空白。唐先生筆記自第7頁始。第7、9、15、17、31、35、39、49、53、59頁天頭標明墓葬發掘年份，依次爲"1959STM""1960STM""1963""1964""1965""1966""1967""1968""1969""1972"。"STM"可能是早期拼音縮寫，意思不太明確。各年之下按墓葬序號依次記録，但也有例外。如阿斯塔那三四一、三四六、三六三號墓一九六五年發掘，阿斯塔那三五八號墓文書一九六六年出土，均寫于一九六三年文書後。又如一九六八年出土的交河故城一號地點文書，與一九七一年出土的烏爾

* 本文爲國家社科基金項目"唐長孺讀書筆記整理與研究"（19BZS020）階段性成果。

① 參見王素：《唐長孺讀〈流沙墜簡〉筆記校證》，《魏晉南北朝隋唐史資料》第三十七輯，上海古籍出版社2018年版，第244～253頁。

塘一號墓文書(唐先生記作"勝金口出土文書")，均寫于一九六七年文書後，一九六八年文書前。

甲本筆記用三種筆完成：一是鋼筆，藍黑色墨水，主要內容均用該筆寫成。二是圓珠筆，藍色墨水，用於後來補寫。但也有用圓珠筆補寫，再用鋼筆補充、删改者，如前舉一九六五年與一九六六年出土四墓的文書筆記內容。三是鉛筆，紅色，在部分筆記前加圓圈、三角、鈎號以及問號等。

乙本封面爲牛皮紙，上部先印隸書體兩行紅字，第一行爲"敬祝"，第二行爲"毛主席萬壽無疆"；然後是紅色美術框，內印隸書體五行紅字，第一行爲"毛主席語錄"，另四行接寫"中國共產黨是全中國人民的領導核心，没有這樣一个核心，社會主義事業就不能勝利"。下部亦有兩條紅綫，唐先生在第一條紅綫上用鋼筆寫"目錄(二)"(見圖二)。

乙本筆記共 42 張，84 頁，其中有 15 頁空白。唐先生筆記自第 7 頁始。第 7、39、42、47、48、73、74 頁天頭標明墓葬發掘年份，依次爲"73 年""1964. T. K. M""1969T. K. M.""1975. T. K. M.""1975T. K. M.""1975T. K. M. 98.""1975T. K. M. 99"。"T. K. M."是早期拼音縮寫，現在通作"TKM"，指吐魯番哈拉和卓墓葬。各年之下按墓葬序號依次記録。第 81、82 頁抄録了《歷博(即今中國國家博物館)藏建平六年田地縣召催諸軍帖》，並對建平年號進行考證。最後一頁從右至左豎寫"東西交流史""鈴木論叢""崛(堀)敏一""租庸調""唐氏""均田制"等，彼此關係不明。

乙本筆記同於甲本，亦用三種筆完成，三種筆的作用也大致相同。甲、乙兩本筆記的鉛筆紅色標記，除鈎號外，其餘意義尚不明確。

丙本封面亦爲牛皮紙，上部印兩行紅字，第一行爲手寫體"武漢大學"，第二行爲隸書體"學習筆記"，下部亦有兩條紅綫，唐先生没寫字(見圖三)。內夾一張圖片日曆，正面爲日曆，上印"1976"年份紅字，然後分三欄印一九七六年十二個月日曆，下有字兩行：第一行爲"紅軍長征走過的草地　文物出版社出版　新華書店發行"，第兩行爲"8068·11 0. 02 元"(前數爲産品號，後數爲定價)；背面爲一幅風景照，有草原、山巒、帳篷、牛馬、牧民等，即印證正面所説的"紅軍長征走過的草地"者。

圖一　甲本封面　　　　　　圖二　乙本封面　　　　　　圖三　丙本封面

丙本筆記共 99 張，198 頁，其中有 45 頁空白。唐先生筆記自第 1 頁始。前 9 頁記録的文書順序較混亂。第 1 頁首先記録一九六○年阿斯塔那三二○號墓葬出土文書，第 4 頁第二行與第四行分別寫有年份“65”“67”，第 5 頁第二行寫年份“73”，此後依次又有一九六九、一九六四、一九七二、一九七三年出土文書。從第 10 頁開始，唐先生開始在天頭部分標注年份，但標注的形式並不統一，大致可分爲三類：第一類，用中文小寫數字直接標注出土年份。如第 10、11 頁標注“五九年”“六○年”，第 44 頁寫“K 六四年”等。第二類，中文小寫數字與阿拉伯數字混用，寫作“後即××年”。如第 54、55 頁標注“後即六四年”，第 57、60、61 頁分別爲“後即 65 年”“後即 66 年”“後即 72 年”。第 53 頁天頭寫作“64 年後即”，意思相同。第三類，標明出土年份、出土地點、墓葬編號，或其中某項。如第 102 頁天頭寫作“75. T. K. M.”，第 139 頁寫作“75T. K. M. 96.”，第 116 頁寫作“T. K. M75 年”，第 113 頁寫作“T. K. M.”等。三類標注形式在筆記中出現的位置不同，第一類在最前，第三類在最後，這大概是唐先生在不同時期記録筆記時的標注習慣。此外，也有不標注文書出土年份的情況。

丙本筆記主要用鋼筆藍黑色墨水寫成，部分筆記前有鋼筆藍黑色墨水標記的鈎號。筆記後半部分還抄録有居延漢簡、敦煌文書和《太平廣記》《宋書》等史料，記録了領導講話、友人地址等，在三本筆記中内容最雜。

二、三本筆記的内容與相互關係

三本筆記的使用時間並沒有明確的記録。從内容上來看，甲本内容起自一九五九年阿斯塔那三○一號墓葬文書，終於一九七二年阿斯塔那一八八號墓葬文書，均爲阿斯塔那墓葬出土文書，所見墓葬共 156 座。乙本内容則接續甲本，起自一九七三年阿斯塔那墓葬出土文書，繼以一九六四年哈拉和卓一號、二號墓葬文書，終於一九七五年哈拉和卓一○四號墓，所見墓葬共 58 座。丙本則包含了一九五九年至一九七五年阿斯塔那與哈拉和卓出土的墓葬文書，所見墓葬共 165 座。三本筆記所録的文書涵蓋了最終刊出文書的絶大部分，但也有一些墓葬，如阿斯塔那一八、二三、三四、三○、四九、二三三、二三九、二四○、X2 號墓葬文書不見於筆記。①

從“目録(一)”和“目録(二)”的名稱，以及所録文書年代恰好相接來看，甲本與乙本是前後承接的關係，甲本在前，乙本稍晚。丙本與甲、乙兩本又有何關係呢？通過對三本筆記的條目進行統計，並將丙本與甲、乙本筆記内容進行比較，可以推知，三本筆記中，丙本大概最先使用，而甲、乙兩本則是在丙本筆記的基礎上所作的進一步整理和補充，理由如下。

首先，甲、乙兩本編號整齊、有序，丙本編號則較混亂。如前所述，甲、乙兩本先記録阿斯塔那墓葬出土文書，再記録哈拉和卓墓葬出土文書，大體按照地點、年份、墓葬編號依次記録。由於有一定的次序，甲本與乙本中很少有重複記録的情況。即便存在這種情況，筆記中也有一定的説明。如乙本第 47 頁與第 49 頁都出現了編號 1975 T. K. M88：1(b)的文書，唐先生便在第 49 頁注明“見前頁”。相較而言，丙本的編號則比較混亂，特

---

① 筆記中有記録的墓葬，也不是每件文書都有筆記。

別是筆記的前半部分，同一年份前後重出、同一墓葬文書前後重出的情況較多。如丙本第 1 頁記録了一九六〇年阿斯塔那三二〇號墓葬出土文書，而一九五九年墓葬出土文書則見於第 10、110、111 頁；一九六四年墓葬出土文書見於第 7、44、53～55 頁以及第 110、111 頁；一九六三年阿斯塔那一號墓文書則見於第 51、110 頁。從中可以看出，丙本筆記，唐先生似乎原來是想按文書出土年份依次記録，但最終還是呈現出一種較爲無序的狀態。這大概反映了早期文書整理的狀況。

其次，丙本與甲、乙兩本記録的內容多有重複，但甲本記録墓葬 156 座，乙本記録墓葬 58 座，兩本總和要大於丙本記録墓葬的總數，這説明甲、乙兩本記録的墓葬數量多於丙本。實際上，甲本和乙本中均有墓葬不見於丙本。① 如甲本所録阿斯塔那三〇四、三一二、一三、八九號墓葬等，以及乙本所録哈拉和卓五、一〇二、五二六號墓葬等。當然，丙本也録有未見於甲本和乙本的墓葬，如阿斯塔那三六六號墓葬，但僅此一例。

從各墓葬所録文書的數量看，甲、乙兩本對丙本的補充更加明顯。如阿斯塔那三〇二號墓，丙本記録文書 7 條，甲本除記録丙本所見 7 條外，又多記録 16 條。又如哈拉和卓九一號墓，丙本記録文書 23 條，乙本除記録丙本所見 23 條外，還多記録三十餘條。可以説，甲、乙兩本筆記不僅幾乎包含了丙本筆記的所有內容，還在此基礎上有所補充，收録的墓葬和文書更加全面。

再者，從筆記的內容看，甲本和乙本對丙本的內容也有一定的修正與補充，試舉兩例。

(1) 阿斯塔那三〇二號墓第 8 件文書《唐貞觀廿三年 (六四九) 趙延濟送死官馬皮肉價練抄》。丙本筆記曰：

> 趙延濟送納官馬皮完價練三匹 (上稱二十三年，不記年號。按唐代紀年有二十三年者，止貞觀、開元。下 35-3 文書云"辛卯歲""丁酉歲"，亦見趙延濟名。貞觀、開元之 23 年，皆距辛卯、丁酉甚遠，疑此爲高昌之延昌 23 年，歲在癸卯，辛卯爲十一年，丁酉爲十七年)。

前已指出丙本筆記存在中文小寫數字與阿拉伯數字混用情況，此件筆記前稱"二十三年"，後稱"23 年"，爲其顯例。甲本亦收該件，筆記改作：

> 趙延濟送納官馬皮完價領條牒 (按前題二十三年，不記年號。據下 35-3 文書題有"辛卯歲""丁酉歲"，亦見趙延濟名。辛卯爲延壽八年，丁酉則爲延壽十四年)。②

---

① 除了見於《文書》的墓葬外，甲、乙兩本筆記還録有不見於《文書》的墓葬，如甲本筆記所録阿斯塔那三〇六、三三六、一八六號墓葬，乙本筆記所録阿斯塔那一九六號墓葬、哈拉和卓一〇四號墓葬。其中有部分只有墓葬編號，並無文書筆記。

② 按甲本筆記"亦見趙延濟名"後，原有"唐代唯貞觀、開元有二十三年，皆距辛卯、丁酉甚遠。此當是高昌之延昌二十三年，歲在癸卯"一句，而"辛卯爲延壽八年"亦原作"辛卯爲延昌十一年"，"丁酉則爲延壽十四年"亦原作"丁酉則爲十七年"，與丙本差別不大。但唐先生後來對此段進行了圈塗與修改，遂成此處所録文本樣式。此處"二十三年"，最終也改訂爲貞觀二十三年。

（2）哈拉和卓九一號墓葬編號爲41（a）的文書，即《北涼義和三年（四三三）幢趙震上言》。在丙本筆記中，唐先生主要對文書的內容和書寫形式進行了描述，最後提到"按此幢趙震，幢下當有脫字"。而在乙本筆記重新抄錄時，對該文書的性質（即定名），關於幢的問題，有了新的論述：

> 義和三年幢趙震上言。"義和三年五月廿一日幢趙震言"，按當云某幢，或舉幢內官職，今云"幢趙震言"，則幢又即是職銜，20（a）云"幢杖五十"，亦似職銜，不可解。

唐先生在後來發表的《吐魯番出土文書中所見的高昌郡軍事制度》一文中，對"幢"的問題作了進一步的討論："幢是軍隊編制的名稱，同時又即指領幢主將，成爲職稱。"①毫無疑問，對於作爲職稱的幢的認識，就來自乙本筆記。

綜上，從文書抄錄的順序，墓葬文書著錄的數量，以及筆記內容增補、修改關係來看，三本筆記中，丙本最先使用，甲本開始使用的時間應晚於丙本，乙本使用的時間則最晚。

唐先生在一九八三年四月之後撰寫的《1981—1985年吐魯番文書整理研究規劃課題論證》（簡稱《課題論證》）中②，將文書整理的工作分爲兩個階段：第一階段，即一九七五年至一九八〇年，進行了文書定名、編年、錄文等工作。王素先生根據丙本筆記中所夾的一九七六年日曆，以及第158、159頁所記"5.9. 華主席報告""5.9 葉帥講話"推斷，丙本筆記始記於一九七五年年底，一九七七年五月九日則接近丙本筆記使用的時間下限。③ 丙本筆記與文書整理工作開始的時間正相吻合。

甲本與乙本筆記使用的確切時間雖然不易推斷，但也不是完全無跡可尋。

先說甲本筆記。蔣禮鴻先生《敦煌變文字義通釋（第四次增訂本）》"尚字"條中曾附唐先生來信：

> 承賜大著《敦煌變文字義通釋》……弟數年來整理吐魯番文書，其中俗語及唐代遣詞頗有可與敦煌文書相發明者。有一屯目文書，滿紙"尚"字，雖推知當屬計數用字，但無佐證。繼得讀大著，始得豁然。蓋"尚"字爲十筆，每筆爲一基數，猶如今日計選票之寫"正"字。④

---

①　唐長孺：《吐魯番出土文書中所見的高昌郡軍事制度》，《社會科學戰綫》1982年第3期，第157頁。

②　該《課題論證》爲唐先生手寫稿本，未署時間，據文中所記："（《文書》）自1981年至今，已出版五冊。"而《文書》釋文本第四、五冊均爲一九八三年四月出版，故《課題論證》撰寫時間當在一九八三年四月之後。

③　據王素先生介紹，文物出版社通常在前一年十一月開始印製發行下一年的日曆，唐先生聽有關單位傳達華國鋒、葉劍英報告的時間則在一九七七年五月九日。丙本筆記第172頁還有"1964.12.12. 毛主席批示"，應是聽報告之後的追記。見王素《唐長孺整理〈吐魯番出土文書〉筆記·前言》（待出版）。

④　蔣禮鴻：《敦煌變文字義通釋（第四次增訂本）》，上海古籍出版社1988年版，第88~89頁。

蔣先生于一九七八年四月八日完成《敦煌變文字義通釋》一書的第三次增訂①，一九八一年四月出版，第四次增訂則完成於一九八三年六月二十六日②，一九八八年出版。唐先生收到的贈書，應該是一九八一年出版的第四版。唐先生信中提到的寫滿"尚"字的文書，指阿斯塔那七八號墓出土文書，編號爲 67TAM78：4，後來定名爲《唐西州高昌縣順義鄉戶別計數帳》。關於此件文書，唐先生甲本筆記原寫作："屯田納糧數。有'老、丁、次戶、小戶、寡戶'。"上方原記："以'尚'字代表一十石，亦有'尚'字不完。"後刪去"以'尚'字"云云一句，改"屯田納糧數"爲"分類戶數帳"。這一改動自然不錯，而刪去"以'尚'字"云云一句，可能部分出於"雖推知當屬計數用字，但無佐證"的原因。據此，甲本的使用當在一九八一年之前，但使用的起始時間與下限不明。

再説乙本筆記。在第 81~82 頁，唐先生抄録了《歷博藏建平六年田地縣召催諸軍帖》，並附相關考釋。該文書最早由周肇祥定名爲《北涼文狀》，謂："新疆吐魯番出土，清末有人携至蜀中，遂歸瓠樓藏弆。"(見圖四)③周肇祥室名"寶瓠樓"，即該文書原爲周肇祥藏品。唐先生乙本筆記按原式豎排繁體録文如下(見圖五)。

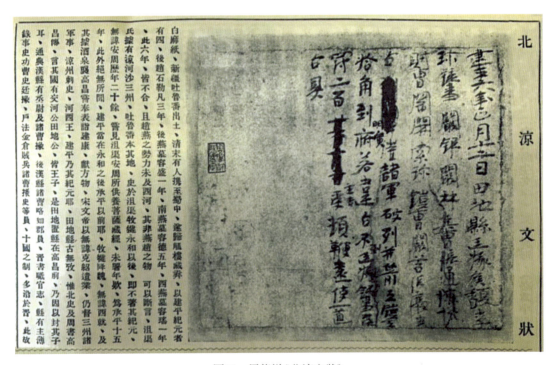

圖四　周肇祥《北涼文狀》

---

① 蔣禮鴻：《敦煌變文字義通釋(增訂本)·三版贅記》，上海古籍出版社 1981 年版，第 445 頁。

② 蔣禮鴻：《敦煌變文字義通釋(第四次增訂本)·五版後記》，上海古籍出版社 1988 年版，第 609 頁。

③ 周肇祥：《北涼文狀》，《藝林月刊》第五十三期，1934 年。

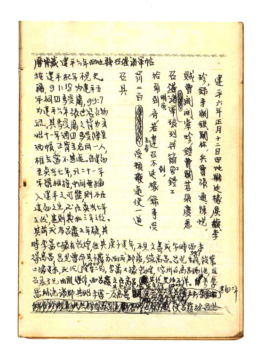

圖五　乙本筆記《歷博藏建平六年田地縣崔召諸軍帖》

建平六年正月十二日田地縣廷掾侯馥、李

珍，録事闞銀、闞林，兵曹張通、陳悅，

賊曹闞開、索珍，鎧曹闞荅、張慶，悉

召催○○諸軍破列并箭工鎧工

　　明寅　　　　　到，

拾角到府，若違召不廷掾録事受

　　　　主者

罰二百○○○受頓鞭遠使一道

召具

　　唐先生在一九七八年發表的《從吐魯番出土文書中所見的高昌郡縣行政制度》一文中，曾引用該文書。[1] 榮新江指出，過去學者便是從唐先生的這篇文章獲悉該文書録文的。而這篇文章的録文與收入中華書局一九八九年出版的唐先生的《山居存稿》者不同，第一次發表的録文可能是根據他人提供的抄件所録，改行有錯，而收入《山居存稿》者雖改正了改行的錯誤，卻遺漏了最後一行。[2] 實際上，發表於一九七八年的文章中，録文不僅改行

---

　　① 唐長孺：《從吐魯番出土文書中所見的高昌郡縣行政制度》，《文物》1978 年第 6 期，第 15~21 頁。

　　② 榮新江：《〈中國歷史博物館藏書法大觀〉評介》，《敦煌學新論》，甘肅教育出版社 2002 年版，第 207~214 頁。

有誤，最後一行亦未録入。而《山居存稿》首次出版時，録文内容與格式皆從一九七八年文章，只改動了標點。

另外，從乙本筆記録文式樣看，唐先生的録文應該不是來自他人提供的抄件，而是抄自原件或照片。① 不僅標示了原文書中用墨筆塗抹的文字（僅第四行“〇〇”應置“召”後，而誤置“催”後），還原樣抄録了夾寫於行間的“明寅”“到”“主者”等補字。一九七八年發表的論文中出現的改行錯誤可能是排版問題。②

前已提及，甲本與乙本是整理、修改、補充丙本筆記而成，那麼乙本筆記的使用時間下限不應早於一九七七年五月。而《歷博藏建平六年田地縣召催諸軍帖》是乙本最後一條筆記，其抄録的時間當在《從吐魯番出土文書中所見的高昌郡縣行政制度》發表之前，即一九七七年五月至一九七八年上半年。

據此，三本筆記使用的時間應在一九七五年至一九七八年上半年。三本筆記開始的時間雖有先後，但丙本筆記與甲本、乙本使用的時間又可能分别有重合。

三、唐先生筆記與吐魯番文書整理及研究

如前所説，吐魯番文書的定名、編年、録文等整理工作從一九七五年持續到一九八〇年，唐先生三本筆記雖寫於一九七五年至一九七八年，但在寫完之後，當又經過增補、修改。文書整理的過程也是研究的過程。特別是到整理後期，在乙本筆記中，唐先生常有大段的考釋，也常常徵引甲本筆記以及其他史料進行考證。

在甲本關於阿斯塔那七八號墓葬所出編號爲21的文書筆記中，唐先生提出該文書所見十歲與十六歲爲中男“非唐制”。而乙本所記哈拉和卓九一號墓葬出土的編號爲22（b）的文書爲名籍，其中亦記載了年齡。唐先生在前頁下部先引用《魏書》和《宋書》提出魏、宋時徵發兵役“並下及十歲兒”，又在次頁天頭再次提及前揭阿斯塔那七八號墓葬所出21號文書，並據《通典》進一步推論十歲至十六歲爲中男，大概“是魏周舊制，而行于高昌”。這應該就是唐先生一九八三年發表的《唐貞觀十四年手實中的受田制度和丁中問題》一文的問題出發點。③

又，關於《西涼建初二年（四〇六?）功曹書佐左謙奏爲以散翟定□補西部平水事》文書［編號75TKM88：1（a）］，唐先生乙本筆記曰：

> 建初二年功曹書佐左謙奏。按：此當是涼州牧府之功曹書佐上奏涼王李暠之文書。晉承漢制，州、郡、縣並有功曹書佐，此上稱“傳口令”，下稱奏，知是上李暠文書，《涼武昭王傳》稱暠稱大將軍、涼公，秦涼二州牧，其置屬官有牧府及太府，牧府似兼軍、州，故屬官有左、右長史，左、右司馬軍府之佐。文書所記，嚴繡光

---

① 據王素先生見告，《文書》整理組早期成員孔祥星先生給唐先生提供了該文書的照片。

② 唐先生在稍後發表的《吐魯番出土文書中所見的高昌郡軍事制度》（《社會科學戰綫》1982年第3期，第154～163頁）一文中，該文書録文便幾乎全同筆記所録，僅倒數第二行闕“一道”二字。

③ 唐長孺：《唐貞觀十四年手實中的受田制度和丁中問題》，《敦煌吐魯番文書初探》，武漢大學出版社1983年版，第100～125頁。

(按：當爲嚴歸忠)傳涼公口令，功曹書佐名左謙者復具文書上奏請奉令行之。以其口令，故必具文書，俟奏諾奉行也。功曹書佐具奏文，後有揚武長史及功曹史押。揚武長史者，長史加揚武將軍也。《涼武昭王傳》，李暠稱涼公後授諸人官，張謖以從事中郎加揚武將軍，至建初二年則牧府有加揚武將軍之長史。功曹史，《晉書·職官志》爲郡佐，州郡雖無①，功曹書佐掌選舉，功曹史亦掌選舉。書佐上奏得諾即下高昌郡，故郡功曹史押署。內云“以散翟定□□補西部平水”。“散”見於建初十二年敦煌籍，或是散吏，或是無官之通稱。“平水”當是掌水渠灌溉之官。漢有水衡都尉，衡猶平也(小顏注)。《晉書》：諸州置都水從事各一人，當是不敢上同朝廷，故稱平水。西部平水，亦猶漢武帝有左右都水使者，西涼當別有東部平水。建初時，李暠雖都酒泉，疑西部平水實主敦煌以西，故此文書行下高昌郡也。此云紀職奉行，因是授官職，不云記識。

又在前後兩頁天頭補充道：

《宋書》(卷)四十《百官志下》云：“秦……郡之邊戍者，丞爲長史。晉江左謂之丞。”《三國·魏志·張既傳》，既爲隴西長史，是邊郡。此揚武長史雖在上，然無司馬，疑仍是郡長史。

按《金石錄》(卷)二十《彭祈碑陰跋》歷記碑陰題名三百十二人，有蜀渠都水、東都水、蜀渠平水。彭祈歷官爲西郡、酒泉、略陽三郡太守，護羌校尉。其屬官不知何以有蜀渠平水。又《魏志》卷十六《杜畿傳》注引《魏略》，正始時郡有平水。

唐先生乙本筆記關於該文書的繫年、性質以及平水一職的討論，部分已見於正式出版的《文書》的相關注釋和相關論文中②，但關於“散”“揚武長史”的討論則不見他處。即便是已經發表的部分，也與筆記有可相互補充者。特別值得注意的是，唐先生乙本筆記後來在該文書前用紅鉛筆畫了一個大問號，又針對該文書紀年干支爲庚午，翟定又見於北涼文書，云：“(西涼)建初二年是丙午，非庚午。此翟定又見59：4/1翟定辭，紀年爲(北涼)玄始十二年”，表示一種審慎的懷疑。

以上兩例涉及吐魯番文書的研究。在筆記中，還有大量與文書整理有關的內容。就三本筆記整體來看，從丙本筆記的無序、雜亂到甲、乙兩本筆記的有序、整齊，在一定程度上已經反映了文書整理工作前期的分類、繫年、定名和錄文過程。在丙本筆記的第104～109、120、122～125、127、128、139～141頁天頭又有“對訖”或“已對訖”，當是對整理好的文書進行的核對。在前揭《課題論證》中，唐先生曾記錄了一九八一年至一九八五年工作的內容與分工：

1981—1985年的主要工作是①審核錄文，比對原件或照片，②拍攝拼剪精裝本

---

① 按：此處原寫“當是牧府佐”五字，後塗改爲“州郡雖無”四字，然與前後文不相銜接，待考。

② 見唐長孺：《從吐魯番出土文書中所見的高昌郡縣行政制度》，《文物》1978年第6期，第19頁。

　　所用的照片。除李徵同志負責第②項工作外，其他吳震、王去非、陳國燦、朱雷、程
　　喜霖、王素諸同志共同負責第①項工作。主編唐長孺負責最後審查，定稿付印。

吐魯番文書的整理與出版是參與該項目的全體學者的共同心血。在文書完成初步整理後，
還經過了一次又一次的校對、審核。丙本筆記所見"對訖""已對訖"可能是同甲、乙兩本
筆記的比對，也可能是在上述審核錄文過程中，與其他學者錄文的比對。雖然詳細情況已
不得而知，但三本筆記中常見的鈎號大概就是"對訖""已對訖"的標記。

　　此外，在單件文書的筆記中也反映了文書整理的過程。如關於阿斯塔那五〇九號墓葬
第 28 件文書《唐開元二十一年(七三三)西州都督府案卷爲勘給過所事》中的 5 片文書，唐
先生的筆記寫了近兩千字，細緻地梳理了各片文書的内容和相互之間的銜接關係，並對文
書的性質進行了判斷。通過筆記，可以看到文書整理者在綴合、粘連該文書時的考慮和依
據，使今人有可能"進入"文書整理的"現場"，爲今天利用該文書提供另一種審視或反思
的視角。

　　這些文書的整理工作不僅極大地改變了中國古代史研究的面貌，從歷史的視角來看，
也是非常重大的文化事件。唐先生整理《文書》的筆記不僅是整理和研究工作的成果，具
有極高的學術價值，同時也是中國當代學術史的一部分，是關於這一文化事件的直接記
錄，具有很高的史料價值。自《文書》刊佈以來，學界利用《文書》進行了諸多研究，取得
了豐碩成果，但對《文書》的整理工作進行總結、反思者卻不多。一九八一年，姜伯勤先
生曾給唐先生寫信，中云：

　　　蒙朱雷同志寄贈南開藤枝(晃)先生的一本講義，讀後有一感想：吐魯番文書整
　　理組在幾年來的工作中，在拼合、釋讀、斷代等方面積累不少經驗。把這些總結出
　　來，其實就是外國人所講的"古文書學"的學問。光是異體字搜起來就是一本有用的
　　書。希望我們將來也有人做這些工作，這對於以後的研究者將是大有益處的。①

進入二十一世紀後，國内歷史學界不斷開闢新領域，提出新問題，中國古代史的研究呈現
出了與半個世紀前截然不同的面貌。二十世紀的某些學術問題在今天看來或許已經"過
時"，但誠如姜伯勤先生所言，學術研究的經驗與方法卻仍然值得總結、借鑒與反思。從
這一角度出發，唐先生整理《文書》的筆記或可爲當代學人提供更多的學術研究契機。

　　　附記：本文原載《文物》2021 年第 5 期，收入文集時，做了一定訂正。

---

① 　此信由唐先生哲嗣唐剛卯先生提供，在此謹致謝意。

關於麴氏高昌"義和政變"學術史的新發現*
——讀唐長孺先生整理吐魯番文書筆記零拾

劉　瑩

　　整個二十世紀，關於麴氏高昌國史的研究，可以説取得了巨大進展。① 這一學術進展，主要得益于新疆吐魯番地區中古墓葬和遺址出土的豐富的碑誌和文書，填補了傳世文獻記載的諸多空白。在這一時期的相關研究中，黄文弼先生《高昌國麴氏紀年》（本文以下簡稱《紀年》）與吴震先生《麴氏高昌國史索隱——從張雄夫婦墓誌談起》（本文以下簡稱《索隱》）兩篇論文值得特别的重視。② 前者以黄先生在吐魯番考古發掘的九十五方麴氏高昌國墓磚爲基礎，大致復原了麴氏高昌國王的世系與紀年。後者主要利用二十世紀五十年代至七十年代吐魯番地區中古墓葬考古發掘的墓誌與文書，結合傳世文獻，對黄文弼先生所恢復的世系與紀年進行了補正，更首次披露了麴伯雅在位時期發生的重要政治事件——"義和政變"。自吴震先生文章發表以來，中日學者對這場政變的起止時間、參與政變的集團、政變的性質及其影響等問題進行了更爲深入的探討，使學界對麴氏高昌國的歷史、特别是其晚期歷史之瞭解，達到了前所未有的深度。③ 從這一點來看，吴震先生的研究，可謂影響深遠，稱之爲"具有劃時代的意義"毫不過分。④

---

　　* 本文爲國家社科基金項目"唐長孺讀書筆記整理與研究"（19BZS020）階段性成果。

　　① 王素先生的兩部《高昌史稿》，對二十世紀麴氏高昌國史研究的成果、涉及的問題及各方觀點有詳細、全面的梳理，參見《高昌史稿·統治編》，文物出版社 1998 年版，第 307~453 頁；《高昌史稿·交通編》，文物出版社 2000 年版，第 389~563 頁。

　　② 黄文弼：《高昌國麴氏紀年》，原載《高昌第一分本》，西北科學考察團叢刊之二，1931 年，再刊《高昌磚集》，中國科學院 1951 年版，第 7~27 頁。吴震：《麴氏高昌國史索隱——從張雄夫婦墓誌談起》，《文物》1981 年第 1 期，第 38~46 頁。

　　③ 王素先生在前揭《高昌史稿·統治編》中專設《麴氏王國的政變之謎》一節（第 359~394 頁），對 20 世紀關於"義和政變"研究的成果進行了細緻的梳理，其中對"義和政變"研究涉及的各種問題亦有全面的分析與總結。21 世紀初以來的相關研究，主要參見張銘心：《"義和政變"與"重光復辟"問題的再考察——以高昌墓磚爲中心》，季羨林等主編：《敦煌吐魯番研究》第五卷，北京大學出版社 2001 年版，第 117~146 頁；薛宗正：《麴伯雅生平析疑——麴氏高昌與突厥木杆、室點密兩大汗系及隋朝的關係》，《敦煌學輯刊》2007 年第 2 期，第 121~142 頁；王素：《唐麴建泰墓誌與高昌"義和政變"家族——近年新刊墓誌所見隋唐西域史事考釋之二》，《魏晉南北朝隋唐史資料》第三十輯，上海古籍出版社 2014 年版，第 137~164 頁；王素：《關於"高昌吉利"錢的幾個問題》，吐魯番學研究院、吐魯番博物館編：《古代錢幣與絲綢高峰論壇暨第四屆吐魯番學國際學術研討會論文集》，上海古籍出版社 2015 年版，第 18~24 頁等。不具列。

　　④ 王素：《麴氏高昌"義和政變"補説》，季羨林等主編：《敦煌吐魯番研究》第一卷，北京大學出版社 1996 年版，第 177 頁。

吳震先生的文章發表於一九八一年。其時，《吐魯番出土文書》整理已進入最後的審校及出版階段。毋庸諱言，吳震先生作爲唐長孺先生領導的《吐魯番出土文書》整理組的成員，《索隱》一文實際是文書整理過程中產生的成果，其撰寫和發表，得到了唐先生及項目組同仁的支持。二〇一七年，在唐長孺先生家中發現了整理吐魯番文書筆記三册，其中有不少涉及“義和政變”的内容，爲瞭解“義和政變”研究的學術史，特別是《吐魯番出土文書》整理組的工作模式，提供了極爲寶貴的資料。今年（二〇二一）是吳震先生的文章發表四十周年，謹寫此文，對唐長孺先生領導的《吐魯番出土文書》整理團隊，包括吳震先生在内，表示由衷的感佩。

一

這裏先簡單介紹黄文弼先生《紀年》的觀點。因爲吳震先生《索隱》的不少意見和唐長孺先生整理吐魯番文書筆記涉及“義和政變”的不少内容，都是針對《紀年》而發。黄先生的《紀年》，與本文相關的觀點，主要有以下四個：

第一，吐魯番出土《麴斌造寺碑》有令尹麴乾固題名，英藏吐魯番出土高昌王麴乾固延昌寫經題跋又有“七祖光靈”語[1]，可知麴乾固繼麴寶茂爲高昌王，延昌是他使用的年號，自麴氏高昌開國之主麴嘉至麴乾固共七世。

第二，《麴斌造寺碑》記麴氏高昌曾與突厥結盟（非結婚）。[2]《北史·高昌傳》記隋開皇十年，亦即高昌王麴乾固延昌三十年，“突厥破其（高昌）四城，有二千人來歸中國”[3]。當時高昌已附屬突厥，該記載不可信。

第三，《舊唐書·高昌傳》説“武德二年，（麴）伯雅死，子文泰嗣”[4]，唐武德二年即高昌義和六年，可證延和、義和均爲麴伯雅年號，前者十二年，後者六年，而接下來的重光應是麴文泰的年號。

第四，傳世文獻記麴氏高昌享國時間存在多説，據《周書·高昌傳》記麴嘉於北魏太和末（四九九）被國人擁立，次年爲其當政元年（五〇〇），至唐太宗貞觀十四年（六四〇）高昌被滅，麴氏高昌享國應有一百四十一年。

這四個觀點，涉及麴氏高昌的諸王世系與享國時間，延和、義和、重光等年號的歸屬，以及麴氏高昌與突厥的關係，十分重要。特別是其中諸王世系、享國時間、年號歸屬，如吳震先生《索隱》所説：“基本上已爲目前通行的中國歷史年表所採用。”[5]影響甚

---

① 按：黄文弼原文作“七祖□（光）靈”，誤，今釋爲“七祖先靈”。下同，不再注明。

② 黄文弼《紀年》“和平二年”條曰：“羅振玉《麴氏年表》稱：‘《麴斌造寺碑》突厥侵北鄙、命斌往與訂盟結婚而返。’余初作《紀年》亦從之。今復查《麴斌造寺碑》舊拓本‘結’下字雖模糊、然字跡不類婚字，‘遂同盟結’句意已完，他處亦無婚姻字樣，故今重删訂。”見《高昌磚集》，中國科學院 1951 年版，第 16 頁。

③ 《北史》卷九七《高昌傳》，中華書局 1974 年版，第 3215 頁。

④ 《舊唐書》卷一九八《高昌傳》，中華書局 1975 年版，第 5294 頁。

⑤ 吳震：《索隱》，《文物》1981 年第 1 期，第 44 頁。該文第 46 頁注 16 舉例云：“如榮孟源《中國歷史紀年》，《辭海》（修訂本）所附《中國歷史紀年表》，文物出版社 1974 年出版的《中國歷史年代簡表》之‘年號通檢’。”其實遠不止此。

大，更是不能不辨。

二

吳震先生的研究已廣爲學界所熟知。在此稍作總結，以便討論。

《索隱》以一九七三年考古出土的張雄及其妻麴氏墓誌爲切入點，從分析張氏世系入手，探討張雄所處時期的高昌國政治形勢。其中有以下重要意見：

第一，麴伯雅延和十二年（六一三），高昌發生政變，政變者改年號爲"義和"，使延和年號中斷。六年後，也就是義和六年（六一九），伯雅返政，恢復延和年號，次年（六二〇）二月改元"重光"，有"重新光復"之義。

第二，"義和政變"發生的背景是麴伯雅推行的"解辮削袵"改革。此舉引起了當時控制高昌的鐵勒勢力的不滿，導致麴伯雅爲鐵勒扶植的勢力所驅逐。伯雅出奔後，大概逃到西突厥，最後又借助西突厥的力量復國。

第三，對《舊唐書·高昌傳》關於麴伯雅死于唐武德二年（六一九）的記載進行了辨析，認爲應從《資治通鑑》記載，伯雅實際死于武德六年（六二三），因此，重光無疑也是伯雅的年號。

第四，對麴氏高昌國史紀年進行了補正。在認同黃文弼先生一百四十一年説的基礎上，減去頭尾不足一年的部分以及伯雅失國的六年，認爲兩《唐書·高昌傳》所記麴氏享國一百三十四年不誤。又據高昌王麴乾固寫經題跋（另參下文），認爲其中所稱"七世（應作祖）先靈"，不應包括麴乾固本人，"七世"也並非均爲帝王，乾固之前當有六王。麴光與麴堅皆爲麴嘉之子，爲一世王，又補充文泰子智盛，恰好符合兩《唐書·高昌傳》的九世之説。

吳震先生的如上意見，最先得到《吐魯番出土文書》整理組的支持，並在不久後出版的《吐魯番出土文書》釋文本多有反映。如吳先生提到"義和"年號的行用問題時，特別指出，吐魯番出土文書中存在塗去"義和"和修改"義和"爲"延和"的文書，還存在延和十八年、十九年的文書，值得注意。修改"義和"爲"延和"的文書以及延和十八年、十九年的文書，吳先生已明確指出來自阿斯塔那二〇六、一一六與三三九號墓，分別是《高昌義和五年（六一八）延隆等役作名籍》（編號73TAM206：42/7-1）、《高昌延和十八年（六一九）夏田殘券》（編號73TAM116：56）與《高昌延和十九年（六二〇）寺主智□舉麥、粟券》（編號60TAM339：50/2）。此三件文書均有解説，依次迻録如下：

> 本件第五行"義和五"三字，經塗去，改書"延和十七"年。……按麴伯雅之延和十二至十三年間（613—614年）曾發生政變，王位爲人所奪，614年改元義和，義和六年伯雅復位，復稱延和十八年。此處當是伯雅復位後追改。[①]
>
> 按黃文弼《高昌國麴氏紀年》稱麴伯雅延和年號止十二年，次年即改義和。義和元年甲戌，己卯應爲義和六年。今此件見延和十八年己卯，又阿斯塔那339號墓文書

---

① 唐長孺主編：《吐魯番出土文書》第五册，文物出版社1983年版，第259頁題解與260頁注釋[一]。按：原文記公元存在手民之誤，此處徑改。

一《高昌延和十九年寺主智□舉麥、粟券》內延和十九年歲次庚辰，則延和不止十二年。據阿斯塔那 206 號墓所出《唐垂拱四年張雄妻麴氏墓誌》，知麴伯雅統治後期，高昌曾發生內亂，伯雅出亡，王位爲他人所奪，後又復位。由此推測，義和非伯雅年號，而是奪取王位者所改。出土文書中所見義和年號止於六年己卯，延和則於十二年後中斷，至己卯、庚辰又見十八、十九年。義和六年即延和十八年，此年伯雅復位，恢復延和年號，已無疑義。阿斯塔那 206 號墓所出《高昌義和五年役作名籍一》內“義和五年”塗改爲“延和十七年”，當是伯雅復位，恢復延和年號時追改，其他出土文書也有將“義和”二字塗黑的例子。①

麴伯雅延和年號至十二年中斷，次年由奪取王位者改年義和。義和六年己卯（619），伯雅復位，恢復延和年號，是爲延和十八年。詳見阿斯塔那 116 號墓三《高昌延和十八年夏田殘券》注［一］。延和十九年庚辰（620）改元重光，據阿斯塔那 199 號墓及 503 號墓所出《張阿質兒墓表》、《張鼻兒墓表》均見重光元年庚辰二月，本件在正月，尚用延和年號，知改元當在二月。重光取義也表示了紀念復位。②

吳震先生並未指明的塗去“義和”年號的文書，應是阿斯塔那三三一號墓文書《高昌義和六年（619）伯延等傳付麥、粟、床條》（編號 60TAM331：12/1、12/8、12/6、12/3、12/2、12/4、12/7、12/5）。此件文書多處出現“義和”年號，題解曰：“年號‘義’字均被墨塗去。”③

從上錄文書解説來看，除出版稍晚的《吐魯番出土文書》第五册所載第一件文書的題解與注釋，對政變發生的時間和改元義和的時間做了修正外，出版稍早的《吐魯番出土文書》第三册所載其餘幾件文書的題解與注釋中，關於麴伯雅返政的時間、改元重光的時間、重光年號的含義等，均與吳震先生意見相同。④ 學界一般認爲，以上題解與注釋大概都是基於吳震先生的研究。王素先生便曾提道：“發現及披露這場政變的首要功臣是吳震先生。唐長孺先生及其領導的《吐魯番出土文書》整理組贊同並沿襲其説。”⑤不過，新近發現的唐長孺先生整理吐魯番文書筆記，爲瞭解相關情況，提供了一些新的重要資料。

三

二〇一七年三月至四月，在唐長孺先生家中先後發現了三本整理吐魯番文書筆記。王素先生將最先發現的兩本稱爲甲本與乙本，最後發現的一本稱爲丙本。經研究，丙本在一

---

① 唐長孺主編：《吐魯番出土文書》第三册，文物出版社 1981 年版，第 154～155 頁注釋［一］。按：此册出版在前，所云《高昌義和五年役作名籍一》，即前揭同書第五册文書，已删“一”字。

② 唐長孺主編：《吐魯番出土文書》第三册，文物出版社 1981 年版，第 215 頁注釋［一］。

③ 唐長孺主編：《吐魯番出土文書》第三册，文物出版社 1981 年版，第 110 頁。

④ 關於“義和政變”發生的時間，學界目前的主流意見認爲應在延和十三年，也就是義和元年。參見：［日］関尾史郎：《「義和政変」新釈——隋·唐交替期の高昌國·遊牧勢力·中國王朝》，（日本）《集刊東洋學》第七十號，1993 年，第 41～57 頁；王素：《高昌史稿·統治編》，文物出版社 1998 年版，第 376～379 頁。

⑤ 王素：《高昌史稿·統治編》，文物出版社 1998 年版，第 372 頁。

九七五年年底開始使用，是三本筆記中使用最早者，筆記使用時間的下限接近一九七七年五月。甲本與乙本使用時間相連續，甲本在前，開始使用的時間晚於丙本，乙本使用時間的下限則在一九七七年五月至一九七八年上半年。[①]

在新發現的唐長孺先生整理吐魯番文書筆記中，有不少與"義和政變"相關的內容，最早見於丙本筆記第 42 頁。唐先生記云：

> 73，116：56，延和十八年己卯歲租田契。(延和據黃氏《年表》，延和止十二年，下接義和，義和六年己卯)

此處所記"73，116：56，延和十八年己卯歲租田契"，即前揭一九七三年阿斯塔那一一六號墓出土的第 56 號《高昌延和十八年(六一九)夏田殘券》。所謂"黃氏《年表》"，即指黃文弼先生《紀年》。丙本筆記共 198 頁。如前所説，使用時間在一九七五年年底至一九七七年五月稍後。第 42 頁，寫作應在一九七六年上半年。其時，唐先生就已注意到，《紀年》説延和止十二年，下接義和，義和六年己卯，而該《夏田殘券》記延和有十八年，是年亦爲己卯歲，與義和六年同爲己卯，存在問題。

唐先生之後又在丙本筆記第 195 頁記云：

> 73，116：56，延和十八年己卯租田契，在二月。
> 60，331：12，12：3、12：4、12：6 三件文書，義和六年己卯歲九月十日、十一日、十二日，内義和字均塗去"義"字。

此處所引兩件文書：第一件即前揭《高昌延和十八年(六一九)夏田殘券》，這裏重復引述，在於強調時間在二月。第二件即前面提到的一九六〇年阿斯塔那三三一號墓出土的第 12 號《高昌義和六年(六一九)伯延等傳付麥、粟、床條》，在於強調其中 12：3、12：4、12：6 三件文書(殘片)，時間在義和六年己卯歲的九月十日、十一日、十二日，裏面義和年號的"義"字都被塗去。顯然，唐先生已經懷疑，延和十八年，亦即義和六年，二月至九月間，高昌發生了重大政治事件。

唐先生接着又在丙本筆記第 196~197 頁記云(參見圖一)：

> 按馬伯樂書所載延昌卅九年文書有"七祖□(光)靈"語，黃文弼以爲自麴嘉至乾固爲七世。然此文書爲乾固自題，豈得自列于七祖，或中間尚有一代。
> 《隋書》《北史》[之]《高昌傳》謂開皇十年，"是年，突厥破其四城，有二千人來歸中國"，黃文弼以爲不足信。按史以伯雅嗣堅，誤，但不能以爲所記突厥侵高昌時(應作事)亦誤。高昌雖早與突厥結盟，不能謂必無侵寇之事。
> 伯雅大母本突厥可汗女，則《麴斌造寺碑》所云"盟結"之結實指結姻，黃氏謂無婚姻之事，非。

---

① 關於三本筆記的發現經過，以及使用的時間和相互關係，參見劉瑩：《新發現唐長孺先生整理吐魯番文書筆記概述》，《文物》2021 年第 5 期，第 89~96 頁。

　　黄《表》從《舊唐書·高昌傳》武德二年伯雅死，然《通鑒》作六年。按義和六年據文書爲延和十八年己卯，義和止五年，次年恢復延和年號，又次年改重光，疑皆是伯雅年號。中間蓋有爭奪，故號“重光”。重光止四年，即武德六年，次年改元延壽，始爲麴文泰年號。《通鑒》作伯雅六年死，必有據（原注：當查《册府》），或《舊[唐]書·高昌傳》之二年實六年之訛。

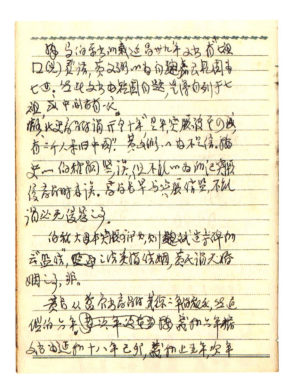

圖一　丙本筆記第 196 頁

　　此處連記四條：第一條“馬伯樂”指法國漢學家 H. Maspero，其“書”指《斯坦因第三次中亞探險所獲漢文文書》，“延昌卅九年文書”指馬書所收麴乾固於延昌卅九年（五九九）所寫《摩訶般若波羅蜜經》題記。[①] 同條和第二條都直接點名黄文弼，第三條“黄氏”亦指黄文弼，第四條“黄《表》”亦指黄文弼先生《紀年》。可見這四條都是針對黄文弼先生《紀年》提出的意見。第一條指出黄氏認爲麴嘉至乾固爲七世不妥，其間還缺一代；第二、三條指出黄氏認爲高昌與突厥雖無婚姻，但既結盟，突厥就不應該侵寇高昌，亦不妥，高昌與突厥實際結姻，不妨礙突厥仍然侵寇高昌。第四條指出黄氏從《舊唐書·高昌傳》認爲麴伯雅武德二年（六一九）死不妥，應從《通鑒》作武德六年（六二三）死，延和中斷而後恢復，與反映恢復的重光都應是麴伯雅的年號，其間的義和説明“中間蓋有爭奪”。僅此“中間蓋有爭奪"一句，"義和政變"就呼之欲出了！

如前所説，丙本筆記共 198 頁，使用時間在一九七五年年底至一九七七年五月稍後的一段時間。前揭第 195、196、197 三頁，已到筆記之末，寫作時間應稍晚於一九七七年五月。其時，唐先生就已對黃文弼先生《紀年》問題有了非常全面的認識，對麴氏高昌義和年間發生重大政治爭奪事件也有了較爲完整的瞭解。

除了丙本筆記有與"義和政變"相關的內容，在承接甲本筆記的乙本筆記第 7 頁，唐先生也做了相關記録(見圖二)①，全文爲：

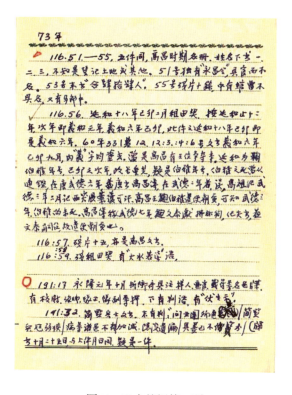

圖二　乙本筆記第 7 頁

[73]116：56，延和十八年己卯二月租田契。按延和止十二年，次年即義和元年，義和六年己卯，此件之延和十八年己卯即是義和六年。60 年 331 墓 12，12：3、：4、：6 號文書義和六年己卯九月，內"義"字均塗去。當是高昌有王位爭奪事。延和爲麴伯雅年號，己卯之次年，改號重光，疑是伯雅年號。伯雅之死當從《通鑒》，在唐武德六年，《舊唐書·高昌傳》在武德二年者，誤，《高祖紀》武德三年二月記西突厥葉護可汗、高昌王麴伯雅遣使朝貢，可知武德三年，伯雅尚未死。《高昌傳》稱(武德)七年，麴文泰獻拂菻狗，《紀》失書，蓋文泰嗣位，故遣使朝貢也。

<hr />

① 按：甲、乙兩本筆記均按墓葬文書發掘時間排列，均自第 7 頁始。甲本止于 1972 年阿斯塔那一八八號墓葬文書，乙本起于 1973 年阿斯塔那一一六號墓葬文書，乙本承接甲本十分明顯。

此處再次提到前揭《高昌延和十八年(六一九)夏田殘券》和《高昌義和六年(六一九)伯延等傳付麥、粟、㡧條》。據研究，丙本筆記使用時間較早，類似稿本，甲、乙兩本筆記使用時間較晚，類似修補本，因而甲、乙兩本筆記與丙本筆記内容多有重疊。此條集中討論延和、義和、重光三年號的歸屬，認爲延和、重光二年號均屬麴伯雅，其間義和年號不屬麴伯雅，反映"高昌有王位争奪事"，明顯比前揭丙本筆記所記更加明確和精煉。寫作時間應略晚於丙本 195、196、197 頁的記録。

唐先生雖然從未撰寫"義和政變"專題論文，但從前揭《高昌義和五年(六一八)延隆等役作名籍》《高昌延和十八年(六一九)夏田殘券》《高昌義和六年(六一九)伯延等傳付麥、粟、㡧條》《高昌延和十九年(六二〇)寺主智□舉麥、粟券》四件文書的題解和注釋來看，不難發現其中都有唐先生筆記的影子。類似事例很多。譬如黃文弼先生認爲麴乾固寫經題跋提到"七祖先靈"，説明自麴嘉至麴乾固共七世。唐先生筆記説："黃文弼以爲自麴嘉至乾固爲七世。然此文書爲乾固自題，豈得自列于七祖。"吳震先生《索隱》説："這種解釋殊屬不當。既是乾固發願寫的經，跋語正是乾固的'發願文'，文中所稱'七世祖先'(應作先靈)怎能包括乾固自身在内呢？"①又譬如黃文弼先生認爲《麴斌造寺碑》記高昌與突厥"遂同盟結"，句意已完，並無婚姻記載。唐先生筆記説："《麴斌造寺碑》所云'盟結'之結實指結姻。"馬雍先生作爲唐先生領導的《吐魯番出土文書》整理組早期成員，後撰《突厥與高昌麴氏王朝始建交考》一文，説：黃氏"遂同盟結"斷句不通，據拓片"結"下一字左側從"女"，應是"姻"字。② 顯然，吳震、馬雍兩位先生的文章中也都有唐先生筆記的影子。

四

當然，以上所述，並不是想否定吳震先生關於"義和政變"的首倡之功。相反，吳震先生關於"義和政變"的首倡之功，更加不容置疑。這涉及對唐長孺先生領導的《吐魯番出土文書》整理組的工作模式的理解。

一九八一年一月二十五日，唐先生在日本東京大學學士會館 8 號室演講，介紹新出吐魯番文書的内容與價值，其中提到"義和政變"，是這樣説的：

> 從文書中我們發現麴氏高昌後期的一次重大政治事件。歷來考證麴伯雅延和紀元凡十二年(613)，明年改元義和，義和六年(619)麴伯雅死，子文泰嗣立，明年改元重光(620)，重光凡四年，明年改元延壽(624)。我們卻發現阿 116 號墓出有《延和十八年(原注：推算相當於義和六年[619])夏田殘券》，阿 339 墓出有《延和十九年(原注：相當於重光元年[620])寺主智□舉麥粟券》；又發現阿 331 墓《義和六年(619)伯延等傳付麥粟㡧狀》的"義和"年號全遭塗抹。根據這些跡象，結合高昌貴族張雄妻麴氏墓誌，我們判斷麴伯雅延和十二年發生一次政變，王位爲人奪取，自立爲王，改元義和。義和六年(619)，麴伯雅復辟，恢復延和十八年紀元，明年延和十九年改元

---

① 吳震：《索隱》，《文物》1981 年第 1 期，第 45 頁。
② 馬雍：《突厥與高昌麴氏王朝始建交考》，原載《向達先生紀念論文集》，新疆人民出版社 1986 年版，收入《西域史地文物叢考》，文物出版社 1990 年版，第 148 頁。

重光，重光即重新光復之意。重光四年(623)，伯雅死，子文泰嗣位，改元延壽。這樣糾正了以義和爲麴伯雅年號之誤，也糾正了以重光爲麴文泰年號之誤，證明《資治通鑒》麴伯雅死於武德六年(原注：即重光四年[623])是對的，《舊唐書·高昌傳》稱死於武德二年(619)實誤。由於文書的發現，沉埋千年的史實纔爲世人所知。這件事新疆博物館吳震先生已有專文論證。①

唐先生的演講用了三個"我們"——"我們發現""我們卻發現""我們判斷"，顯然是代表整理組發表意見。實際上，關於"義和政變"，也是整理組的共識。最後説"這件事新疆博物館吳震先生已有專文論證"，也含有讓吳先生代表整理組撰文就"義和政變"進行更加深入的研究的意思。

唐先生的演講在一九八一年一月，吳震先生《索隱》一文的發表也在一九八一年一月，完全同時，説明在此之前，兩位先生已就"義和政變"問題有所溝通。

一九七九年十一月二十九日，吳震先生給唐先生寫信，匯報《吐魯番出土文書》整理工作，以及自己的研究情況，其中提到《索隱》一文的撰寫，原文爲：

上個月於工餘之暇寫了一篇《麴氏高昌國史索隱——從張雄夫婦墓誌談起》。主題是探討高昌歷史上那次"政變"的歷史事件。原來月刊(指《文物》)想發一期新疆專號，目前看來專號可能出不了，不過楊瑾同志表示還想發。開始只打算寫五千字，以後隨着資料的發掘，竟成了萬字。主要根據張雄、懷寂、禮臣祖孫墓誌，推定了張雄的父、祖墓葬，並根據這批墓誌探討了一下張雄家世。由此推定了高昌國的那次"政變"。這時間(應作"事件")，我們組内同志都是清楚的，即"義和"是政變者年號。其原因和歷史背景，我以爲是由伯雅"解辮削衽"的變俗令爲導火線，背後有鐵勒的支持。政變後伯雅棄國出逃到西突厥，並與統葉護可汗結爲兒女親家(原注：以其女嫁葉護長子咥度)，後來也是在西突厥支持下得以復辟。由此，得以訂正了高昌紀年中的某些錯誤，解決了幾點疑團：(1)伯雅之死在武德六年，非元(應作"二")年；(2)高昌麴氏享國確爲兩《唐書》所志爲一百三十四年(原注：除去政變失國六年)，共傳十王、九世(原注：我以爲嘉死後傳世子光，光死傳弟堅)。因爲當時月刊要的急，不及寄您審閲。其時[胡]繩武同志正在緊張的趕寫論文，只由[王]東明同志審閲一遍即交出。月刊戴文保同志又建議我把張雄家世部分作了壓縮(原注：原來萬二千字)。這個稿子目前已交月刊了。對這個問題，不知先生尚有更多的考慮否？②

吳先生的此信，兩次提到"那次'政變'"，又提到"我們組内同志都是清楚的，即'義和'

---

① 唐長孺：《新出吐魯番文書発掘整理経過及文書簡介》，(日本)《東方學報》第五十四期，1982年，第94頁。該文後改名《新出吐魯番文書簡介》，收入《山居存稿》，中華書局2011年版，第320~344頁。

② 吳震先生此信僅署時間爲"11月29日"。據第一段提道："在上月中旬，穆舜英同志來京，派李徵同志去吉林，參加該省考古學會成立大會，至11月初回來。"吉林省考古學會成立於一九七九年十月二十七日，知此信寫於是年。此信由唐先生哲嗣唐剛卯先生提供，在此謹致謝意。

是政變者年號”，説明關於“義和政變”，在整理組内部曾經有過討論，並已形成共識。當然，這些共識，難免是一些不成系統的“碎片”。吳先生的貢獻，是將這些“碎片”，通過更加深入的研究，拼綴爲一幅完整的畫卷。信中説：“當時月刊要的急，不及寄您審閲。”説明當時吳先生代表整理組寫的文章，都是要經唐先生審閲纔能發表的。最後問：“對這個問題，不知先生尚有更多的考慮否？”説明關於“義和政變”，唐先生的意見至關重要。

　　吳震先生《索隱》一文的發表，不僅使“義和政變”成爲歷史定論，更推動了學界關於“重光復辟”“延壽改制”“高昌吉利”紀念幣的鑄造、“義和政變家族”的動態等一系列問題的探討。其重要性已爲學界共識，無須贅述。值得注意的是，《吐魯番出土文書》整理組，是由來自不同高校、科研單位和文博考古單位的專家組成的學術團隊。唐長孺先生作爲整理組組長和一代史學宗師，對很多學術問題的認識無疑會獨具慧眼和先人着鞭。他將自己的發現，毫無保留地提供給整理組討論，在形成共識的同時，鼓勵大家撰寫文章，進行更加深入的研究。唐先生的這種工作模式，促進了來自不同學術領域的成員之間學術關係的和睦，培養了一大批優秀的“吐魯番學”專家。同時，唐先生也贏得了大家的尊敬。吳震先生給唐先生寫信，經常抬頭稱“唐師”，結尾問“師母安好”。其他成員亦然。唐先生整理吐魯番文書筆記的發現，不僅給“義和政變”研究增加了新的學術史資料，對於瞭解前董學者視學術爲公器的高尚情懷也提供了幫助。而關於後者，也許更值得當代學人好好學習和引爲借鑒！

　　附記：本文原刊《西域研究》2021 年第 2 期，收入文集時，有個别訂正。

唐代契約中"官有政法，人從私契"用語再析*

黄正建

一、前人的研究

唐代契約研究，由於敦煌吐魯番契約的大量發現而成興盛態勢，由歷史學者和法制史學者撰寫的論著很多。這些論著大多關注到唐代法令中關於政府與契約關係的規定，即：

> 復原唐令《雜令》37條：諸公私以財物出舉者，任依私契，官不爲理。每月取利，不得過六分。積日雖多，不得過一倍……若違法積利、契外掣奪，及非出息之債者，官爲理……
> 復原唐令《雜令》38條：諸以粟、麥出舉，還爲粟、麥者，任依私契，官不爲理。仍以一年爲斷，不得因舊本更令生利，又不得回利爲本。①

也就是説，在唐代，官府一般不干涉契約的訂立，但規定了最高利息，違反者官府還是會受理相關訴訟的。

在這一背景下，敦煌吐魯番契約中往往又有"官有政（正）法，人從私契"②的説法。關於這一説法，相關論著或者不提，或者即使提到也是一筆帶過。例如：

> 張中秋《唐代經濟民事法律述論》：唐《雜令》提出，民間借貸出舉，"任依私契，官不爲理"，確立官府不主動干涉的放任原則。唐代各種契約中，也往往有"官有政法，人從私契"的慣語。契約的種類、形式、内容等主要依靠民間的慣例。③

> 岳純之《唐代民事法律制度論稿》比較强調國家對契約的干涉，書中寫道：借貸契約的成立和履行，原則上是尊重當事人的意思，"任依私契，官不爲理"。但如果一任當事人契約自治，國家毫不干預，也會導致某些不利於社會穩定和統治者統治、損及借貸雙方

---

* 本文爲國家社科基金重大項目"中國古文書學研究"（14ZDB024）階段性成果。

① 天一閣博物館、中國社會科學院歷史研究所《天聖令》整理課題組校證：《天一閣藏明鈔本天聖令校證（附唐令復原研究）》，中華書局2006年版，第751~752頁。

② 這其中的"政法"也有寫作"正法"的，到底應該是"政法"呢還是"正法"？我以爲應該是"正法"即"正式的法規"。"正"寫作"政"在敦煌文書中常見，例如敦煌本《甘棠集》中《賀淮南崔相公狀》將"進退惟正"寫作"進退惟政"；《賀冬與兩樞密狀》將"正陰陽之候"寫作"政陰陽之候"就是例證（趙和平輯校：《敦煌表狀箋啓書儀輯校》，江蘇古籍出版社1997年版，第15、21頁）。不過由於契約中寫"政法"的要多於"正法"，因此本文在引用文書或今人論著時各仍其文，但在行文時一律用"政法"。

③ 張中秋：《唐代經濟民事法律述論》，法律出版社2002年版，第153頁。

利益的事情，正是因此，隋唐五代各朝在實行契約自治的同時，也爲借貸契約的成立和履行設立了某些法律限制。① 此書没有提到"官有政法，人從私契"的問題。

馮卓慧《唐代民事法律制度研究——帛書、敦煌文獻及律令所見》認爲，契約"還强調'官有政法，人從私契'，即國家法律有明文規定，雙方私人簽訂的契約是依法而簽訂的，對雙方當事人有法律約束力"，"要强調契約是依法律規定而簽訂，'官有政法，人從私契'"。②

范一丁《古代契約法史稿》指出："在計息之債出現'官不爲理'的情況時，如何確保'私契'的權利實現和義務得以履行"的問題，指出"不計息之債的'民從私契'的原則，促使了這一時期借貸契約擔保條款的發展"。③ 書是通論性著作，隋唐只占其中一小部分，没有提到契約中的"官有政法，人從私契"。

比較詳細一點的分析則有：

陳永勝《敦煌吐魯番法制文書研究》認爲："我國中世紀的契約制度已達到相當高的水準，契約理念也較發達，當時契約中已有'官有政法，人從私契'等慣語，反映出我國古代契約發展至唐時已有把法律分爲國家制定法與民間私約的基本分類。""在敦煌、吐魯番契約，如《未年安環清賣地契》、《唐建中七年（七八六）蘇門悌舉錢契》、《丙子年阿吳賣兒契》等中，都出現了'官有政法，人從私契'、'故立私契'等慣語。有的契約上還寫明'民有私約，要（約）行二主'的慣語，强調契約是私人行爲，强調私約、私契與官法的對立。這可能一方面意味着民間契約具有與官府法律相等的權力；另一方面也隱含着雙方當事人約定極力排斥政府當局用公權力干預私權力，這些慣語及私契、私約概念的存在説明，私契已不是一般的、個别的存在，而是已成爲一種觀念的、抽象的存在，成爲一種價值觀，支配着人們的行爲。"④

羅彤華《唐代民間借貸之研究》指出："民間契約常有'官有政法，人從私契'的慣用語，從鄉法生利明明高於官方法定利率，而官府仍視若無睹，不加禁制或懲處思之，國家法律一方面保障人民的自由締約權，另一方面，人民也要求官府尊重私契的法律地位。""從契約内容上看，官、民之間的確存在着許多差異，'官有政法，人從私契'，反映百姓心中是把私契與政法視爲不相對待（等？）的敵體，方其締約時，爲了免於日後發生糾紛，債權人用鄉法、牽掣財物、恩赦擔保、有剩不還等條款保護自我權益，抗拒國家法律，相對地，官府即或不主動取締違法契約，但對已受理的案件，在正常情況下，還是會依制論處，按律判決。換言之，政府只給予人民相對的契約自主權，其限度以契約内容不違政法爲原則，否則只要有人提起告訴，人民私下間的約定就可能會因政法介入而廢止或改變。"⑤

韓森《傳統中國日常生活中的協商：中古契約研究》認爲："吐魯番的平民百姓在並不

① 岳純之：《唐代民事法律制度論稿》，人民出版社 2006 年版，第 326 頁。
② 馮卓慧：《唐代民事法律制度研究——帛書、敦煌文獻及律令所見》，商務印書館 2014 年版，第 245 頁。
③ 范一丁：《古代契約法史稿》，法律出版社 2017 年版，第 114、116 頁。
④ 陳永勝：《敦煌吐魯番法制文書研究》，甘肅人民出版社 2000 年版，第 46、102~103 頁。
⑤ 羅彤華：《唐代民間借貸之研究》，台灣"商務印書館"2005 年版，第 339~341 頁。

徵得地方官府贊同的情況下，設法管理其日常的交易行爲，並使用契約。他們將券契區分爲兩種：私契——他們自己用的，和官契——在官府監督下訂立的。而如果在私契方面發生糾紛，這種區別並未妨礙他們同樣告官呈控，但他們在訂立私契時看來並未預計到需要告官的問題。現存契約的用語反映出立法者在對待官府干預契約糾紛問題上舉棋不定。畢竟，正如許多契約上所寫的那樣，'官有政法，人從私契'。"①韓森在這裏的意思表達得不是很清楚，大致是說"官有政法，人從私契"的意思是存在兩種契約即私契和官契，其中私契可以不徵得官府贊同。

以上議論大致可分爲兩種意見。一種意見認爲，"官有政法，人從私契"説明私契在與官法的對立中壯大，反映民間契約具有了與官府法律相等的權力（陳永勝、韓森）；另一種意見認爲，這一慣用語説明契約內容以不違反"政法"爲原則，強調契約是依國家法律制定的（羅彤華、馮卓慧）。雖然兩種意見都看到了官法和私契的對立，但前者強調這一慣語説明民間契約的力量，後者則強調官法在締約中的重要。

現在的問題是：先不論上述兩種意見誰的更有道理，我們首先要看他們議論的依據。以上幾種提到"官有政法，人從私契"的論著，大多只是泛泛地說"唐代各種契約中，也往往有'官有政法，人從私契'的慣語"（張中秋）；"（契約）還強調'官有政法，人從私契'"（馮卓慧）；"契約中已有'官有政法，人從私契'等慣語"（陳永勝）；"正如許多契約上所寫的那樣，'官有政法，人從私契'"；"在吐魯番契約中常見的將'私契'與'政法'區別開來的説法"（韓森）；"民間契約常有'官有政法，人從私契'的慣用語"（羅彤華）。這裏的"往往有""已有""許多""常有""常見"是什麼概念？是每件契約中都有還是大多數有？占多少比例？上述論著頂多也就舉出了兩三件契約文書就做出"往往有""常有""許多""常見"的表述，顯然是不科學的。

本文打算先討論寫有"官有政法，人從私契"的契約在唐代契約中是多數還是少數，然後略作分析，希望能進一步推動這一問題的深入研究。

二、統計的結果

研究唐代契約，主要資料是敦煌吐魯番出土的契約，包括原件、稿本、樣文等。由於時間關係，筆者沒有全面梳理全部唐代契約，只着重在兩種資料中進行了統計。

唐前期的契約文書，主要保存在吐魯番文書中。筆者沒有查找全部吐魯番文書中的契約文書，只想在其中某一相同時代甚至相同人物的一組契約中，看看寫有"官有政法，人從私契"的文書占多大比例。

這一相同時代甚至相同人物的一組契約文書，就是收錄在《吐魯番出土文書》第六冊阿斯塔那四號墓即左幢憙墓出土的一組契約文書。有紀年的文書時代在顯慶五年（六六〇）到咸亨四年（六七三），是唐高宗時代的早期。

這組契約文書一共15件，除去2件尾部殘缺無法判斷外，尚存13件。在這13件契約文書中，寫有"官有政法，人從私契"的契約只有2件，分別是：

（1）唐龍朔元年（六六一）龍惠奴舉練契：

1　龍朔元年八月廿三日，安西鄉人龍惠奴
2　於崇化鄉人右幢憙邊舉取練三
3　拾疋，月別生利練肆疋。其利若出
4　月不還，月別罰練壹疋入左。如幢
5　憙須須練之日，並須依時酬還。若身
6　東西無，仰妻兒收後者償。**人有正**
7　**法，人從私契**。兩和立契，獲指爲信。
8　　　　　　練主左
9　　　　　　舉練人龍惠奴｜｜｜
10　　　　　保人男隆緒｜｜｜
11　　　　　知見人魏魏｜｜｜
12　　　　　知見人樊石德｜｜｜
13　　　　　保人康文憙｜｜｜｜①

　　根據注釋，第2行的"右幢憙"應爲"左幢憙"；第5行衍了一個"須"字；第6行"人有正法"當是"官有政法"。②
　　（2）唐乾封元年（六六六）鄭海石舉銀錢契：

1　乾封元年四月廿六日，崇化鄉鄭海石於左幢
2　憙邊舉取銀錢拾文，月別生利錢壹
3　文半。到左須錢之日，嗦（索）即須還。若鄭延
4　引不還左錢，任左牽挈鄭家資雜物、
5　口分田園，用充錢子本直。取所挈之物，
6　壹不生庸；公私債負停徵，此物不在停
7　限。若鄭身東西不在，一仰妻兒及收後保
8　人替償。**官有政法，人從私契**。兩和立契，
9　畫指爲信。
10　　　　　錢主左
11　　　　　舉錢鄭海石｜｜｜
12　　　　　保人寧大鄉張海歡｜｜｜
13　　　　　保人崇化鄉張歡相｜｜｜
14　　　　　知見人張歡德｜｜｜③

---

① 在本文中將其編號爲（1），以下順序編號。
② 唐長孺主編：《吐魯番出土文書》第六冊，文物出版社1985年版，第408～409頁。
③ 唐長孺主編：《吐魯番出土文書》第六冊，文物出版社1985年版，第417～418頁。

在同時代與同一人相關的一組契約中，只有 2 件寫有"官有政法，人從私契"，占全部 13 件文書 15%，即不到六分之一。

唐後期契約主要見於敦煌文書。將敦煌契約文書搜集在一起並進行録文的有中外多本著作。筆者使用了沙知輯校的《敦煌契約文書輯校》(本文簡稱《輯校》)。在這本《輯校》中一共收録了大約 316 件文書(含《補遺》)，除去一些牒、狀等外，大約有 300 件契約文書。在這 300 件契約文書中，有相對完整結尾的契約共約 160 件。在這結尾相對完整的 160 件契約文書中，寫有"官有政法，人從私契"或類似表達的只有 9 件①，其中包括 2 件樣文。下面是這 9 件契約文書的録文(依《輯校》，"···"表示爲指節印)：

(3)未年(八二七?)上部落百姓安環清賣地契，斯 1475 號背：

```
1  宜秋十里西支地壹段，共柒畦拾畝。(東道，西渠，南索晟，北武再再)
2  未年十月三日，上部落百姓安環清爲
3  突田債負，不辦輸納，今將前件地
4  出買(賣)與同部落人武國子。其地畝別
5  斷作斛斗漢斗壹碩陸斗，都計麥壹拾
6  伍碩、粟壹碩，並漢斗。一賣已後，一任武
7  國子修營佃種。如後有人懺悋識認，
8  一仰安環清割上地佃種與國子。其地
9  及麥當日交相分付，一無懸欠。一賣後，
10 如若先飜悔，罰麥伍碩，入不悔人。
11 已後若　恩勅，安清罰金伍兩納入
12 官。官有政法，人從私契。兩共平章，書指爲記。
13          地主　安環清年廿一···
14     母安年五十二···(此行倒書)師叔正燈(押)
15   見人張良友(此行倒書)    姊夫安恒子···②
```

(4)唐天復二年(九〇二)赤心鄉百姓曹大行廻換舍地契(習字)，斯 3877 號背：

```
1  天成(復)貳年壬戌歲拾三日，赤心鄉百姓曹大行
2  遂將前件舍地廻換與洪潤鄉百姓令狐進通，取
3  同坊南壁上進通上件屋舍兩口，內一口無屋，東
4  西三仗(丈)五尺，南北一仗(丈)二尺並基。其舍准數□□
5  斛斗玖碩，內伍碩准折進通屋木，更肆碩，當
```

---

① 前述韓森著作在引用了一件敦煌契約後説："在吐魯番契約中常見的將'私契'與'政法'區別開來的説法，在敦煌契約中卻只有這一例。看來敦煌居民並不像吐魯番居民那樣，深信'私契'完全脱離于'政法'"([美]韓森著，魯西奇譯：《傳統中國日常生活中的協商：中古契約研究》，江蘇人民出版社 2008 年版，第 52～53 頁)。這一説法是不準確的，因此結論或也可商榷。

② 沙知：《敦煌契約文書輯校》，江蘇古籍出版社 1998 年版，第 1～2 頁。

6　日交相分付，一無玄(懸)欠。一定已後，其舍各自永充

7　主記。若有別人作主，一仰大行愓(另)覓上好舍

8　充替。或有天恩赦流行，不在論理之限。共(兩)共對

9　面平章，不許休悔。如先悔者，罰麥貳馱，入

10　不悔人。**官有法，人從此契**，用爲後憑。①

(5)後周顯德三年(九五六)兵馬使張骨子買舍契，伯 3331 號：

（前　　缺）

1　三年丙辰歲十一月｜廿八｜日，兵馬使｜張骨子緣｜

2　無屋舍，遂買兵馬使宋欺忠上件准尺

3　數舍居住。斷作舍價物，計斛斗陸拾

4　捌碩肆斗，内參粟各半。其上件舍價物，

5　立契日並舍兩家各還訖，並無升合欠

6　少，亦無交加。其舍一買後，任張骨子永

7　世便爲主記居住。中間或有兄弟房

8　從及至姻親懺愓，稱爲主記者，一仰舍

9　主宋欺忠及妻男鄰近穩便買舍充

10　替，更不許異語東西。中間或有恩赦，亦

11　不在論限。**人從私契**，一買已後，更不許

12　翻悔。如先悔者，罰黄金三兩，充入官

13　家。恐後無憑，故立此契，用爲後驗耳。

14　見人兵馬使兼鄉官李(倒書)　舍主兵馬使宋②

（後　　缺）

(6)丙子年(九一六)赤心鄉百姓阿吳賣兒契(習字)，斯 3877 號背：

1　赤心鄉百姓王再盈妻阿吳，爲緣夫主早亡，男女

2　碎小，無人求(救)濟，供急(給)依(衣)食，債負深壙(廣)。今將福(腹)生

3　兒慶德柒歲，時丙子年正月廿五日，立契出賣與

4　洪潤鄉百姓令狐信(進)通。斷作時價幹濕共三拾石

5　當日交相分付記，一無玄(懸)欠。其兒慶德自出賣與(已)

6　後，永世一任令狐進通家 □充 家僕，不許別人論

7　理。其物所買兒斛斗，亦須生利。或有恩　勅流

8　行，亦不在論理之限。**官有政法，人從私契**。恐

① 沙知：《敦煌契約文書輯校》，江蘇古籍出版社 1998 年版，第 12 頁。"官有法"當是缺了"政"字，實際應爲"官有政法"。

② 沙知：《敦煌契約文書輯校》，江蘇古籍出版社 1998 年版，第 26～27 頁。

9 後無憑，故立此契，用爲後驗。①

(7)唐天寶十三載(七五四)龍興觀道士楊神岳便麥契(稿)，伯4053號背：

1 天寶十三載六月五日，龍興觀常住爲少種
2 糧，今于□□邊直便小麥捌碩。其麥限至八月還
3 納了。如違限不還，一任□□牽挈常住
4 車牛雜物等，用充麥直。**官有政法，人從**
5 **私契**。兩共平章，畫指爲驗。
6   麥主
7   便麥人龍興觀道士楊神岳···
8   保人道士氾志燈載卅五···
9   保人
10   保人②

(8)雇工契(樣文)，伯3441號背：

1 △年△月 日，百姓康富子爲緣欠少人力，遂雇△鄉百姓△專
2 甲子。雇使一周年，斷作雇價每月多少，役事酌度。立
3 契已後，便須入作。所有籠具什物等，一仰受雇
4 人悆？什？若是放畜牧，畔上失卻，狼咬煞，一仰售(受)雇人
5 祇當與充替。若無替，尅雇價物。一定已後，比年限
6 滿，中間不得抛直(擲)。若有抛直(擲)，五日已外，便知算日尅勿(物)。
7 若有年未滿蕃(翻)悔者，罰在臨時，入不悔人。**官有政**
8 **法，人從私契**。兩共對面平章，書紙爲記，用爲後憑。③

(9)唐咸通二年(八六一)齊像奴出租地契，伯3643號：

1 張桃渠地一段兩畦共貳拾畝□□□□
2 咸通二年辛巳三月八日□□□□
3 其人力，遂將上件地五畝一畦□□□□
4 半，並前一畦，計壹拾貳□□□□
5 至秋，像奴三分內仰請一分□□□□
6 半，亦共僧福智停頭□□兩鄉善□□
7 蒿芸澆溉收拾等，兩家辛苦，今□□□

① 沙知：《敦煌契約文書輯校》，江蘇古籍出版社1998年版，第75頁。
② 沙知：《敦煌契約文書輯校》，江蘇古籍出版社1998年版，第82~83頁。
③ 沙知：《敦煌契約文書輯校》，江蘇古籍出版社1998年版，第296頁。

8　抱功者看閑芒(忙)月，兩家計算酬功。如後
9　有人愷護，一仰弟齊興清祇當。一定已後，不許
10　翻悔。如先悔者，罰□□軍糧用。**官有**
11　**政法，人從私契。** 兩共平章，用爲後驗。
12　　　　　　　地主齊像奴(押)
13　　　　　　　保人弟齊興清(押)
14　　　　　　　見人僧願成(簽名)
15　　　　　　　見人並書契僧明照
16　　　　　　　見人僧智謙①

(10)寅年(八三四？)節兒爲楊謙讓打傷李條順處置憑，斯 5816 號：

1　寅年八月十九日，楊謙讓共李條順相諍，遂打損　經(脛)。
2　節兒斷，今楊謙讓當家將息，至廿六日，條順師兄及諸親等，迎
3　將當家醫理。從今已後，至病可日，所要藥餌當直及將息物，亦
4　自李家自出，待至能行日，算數計會。又萬日中間，條順不可，
5　及有東西營局破用，合著多少物事，一一細算打牒，共
6　鄉閭老大計算收領，亦任一聽。如不穩便，待至營事了日
7　都算，共人命同計會。**官有政法，人從私契，** 故立爲驗，用
8　爲後憑。
9　　　　　　　僧師兄惠常
10　　　　　　　僧孔惠素
11　　　　　　　見人薛卿子②

(11)從良書樣文，斯 4374 號：

1　　　從良書
2　奴某甲婢某甲，男女幾人。吾聞從良放人，
3　福山峭峻，壓良爲賤，地獄深怨。奴某等
4　身爲賤隸，久服勤勞，旦起肅恭，夜無安
5　處。吾亦長興歎息，克念在心，饗告
6　先靈，放從良族。枯鱗見海，必遂騰波，
7　臥柳逢春，超然再起。任從所適，更不
8　該論。後輩子孫，亦無闌慷。**官有正**
9　**法，人從私斷，** 若違此書，任呈官府。年
10　月日郎父　　　兄弟　　　子孫

---

① 沙知：《敦煌契約文書輯校》，江蘇古籍出版社 1998 年版，第 321~322 頁。
② 沙知：《敦煌契約文書輯校》，江蘇古籍出版社 1998 年版，第 413~414 頁。

11	親保
12	親見
13	村鄰
14	長老
15	官人
16	官人①

這9件契約文書，涉及賣地、廻換舍地、買舍、賣兒、便麥、雇工、出租地、處置憑、從良書，但都很少，特別是在數量最多的"便貸類"80餘件契約中只有1件②。從占比看，9件寫有"官有政法，人從私契"的契約文書，只占全部結尾相對完整的160件契約文書的5.6%，即僅占不到十八分之一。

這樣我們就有了初步結論：寫有"官有政法，人從私契"的契約，在唐代契約中占有的比例很小，平均不到10%。以上研究唐代契約的論著所謂唐代契約"往往有"或"常有""'官有政法，人從私契'的慣語"的判斷並不準確。甚至可以說，在大多數情況下，雖然唐代契約結尾往往寫有"兩共平章，畫指爲信"或"恐人無信，故立私契，以爲後驗"等套話，但是唐代契約一般並不寫有"官有政法，人從私契"的字樣。

三、初步分析

現在我們來分析爲何只有這幾件契約寫了"官有政法，人從私契"字樣。其實要分析其中的原因是很難的。我們必須對同時代、同類型又沒有寫這些字的契約(可稱之爲一般契約)爛熟於心，纔能判斷爲何這幾件契約寫了那些字。但限於時間和水準，筆者尚不能完全掌握一般契約的內容和特點，因此想要找到寫有"官有政法，人從私契"字樣的契約(可稱之爲特殊契約)爲何寫這些字的原因就非常難了。我們只能嘗試分析一下。

先看第(2)件契約即《鄭海石舉銀錢契》。爲找到這件契約爲何要寫"官有政法，人從私契"字樣，我們先看看同墓出土的其他4件舉錢契(僅錄主要內容，去掉行號並連書，省略結尾)。

張利富舉錢契：

顯慶五年三月十八日，天山縣南平鄉人張利富於高昌縣崇化鄉人左憧憙邊舉取銀錢拾文，月別生利錢壹文。到左還須錢之日，張即須子本俱還。若身東西不在，一仰妻兒及保人等代；若延引不還，聽掣家資雜物平爲錢直。③

張善憙舉錢契：

---

① 沙知：《敦煌契約文書輯校》，江蘇古籍出版社1998年版，第494~495頁。

② 所以此件或可疑。

③ 唐長孺主編：《吐魯番出土文書》第六冊，文物出版社1985年版，第404頁。

　　　　乾封三年三月三日，武城鄉張善憙於崇化鄉左憧憙邊舉取銀錢貳拾文，月別生利銀錢貳文。到月滿，張即須送利。到左須錢之日，張並須本利酬還。若延引不還，聽左拽取張家財雜物平爲本錢直。身東西不在，一仰妻兒保人上錢使了。若延引不與左錢者，將中渠菜園半畝，與作錢質，要須得好菜處。①

張善憙舉錢契：

　　　　總章三年三月十三日，武城鄉張善憙於左憧憙邊舉取銀錢肆拾文，每月生利錢肆文。若左須錢之日，張即子本具還。前卻不還，任掣家資平爲錢直。身東西不在，仰收後代還。②

白懷洛舉錢契：

　　　　總章三年三月廿一日，順義鄉白懷洛於崇化鄉左憧憙邊舉取銀錢拾文，月別生利錢壹文。到月滿日，白即須送利。左須錢之日，白即須子本酬還。若延引不還，聽牽取白家財及口分平爲錢直。仍將口分蒲桃用作錢質。身東西不在，一仰妻兒酬還錢直。③

　　這 4 份契約的共同點有二：第一，利率都是拾文利息爲一文，即利率是 10%；第二，契約規定在掣奪家財雜物之前，要還"子本（本利）"，若延引不還，纔掣奪家資雜物。
　　現在我們看看同墓出土的、前面引過的第（2）件寫有"官有政法，人從私契"的鄭海石舉銀錢契的主要內容：

　　　　乾封元年四月廿六日，崇化鄉鄭海石於左憧憙邊舉取銀錢拾文，月別生利錢壹文半。到左須錢之日，嗦（索）即須還。若鄭延引不還左錢，任左牽掣鄭家資雜物、口分田園，用充錢子本直。取所掣之物，壹不生庸；公私債負停徵，此物不在停限。若鄭身東西不在，一仰妻兒及收後保人替償。**官有政法，人從私契。**

　　與前 4 件契約不同，此件契約規定的利息是拾文錢利息一文半，利率是 15%。也沒有還子本錢的規定，直接説若不還錢，就要牽掣家資雜物外加口分田園，用充"錢子本直"，並增加了"取所掣之物，壹不生庸；公私債負停徵，此物不在停限"④等附帶條件。所以我們推測，是否當時當地官府規定的利率是 10%，如果超出這個規定，或者還有其他附加條件的話，就要在契約上寫上"官有政法，人從私契"，即這份契約即使與"官府政法"

---

①　唐長孺主編：《吐魯番出土文書》第六册，文物出版社 1985 年版，第 422 頁。
②　唐長孺主編：《吐魯番出土文書》第六册，文物出版社 1985 年版，第 430 頁。
③　唐長孺主編：《吐魯番出土文書》第六册，文物出版社 1985 年版，第 432 頁。
④　此時似乎尚無後期契約常見的"若恩赦流行，不在論理之限"一類的話，而本契約中的"公私債負停徵，此物不在停限"已經具備了這層意思。這也是不同於其他契約的地方。

不同，也是要遵守的。所以，寫上這句話的契約，可能表明了契約内容條件等雖不同於官府規定，但它是當事人雙方商議之後而立的契，雙方都必須遵從。"官有政法，人從私契"這兩句話似乎應該解讀爲：（雖然）官（府規定）有政（正）法，（但是當事）人（必須遵）從私（下訂立的）契（約）。

第(1)件文書，由於同墓中没有出土類似的舉練契，無從比較，只好從略了。

現在看(3)安環清賣地契。

在《輯校》的"買賣類"契約中没有找到和這件契約年代（未年是八二七年即吐蕃占領時期）一致的賣地契，不同時代没有"官有政法，人從私契"字樣的一般賣地契則有 5 件，或者能稍微做些比較。由於契約的時代不同，價格比較没有意義，因此以下録文只録賣地之後的條件，並省略結尾"恐人無信，故立斯契，用爲後驗"之類套話。

天復九年(九○九)安力子賣地契：

> 自賣已後，其地永任進通男子孫息姪世世爲主記。中間或有迴換户狀之次，任進通抽入户内。地内所著差税河作，隨地祗當。中間若親姻兄弟及别人諍論上件地者，一仰口承人男欓権兄弟祗當，不懺買人之事。或有恩勅流行，亦不在論理之限。①

顯德四年(九五七)吴盈順賣地契：

> 自賣已後，永世琛家子孫男女稱爲主記。爲唯有吴家兄弟及别人侵射此地來者，一仰地主面上並畔覓好地充替。中間或有恩赦流行，亦不在論理之限。②

太平興國七年(九八二)吕住盈吕阿鸞兄弟賣地契(習字)：

> 自賣餘(已)後，任令？ 狐 □□ 有。住盈阿鸞二人能辯修(收)瀆(贖)此地來，便容許□□ 兄弟及别人修(收)瀆(贖)此地來者，便不容許修(收)瀆(贖)。□□ 便入户。恩赦流行，亦不在論理。③

年代不詳陰國政賣地契：

> □□ 稱爲主者，一仰叔祗當。並畔覓上好地充替。如若□□ □已後，不許别房姪男寢(侵)劫，如若無辜非理諍論，願你？□□ 行？。④

賣地契樣文：

---

①　沙知：《敦煌契約文書輯校》，江蘇古籍出版社 1998 年版，第 18~19 頁。
②　沙知：《敦煌契約文書輯校》，江蘇古籍出版社 1998 年版，第 30 頁。
③　沙知：《敦煌契約文書輯校》，江蘇古籍出版社 1998 年版，第 35 頁。
④　沙知：《敦煌契約文書輯校》，江蘇古籍出版社 1998 年版，第 40 頁。

　　□□鄉□□時□□□□當房兄弟及別人□□□擾説論來者，一仰殘兒並伴覓上好地充替。或有恩敕流行，亦不在論理之限。①

　　以上 5 件賣地契的共同點，一是規定了如果賣家兄弟來爭論的話如何處理(大多是要用好地充替)，二是大多規定了若有恩敕，不在論理之限。

　　第(3)件安環清賣地契：

　　一賣已後，一任武國子修營佃種。如後有人懺恌識認，一仰安環清割上地佃種與國子。其地及麥當日交相分付，一無懸欠。……已後若 恩勅，安清罰金伍兩納入官。**官有政法，人從私契。**

與前面 5 件賣地契不同的是：第一，没有涉及賣家的兄弟，也没有用好地充替字樣。第二，没有明確説若有恩敕不在論理之限，反而説有恩敕的話，要罰賣主五兩金並納入官。或許這種不同即是特殊契約與一般契約規定項目或條件的不同，所以纔要特別寫上"官有政法，人從私契"字樣，以解釋並保護這種不同。當然，由於各契約的時代不同，以上比較出來的差異也許没有意義，這裏也只是一種無奈的推測而已。

　　第(4)件曹大行廻換舍地契、第(5)件張骨子買舍契，由於《輯校》中没有相同的"廻換舍地契"和"買舍契"，無從比較。或許正是因爲這類契約稀少，纔會特意寫上"官有政法，人從私契"字樣？

　　第(6)件《阿吳賣兒契》。《輯校》中也僅有這一件賣兒契。此外有一件賣妮子契如下(依然只録相關部分)。

　　淳化二年(九九一)韓願定賣妮子契：

　　自賣已後，任永(允)朱家男女世代爲主。中間有親情眷表識認此人來者，一仰韓願定及妻七娘子面上覓好人充替。或遇恩赦流行，亦不在再來論理之限。兩共面對商儀(議)爲定。②

現在看第(6)件丙子年(九一六)阿吳賣兒契：

　　其兒慶德自出賣與(已)後，永世一任令狐進通家□充家僕，不許別人論理。其物所買兒斛斗，亦須生利。或有恩 勅流行，亦不在論理之限。**官有政法，人從私契。**

與上件賣妮子契明顯不同的是契約中有"其物所買兒斛斗，亦須生利"的規定。或許這種規定超出了一般契約規定的條件，所以纔要着重寫上"官有政法，人從私契"，以維護這一超出官府政法的條件。

---

① 沙知：《敦煌契約文書輯校》，江蘇古籍出版社 1998 年版，第 51 頁。
② 沙知：《敦煌契約文書輯校》，江蘇古籍出版社 1998 年版，第 79 頁。

第(7)件龍興觀道士楊神岳便麥契有兩點需要説明。第一，在敦煌所有契約中，此件唐天寶十三載(七五四)的契約是很早的，因而很難找到與它相比較的契約。在同紙上本來另有一件楊神嶽便粟契①，可惜相關部分較殘，無法比較。順便提一下，此件便麥契涉及的龍興觀與紫極宫，《敦煌學大辭典》釋爲敦煌的道觀(李正宇撰寫)，但只有這一條證據，還是令人很懷疑的。第二，在《輯校》"便貸類"全部八十餘件契約中，只有這一件寫有"官有政法，人從私契"，是否説明從總的來説，在有關便貸的契約中，比起賣地賣兒等契約來，官府干涉的力度更小，以致不必特意寫上"官有政法，人從私契"之類文字就可以維護私契中的各種條件了。

第(8)件是雇工契的樣文。

樣文雖然没有時代，但其實也是某一時代的樣文。若不論時代，我們從《輯校》中找到比較完整的雇工契有8件，其相關内容爲：

戊戌年(八七八)令狐安定雇工契：

　　其人立契，便任入作，不得抛工。一日勒物一斗。忽有死生，寬容三日，然後則須驅驅，所有農具什等，並分付與聰兒，不得非理打損。牛畜違打，倍(賠)在作人身。兩共對面穩審平章，更不許休悔。如先者，罰羊一口，充入不悔人。②

乙酉年(九二五?)僧寶香雇工契：

　　從入雇已後，便須逐月逐日驅驅入作，不得抛却作功。如若忙月抛一日，勒勿(物)五斗，閑月抛一日，勒勿(物)壹斗。件子手内所把隴(農)具一勿(物)已上，忽然路上違(遺)失，畔上睡臥，明明不與主人失却，一仰雇人祗當。如若有病患者，許五日將理，餘日算價。節下依鄉原例寬閑。如若當鄉？用水打□□□他人莊舍苗子□□官罰羊來，一仰當官人祗當。一定已後，更不許休悔。如(先)悔者，罰麥伍碩，充入不悔之人。③

戊申年(九四八?)李員昌雇工契(習字)：

　　自雇已後，驅驅造作，不得左南直北閑行。若忙時抛一日，尅勿(物)二斗，閑抛一日，尅勿(物)一斗。兩共對平章，不許休悔。如先悔者，罰麥三馱，充入不悔。④

乙卯年(九五五)孟再定雇工契：

①　沙知：《敦煌契約文書輯校》，江蘇古籍出版社1998年版，第85頁。
②　沙知：《敦煌契約文書輯校》，江蘇古籍出版社1998年版，第248頁。
③　沙知：《敦煌契約文書輯校》，江蘇古籍出版社1998年版，第263～264頁。
④　沙知：《敦煌契約文書輯校》，江蘇古籍出版社1998年版，第272～273頁。

　　若(馬)盈德抛敵，芒(忙)[日?]抛卻二日，勒物一斗，閑日? 勒物一斗。兩共面對平章，更不許休悔。如若先悔者，罰青麥兩馱，充入不悔人。

有校記：忙日抛卻二日，當爲一日，勒物一斗，當爲二斗。①
丁巳年(九五七)賀保定雇工契：

　　自雇已後，便須驅驅造作，不得忙時左南直北亂作，抛工一日，尅物貳斗。忽若偷他人牛羊麥粟瓜果菜茹，忽以捉得，陪(賠)在自身祇當。更若畔上失他主人農具鏵鐺鐮刀鍬钁袋器什物者，陪(賠)在作兒身上。若分付主人，不忏作兒之事。或遇賊來打將，壹看大例。兩共平章爲定，准法不許休悔者。罰青麥伍馱，充入不悔人。②

甲戌年(九七四)竇跛蹄雇工契：

　　自雇如後，便須兢兢造作，不得抛功壹日。忙時抛工壹日，尅物貳斗。閑時抛工一日，尅物一斗。若作兒手上使用籠具鐮刀鏵鐺鑿钁袋器什等，畔上抛扶打損，裝(賠)在作兒身，不關主人之事。若收到家中，不關作兒之事。若作兒偷他瓜果菜如(茹)羊牛等，忽如足(捉)得者，仰在作兒身上。若作兒病者，算日勒價。作兒賊打將去，壹看大例。兩共對面平章，准格不許番(翻)悔者。已巳。若先悔者，罰青麥拾馱，充入不悔人。③

戊子年(九八八?)史氾三雇工契：

　　自雇已後，便須競心造作，不得抛敵(敵)工扶(夫)□□□汗衫一禮(領)。若忙時抛工一日，勒物貳斗。若閑時抛工一日勒[物][壹][斗]。④

後梁龍德四年(九二四)張厶甲雇工契(樣文)：

　　入作之後，比至月滿，便須競心，勿[存]二意，時向不離。城内城外，一般獲時造作，不得抛滌工夫。忽忙時不就田畔，蹭蹬閑行，左南直北，抛工一日，尅物貳斗。應有沿身使用農具，兼及畜乘，非理失脱傷損者，陪(賠)在厶甲身上。忽若偷盜他人麥粟牛羊鞍馬逃走，一仰厶甲親眷[祇]當。或若澆漑之時，不慎睡臥，水落在[他]處，官中書(施)罰，仰自祇當。亦不得侵損他[人]田苗針草，須守本分。大例賊打輸身卻者，無親表論説之分。兩共對面平章爲定，准法不許翻悔。如先悔者，

①　沙知：《敦煌契約文書輯校》，江蘇古籍出版社 1998 年版，第 274～275 頁。
②　沙知：《敦煌契約文書輯校》，江蘇古籍出版社 1998 年版，第 276 頁。
③　沙知：《敦煌契約文書輯校》，江蘇古籍出版社 1998 年版，第 280～281 頁。
④　沙知：《敦煌契約文書輯校》，江蘇古籍出版社 1998 年版，第 285 頁。

罰上羊壹口，充入不悔人。①

此件契約雖是樣文，但卻是照抄了某件契約(結尾處雇身、口承人、見人也都有，但名字以厶甲代替)，只是刪去了名字，可以將其視爲實際締結的雇工契。

以上8件契約內容大致相似，都規定了契約立定之後，受雇者就要認真工作，不許閑逛，不許抛工，若抛工按忙時閑時克扣工錢；不許偷盜；農具自己準備；有病給假；意外死亡不負責；翻悔者有罰，等等。下面看第(8)件雇工契約：

立契已後，便須入作。所有籠具什物等，一仰受雇人悋？什？。若是放畜牧，畔上失卻，狼咬煞，一仰售(受)雇人祇當與充替。若無替，尅雇價物。一定已後，比年限滿，中間不得抛直(擲)。若有抛直(擲)，五日已外，便知算日尅勿(物)。若有年未滿蕃(翻)悔者，罰在臨時，入不悔人。**官有政法，人從私契。**

其中有幾點不同：第一，規定了若放畜牧被狼咬的情況；第二，抛工算日扣物沒有區分忙時閑時；第三，對先翻悔者的懲罰是"罰在臨時"。或者因爲這些不同，纔要在契約上寫上"官有政法，人從私契"？但這件契約是樣文，按理說其他雇工契約都要按此撰寫，但實際情況是前舉8件雇工契約都沒有寫"官有政法，人從私契"類語言。或者樣文只是簡要寫上了各種情況，實際締結時各取所需？

第(9)件齊像奴出租地契，屬於"租佃質典類"。《輯校》中出租地契不多，完整的大概只有2件。

唐天復二年(九〇二)劉加興出租地契：

是日一任祖(租)地人三年奠(佃)種，不諫劉加興。三年除外，並不□劉加興論限。其地及物，當日交相分付。兩共對面平章，一定與(以)後，不許休悔。如先悔者，罰王？六入不人。

校記："諫"旁有刪除符號，但刪後難讀通，疑當爲"忓"字。又，最後"不人"中當脫一"悔"字。②

唐天復四年(九〇四)僧令狐法性出租地契：

其前件地祖(租)與員子貳拾貳年佃種。從今乙丑年至後丙午年末，卻付本地主。其地內除地子一色餘有所著差稅，一仰地主祇當。地子逐年於官。員子逞納。渠河口作，兩家各支半。從今已後，有恩赦行下，亦不在語(論)說之限。更親姻及別稱忍(認)主記者，一仰保人祇當，鄰近覓上好地充替。一定已後，兩共對面平章，更不休悔。如先悔者，罰送納入官。③

---

① 沙知：《敦煌契約文書輯校》，江蘇古籍出版社1998年版，第298~299頁。
② 沙知：《敦煌契約文書輯校》，江蘇古籍出版社1998年版，第324~326頁。
③ 沙知：《敦煌契約文書輯校》，江蘇古籍出版社1998年版，第327~328頁。

現在看第(9)件唐咸通二年(八六一)齊像奴出租地契:

> 共僧福智停頭☐☐兩鄉善☐☐蒿芸澆漑收拾等，兩家辛苦，今☐☐抛功者看閑芒(忙)月，兩家計算酬功。如後有人悋護，一仰弟齊興清祇當。一定已後，不許飜悔。如先悔者，罰☐☐軍糧用。**官有政法，人從私契。**

此件契約由於殘破，許多細節不明，若只與上兩件出租地契比較，起碼"抛(抛?)功者看閑忙月"之類不見於上兩件契約，先悔者罰納爲軍糧也比較特殊。當然，這也可能是時代不同所造成的差異。

第(10)件寅年(八三四?)節兒爲楊謙讓打傷李條順處置憑，屬於"憑約類"。一般憑約都是有關領物、欠物、付物等留下的憑證，像此"處置憑"一樣的憑，只有一件，無從比較。從内容看，此憑涉及打人與被打者雙方在養病、護理、藥費支出計算等方面的商議條件，很是特殊，也許因其特殊，所以要寫上"官有政法，人從私契"之類的話。其他三十餘件憑約均無此語。

第(11)件從良書是樣文，屬"分書放書遺書類"。分書、遺書均無"官有政法，人從私契"一類語言。放書中有 4 件涉及放良:

家童再宜放書(樣文):

> 放汝出纏黑網，從今已往，任意寬閑，選擇高官，充爲公子。將次放良福分，先資亡過，不厯三途，次及現存，無諸災障。願後代子孫，更莫改易。請山河作誓，日辰證如。日月傾移，誓言莫改。①

放家童青衣女書(樣文):

> 放汝從良。從今已後，任意隨情，窈窕東西，大行南北。將此放良福分，先薦過往婆父，不落三途。次及近逝慈親，神生淨土。闔家康吉，大小咸安。故對諸親，給此憑約。已後子孫男女更莫悋護。請山河作折(誓)日月證明，嶽懷(壞)山移，不許改易。②

放良書(樣文):

> 放汝出離。自今已後，如魚在水，躍鱗翻波，似鳥出籠，高飛自在。後有子孫及諸親，更莫口談。一任從良，隨歡快樂，寬行南北，逐意東西。自縱自由，高營世業。山河日月，並作證盟。桑田邊(變)海，此終不改。謹立放書文憑，用爲後驗。③

---

① 沙知:《敦煌契約文書輯校》，江蘇古籍出版社 1998 年版，第 496~497 頁。
② 沙知:《敦煌契約文書輯校》，江蘇古籍出版社 1998 年版，第 499~500 頁。
③ 沙知:《敦煌契約文書輯校》，江蘇古籍出版社 1998 年版，第 502 頁。

放良書(樣文)：

　　放他出離。如魚得水，任意沉浮，如鳥透籠，翱翔弄翼。娥媚秀柳，美娉窈窕之能(態)，拔鬢抽綜(絲)，巧逞芙蓉之好。徐行南北，慢步東西，擇選高門，娉爲貴室。後有兒姪，不許忏論。一任從良，榮於世業。山河爲誓，日月證盟。依此從良，終不相遺者。①

　　這4件都是放良書，也都是樣文。其共同的特點是：没有後面的親族、保人等；除第3件有"立放書文憑，用爲後驗"的話外，其他都没有，也就是不具備契約的全部格式。

　　但第(11)件從良書不同，它具備完整的契約格式。其最後幾行爲：

6　……放從良族。枯鱗見海，必遂騰波，
7　臥柳逢春，超然再起。任從所適，更不
8　該論。後輩子孫，亦無闌恠。**官有正**
9　**法，人從私斷**，若違此書，任呈官府。年
10　月日郎父　　　　兄弟　　　　子孫
11　　　　　　　　親保
12　　　　　　　　親見
13　　　　　　　　村鄰
14　　　　　　　　長老
15　　　　　　　　官人
16　　　　　　　　官人

此件與前述4件的不同，或者是因爲從良書與放良書的不同，或者是内容條件的不同。像此件文書中的"若違此書，任呈官府"一句，就不見於前4件文書。後面的父兄子孫、親保村鄰、長老官人，也不見於前4件文書。所以此件文書也是有特殊性的，或者因此纔要寫上"官有政法，人從私斷"。要注意的是，這裏第二句是"人從私斷"而非"人從私契"，這可能也是《從良書》與一般契約用詞的不同。

四、結論

　　以上我們從173件敦煌吐魯番契約文書中找到11件寫有"官有政法，人從私契"的文書，並對其中9件文書作了初步分析，似乎可以得出以下結論：

　　第一，在全部敦煌吐魯番契約文書(也可以説是唐五代宋初契約文書)中，寫有"官有政法，人從私契"的契約並不多。若以173件契約中只有11件看，後者只占全部契約的6.3%。雖然這裏没有梳理全部敦煌吐魯番文書中的契約文書(相對而言，敦煌契約文書搜集得比較全面)，但相信即使在全部契約文書中統計，這一比例也不會有更大增加。因此

---

① 沙知：《敦煌契約文書輯校》，江蘇古籍出版社1998年版，第504頁。

可以説，寫有"官有政法，人從私契"的契約很少，並非在當時的契約中"往往有"或"常見"。

　　第二，分析寫有"官有政法，人從私契"的契約文書，在與同時同類的契約比較中，可知寫有這句話的契約，其内容或曰契約中所列條件，往往與其他同類契約不同，有其特殊性。也許正因爲這種特殊性可能超出了官府所定政法（正法）的範圍，所以要寫上這句話，以强調在"私契"中這些特别的規定也應得到當事人雙方的遵從。至於没有同時同類的文書，比較雖然意義不大，但除去只有一件無法比較者外，似乎寫有這句話的契約也存在某種特殊性，所以需要寫上這句話以强調"私契"所列條件的合理性，以及雙方應遵從這些特殊規定的强制性。

　　第三，因此，"官有政法，人從私契"並非像馮卓慧等所理解的那樣，意思是訂立私契也要在官府政法的範圍内，"契約是依法律規定而簽訂"，而是意味着所訂立的契約内容雖然與官府政法不同，但只要私人之間簽訂了契約，就要遵從。這句話雖然不一定如陳永勝所説，反映了民間與官府的對立，但確實體現了民間契約與官府規定的不同或超越，並且這種不同或超越是社會所認可的。

　　同時我們要指出，實際上契約規定的内容中與官府政法（正法）不同或超越的其實並不多，大部分契約還基本是在官府政法（正法）的框架下，所以大部分契約中並没有寫上這句話。換言之，寫上這句話的契約是少數，具有某種特殊性，也就是説，與官府政法（正法）不同或超越官府政法（正法）的契約實際上還是比較少的。因此，從契約是否寫上"官有政法，人從私契"可以看出民間與官府在契約簽訂方面的博弈。寫上這句話就等於事先打了預防針，加了一重保險，迫使契約簽訂的雙方承諾：即使契約規定的條件與官府政法（正法）不同，也要遵從。

　　以上結論有些只是推測，還有些遺留問題需要今後繼續進行研究。這些問題包括：

　　（1）應該將敦煌吐魯番契約文書的全部都納入統計範圍，以檢驗上述"寫有'官有政法，人從私契'的契約所占比例很小"的結論是否成立。①

　　（2）儘量尋找同時同類的契約進行比較，以檢驗是否寫有"官有政法，人從私契"的契約在約定條件方面具有某種特殊性。

　　（3）如果上述結論成立，那麼這一現象意味着什麼？對以往研究中認爲當時民間慣習與官府政法之間存在對立的看法是否會有所修正。即使存在對立，也可以進一步探討這種對立的程度究竟有多大。

────────────

　　①　本文完成後，我又抽時間將《吐魯番出土文書》（十册本，文物出版社 1981—1991 年版）中的唐代契約查閲一遍，結果如下：完整者 38 件，結尾部分大致完整者 41 件，無結尾部分者 64 件，共計 143 件。在這 143 件唐代契約中，大致存有結尾和完整存有結尾的共 79 件，其中明確寫有"官有政法，人從私契"的只有本文提到的 2 件。其他疑似的有 3 件，分别是第五册所收《唐張隆伯僱范住落上烽契》，第 7 行寫有"□□□□｜從私契。兩主和可"（第 59 頁）；《唐永徽四年傅阿歡從馮慶□邊夏田契》，第 4 行寫有"官有□法，獲指爲信"（第 81 頁）；《唐貞觀二十三年西州高昌縣范歡進買馬契》，第 6 行寫有"□□□｜有政法，民□□□"（第 105 頁）。加上這 3 件，上述 79 件契約中寫有"官有政法，人從私契"的只有 5 件，僅占 6.3%。這一比例與上述"結論一"中認爲寫有"官有政法，人從私契"的契約只占全部契約 6.3% 的結論基本一致。因此，我的這一關於全部吐魯番文書中唐代契約的統計結果，證明本文關於唐代契約中寫有"官有政法，人從私契"的契約只占全部契約極少數、屬於特例的結論，是完全可以成立的。

（4）這種寫有"官有政法，人從私契"的契約從唐前期的高宗時期到五代乃至宋初都零星存在。如何解釋這一現象？是否寫有這句話的契約在前後期有所不同？或者意味着三百年來民間經濟社會力量其實一直都還是比較微弱的，還不具有挑戰官府政法的强大的普遍的力量①？

凡此種種，都需要再進行細緻的研究和分析，希望以後能得出更有説服力的一些結論來。

附記：本文原刊《魏晉南北朝隋唐史資料》第四十二輯（上海古籍出版社 2021 年版），收入本文集時，有一定修訂。

---

① 前述韓森著作轉引羅振玉《地券徵存》中一件宋初（九八四）河北安喜縣的契約，其中在末尾寫道："官有政法，不取私約爲定"。韓森認爲這句話"與吐魯番契約中常見的'官有政法，民有私契'之類的句子不同的是，這份契約説：'官有政法，不取私約爲定。'這就在官府正式承認的契約與個人互相訂立的契約之間畫了一條綫"。［美］韓森著，魯西奇譯：《傳統中國日常生活中的協商：中古契約研究》，江蘇人民出版社 2008 年版，第 75 頁。這裏，除了韓森將"人從私契"錯寫成"民有私契"外（反映了她一直認爲"官有政法，人從私契"是指存在私契與官契兩類契約的看法，實際上很少能證明存在所謂的"官契"），如何理解這句很少見的契約用語，值得在核對原物並查找其他例證後，再進行更深入的分析。如果這句話是真實存在的，則反映了宋代以後官府對私人訂立契約的高度干涉，並影響到民間契約的訂立（與收取契税有關?）。再以後，"官有政法"之類的説法，可能就在古代契約的訂立文本中消失了。

唐代解文續探
——以折衝府申州解爲中心

劉安志

筆者曾在《唐代解文初探——以敦煌吐魯番文書爲中心》①《吐魯番出土文書所見唐代解文雜考》②二文中考證指出，過去被中日學者視爲"申狀"或"申文"一類的文書，其實是唐代的解文。此類解文存在縣申州解、折衝府申州解、州申省解三種形態，是唐代中央與地方州府、州與縣、州與折衝軍府之間進行政令傳達和信息溝通的重要文書。因受材料所限，當時只能初步復原出縣申州解的"解式"，而折衝府申州解、州申省解的"解式"則付之闕如。

令人欣慰的是，二○二一年四月，榮新江、史睿二位先生主編的《吐魯番出土文獻散錄》（全二册），由中華書局正式出版了。該書分上下二編，上編爲"典籍"，下編爲"文書"，收錄散藏海內外的吐魯番出土文書數百件，並附部分文書圖版，有的還是首次釋文，可謂功德無量之舉。值得注意的是，是書下編"文書"部分收錄了 2 件唐代解文殘片，一爲美國舊金山亞洲藝術博物館所藏《唐開元二十一年（七三三）九月某折衝府申西州都督府解》③，另一爲羅寄梅氏所藏《唐天寶間節度隨軍某解》④，這是新見研究唐代解文的重要資料，十分珍貴。本文擬對《唐開元二十一年（七三三）九月某折衝府申西州都督府解》進行初步考釋，並試圖據以復原出唐代折衝府申州解的"解式"。不妥之處，謹請批評指正。

《唐開元二十一年（七三三）九月某折衝府申西州都督府解》前後殘缺，總存 6 行文字，茲轉錄如下：

（前　缺）

```
1 ⬜⬜ □ □ 垂⬜⬜⬜⬜
2  折 衝    使
3  左果  毅 行
```

──────────

① 本文由［日］速水大先生翻譯成日文，題爲《唐代解文初探——敦煌吐魯番文書を中心に》，初刊於土肥義和、氣賀澤保規編：《敦煌・吐魯番文書の世界とその時代》，（日本）東洋文庫 2017 年版。中文本刊於《西域研究》2018 年第 4 期，有一定修訂。後又改訂收入筆者主編《吐魯番出土文書新探》，武漢大學出版社 2019 年版。

② 本文原題《吐魯番出土唐代解文雜考》，由樂洵先生翻譯成日文，初刊於［日］荒川正晴、柴田幹夫編《シルクロードと近代日本の邂逅：西域古代資料と日本近代仏教》，（日本）勉誠出版社 2016 年版。中文本改題爲《吐魯番出土文書所見唐代解文雜考》，並略加增補修訂，發表於《吐魯番學研究》2018年第 1 期。後又改訂收入筆者主編《吐魯番出土文書新探》，武漢大學出版社 2019 年版。

③ 榮新江、史睿主編：《吐魯番出土文獻散錄》，中華書局 2021 年版，第 485 頁。

④ 榮新江、史睿主編：《吐魯番出土文獻散錄》，中華書局 2021 年版，第 526 頁。

```
4  ┌──────┐毅     假
5  ┌───────┐倉曹，件狀如前，謹依録┌──────────┐
6          開元廿一年九月┌──────────┐
```

（後　缺）

《吐魯番出土文獻散録》題解稱：“殘片尺寸不明，存6行文字，有朱印殘痕。上部爲紙背折蓋，背面有2行文字，首行殘甚，第2行存‘（上殘）□□伯陸拾文（畫押）’。裱入《唐人玉屑》册中，題‘出吐魯番三堡’。又王樹枏題：‘余遣人在吐魯番三堡掘土，得瓦罐，内盛黍米，均粉碎。米中藏鵠蛋二枚，一蛋破裂，黄堅如石；一完好。此狀即覆米上，皆千餘年物也。’”①可知該文書出自吐魯番三堡，即阿斯塔那古墓群，但具體墓葬不詳。

　　關於文書性質，整理者擬題爲《唐開元二十一年（七三三）九月某折衝府申西州都督府解》，雖未給出定性依據，但據筆者對唐代解文的初步考察，整理者的這一定性與擬題是準確可信的。這裏不妨轉録筆者此前復原的唐代縣申州解的“解式”，以資比較。

```
1  縣解式
2  某縣     爲申某事（具狀上事或具上事）
3   事由（與本案相關的人或物）
4    右得某云云（右被某符云云）。今以狀申（謹依狀申）。
5  令具官封名          丞具官封名
6  都督府某曹（州某司），件狀如前，謹依録申，請裁，謹上。
7                   年月日尉具官封姓名   上
8                          録事姓名
9                           佐姓名
10                          史姓名②
```

　　筆者曾考證指出，此類縣申州解文存在縣尉擔任主典、公文用語特殊、鈐蓋官印較多、官吏簽署有序等特點，如正文末多爲“今以狀申”“謹以狀申”“以狀録申”“謹依録申”“謹録狀申”“具狀録申”等，其後則爲“都督府某曹，件狀如前，謹依録申，請裁，謹上”，或“某曹，件狀如前，謹依録申，請裁，謹上”，也有作“都督府某曹，某某事，謹上”者，申上機關明確。此類特殊用語，除唐代露布外，多爲其他公文所無。簽署人員有長官縣令、通判官縣丞、主典縣尉、録事、佐、史等，簽署順序按官吏職位由高而低進行。特別是長官、通判官的簽署位置，均位於文書中間，這是其他符、牒、關、狀、帖等公文所未有的特徵。③

---

①　榮新江、史睿主編：《吐魯番出土文獻散録》，中華書局 2021 年版，第 485 頁。

②　劉安志：《吐魯番出土文書所見唐代解文雜考》，《吐魯番出土文書新探》，武漢大學出版社 2019 年版，第 186 頁。

③　劉安志：《唐代解文初探——以敦煌吐魯番文書爲中心》，《吐魯番出土文書新探》，武漢大學出版社 2019 年版，第 165~167 頁。

　　根據上揭縣申州"解式"及此類解文的若干特點，仔細考察吐魯番三堡出土的這件文書，則不難發現，該文書在官印鈐蓋、公文用語、官員簽署諸方面，均與縣申州解文有着諸多相同之處，其屬同類性質的文書，是可以肯定的。首先，從上揭文書鈐印情況看，筆者曾登録美國舊金山亞洲藝術博物館官方網站①，查看該文書的彩色圖版，確認第1行殘存三字處鈐有印文一方，第5~6行上部與下部各鈐印一方，總鈐朱印三方，復據文書中"折衝""左果毅"等記載，印文當爲唐西州轄境内的某某折衝府之印。換言之，這是一件西州某折衝府於開元二十一年九月某日發出的公文。至於收文機關，據第5行"倉曹"二字，可知爲西州都督府倉曹。其後"件狀如前，謹依録〔申〕"數字用語，也與唐代縣申州解文中所記"某曹，件狀如前，謹依録申，請裁，謹上"完全一致。不僅如此，該文書長官、通判官的簽署格式及位置，亦與前揭縣申州"解式"相吻合。第2行所記"折衝　使"，表明該折衝府長官折衝都尉首先簽署，只是因爲出使在外，故無簽名。第二位簽署者爲通判官左果毅都尉，即第3行所記"左果毅　行"，該官員同樣也因差行不在本府而未簽名。至於第三位簽署者，雖然文書第4行所記"　　毅　　假"略有殘缺，但不難推知所缺二字爲"右果"，此人因假不在本府，同樣亦未簽名。不管如何，這種從長官折衝都尉到通判官左右果毅都尉由高而低的官員簽署格式，與縣申州解文從長官縣令到通判官縣丞的簽署格式完全一致，而且簽署位置均處於文書中間，這是唐代解文的一個重要特點。由此可以判定，這件文書的性質是解文，而且是迄今所見的第二件唐代折衝府申州解文，十分珍貴。

　　吐魯番阿斯塔那五〇九號墓所出《武周君住牒爲岸頭府差府兵向礌石及補府史符事》，其中第4行記有"其閾感達申州解，曹司判訖，未出符"一語②，據同墓所出相關軍府文書，閾感達身份爲西州天山府隊副兼攝兵曹參軍。因此，其所"申州解"，實際上就是天山府申呈西州都督府的解文。"曹司"則指西州都督府某曹，從"曹司判訖，未出符"一語看，西州都督府與天山府之間的聯繫溝通，使用了"解"與"符"這兩種公文。劉俊文先生在箋解《唐律疏議》時，指出唐律所載之"解"實指解文，凡下級官司向上級官司發文即爲解，並舉出敦煌所出《唐開元公式令殘卷》"凡應爲解向上者，上官向下皆爲符"之相關記載，證明解與符實存在着相互對應的密切關係。③前揭《唐開元二十一年（七三三）九月某折衝府申西州都督府解》，可以進一步證明西州都督府與轄境内折衝府之間的公文運作關係，也一定程度透示了折衝府從屬地方州府的軍政關係。

　　根據唐代縣申州"解式"及此類解文的若干特點，目前所知的第一件唐代折衝府申州解文，是出自吐魯番阿斯塔那三五八號墓的《唐開元某年西州前庭府牒爲申府史氾嘉慶訴迎送趙内侍事》，該文書殘存5片，其中第1片存4行，内容如下：

1　　　　　　囲〔　　〕二年二月廿九日典〔　　　〕
………………………………………………………………………………………
2　前庭府　　爲申府史氾嘉慶訴東〔　　〕迎送趙内侍事

　　①　《唐人玉屑（出吐魯番三堡）》，美國舊金山亞洲藝術博物館官方網站（http://asianart.emuseum.com/view/objects/asitem/search@ swg'paper'/10? t:state:flow=261fa50f-0ab1-480b-a1d5-31a682afcf95）。
　　②　唐長孺主編：《吐魯番出土文書》〔肆〕，文物出版社1996年版，第256頁。
　　③　劉俊文：《唐律疏議箋解》，中華書局1996年版，第772頁。

3　　　府史氾嘉慶

4　　　　右得上件人□□□①

本片由二紙前後粘貼而成，前紙僅存 1 行文字，署有開元年號，但性質不明。第二紙雖缺紀年，但前紙既然署開元年間，此紙顯然亦屬開元年間文書。該文書第 3~4 行處蓋有"左玉鈐衛前庭府之印"一方，據第 2 行公文用語，推知其爲前庭府申上西州都督府某曹的解文，惜僅存前 3 行，其餘 4 片也僅殘 1~2 行文字，很難判斷該解文後面的具體内容與書寫格式。本文所討論的《唐開元二十一年（七三三）九月某折衝府申西州都督府解》，雖前後殘缺，但保留了解文中間至爲關鍵的部分内容與書寫格式，兩件殘片正好前後相接、互爲補充，從而可以據此初步復原出唐代折衝府申州解的"解式"。

《唐開元二十一年（七三三）九月某折衝府申西州都督府解》中，第 6 行下部、後部殘缺，據唐代縣申州"解式"，所缺内容當爲主典、録事、府、史的簽署。按唐代縣申州解的主典爲縣尉，那折衝府申州解的主典是誰呢？據前揭吐魯番阿斯塔那五〇九號墓所出《武周君住牒爲岸頭府差府兵向磧石及補府史符事》第 4 行所記"其闞感達申州解，曹司判訖，未出符"，闞感達本職雖爲西州天山府隊副，但其攝兵曹參軍身份頗值得注意。衆所周知，隊副並非折衝府府職，闞感達只有攝兵曹參軍的身份，纔有可能代表折衝府起草申上西州都督府的解文。由此言之，折衝府主典很有可能就是兵曹參軍。按《唐六典》卷二五《諸衛府》載，折衝府設兵曹參軍事一人，上府從八品下，中府正九品上，下府從九品下，"掌兵吏糧倉、公廨財物、田園課税之事，與其出入勾檢之法"②。在吐魯番阿斯塔那五〇九號墓所出的 19 件武周天山府文書中，即有數件天山府下給張父師團的符、帖文，闞感達在這些符、帖文多擔任主案判官的角色，如第 7 件《武周天山府下張父團帖爲出軍合請飯米事》第 4~10 行爲天山府下達的符文③，其中第 8 行判官署名爲"□□曹參軍感"，"感"即闞感達。第 12 件《武周天山府下張父團帖爲府史到事》④末行署"隊副攝兵曹參軍闞感□"，第 13 件《武周天山府帖爲催徵輸納事》⑤末行署"隊副攝兵曹參軍闞感闞"，第 14 件《武周天山府帖爲索人並文抄及簿到府事》⑥第 5 行署"隊副判兵曹闞感達"，第 15 件《武周天山府殘案卷》寫於第 14 件背面⑦，其中第 1 行所記爲"檢案感達白"。第

①　唐長孺主編：《吐魯番出土文書》[肆]，文物出版社 1996 年版，第 180 頁。

②　《唐六典》，中華書局 1992 年版，第 645 頁。

③　唐長孺主編：《吐魯番出土文書》[肆]，文物出版社 1996 年版，第 254 頁。按：本件 1~3 行殘片爲帖文，4~10 行殘片爲符文，實爲兩件不同性質的殘片，原整理者綴合有誤。參見達鋆：《關於吐魯番所出〈武周天山府下張父團帖爲出軍合請飯米人事〉及其相關文書的綴合問題》，《吐魯番學研究》2019 年第 2 期。修訂稿已收入本文集中。

④　唐長孺主編：《吐魯番出土文書》[肆]，文物出版社 1996 年版，第 258 頁。

⑤　唐長孺主編：《吐魯番出土文書》[肆]，文物出版社 1996 年版，第 259 頁。

⑥　唐長孺主編：《吐魯番出土文書》[肆]，文物出版社 1996 年版，第 259 頁。

⑦　唐長孺主編：《吐魯番出土文書》[肆]，文物出版社 1996 年版，第 260 頁。據"檢案感達白"一語，本件當屬天山府文案。而另面第 14 件爲《武周天山府帖爲索人並文抄及簿到府事》，乃天山府發出的帖文。從時間先後順序看，應該是先寫天山府案卷，然後再另面書寫帖文。因此，第 15 件實爲正面，第 14 件則爲背面。原文書整理者判斷有誤。

16 件《武周天山府殘文書》①，實爲天山府下達殘符文末尾，其中判官署名爲"▢▢▢參軍感達"。以上諸例足可證明，闞感達本職爲隊副，但以攝兵曹參軍、判兵曹的身份，行使着天山府主案判官的職權。再聯繫上揭"其闞感達申州解，曹司判訖，未出符"一語，則不難推知，闞感達因攝兵曹參軍或判兵曹，實際擔任了天山府申上西州都督府解文的主典。換言之，折衝府申州解的主典爲兵曹參軍。

按唐代折衝府胥吏有錄事、府、史等，故而折衝府申州解上主典之後的簽署，也主要是錄事、府、史。

綜合以上論證，可初步復原唐代折衝府申州解的"解式"如下：

```
1   折衝府解式
2   某府          爲申某事(具狀上事或具上事)
3     事由(與本案相關的人或物)
4       右得某云云(右被某符云云)。今以狀申(謹依狀申)。
5   折衝都尉具官封名
6   左果毅都尉具官封名
7   右果毅都尉具官封名
8   都督府某曹(州某司)，件狀如前，謹依錄申，請裁，謹上。
9                    年月日兵曹參軍具官封姓名    上
10                           錄事姓名
11                           府姓名
12                           史姓名
```

上揭唐代折衝府申州"解式"，第 2~6 行內容，乃據吐魯番所出兩件唐代開元年間折衝府申州解文復原而成，應該不會存在什麼問題。而第 7~12 行內容的復原，主要依據唐代縣申州"解式"及相關文書、文獻記載而做出的推斷，尚缺乏直接的折衝府申州解文證據，仍有待新出文書材料的進一步驗證。

至此，筆者在此前已復原的唐代"縣解式"基礎上，又根據吐魯番所出《唐開元二十一年(七三三)九月某折衝府申西州都督府解》等文書資料，初步復原了"折衝府解式"。接下來的工作，將是進一步搜集資料，對唐代地方州府申呈尚書省的解文格式("州解式")展開復原。因爲只有"縣解式""折衝府解式""州解式"基本復原完畢，纔有可能在此基礎上提煉歸納總結出一般的"解式"。日本《公式令》所載"解式"②，實源自唐代"解式"。然而，敦煌所出 P. 2819 號《唐開元公式令》中，並無"解式"的相關記載，故唐代"解式"的復原，將是筆者下一步工作的目標。

唐代折衝府與地方州、縣之間的關係，涉及方方面面，是一個饒有興味且值得研究的重要課題。就目前所見敦煌吐魯番文書資料看，折衝府與所在地方州府之間的聯繫與溝

---

① 唐長孺主編：《吐魯番出土文書》[肆]，文物出版社 1996 年版，第 260 頁。

② 《令集解》卷 32《公式令》，(日本)吉川弘文館 1985 年版，第 808~809 頁；[日]池田温等：《唐令拾遺補——附唐日兩令對照一覽》，(日本)東京大學出版會 1997 年版，第 1254 頁。

通，主要通過符、解、牒、帖等文書進行。吐魯番所出《唐開元二十一年(七三三)九月某折衝府申西州都督府解》《唐開元某年西州前庭府牒爲申府史氾嘉慶訴迎送趙内侍事》兩件解文表明，直到唐開元中後期，雖然府兵制已走向崩潰瓦解，但西州境内的折衝府仍在使用解文形式向西州都督府匯報工作，而成書於開元二十六年(七三八)的《唐六典》中，述及當時的上行文書有表、狀、箋、啓、牒、辭諸種，但對"解"没有任何記載，這與當時的地方文書行政實際情况不相吻合，爲什麽會這樣? 個中原因頗值探究。此外，"符下""解上"，體現的是唐代上下級官司之間緊密對應的文書行政運作關係，但日本寧樂美術館所藏吐魯番文書表明，唐開元二年(七一四)時，西州都督府下發蒲昌府的文書，即有多件牒文與帖文，如《唐開元二年(七一四)二月三十日西州都督府下蒲昌府牒爲差替人番上事》①《唐西州都督府牒蒲昌府爲寇賊在近、鎮戍烽候督察嚴警事》②《唐開元二年三月西州都督府牒爲馮住子身死、麴義遏遭母喪事》③《唐西州都督府帖爲從春來番上守捉事》④《唐西州帖蒲昌府爲今月番上欠兵事》⑤等，即是如此。那麽，值得追問的是，西州都督府下文給蒲昌府，爲什麽會有符、牒、帖之别? 而蒲昌府回應西州都督府時，又會使用什麽性質的文書呢? 具體而言，《唐開元二十一年(七三三)九月某折衝府申西州都督府解》《唐開元某年西州前庭府牒爲申府史氾嘉慶訴迎送趙内侍事》這兩件解文，是在什麽前提下使用的文書? 總之，目前可以明確的是，唐代開元年間地方州府與轄境内折衝府之間的公文運作，既使用了符、解，也使用了牒、帖，但這些公文分别在什麽情况下使用? 開元以前是否即是如此? 如果不是，那何時開始發生變化的? 其與唐代前期律令體系的變化有無關聯? 等等，這些都是有待進一步探討解明的問題。

　　附記：本文原刊《西域研究》2021 年第 4 期，收入本文集時，有個别訂正。

---

①　陳國燦、劉永增編：《日本寧樂美術館藏吐魯番文書》，文物出版社 1997 年版，第 30~31 頁。

②　陳國燦、劉永增編：《日本寧樂美術館藏吐魯番文書》，文物出版社 1997 年版，第 35~36 頁。

③　陳國燦、劉永增編：《日本寧樂美術館藏吐魯番文書》，文物出版社 1997 年版，第 45 頁。

④　陳國燦、劉永增編：《日本寧樂美術館藏吐魯番文書》，文物出版社 1997 年版，第 57 頁。

⑤　陳國燦、劉永增編：《日本寧樂美術館藏吐魯番文書》，文物出版社 1997 年版，第 115 頁。

唐代"十駄馬"制度新探

黄 樓

　　唐前期府兵制度下，府兵出征時自備資裝，所用馬匹，戰馬官給，駄運物資的駄馬則由府兵自備，十人一火，火備駄馬六匹，是爲六駄馬制度。"六駄"之制在吐魯番出土文書中已得到較爲充分印證。除"六駄"外，吐魯番出土文書中還屢次提及"十駄"。"十駄"之制不見記載，孫繼民、王永興、陳國燦、孟憲實、孟彦弘等先生已有不少發覆之論①，但相關觀點卻相去甚遠，迄今尚無定論。今不辭淺陋，擬在前人宏論基礎上，略陳己見，以就教於各位方家。

一、問題的提出

　　"十駄"一詞主要見於吐魯番出土文書，與之密切相關，屢見於傳世文獻的是"六駄"。杜佑《通典》卷二九《職官典·折衝府》：

> 　　凡府在赤縣爲赤府，在畿縣爲畿府。衛士以三百人爲團，團有校尉；五十人爲隊，隊有正；十人爲火，火有長。備六駄馬驢。(初置八駄，後改爲六。)②

《唐六典》卷五"兵部郎中"條亦載"火十人，有六駄馬"，其下注云"若無馬鄉，任備驢、騾及牛"。③ 事實上，唐初府兵駄馬並非六駄，而是八駄。貞觀十九年太宗征高麗，"初入遼也，將十萬人，各有八駄，兩軍戰馬四萬匹。及還，死者一千二百人，八駄及戰[馬]死者十七八"④。當日所行即八駄之制。溯其源流，八駄非爲唐人首創，實則沿襲於隋。《隋書》卷二四《食貨志》：

---

① 　參見孫繼民：《吐魯番文書所見唐代府兵裝備》，唐長孺主編：《敦煌吐魯番文書初探二編》，武漢大學出版社 1990 年版，第 104~142 頁。王永興：《吐魯番出土唐西州某縣事目文書研究五：駄馬制度考釋》，收入氏著《唐代前期西北軍事研究》，中國社會科學出版社 1994 年版，第 409~415 頁。陳國燦：《唐代行兵中的十駄馬制度——對吐魯番所出十駄馬文書的探討》，《魏晉南北朝隋唐史資料》第二十輯，武漢大學文科學報編輯部 2003 年版，第 187~198 頁。孟憲實：《論唐代府兵制下的駄馬之制》，《敦煌吐魯番研究》第十六卷，上海古籍出版社 2016 年版，第 155~180 頁；《論唐代府兵制下的"六駄"問題》，《中國史研究》2018 年第 3 期，第 79~96 頁。孟彦弘：《唐代府兵"六駄馬""八駄馬""十駄馬"釋義》，《北京大學學報》2021 年第 4 期，第 57~62 頁。
② 　杜佑：《通典》卷二十九《職官典·折衝府》，中華書局 1988 年版，第 810 頁。
③ 　《唐六典》卷五"兵部郎中"條，中華書局 1992 年版，第 156 頁。
④ 　王溥：《唐會要》卷九五"高句麗"條，上海古籍出版社 2006 年版，第 2021 頁。

（煬帝）益遣募人征遼，馬少不充八馱，而許爲六馱。又不足，聽半以驢充。在路逃者相繼，執獲皆斬之，而莫能止。①

隋煬帝後繼發遣征遼者主要是强徵的兵募，但其自備"八馱"，應是依從當時府兵的標準。唐長孺先生《唐書兵志箋正》總括諸書，云："八馱純以馬者，隋初之制也。六馱雜以驢者，隋末之制也。武德之初復開皇舊制，故加至八馱，然以唐初馬匹之少，自不能行，故又減至六，而又雜以驢騾矣。"②《六典》《通典》等唐人典制明確記載六馱的單位爲火，六馱即同火十人共備馱馬六匹，目前已得到學界的廣泛認可。③

　　太宗貞觀十四年（六四〇），唐平高昌，於其地置西州，全面推行府兵制等内地各項制度。今吐魯番地區出土大量唐代文書，不少爲當時施行府兵制的原始材料。除"六馱"外，文書中還多次提及府兵征行時另有"十馱"。"十馱"一詞不見文獻記載，引起學者們的極大興趣。④

　　唐代府兵"六馱"爲常制，唐初一度曾置"八馱"，二者皆同火共備，區別僅在於匹數的增減。在無文獻可徵的情況下，"十馱"極易被視爲與"八馱""六馱"類似的馱馬制度。二十世紀八十年代，朱雷先生在一篇論文中提到，"六馱之用途，就在於爲本火馱載資裝之用。按規定，由本火自備，到武周時，一度增到十馱，並由政府支給部分購六馱之錢"⑤。朱先生未專門探討"十馱"，但其將"十馱"視爲特殊形式的"六馱"，代表了學界對"十馱"最初的印象。

　　最早對"十馱"進行專題研究的是孫繼民先生。一九九〇年，孫繼民先生將"十馱"與"六馱"進行全面比較，指出二者爲並存的兩種馱制，並得出以下結論：（1）"十馱"與"六馱"幾乎同時並行。（2）"十馱"並不是一火共備，來源有購買、租賃和官配等多種途徑。"六馱"可能也存在購買或租賃，但不會有官配。（3）"十馱"是府兵的負擔，多數府兵無

①　魏徵：《隋書》卷二四《食貨志》，中華書局2019年版，第763頁。

②　唐長孺：《唐書兵志箋正》，中華書局2011年版，第15頁。

③　近年孟憲實先生提出新論，認爲"六馱馬驢的設置單位不是火而是隊，而唐朝每隊士兵是五十人"，意即五十人共備六匹馬驢（孟憲實：《論唐代府兵制下的"六馱"問題》，《中國史研究》2018年第3期，第79~96頁）。按：孟憲實新論主要論據爲《通典》"每隊驢六頭，幕五口"的記載，但《通典》此段材料注明所論爲"今制"，即開元天寶後的制度，非府兵制舊文。

④　《册府元龜》卷一二二、四庫本《唐大詔令集》卷五九收録肅宗上元元年（七六〇）九月《命郭子儀充諸道兵馬都統詔》，詔云："兵馬既衆，恐路次難爲供應，仍備六十（日）程糧，十馱遣（發）。馬畜草料，所在量事支供。"此詔是目前傳世文獻中唯一出現"十馱"字樣的史料。然通行本《唐大詔令集》及《全唐文》卷四三所録詔書中皆無"十"字，陳國燦先生早有質疑，認爲《册府》所記"十馱"有誤。孟彦弘先生《唐代府兵"六馱馬""八馱馬""十馱馬"釋義》則以"十馱"爲是，並以此爲據，認爲府兵制雖然瓦解，但用六馱、八馱、十馱這樣的負重標準來劃分馱馬的做法仍在使用。今按：若從孟先生之説，"十馱"是負重能力最高的馱馬，馱力優於"八馱""六馱"。當時唐王朝已遭戰爭重創，滿目瘡痍，摒棄"六馱"，調發最優等的"十馱"進行遠征，既不必要，也不現實。孟先生所持解説疑誤。此處即便原文確作"十馱"，其意當爲六十日程糧，由十匹馱馬馱運，此與府兵制下的"十馱"，只是文字上的偶合，不足爲據。

⑤　朱雷：《唐開元二年西州府兵——"西州營"赴隴西禦吐蕃始末》，《敦煌學輯刊》1985年第2期，第1~10頁；另收入氏著《朱雷敦煌吐魯番文書論叢》，上海古籍出版社2012年版，第269~285頁。

力承擔。① 孫繼民先生態度謹慎，沒有對"十馱"的內涵作出更進一步的解讀。

孫繼民先生前揭文引起學界的廣泛關注。楊際平先生評介該文時進一步指出一二五號墓所出《武周軍府牒爲行兵十馱馬事》中的"二匹五分""一匹八分""二匹七分"即今 $2\frac{5}{10}$ 匹、$1\frac{8}{10}$ 匹、$2\frac{7}{10}$ 匹，並猜想十馱馬是"十人共備一匹馬"②。日本學者氣賀澤保規贊同孫繼民先生的觀點，同時也指出"十馱"是與"六馱"並存的馱馬，"標準是十人負擔馱馬一匹"。③ 孫繼民先生後來也明確提到"十馱馬就是 10 人合買一匹"④。

傳世文獻中有"八馱""六馱"，若遵其規律，"十馱"應該是同火共備，且數量爲十人十馬。但相關研究表明，"十馱"並非同火共備，標準則爲十人一馬。這一矛盾促使學者對文獻中記載的馱馬制度重新進行審視。一九九三年，王永興先生在"八馱""六馱"外，又提出了"七馱"的推想。《通典》引《大唐衛公李靖兵法》有云："諸營除六馱外，火別遣買驢一頭，有病疹，擬用搬運。"⑤王先生據此認爲："火別遣買驢一頭，雖未在法令上改變六馱經常制度，但在實際的軍事活動中，六馱制已成爲七馱制，此又爲研究唐馱馬制度者以及治唐史者不可不知者也。"⑥由於各類文獻中並不存在所謂的"七馱"，吐魯番文書裏卻多次出現了"十馱"，二者之間有沒有某種關聯性？王先生爲相關研究提供了一個可能的探索方向。

二〇〇三年，陳國燦先生在孫繼民、王永興等人基礎上第一次對"十馱"的內涵作了詳細的解釋。陳先生認爲："十馱馬是唐府兵制時代征行兵中的一種固定制度。由於它的設置是專爲一火十人在征行中的傷病者服務，故別稱之爲十馱馬，由衛士均攤出資購買，每十人自備一匹。而六馱馬是爲馱負衛士資裝、軍器、鍋幕、糧糧服務的，故一火置備六匹，稱爲六馱馬。"⑦該文注意到王永興先生關於《李衛公兵法》中"火別遣買驢一頭"的解讀，同時對孫繼民先生關於"十馱"文書的解讀也作了部分調整，認爲所謂的官配，只是官府墊付馬價，最終仍需行兵承擔。如此以來，"十馱"仍符合"一火共備"的條件。

---

① 孫繼民：《吐魯番文書所見唐代府兵裝備》，《敦煌吐魯番文書初探二編》，武漢大學出版社 1990 年版，第 104~142 頁；另收入氏著《敦煌吐魯番所出唐代文書初探》，中國社會科學出版社 2000 年版，第 6~10 頁。

② 楊際平：《敦煌吐魯番學研究的又一碩果——〈敦煌吐魯番文書初探二編〉評介》，《中國社會經濟史研究》1991 年第 3 期，第 94~99 頁。

③ 氣賀澤保規：《府兵制の研究——府兵士兵とその社會》，（日本）東京同朋社 1999 年版，第 412 頁，注釋九。

④ 孫繼民：《吐魯番文書所見唐代府兵的征行制度》，收入氏著《敦煌吐魯番所出唐代軍事文書初探》，中國社會科學出版社 2000 年版，第 32~51 頁。

⑤ 杜佑：《通典》卷一四九《兵典》，中華書局 1988 年版，第 3822 頁。

⑥ 王永興：《吐魯番出土唐西州某縣事目文書研究》，《國學研究》第一卷，北京大學出版社 1993 版；又收入氏著《唐代前期西北軍事研究》，中國社會科學出版社 1994 年版，第 409~415 頁。

⑦ 陳國燦：《唐代行兵中的十馱馬制度——對吐魯番所出十馱馬文書的探討》，《魏晉南北朝隋唐史資料》第二十輯，武漢大學文科學報編輯部 2003 年版，第 187~198 頁；另收入氏著《陳國燦吐魯番敦煌出土文獻史事論集》，上海古籍出版社 2012 年版，第 239~257 頁。

　　陳國燦先生進一步確立了"十馱"爲府兵"一火共備一馬"的理論框架，影響頗大。但是，學界仍有不同看法。二〇一六年，孟憲實先生發文推翻陳國燦先生等"十馱""六馱"並行的觀點，認爲二者不能同時並行，"唐朝的馱馬制度是一種彈性制度，每次征行因具體情況而決定是採用六馱馬還是十馱馬" ①。二〇二一年，孟彦弘先生撰寫《唐代府兵"六馱馬""八馱馬""十馱馬"釋義》，認爲"六馱""八馱""十馱"指馬驢騾的負重能力，"六馱馬"是指能承載起重量爲"六馱"的馬，依此類推，"十馱馬"是能承擔起重量爲"十馱"的馱馬。可見，關於十馱馬問題，學界雖然討論頗多，但仍有較大的探索空間。

　　"十馱"是一個全新的未知事物，早期學界關於"十馱"的模糊認識，受文獻中"八馱""六馱"沿革歷史的影響較深。孟憲實先生提出的"彈性制度"新論，重新認可二者爲交互施行的同種馱馬制，是向早期認識的某種回歸。筆者認爲，唐初"八馱"與其後的"六馱"，沿革脈絡清晰，二者確屬同種馱馬，只是匹數有增減，但"十馱"與"六馱"之間，則無法做出類似的判定。其一，二者命名規則不同。"六馱"爲十人六馬，"十馱"爲十人一馬。可見"十馱"之"十"與"六馱"之"六"，對應的概念内涵並不相同。② 既然命名規則都不相同，自然不可能爲同種性質的馱馬。其二，從"十馱"至"六馱"，對應馱馬數之比爲1∶6。如果只是數量上的增減，懸殊不應如此之大，中間應有八馱、七馱或者四馱、五馱等稱謂，文書中未見此類稱謂。其三，目前"十馱"相關文書總數僅十餘件，其中兩件文書同時出現"十馱""六馱"字樣，證明二者確屬同時施行。若爲同種馱制，則不會出現這一情形。

　　陳國燦先生將"十馱"視爲專門馱運病患的醫用馬匹，所論推敲起來，也有諸多疑點。其一，馱送病患是使用層面的問題，在所有權方面，"十馱"和"六馱"，都是一火共備，共同使用，爲什麼不直接説"七馱"，而另外存在"十馱"的概念？其二，"十馱"專馱病患的觀點，推衍自《李衛公兵法》。《李衛公兵法》原文是"火別遣買驢一頭，有病疹，擬用搬運"，原作是驢而不是馬，二者不能直接畫等號。其三，已出土的馱馬文書中，"十馱"出現的次數與"六馱"略約相當。如果"十馱"僅馱運病患，不太可能有如此高的出現頻率。其四，目前文書中尚無"十馱"專馱病患的實例。所謂"十馱"是專門用來馱運病患的馬匹，恐怕也僅是一種揣測。

　　迄今爲止，學界關於"十馱"的討論大多以府兵制爲參照體系。唐前期參與征行的士兵，文書中統稱爲"行兵"。行兵中，除去簡點的府兵外，還包括州縣强徵的兵募。③ 那

---

　　① 孟憲實：《論唐代府兵制下的馱馬之制》，《敦煌吐魯番研究》第十六卷，上海古籍出版社 2016 年版本，第 155~180 頁。

　　② 陳國燦先生認爲十馱之名，得名於十人共買、共用一馱，"仿六馱馬名稱又有別於六馱"。按：黃文弼西域考古時掘得一件文書《安末奴等納駝狀》，其中一行云"□□記一馱練一匹付團　負練人馬守海妻 康"（黃文弼：《吐魯番考古記》，中國科學院出版社 1954 年版，第 35 頁）。據陳國燦先生所考，武周時期馬價大體爲一匹馬十匹練，故此處的"一馱"，恰好相當於該府兵所承擔"一分"馬。筆者疑交納"十馱"時，正式文書裏的"分"，民間也被稱爲"馱"，一分馬就是一馱，因十人共湊一馬，故稱"十馱"。

　　③ 唐長孺：《魏晉南北朝隋唐史三論》，中華書局 2011 年版，第 390~398 頁。

麼，參與行軍的兵募是否也交納"十馱"？又行軍所需物資繁多，"十馱"是否專門馱用病患，有無可能馱運其他物資？這些問題前人罕有專門關注。有鑒於此，本文擬從府兵和兵募兩個方面，分別展開討論，以期能有新的發現。

二、府兵與"十馱"的徵納

府兵制時代，受過軍事訓練的府兵是行軍最爲核心的組成部分。我們首先探討府兵交納"十馱"的相關問題。

陳國燦等先生公認"十馱"主要指行兵十人一馬，最有力的證據就是吐魯番阿斯塔那一二五號墓所出武則天時期文書殘卷《武周軍府牒爲行兵十馱馬事》[69TAM125：5(a)]。爲便於討論，茲將該件文書轉引如下(本文武周新字皆轉爲標準漢字)：

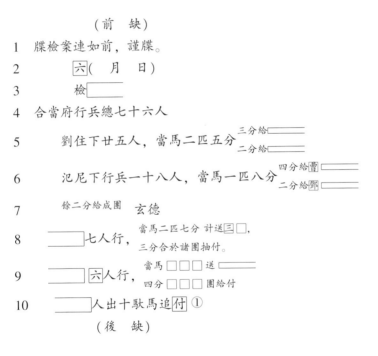

```
                （前　缺）
1    牒檢案連如前，謹牒。
2        六（　月　日）
3        檢□□□
4    合當府行兵總七十六人
5        劉住下廿五人，當馬二匹五分  三分給□□□□
                                    二分給□□□□
6        氾尼下行兵一十八人，當馬一匹八分  四分給曹□□□□
                                          二分給鄧□□□□
7    餘二分給成團  玄德
8    □□□□七人行，當馬二匹七分 計送三□，
                    三分合於諸團抽付。
9    □□□□六人行，當馬□□□ 送 □□□□
                    四分□□□ 團給付
10   □□□□人出十馱馬追付 ①
                （後　缺）
```

文書中出現馬匹的計量單位"分"。"分"比"匹"低一等級，10 分馬爲 1 匹，即 1 分相當於0.1 匹。該折衝府 76 位行兵分屬 4 個團，每團人數不可能正好爲十的倍數，不夠 1 匹的尾數，由折衝府統籌安排：或者分給其他團，稱爲"給"，或者從其他團湊足 1 匹，稱爲"付"。文書最末兩團人數殘缺，但尾數尚存，我們可以推算出第 9 行爲"六"人。6 人當馬 0.6 匹，但至少應送馬 1 匹，所欠缺的 0.4 匹馬，從其他團給付。第 8 行"七"字前當爲"廿"字，27 人不僅與 4 個團總數 76 人吻合，與"當馬二匹七分"也完全匹配。本行注文稱"三分合於諸團抽付"，可知這裏並不是把多出的 7 分馬分給其他團，而是從其他團抽付 3

---

① 唐長孺主編：《吐魯番出土文書》[叁]，文物出版社 1996 年版，第 437 頁。此參據陳國燦先生修正後之録文。

分，湊足 3 匹。

據文書，行兵嚴格按份額納馬，如果交納的馬匹多於本團行兵的份額，多出的部分要由其他團"抽付"或者"給付"。給付、抽付的區別不明。可能給付是本府内部的團相互協調，抽付則是從其他折衝府的團抽調。文書第 10 行有"□□□□人出十馱馬追付"，所謂"追付"，應是追徵之十馱馬。前文條列 76 位行兵送馬情況已畢，追付之人不在行兵範圍之内，可能是以前没有完成交納"十馱"任務的府兵。

上件文書反映的是某折衝府對當府十馱馬的統籌安排和整體預算。"十馱"的基本單位是團，同團的行兵以十人一馬的標準共備十馱馬。那麽，基層府兵又是如何執行交納十馱馬的任務呢？我們也可從相關文書中略窺一二。

二十世紀初，黄文弼西域考古時曾掘得一件《安末奴等納駝狀》，文書略云：

> 1　載初元年三月廿四日，衛士安末奴、趙阿闍利
> 2　趙隆行、王勛記、馬守海、韓憙有、李隆德、康
> 3　知毗、張大師、樊孝通等，其中安末奴、韓憙有、
> 4　趙阿闍利等三人先有十馱，餘外柒人無馱。
> 5　廣　　　　　　　練負康知毗　奴師子
> 6　□　□記一馱練一匹付團。負練人馬守海妻　康
> 7　　　　　　　　負練人趙隆行
> 8　　　　　　　　負練人李隆德　妻①

馬匹不可分割，府兵交納"十馱"，自然無法直接交納 1 分馬。據文書可知，府兵通常向團交納 1 分馬的錢練，然後由團提供馬匹。過去學者常認爲府兵貧窮，無法承擔十馱馬之費，只能先行欠負。我們注意到，"負練人"的簽押中，除去趙隆行是本人外，其餘皆府兵家人，主要是妻子。其中康知毗有家奴師子，家境應比較殷實。蓋徵納"十馱"時，府兵身在軍中，只能由家人代辦。妻子、家奴等簽押只代表"知情"，故賬面上常出現欠付。又府兵被簡點徵行的次數不等，償還情況不等，便會產生"先有十馱""無馱"等情況。文書第 6 行"□□記一馱練一匹付團"，位置有些突兀，十位同行府兵中有一人名"王勛記"，此可能爲馬守海償還欠負後留下的記注，也可能爲王勛記償還欠負後的補記。據陳國燦先推算，武周時 1 匹馬馬價大體爲 10 匹練②，該名府兵付團的 1 匹練，對應爲 1 分馬的價值，若非文書誤寫，則十馱中每人承擔的 1 分馬也可徑稱"一馱"。

除"十馱"外，行兵需要自備的馱馬還有"六馱"。六馱、十馱本是兩種不同的名目，可能分別管理。六馱爲十人六馬，每位府兵當馬 0.6 匹。若府兵進馬 1 匹，便有 0.4 匹馬的餘額。此多出的 4 分馬可由無馬府兵或軍團償付相應馬價，也有可能用來抵充"十馱"的馬價。此外，"十馱"非常瑣碎，徵納情況複雜，往往不能按期完成。爲了不影響征行

---

① 黄文弼：《吐魯番考古記》，中國科學院出版社 1954 年版，第 35 頁。

② 陳國燦：《唐代行兵中的十馱馬制度——對吐魯番所出十馱馬文書的探討》，《陳國燦吐魯番敦煌出土文獻史事論集》，上海古籍出版社 2012 年版，第 247 頁。

日期，"六馱""十馱"之間還存在一個"換"的問題。

　　與前揭《武周軍府牒爲行兵十馱馬事》同墓出土的，另有一件《武周軍府牒爲請處分買十馱馬欠錢事》（69TAM125：2）。文書略云：

```
1    □件人□□□□
2    匹送記
3    □買奴　氾定海　張小□□□□□
4    張胡智　張守多　范永□□□□□
5    已上十人買十馱馬一匹送八百行□□□□
6    □父師一分 付劉校尉團趙仕 □□□□□
7    右同前上件人□□□發有限。奉處
8    分，令十馱、六(馱)□□□□回換者，孝通
9    臨時□□□□□□發日爲欠
10   馬錢遂□□□□□馬，領得銀錢
11   伍拾文記。今孝通差行，徵得者，即請分
12   □不得者，請於後徵付保達。數有欠少
13   □即注
14   □□□□□□　處 分 發①
```

徵收"十馱"的負責人"孝通"先後出現 2 次，不知與同墓所出《武周軍府牒爲行軍所需驢馬事》（69TAM125：4）處分語中的趙通是否爲同一人。文書 3~6 所列爲某折衝府下某團 11 位行兵的姓名。在臨近期限之時，孝通"奉處分，令十馱、六□□□□回換"。不久，孝通本人也被差行，只能寫下此一文書，將沒有完成的徵錢任務與上級主管進行交割。

　　由於文書殘缺嚴重，"十馱""六馱"如何"換"，準確含義已不可知曉。陳國燦先生同情貧困府兵，認爲"換"是指府兵無力承擔"六馱"，"奉軍府處分，令其將原有火中的六馱馬變換成十馱馬"。孟憲實先生則認爲"換"是新舊賬之間的換算。府兵上一次征行是"十馱"，這一次是"六馱"，故需補交兩次的差額。其實，這裏還可以有其他的解釋。"換"字前的"回"字，原整理者釋作"有"，實爲"回"字，"回換"又見於同墓出《武周軍府牒爲行軍所需驢馬事》。孝通提及"領得銀錢伍拾文訖"，銀錢 50 文略約相當於 11 位行兵應納 1 匹 1 分馬的馬價②，很可能孝通是領用"六馱"銀錢 50 文先行墊付未能實際徵到的"十馱"馬錢。若作此解，所謂的"回換"，實際上是爲不拖延軍期，用"六馱"錢款填替"十馱"欠額的意思。

　　一次征行，行兵需要負擔"六馱""十馱"兩種馱馬，在其他文書中也有證明。阿斯塔

----

① 唐長孺主編：《吐魯番出土文書》[叁]，文物出版社 1996 年版，第 436 頁。

② 武周時期屬銀錢、銅錢並用階段。按：麴氏高昌國時期，一匹馬銀錢 35~45 文，唐前期馬價如無顯著上漲，以一馬銀錢 45 文計算，銀錢 50 文略相當於 1 匹 1 分馬之價。唐代馬價問題，可參孟憲實；《唐西州馬價考》，《新疆師範大學學報》(哲學社會科學版) 2016 年第 3 期，第 117~126 頁。

那三六〇號墓出土文書《武周西州都督府牒爲馬連緒十馱、六馱事》:

1　［　　　］司兵爲馬連緒十馱、六馱事
2　［　　　］兵馬連緒十馱、六馱［　　　］
3　［　　　］兵，得柳中縣牒稱，得上件人妻翟
4　［　　　］是前庭府衛士，先納前件①
　　　　　　（後　缺）

文書第2行“兵”前一字殘缺，當爲“行”字。唐代徵馬糾紛往往與重複徵納有關。前庭府衛士馬連緒妻翟氏所訴事僅存“先納”二字。揣測其事，很可能是翟氏先已交納十馱、六馱，有司處置時存有疏漏，重複徵納引發這場争訟。唐人官文書的擬題，有提示“關鍵字”的作用，這裏“十馱”“六馱”並舉，而非單説“十馱”，或單説“六馱”，暗示二者皆是馬連緒交納的名目。

一二五號墓是關於“十馱”的資料寶庫。同墓還出土一件府兵租用“十馱”的文書，即《武周軍府牒爲請處分買十馱馬事》(69TAM125：3)：

　　　　　　（前　缺）
1　□□給公驗，并下團知，恐後淒徵兵士。
2　□依問趙通得其夏君達等十馱馬，當奉
3　折衝處分，［　　　］陪人范緒
4　隆、張才仁、趙追(？)［　　　］謝過漢□
5　楊調達、范亥［　　　］再達等並無
6　馬可將，遂夏君［　　　］其價合
7　是緒隆等家人知，請［　　　］
8　馬主。謝過、洛憧夏阿［　　　］
9　其馬見在，仍其月［　　　］
10　其見在馬，請問［　　　］
11　受重罪者，准［　　　］②

“夏”在吐魯番文書中有“租”的意思。學者常據本件文書，認爲府兵也可以用租馬的方式交送“十馱”。租馬費用比買匹馬要少很多，如果可以用租代買，恐怕不會有人願意買馬，此種解讀頗令人生疑。文書第1行有“給公驗，并下團知”等字樣，所謂“公驗”，即官府頒發的證明文書。府兵范緒隆等“奉折衝處分”，租賃君達馬充當十馱，擔心團部不瞭解情況，故而索要公驗，以證明其事。據前揭《武周軍府牒爲行兵十馱馬事》，行兵出發前，

① 柳洪亮：《新出吐魯番文書及其研究》，新疆人民出版社1997年版，第96頁。此處録文據陳國燦先生前揭《唐代行兵中的十馱馬制度》一文。

② 唐長孺主編：《吐魯番出土文書》[叁]，文物出版社1996年版，第435頁。

折衝府先在各團之間統一抽配"十馱"，每團都有確切的名籍。范緒隆等索要"公驗"，證明他們本不在行兵之內，而是折衝府越過團部，直接指派的，自然也就"無馬可將"。在特殊情況下，臨時租馬充當"十馱"，並不意味普通府兵都可如此操作。

上述 5 件文書，大體上從軍府統籌和府兵納馬兩個層面勾勒出府兵征行前交納"十馱"的基本情況。簡言之，十馱馬由出征府兵即行兵共同負擔，其額度是十人一馬，基本單位是征行前所在折衝府的團。折衝府根據各團行兵人數統籌預算，不夠整匹的分額，通過"給付""抽付"等手段進行調節。府兵交納"十馱"多由家人代辦，形式通常爲府兵或其家人以相應分額的錢練"付團"，然後由軍府提供馬匹。特別追遣的行兵，也可採取租馬等方式保障馱馬供應。"十馱"與"六馱"都由府兵承擔，二者之間可能存有某種折換關係。

三、州縣差兵與"十馱"的徵納

唐代前期，每有軍事征行，先在折衝府檢點府兵。同時，也向鄰近州縣分配名額，由州縣簡點丁壯充行，名爲兵募，實爲强徵。州縣點充百姓充當行兵，即吐魯番文書中所謂的"差兵"。

阿斯塔那一九一號墓出土一件高宗時期的差兵文書《唐永隆二年（六八一）衛士索天住辭爲兄被高昌縣點充差行事》[73TAM191：104（a）]：

```
1  永隆二年正月　日校尉裴達團衛士索天住辭
2      兄智德
3  府司：天住前件兄今高昌縣點充
4  行訖，恐縣司不委，請牒縣知，謹辭。
5          付司伏生示
6            六日
7        正月六日 ⿰
8      司馬 ⿰
9      差兵先取軍人
10     君柱等，此以差
11     行訖。准狀別牒高
12     昌、交河兩縣，其
13     人等白丁兄弟，請
14     不差行。吳石仁
15     此以差行訖，牒
16     前庭府准狀，
17     餘准前勘。待
18       舉　示
```

　　19　　　　　　　　　六日①
　　　　　　（後　略）

本件文書中，索天住是前庭府府兵，所屬團校尉爲裴達。索天住不服其兄索智德被高昌縣
點充征行，上辭請折衝府給縣司下牒，說明原由。於是，前庭府別牒高昌、交河兩縣，告
知府兵"白丁兄弟"不當差行。本件文書證明，行兵並非全部都是府兵，也有州縣差派的
普通百姓。不過，家中有府兵者，其兄弟有免征行的特權，這在一定程度上體現了府兵
"均勞逸"的原則。

　　從出土文書來看，州縣差兵同府兵一樣，也需承擔"十馱"，唯具體徵納辦法略有不
同。

　　阿斯塔那一二五號墓出土有《武周長安四年(七〇四)牒爲請處分抽配十馱馬事》
(69TAM125：6)，文書略云：

　　　　　　　　　　（前　缺）
　　1　_____人縣司買得十馱馬，_____
　　2　____乘上件馬等合於諸縣抽配，得____
　　3　____未蒙抽配，請處分。
　　4　□□狀如前，謹牒。
　　5　　　　　長安四年六____
　　6　　　付張參____②

文書中涉及的官衙是縣司，而非折衝府。折衝府主要"合於諸團抽配"，絕不會出現"合於
諸縣抽配"的情況。故可判斷文書中共買"十馱"的不是府兵，而是州縣差兵。有學者認爲
購馬者爲縣司，或縣司代爲墊付。這種理解忽略了"縣司"前的"人"字。第1行的意思應
是右件人從縣司購買了十馱馬。既然差兵已在縣司買下十馱馬，下面爲什麼又說"合於諸
縣抽配"？顯而易見，所謂的"買十馱馬"，帶有一定的強制性，即差兵向縣司交納錢練，
縣司得錢後抽配馬匹。這一過程與府兵向團交納一分"十馱"的錢練，諸團"抽付"馬匹的
情形極爲類似。當然，實際上西州官府所掌馬匹並不充裕，本件文書中差兵所買馱馬遲遲
"未蒙抽配"，影響了軍隊的發遣時限。

　　除本件外，阿斯塔那一二五號墓同墓出土的另外一件武周軍事文書，也與州縣差兵納
馱馬有關，即《武周長安四年(七〇四)牒爲請處分鍋馬事》(69TAM125：7)：

　　1　____馱馬四分____
　　2　　右當縣差兵廿____
　　3　　　三匹，鍋三口來，今____

---

①　唐長孺主編：《吐魯番出土文書》[叁]，文物出版社1996年版，第285~286頁。
②　唐長孺主編：《吐魯番出土文書》[叁]，文物出版社1996年版，第433頁。

4　　　於諸縣抽得，至今▢▢▢▢

5　　　人請處分。

6　▢　件　狀　如　前▢▢▢▢

7　　　　　長安四年▢▢▢

8　　　鍋馬既▢▢▢▢

9　　　共食宜▢▢▢▢

10　　　將行。付張▢▢▢▢

11　　　處分**伖**示。▢▢▢▢　①

本件文書第一行"馱"字字形右上角殘缺，文書整理者識讀爲"馭"。"馭馬"無意，且與後面的"四分"不搭配。稱"四分"者，只有數人共買一馬時纔會出現。故此殘字當爲"馱"字的草書，所指六馱馬或十馱馬。我們注意到，文書第 3~4 行恰好也是說"於諸縣抽得"，至今未能抽配。本件文書與上件文書同墓所出，時代相同，所記可能爲同一事。文書第 2 行記當縣差兵人數，"廿"字後殘缺，唯知有二十餘人，需供馬三匹，鍋三口。比照府兵"六馱""十馱"的標準。若爲"六馱"，二十餘人，至少當馬 12 匹，與下文的 3 匹嚴重不符。若爲"十馱"，十人一馬，二十餘人，當馬 3 匹，不足的分額（4 分）由諸縣抽付，州縣差兵所納十馱馬的標準與府兵完全吻合。若如此，文書第 1 行提及的"馬四分"即不足的分額，可推知當縣差兵總數爲廿六人，文書"廿"下所殘之字必是"六"字。

從上述文書來看，州縣差兵承擔十馱馬和府兵基本相同，只是主掌部門由折衝府轉爲縣司而已。需要注意的是，《武周長安四年（七〇四）牒爲請處分鍋馬事》中差兵一起交納的還有鍋。二十餘人需送鍋 3 口，與十馱馬數量相同，其標準應爲十人送鍋一口。行軍所用之"鍋"，規制大於普通鐵鍋，蓋與"十馱"類似，需征行者十人提供錢練，由縣司統一抽配。

綜合府兵和州縣差兵交納"十馱"的情況，我們認爲，"十馱"與"六馱"雖然同屬十人共備，卻存有顯著不同。"六馱"以行軍中的火爲基本單位，"十馱"則是發遣前所在的團或者縣。"六馱"爲府兵私人所有，"十馱"則因每人僅提供 1 分的馬價，無法擁有馬匹的所有權。從此意義上說，"十馱"略約相當於行兵上交給軍隊的"助軍"馬。

四、征行中的"十馱"及其歸宿

唐代行軍需要馱運的物資主要有三類：軍械、糧草和資裝。府兵自備的"六馱"主要負責馱運私人資裝，至於軍械、糧草以及營、團共用裝備等則需官府提供的馱馬進行轉運。唐代官馬分爲戰馬、驛馬、傳送馬驢（在西域地區也被稱爲長行馬）三種。行軍作戰時，戰馬可徑稱官馬，傳送馬驢則調充馱馬。

《天聖令》卷二四《廄牧令》附唐令：

---

① 　唐長孺主編：《吐魯番出土文書》[叁]，文物出版社 1996 年版，第 434 頁。

　　諸府官馬及傳送馬驢，若官馬、驢差從軍行者，即令行軍長史共騎曹同知孔目，明立膚、第，親自檢領。軍還之日，令同受官司及專典等，部領送輸，亦注膚、第；並賷死失、病留及隨便附文鈔，具造帳一道，軍將以下連署，赴省勾勘訖，然後聽還。①

　　西域州縣稀少，駄畜數量不足，傳送馬驢任務繁重，大規模抽調傳送馬隨軍征行不切實際。除"十駄"外，吐魯番出土文書中並沒有其他駄馬參與行軍的記載。從邏輯上判斷，"十駄"很可能是在官府駄馬不足時，用來駄運官給或行軍共有物資的駄馬。

　　上述推論在唐代律令中也有一定的依據可循。《唐六典》卷五"兵部郎中"條：

　　　　凡軍行器物皆於當州分給之，如不足則自備，貧富必以均焉。凡諸州軍府應行兵馬之名簿，器物之多少，皆申兵部；軍散之日，亦録其存亡多少以申而勘會之。凡諸道回兵糧備之物，衣資之費，皆所在州縣分而給之。②

　　官給之物如不足則需征行者自備，這是唐前期行軍制度的顯著特點。西州鎮戌任務繁重，駄馬不足應爲常態。行兵十人分攤一馬，以補足駄力符合唐律有關精神。又西州户口寡少，户高丁多者多爲府兵，府兵之家是堪於提供駄馬的主要目標群體。與其興師動衆地向貧困户徵調馬匹，不如直接分攤給征行的士兵，"十駄"之制在西域長期推行，自有其歷史合理性。

　　府兵制是保留濃厚"應募"色彩的兵制，府兵出征時，需要自備資裝、六駄等。當地官府駄力不足，行兵爲了獲得勛賞，"共籌"這些駄馬也算合乎情理。當然，我們還應該看到，隨着府兵制的崩潰，"十駄"與"六駄"一樣，最終成爲强加在府兵和西州百姓身上的沉重負擔。

　　西州屬沙漠緑洲地帶，沿途糧料補給困難，"十駄"所承擔的很可能爲程糧等隨軍物質。有跡象表明，"十駄"的駄運任務非常繁重。中央民族大學民族博物館曾徵集到一件《開元某年牒爲檢十駄馬生死虛事》文書，其中便記載了一匹患病"十駄"被驅使致死的事件。今摘録部分文字如下：

```
1        十駄馬一匹   赤草   玉面   八□
2   屯司：乾忠等令將前件馬□□□
3   患，比日將息，不食水草□□□
4       馬□□□
5       方稱見□□□
6       道理□□□
```

　　①　天一閣博物館、中國社會科學院歷史研究所《天聖令》整理課題組校證：《天一閣藏明鈔本天聖令校證（附唐令復原研究）》，中華書局2006年版，第402頁。

　　②　《唐六典》卷五"兵部郎中"條，中華書局1992年版，第157頁。

```
7          亮檢患死虛實□□□①
              （後　略）
```

牒文背面文書有開元十七年（七二九）年號，年代當相去不遠。開元二十二年（七三四）西州有錄事王亮②，疑驗看"十駄"的"亮"即爲此人，本件文書當來自西州。文書中提及的十駄馬是一匹紅色的草馬，八歲。此馬先有病患，仍然"比日將息"，最終不食而死。"十駄"的驅使者乾忠姓名後有一"令"字，表明乾忠並非此馬的馬主，而是軍司分配的役使者。

非常巧合的是，在吐魯番阿斯塔那三二五號墓出土文書中，有一件官府處分"六駄"死亡的公文，《唐西州某府主帥陰海牒爲六駄馬死事》（60TAM325：14/4-1，14/4-2），格式也非常類似，兹錄如下：

```
1        六駄馬一匹□□
2    營司：進洛前件馬比來在群牧放，被木刺破，近人
3    □後脚觔斷，將就此醫療，不損，去五月廿八日□
4    致死。既□□□□
5              當府主帥陰□□□
6        進洛六駄先在群放□□
7        脚將就醫療，緣瘡不損，□
8        便致死。本府主陰海親署知死
9        □□□□□□□既回還到府任
10       □□□□楨示
11                  一日③
```

文書大意是府兵進洛的六駄馬在群放牧時，被堅木刺傷，後脚筋斷，醫療不及，最終死亡。"六駄"在征行中，仍屬府兵所有，性質上屬於私馬。"進洛前件馬""進洛六駄"等語，均在强調馬主爲府兵進洛。這與前件文書"比日將息"，被活活累死的十駄馬形成鮮明的對比。

"十駄"在行軍中完全歸官府支配管理，用途較爲靈活。可以分配給士兵驅使，駄運物資。也可以分配給士兵充當官馬（即戰馬）。阿斯塔那一五〇號墓曾出土一組貞觀年間諸府衛士配官馬、駄文書，即《唐諸府衛士配官馬、駄殘文書》，兹摘錄其中兩件殘片（72TAM150：29、32）④如下：

---

①　孟憲實先生前揭《論唐代府兵制下的駄馬之制》中，提到中央民族大學博物館藏有一件開元年間關於"十駄馬"的吐魯番文書，蒙中央民大民族博物館張銘心教授惠允使用，特致熱忱謝意。

②　李方：《唐西州官吏編年考證》，中國人民大學出版社2010年版，第79頁。

③　唐長孺主編：《吐魯番出土文書》［叁］，文物出版社1996年版，第104頁。

④　唐長孺主編：《吐魯番出土文書》［叁］，文物出版社1996年版，第22、24頁。

（一）

1			匹 官 馬	
2		蒙達馬 驄	游智方馬 赤騸	
3		郭伏奴馬 驄	强胡仁馬 驃	許智興
4		達馬瓜	馮法馬 悆	大池府竇仲方
5		張萬福馬 者(赭)白	文表馬 赤 三時	
6		□法義馬 赤驃	馬 赤	歸政府
7		騧駮	蘇善願馬 驄	
8		馱	馬	

（二）

1		馬及十馱替	
2		攜蒙達馬 驄	游智方馬 赤騸
3	□ □府吳弘軌馬 騸	□政府趙善行馬 □
4	□ □ □竇仲方馬 赤	□城府鉗耳文表 □ □
5		悆 □保達馬
6		□智興
7		□ 馬 赤驃

文書中出現的歸政府、秦城府、大池府、三時府等屬關隴、河東軍府，其府兵當是貞觀十四年平高昌之役時由内地行軍至此。第 1 片文書第 1 行出現"官馬"、第 8 行出現"馱馬"，推知此配馬馱名籍是根據馬匹性質分類登記的。第 2 片文書第 1 行殘存文字爲"□□□馬及十馱替"，根據第 1 件文書，此處"馬"前一字應爲"官"字，"官馬及十馱替"，意即其下衛士所配馬爲官馬，部分官馬不足，雜用十馱馬填替。行軍中"官馬"一般指戰馬。此種情況下，"十馱"成爲戰馬的預備隊和機動馱力，是行軍中不可或缺的組成部分。

值得注意的是，官有馬匹之間的調配，在文書中並非孤例。阿斯塔那一八八號墓所出一件官文書中，西州都督府將部分東輸内地的官馬留充當州團結馬，文書中有云"彼此俱是官馬，酬直不用別支"①，這是官有馬匹内部流轉的依據。十馱性質上屬於官有，行軍中自然可以替充戰馬，配給軍士。

征行結束後，"十馱"會如何處置？ 一般來説，行軍結束後，各種馱運馬驢都要歸還原主。前引《廐牧令》亦云"軍還之日，令同受官司及專典等，部領送輸，亦注膚、第；並貲死失、病留及隨便附文鈔，具造帳一道"。"十馱"没有明確的馬主，戰爭結束後隨"傳送馬驢"一同"造帳"的可能性很大。也就是説，士兵交納的"十馱"，最後將轉變成官府手裏的"傳送馬驢"。由折衝府諸團統籌而來的，還歸軍府；由諸縣統籌而來的，還歸諸縣。如此一來，折衝府和州縣都掌控一定數量的"十馱"。吐魯番文書中出現州縣差兵至"縣司買馬"的情節，並不令人驚訝。

---

① 《唐西州都督府牒爲請留送東官馬填充團結欠馬事》[72TAM188：86(a)]，唐長孺主編：《吐魯番出土文書》[肆]，文物出版社 1996 年版，第 39 頁。

"十駄"不斷補充入官府畜産，"十駄"是否康健，成爲官吏考課的重要内容之一。阿斯塔那三四一號墓出土一件玄宗時期的考課文書《唐開元五年（七一七）考課牒草》［65TAM341：30/1（b）］，文書略云：

```
1            界内無 □
2        并遊奕、斥候、探羅、○長○
3        處鞍馬○○無損部判府
4        無稽，兵士無寬（冤），官馬、十駄肥碩。
5    一  去年考□未?（不）諸私
6        亦無負(?)反①
            （後  缺）
```

此爲開元初西州某折衝府的考課文牒，其中特别提到"官馬、十駄肥碩"。《天聖令》卷二四《廄牧令》附唐令云："諸府官馬及傳送馬驢，每年皆刺史、折衝、果毅等檢簡。"②考課文書云"官馬、十駄肥碩"，"十駄"與唐令中的"傳送馬驢"略約對應。這似乎表明，西域官府傳送馬驢的一個重要來源就是行兵交納的"十駄"。"十駄"與傳送馬（長行馬）之間的關係，非常值得以後展開進一步探討。

五、結語

唐代府兵出征，需自備駄馬駄運私人資裝，一火十人，備馬六匹，是爲"六駄"之制。吐魯番文書中除了"六駄"外，還多次出現"十駄"，上起太宗貞觀年間，下至玄宗開元年間，幾乎貫穿唐代西域的府兵制時代。"十駄"之制不見文獻記載，前輩學者有的認爲"十駄""六駄"性質略同，只是數量上有所增減，有的則認爲二者性質不同，"十駄"指一火十人共備馬一匹，駄運病患的醫療馬。本文在前人基礎上，從府兵和兵募兩種情況考察了西州地區"十駄"在交納和征行中的某些特點，得出一些新的認識。簡言之，"十駄"是唐代西域地區，因傳送馬驢不足，由征行士兵向官府提供駄運馬匹的駄馬制度。

具體結論主要有以下幾點：

第一，唐前期征行時，府兵需要籌備的駄運馬畜，除"六駄"外，還要交納所謂的"十駄"。"十駄"以出征前所在的團爲基本單位，被簡點的府兵十人買馬一匹，交納軍府。如所納馬匹不是整數，不足部分則由諸團之間統籌調配。

第二，由州縣臨時徵發的"差兵"（兵募）也要交納"十駄"。其標準仍是十人一馬。州縣差兵與府兵的區别在於主管部門不同。府兵"十駄"由"諸團抽配"，差兵"十駄"則"合於諸縣抽配"。

---

① 唐長孺主編：《吐魯番出土文書》［肆］，文物出版社 1996 年版，第 61 頁。

② 天一閣博物館、中國社會科學院歷史研究所《天聖令》整理課題組校證：《天一閣藏明鈔本天聖令校證（附唐令復原研究）》，中華書局 2006 年版，第 402 頁。

第三，在征行過程中，"十馱"由官府統一調配。"六馱"主要馱運府兵私人資裝，"十馱"馱運的應爲糧料等官給物資。"十馱"驅使任務繁重，兼有機動馱力的功能，戰馬不足時可改配爲戰馬。

第四，"十馱"没有具體的馬主，征行結束後，最終歸宿是轉爲官府掌控的"傳送馬驢"。"官馬、十馱"是否康健肥碩，成爲考課官吏的標準之一。

第五，唐代西域地廣人稀，户口寡少，官府傳送馬匹嚴重不足。將部分籌集馱馬的任務分攤給行兵，保障了馱馬的供給。此制契合西域的實際需求，故而得到長期推行。

附記：本文原載《西域研究》2021 年第 4 期，初稿爲 2019 年 8 月新疆大學"第四屆北庭學學術研討會"會議論文。

踐更之卒，俱授官名

——"唐天寶十載制授張無價游擊將軍告身"出現的歷史背景

呂　博

　　關於唐代府兵制度性規定的條文，史書中保留下來不少，卻鮮有史料具體描述府兵制度下個體兵員的生存狀態。吐魯番阿斯塔那五〇六號墓出土的數件有關唐西州張無價的文書，爲我們瞭解這方面的情況提供了珍貴材料。張無價曾在開元初年任乾坑戍主，是八品左右的小軍官①；大約在開元二年(七一四)前後，被"奏充四鎮要籍驅使"，進入節度幕府。張無價的一路升遷，應該與他在邊疆戰事中屢立功勳有關。天寶九載(七五〇)前後他隨四鎮節度使高仙芝，在西域石國犁庭掃穴，破九國胡、突騎施之事蹟，因"游擊將軍守左威衛同谷郡夏集府折衝都尉員外置同正員"的告身得以知曉。至遲天寶十載(七五一)，張無價已經擔任四鎮節度使署下的行官。② 復據同墓所出《唐大曆四年(七六九)張無價買陰宅地契》，可知張無價卒於大曆四年(七六九)。③ 白須淨真先生曾根據張無價告身所示的官職指出：

　　　　這件告身記載的官職，是他官場生涯中的最後總結，表明五品官員身份的游擊將軍和表明四品職事職務的夏集府折衝都尉員外同正員，在西州本地出身的官員中地位是非常高的。④

　　基於上述認識，白須淨真先生以府兵張無價爲典型例證，陳述了他有關吐魯番社會的基本主張：公元三世紀至八世紀的吐魯番社會是新興平民崛起與望族没落的社會。他似乎將張無價看作吐魯番社會最後的舊貴族。白須先生的這一觀點，被視作日本"魏晉南北朝隋唐史學的基本問題"中有關"吐魯番學"研究的代表性成果。不過讓人感到疑惑的是，爲何身爲五品高官的張無價，依然在晚年極度貧困？據相關文書記載，張無價晚年"家貧孑然"。出家女法慈"收將在寺安養"。馬寺經營不善，法慈也貧困極甚，以致父死都無力安葬。

---

① 根據《通典》所記開元二十五年官品令，戍主官品存在正九品下、從八品下、正八品下三等。因難以確定乾坑戍的等級，這裏將其視爲八品左右。參杜佑撰，王文錦點校：《通典》卷三九《職官二十一·秩品四》，中華書局 1988 年版，第 1078～1080 頁。

② 有關張無價文書及其生平活動的復原，孫繼民先生曾經有過詳細的研究。可參氏著《唐西州張無價文書及其相關文書》，《魏晉南北朝隋唐史資料》第九輯，武漢大學學報編輯部 1988 年版，第 90～91 頁；後收入氏著《敦煌吐魯番所出唐代軍事文書初探》，中國社會科學出版社 2000 年版，第 276～295 頁。

③ 唐長孺主編：《吐魯番出土文書》[肆]，文物出版社 1996 年版，第 395 頁。

④ [日]谷川道雄等編，李憑等譯：《魏晉南北朝隋唐史學的基本問題》，中華書局 2010 年版，第 109 頁。

要解答這一問題，還得從張無價所獲"游擊將軍守左威衛同谷郡夏集府折衝都尉員外置同正員、上柱國"的官職說起。

一、"左威衛同谷郡夏集府折衝都尉員外置同正員"與天寶年間折衝府武官的地位

爲便於探討，兹先録張無價官告内容如下：

1　行官、昭武校尉、行左領軍衛敦煌郡龍勒府右果毅都尉員外置同
2　正員、上柱國、賜紫金魚袋張無價
3　　　　　右可游擊將軍、守左威衛同谷郡夏集府折
4　　衝 都 尉 員 外 置 同正員，餘如故。
5　門下：四鎮平石國，及破九國胡、並背叛突騎施等賊，
6　跳盪①。行官昭武校尉、守右衛絳長祚②左果毅都尉員
7　外置同正員、上柱國、賜紫金魚袋許光景等，並以驍
8　材，遠平醜虜，宜膺分職，俾葉賞勞，可依前件，仍並
9　本道驅使。主者施行。
10　　　　天寶十載二月十二日
11　　　　尚書左僕射、右相臣林甫　宣
12　　　　中書侍郎　闕
13　　　　中書舍人臣陽　收　奉　行
14　左相兼兵部尚書、上柱國臣希烈
15　門　下　侍　郎闕
16　給事中臣源洧　等言
17　制書如右請奉
18　制付外施行。謹言。
19　　　　　天　寶　十載二月十二日
20　　　　　　二月十二日　時　都事
21　　　　　　左　司　郎　中
22　　制　可
23　左相兼兵部尚書上柱國
24　兵　部　尚　書　上　柱　國
25　銀青光禄大夫、兵部侍郎、上柱國　國忠
26　銀青光禄大夫、兵部侍郎、上柱國　嚴

---

①　原文書整理者云："跳盪：下當脱一'功'字。"唐長孺主編：《吐魯番出土文書》[肆]，文物出版社1996年版，第393頁。

②　原文書整理者云："絳長祚：'絳'下省'郡'字，'長祚'下省'府'字。"唐長孺主編：《吐魯番出土文書》[肆]，文物出版社1996年版，第393頁。

27　尚書右丞　　　闕

28　告游擊將軍守左武衛①同谷郡

29　夏集府折衝都尉員外置同正

30　員上柱國賜紫金魚袋仍本

31　道驅使張無價奉被

32　　旨　如右。符到奉行。

33　　　　　　主事　奇

34　　　　　　令史馮忠

35　判郎中　幼成

36　　　　　　書令史　楊　玉

37　　　　　天寶十載二月十六日下②

根據上録告身可知，張無價是從"行官、昭武校尉、行左領軍衛敦煌郡龍勒府右果毅都尉員外置同正員、上柱國"擢升到"行官、游擊將軍、守左威衛同谷郡夏集府折衝都尉員外置同正員、上柱國"。按照唐朝勳官授予制度，因戰功得勳，一轉授"武騎尉"，十二轉爲"上柱國"。張無價在討伐石國、突騎施之前，勳官已至最高階"上柱國"。他原來的武散官爲"昭武校尉"，正六品上階，新授散官是游擊將軍，從五品上，升二階；他原來的職事官爲"左領軍衛敦煌郡龍勒府右果毅都尉員外置同正員"，從六品下階，新授職事官是"左威衛同谷郡夏集府折衝都尉員外置同正員"，正五品上階，升六階。

　　如所周知，唐代酬功資格，分爲上資、次資、下資、無資四種，具體規定見於《唐六典》卷五《尚書兵部》：

　　　　凡酬功者，見任、前資、常選爲上資，文·武散官、衛官、勳官五品已上爲次資，五品子·孫、上柱國·柱國子、勳官六品已下、諸色有番考人爲下資，白丁、衛士、雜色人爲無資。③

而所授官階，又因所立功勳等第不同而有差別，分爲四等：

　　　　凡跳盪人，上資加兩階，即優與處分，應入三品、五品，不限官考；次資即優與處分；下資優與處分；無資稍優與處分。

　　　　其殊功第一等，上資加一階，優與處分，應入三品、五品，減四考；次資優與處分；下資稍優與處分；無資放選。

---

　　①　原文書整理者云："'左武衛'：三行作'左威衛'。原文如此。"唐長孺主編：《吐魯番出土文書》[肆]，文物出版社 1996 年版，第 394 頁。

　　②　《唐天寶十載（七五一）制受張無價游擊將軍官告》，唐長孺主編：《吐魯番出土文書》[肆]，文物出版社 1996 年版，第 392~394 頁。據題解，官告抄件出自張無價衣内，或可推知張無價生前對此物極爲珍視。

　　③　《唐六典》卷五"兵部郎中"條，中華書局 1992 年版，第 160~161 頁。

　　殊功第二等，上資優與處分，次資稍優與處分，下資放選，無資常勳外加三轉。

　　殊功第三等，上資稍優與處分，次資放選，下資應簡日放選，無資常勳外加兩轉。①

　　如果按照正常的程序，官員要經過正常的年勞、考課纔能晉階。《新唐書》卷四五《選舉志下》載："凡居官必四考，四考中中，進年勞一階叙。"②獲得勳品的官員需要番上，纔能授予散官，所謂"上柱國以下番上四年，驍騎尉以下番上五年，簡於兵部，授散官"③。至開元年間得到柱國、上柱國的人數衆多，他們是如何考課、簡試的呢？ P.4978《開元兵部選格》殘片就透露出若干信息：

　　1　　　　　　　　　　　　　　　

　　2　節度使管内諸軍健兒，其中所有勳官□□

　　3　諸色有資勞人及前資常選□□□□□

　　4　勞考，每年爲申牒所由，並先在軍經

　　5　已上，有柱國、上柱國勳者，准勳官□滿□

　　6　聽簡試。十五年以上者，授武散官。兩個上柱

　　7　國已上者，放選。各於當色量減次上定留放。

　　8　其中有先立戰功，得上柱國勳，長征□□□④

　　上録文書殘泐，不過據僅存第 4、5、6 行的文字也可獲知，有柱國、上柱國勳官的人年滿若干年纔能聽簡試，任官十五年以上者可以被授予武散官。但在戰争"軍功酬階"的制度下，"上資"（見任、前資、常選）之官可以直接晉升，或者根據功勞等第可以不限於考課或減少考課，然後晉升。據前録告身可知，張無價原有官衔是"昭武校尉、左領軍衛敦煌郡龍勒府右果毅都尉員外置同正員、上柱國"，分别是武散官、職事官、勳官，屬於"次資"。按照唐代前期的酬功制度，張無價勳官已達正二品上柱國，再無階可叙。又立戰功，則只能在原散官、職事官的基礎上加階。張無價獲跳蕩功，武散官加二階，職事官加六階，似乎不符合跳蕩功"上資"加階的制度，此抑或所謂的"優與處分"？ 還有一種更可能的解釋是，唐代針對那些有特殊戰功的人員，有超出"常格"的規定："若破國王勝，事愈常格，或斬將搴旗，功效尤異，雖不合格，並委軍將臨時録奏。"⑤據《舊唐書·高仙芝傳》，此次系列戰役俘獲了石國那俱車鼻施可汗、突騎施移撥可汗、竭師王等。⑥張無價

　　① 《唐六典》卷五"兵部郎中"條，中華書局 1992 年版，第 160~161 頁。

　　② 《新唐書》，中華書局 1975 年版，第 1173 頁。

　　③ 《新唐書》卷四六《百官志》，中華書局 1975 年版，第 1190 頁。

　　④ 劉俊文：《敦煌吐魯番唐代法制文書考釋》，中華書局 1989 年版，第 301 頁。第 4 行作者録爲"田"字，今據上下文改爲"由"。

　　⑤ 《唐六典》卷五"兵部郎中"條，中華書局 1992 年版，第 161 頁。近衛本校"王"當爲"全"，似更通。

　　⑥ 參見《舊唐書》卷一〇四《高仙芝傳》，中華書局 1975 年版，第 3206 頁。《資治通鑑》卷二一六"唐玄宗天寶十載正月"條，中華書局 1956 年版，第 6904 頁。

等雖獲跳蕩功，但均屬於"破國王勝，事愈常格"之類，可能因此超遷。

張無價的勳官是上柱國，但天寶時期的上柱國，已然沒有實際的地位。如所周知，在隋唐初期，最高品勳官上柱國地位很高。隋朝大將韓擒虎的人生理想即是"生爲上柱國，死作閻羅王"①。唐高宗時期，劉仁軌並子姪三人都是上柱國，因此他們住的地方就被稱作樂城鄉三柱里，受人尊重。② 但也就是在唐高宗時期，勳官地位逐漸變得低起來。此時帶有勳官的府兵在番上的時候常常被分支諸曹，"身應役使，有類僮僕"③。因此《舊唐書·職官志》説勳官"據令乃與公卿齊班，論實在於胥吏之下"。劉仁軌曾上表稱，"頻年征役，唯取勳官。牽挽辛苦與白丁無別"④。這表明大概到顯慶五年（六六〇）前後政府凡有出征、徭役，通常首先徵發的就是勳官。足見此時勳官地位已經下降。此後由於戰爭頻繁，"授勳者動盈萬計"⑤。以往研究者大多注意的是酬功制度中勳官猥濫的狀況。⑥ 事實上，到了開天之際，無論是職事官還是文武散官，都存在冗授的情形。劉琴麗女史曾簡要討論過此問題，今援引史料，擬對此問題再作探討。⑦

唐中宗景龍年間，長征兵士久戍不還，便可以得到果毅的官職：

> 晉宋以還，尚書始置員外郎分判曹事。國朝彌重其遷。舊例：郎中不歷員外郎拜者，謂之"土山頭果毅"。言其不歷清資，便拜高品，有似長征兵士，便得邊遠果毅也。景龍中，趙謙光自彭州司馬入爲大理正，遷戶部郎中。賀遂涉時爲員外，戲詠之曰："員外由來美，郎中望不優。誰言粉署里，翻作土山頭。"謙先酬之曰："錦帳隨情設，金爐任意薰。唯愁員外署，不應列星文。"⑧

這樣的邊遠折衝府官果毅，如同景龍年間長征久戍獲得的勳官，並無地位，故被稱作"土山頭果毅"。到了天寶中期，隨着府兵制度的瓦解，折衝府官就更失價值了。史稱："（天寶八載）五月，癸酉，李林甫奏停折衝府上下魚書，是後府兵徒有官吏而已。其折衝、果毅，又歷年不遷，士大夫亦恥爲之。"⑨可見折衝、果毅歷年不遷是常態，士大夫以身居此官爲恥。不過，在邊疆節度使區，這類士大夫"恥爲"的折衝府武官，卻被大量酬予士兵。針對邊將濫授折衝府官的現象，杜佑在《通典》中就有過一番感嘆："按兵部格，破敵戰功各有差等，其授官千纔一二。天寶以後，邊帥怙寵，便請署官，易州遂城府、坊州安台府

① 《隋書》卷五二《韓擒虎傳》，中華書局 1973 年版，第 1341 頁。
② 參考《舊唐書》卷八四《劉仁軌傳》，中華書局 1975 年版，第 2795 頁。
③ 《舊唐書》卷四二《職官志》，中華書局 1975 年版，第 1808 頁。
④ 《舊唐書》卷八四《劉仁軌傳》，中華書局 1975 年版，第 2793 頁。
⑤ 《舊唐書》卷四二《職官志》，中華書局 1975 年版，第 1808 頁。
⑥ 參考朱雷《跋敦煌所出〈唐景雲二年張君義勳告〉——兼論"勳告"制度淵源》，原載《中國古代史論叢》1982 年第三輯，福建人民出版社 1982 年版；後收入氏著《敦煌吐魯番文書論叢》，甘肅人民出版社 2000 年版，第 225~243 頁。有關唐代勳官制度變化的最新研究，可參考[日]速水大：《唐代勳官制度の研究》，（日本）汲古書院 2015 年版。
⑦ 劉琴麗：《唐代武官制度選任初探》，社會科學文獻出版社 2006 年版，第 72 頁。
⑧ 劉肅：《大唐新語》卷一三《諧謔》，中華書局 1984 年版，第 190~191 頁。
⑨ 《資治通鑑》卷二一六"玄宗天寶八載"條，中華書局 1956 年版，第 6895 頁。

別將、果毅之類，每一制則同授千餘人，其餘可知。"①杜佑提到的兵部格，應當指開元格。所幸的是，《李德裕文集》抄録的兩條開元兵部格，就涉及杜佑所説的酬功問題：

（1）開元格：跳蕩功，破賊陣不滿萬人，所敍不得過十人；若萬人以上，每一千人聽加一人。其先鋒第一功，所敍不得過二十人，第二功所敍不得過四十人。

（2）開元格：招得一萬人已上，其頭首一人准跳蕩功例；一千人已上，准第一等例；賊數不滿千人，量差等處分。②

上引"格"文對戰争酬功人數有着相對明確、嚴苛的限定。可以説，獲得跳蕩功的難度很大。但天寶以後，實際執行狀況並没有遵循制度規定。類似河北易州遂城府、關中坊州安台府別將、果毅之類的官職，每一個"制授官告"就同頒千餘人，其餘級别更低的折衝府官被授予之多，不難推想。③ 根據這種情形，杜佑進而下了如是判斷："雖在行間，僅無白身者。"④即，身處行伍中的衛士，幾乎没有無官資的白丁。單看杜佑此番陳述，似乎令人難以置信。但旁參其他史籍，開元大軍區設立之後，節度使爲籠絡部將士卒，妄奏軍功、濫授官職確是常態。據《唐會要》記載，天寶以來兵部曾置"急書官"六十人，目的就是爲了完成每年數額龐大的官告書寫任務：

自天寶以來，征伐多事，每年以軍功官授官十萬數，皆有司寫官告送本道，兵部因置寫官告官六十員，給糧，經五年後，酬以官。無何，吏部司封司勳，兵部，各置十員。大曆已後，諸道多自寫官告，急書官無事，但爲諸曹役使，故宰臣請罷之。⑤

由上引文可知，天寶以來，每年兵部因軍功要授予的官告數，就達十萬數。按天寶之際兵員數字，《資治通鑑》有所記載，曰："凡鎮兵四十九萬人。"《考異》曰："此兵數，《唐曆》所載也。《舊紀》：'是歲天下健兒、團結、彍騎等，總五十七萬四千七百三十三。此蓋止言邊兵，彼併京畿諸州彍騎數之耳。'"⑥《考異》的意思是説，五十七萬多軍隊中除了彍騎約八萬人外，邊兵正好是四十九萬人。按每年十萬數官告的規模，不出五年，四十九萬的邊兵就人人有官告，洵爲實情。由此，軍功濫授的狀況，由此略見一斑。

安史之亂前夜，這種狀況愈演愈烈。《資治通鑑》卷二一七"玄宗天寶十三載"條載：

己丑，安禄山奏："臣所部將士討奚、契丹、九姓、同羅等，勳效甚多，乞不拘常格，超資加賞，仍寫好告身付臣揮授之。"於是除將軍者五百餘人，中郎將者二千

① 杜佑撰，王文錦點校：《通典》卷一四八《兵一》，中華書局 1988 年版，第 3780 頁。
② 李德裕撰，傅璇琮、周建國校箋：《李德裕文集校箋》卷一六《請准兵部式依開元二年軍功格置跳蕩及第一第二功狀》，河北教育出版社 2000 年版，第 305 頁。
③ 參見杜佑撰，王文錦點校：《通典》卷一四八《兵一》，中華書局 1988 年版，第 3780 頁。
④ 杜佑撰，王文錦點校：《通典》卷一四八《兵一》，中華書局 1988 年版，第 3780 頁。
⑤ 《唐會要》卷五七《尚書省諸司》，上海古籍出版社 2006 年版，第 1158 頁。
⑥ 《資治通鑑》卷二一五"玄宗天寶元年"條，中華書局 1956 年版，第 6851 頁。

餘人。"①

雖然武散官共分二十九階，五品以上皆號"將軍"，但從將軍與中郎將並舉來看，引文超授"將軍者五百餘人"中的"將軍"，應當指左右衛的職官。② 按照前引唐代制度規定，獲跳蕩、殊功第一等與殊功第二等，"次資"只是優於處分或稍優於處分，獲跳蕩、殊功第一等功"上資"纔超資授予官職，加一階或兩階。此事同見於《安禄山事蹟》，詳於《通鑑》，且"中郎將者二千餘人"作"中郎將者三千餘人"，人數更多。文云：

> 禄山奏前後破奚、契丹部落，及討招九姓、十二姓等立功將士，其跳蕩、第一、第二功，並請不拘，付中書門下批擬。其跳蕩功請超三資，第一功請超二資，第二資請依資進功。其告身仍望付本官，爲好書寫送付臣軍前。制曰："可。"以是超授將軍者五百餘人，中郎將者三千餘人。③

無論如何，如所任前官爲次資，則完全没有超遷的可能。但此時安禄山要求"其跳蕩功請超三資，第一功請超二資，第二資請依資進功"，所謂"不拘常格，超資加賞"。前揭引文表明，只是在安禄山的節度使區，每一制超資授予的從三品以上的將軍人數就高達五百餘人，從四品中郎將的人數更是高達三千餘人。此爲"次資超遷"，完全不符合唐代"上資超遷"的制度。將軍、中郎將品級高於別將、果毅之類，故被史書特別記載説明。類似折衝府官、鎮將、戍主之類的低品級官職被授予之多，就可想而知。《通鑑》雖云"禄山欲反，故先以此收衆心"④，但這並非東北地區所獨有，西北地方亦是如此。杜佑就曾有過這樣的感嘆："哥舒翰統西方二師(河西、隴右節度使區軍隊)……踐更之卒，俱授官名。"⑤《通鑑》固然没有開列出西北哥舒翰節度使區授於軍官的具體人數，但相關史料仍然透露出他爲部將論功行賞的情況：

> 哥舒翰亦爲其部將論功，敕以隴右十將、特進、(行)火拔州都督、燕山郡王火拔歸仁爲驃騎大將軍，河源軍使王思禮加特進，臨洮太守成如璆、討擊副使范陽魯炅、皋蘭府都督渾惟明並加雲麾將軍。隴右討擊副使郭英义爲左羽林將軍。英义，知運之子也。翰又奏嚴挺之之子武爲節度判官，河東吕諲爲支度判官前封丘尉高適爲掌書記，安邑曲環爲別將。⑥

---

① 《資治通鑑》卷二一七"玄宗天寶十三載"條，中華書局 1956 年版，第 6924 頁。
② 《唐六典》卷二四《諸衛》云："左、右衛，大將軍各一人，正三品；將軍各二人，從三品。""親府、勳一府、勳二府、翊一府、翊二府等五府中郎將各一人，正四品下。"(中華書局 1992 年版，第 615、616、618 頁)
③ 《安禄山事蹟》卷中，中華書局 2006 年版，第 90~91 頁。
④ 《資治通鑑》卷二一七"玄宗天寶十三載"條，中華書局 1956 年版，第 6924 頁。
⑤ 杜佑撰，王文錦點校：《通典》卷一四八《兵一》，中華書局 1988 年版，第 3780 頁。
⑥ 《資治通鑑》卷二一七"玄宗天寶十三載"條，中華書局 1956 年版，第 6926 頁。

無論是安禄山還是哥舒翰，他們爲軍卒所邀賞的高級官號本已不少，而類似"易州遂城府、坊州安台府別將、果毅"之類品級更低的折衝府官，恐怕更是不計其數。否則經歷過那個時代的杜佑，不會有"雖在行間，僅無白身"的感嘆。更何況張無價所獲得的折衝府官職，均是"員外官同正員"。這種狀況應當也是正官授予太多，員額不足，故只能授予"員外官"的稱號。①

像張無價所獲"游擊將軍守左威衛同谷郡夏集府折衝都尉員外置同正員"官號，固然不能説像勳官一樣"據令乃與公卿齊班，論實在於胥吏之下"②，但此時軍功濫授的狀況，恐怕也距西漢末年所描述的"爛羊胃，騎都尉。爛羊頭，關内侯"的情況不遠。

二、"行官"冗員與地方財政支出

張無價告身第 1 行、第 6 行表明，張無價、許光景等人雖然獲得的是武散官——游擊將軍，他們的職事官都是果毅都尉員外置同正員，但他們同時具有使職——"行官"。有關行官的問題，孫繼民、李錦繡、凍國棟等先生，已經有過研究，就行官出現的時間、職能、前後期職掌的變化，給出過穩妥的意見。③ 李錦繡先生注意到了《通典·兵序》中有關地方郡倉支出與行官俸禄的記述，對行官的性質、特點也有過判斷：

> 軍鎮中的行官，唐前後期都有。《房山石經題記彙編》三《諸經題記佛説造立形象福報經題記》云："固安縣范陽行官京兆善化府別將上柱國曹曰"（約在高宗時），《佛説蜜多心經題記》云："莫州唐興縣玄菟鄉雲庵將軍守左驍衛大將軍張子進"（唐德宗貞元九年）。《通鑑》卷二三二唐代宗廣德二年（郭）子儀使牙官條胡注略云："節鎮州府皆有牙官行官，牙官給牙前驅使，行官使之行役四方。"但據上引《石經題記》兩條及此處杜佑記載，似征行之官就是行官。胡注是否能完全説明行官的性質、地位，有待進一步研究。④

---

① 有關員外官、員外官同正員的含義，可參考《通典》卷一九《職官一·歷代官制總序》："神龍初，官復舊號。（凡武太后所改之官。）二年三月，又置員外官二千餘人。（國初，舊有員外官，至此大增，加兼超授諸闆官爲員外官者，亦千餘人。中書令李嶠，初自地官尚書貶通州刺史，至是召拜吏部侍郎。嶠志欲曲行私惠，求名悦衆，冀得重居相位，乃奏請大置員外官，多引用勢家親識。至是，嶠又自覺銓衡失序，官員倍多，府庫由是減耗也。）於是遂有員外。（員外官，其初但云員外。至永徽六年，以蔣孝璋爲尚藥奉御，員外特置，仍同正員。自是員外官復有同正員者，其加同正員者，唯不給職田耳，其禄俸賜與正官同。單言員外者，則俸禄減正官之半。）"（中華書局 1988 年版，第 472 頁）

② 《舊唐書》卷四二《職官志》，中華書局 1975 年版，第 1808 頁。

③ 有關行官的研究，可參考孫繼民《唐西州張無價及其相關文書》、李錦繡《唐代財政史稿》（上卷，第三冊，北京大學出版社 1995 年版，第 1260 頁）、凍國棟《旅順博物館藏〈唐建中五年（784）孔目司帖〉管見》（原載《魏晉南北朝隋唐史資料》第十四輯，武漢大學出版社 1996 年版；後收入氏著《中國中古經濟與社會史論稿》，湖北教育出版社 2005 年版），以及凍國棟《唐代行官補正》（收入陳國燦、劉健明主編：《〈全唐文〉職官叢考》，武漢大學出版社 1997 年版，第 411~413 頁）等。

④ 李錦繡：《唐代財政史稿》上卷，第三冊，北京大學出版社 1995 年版，第 1260 頁注釋①。

根據不同材料記載，行官在唐代不同時期的職掌似有變化。關於這點，學者們陸續有過研究。① 核查《房山石經題記彙編》，《諸經題記佛説造立形象福報經題記》没有紀年。② 李先生判斷《題記》約唐高宗時物，未知所據爲何？此關涉到行官起源問題。而我認爲此處的"范陽"當指"范陽鎮節度使"，"范陽行官别將"類似於吐魯番文書中"四鎮行官别將"這樣的官職組合。③ 范陽鎮由幽州鎮改設而來，設立於天寶元年（七四二）。因此，此題記恐怕應是唐玄宗天寶時物。行官的出現當在開元八道節度使成立之後，而不會早至高宗時代。吐魯番文書中見到最早的行官材料，是《唐開元二十一年西州都督府案卷爲勘過所事》中所記"隴右别敕行官前鎮副麴嘉琰"④。近來新出的行官資料還有一些，如榮新江先生等主編的《新獲吐魯番出土文獻》一書中，即有若干行官資料的記載（詳見下文）。此處擬根據這些資料，就天寶之際的行官數量、任命特點再作申説。

　　就目前所見唐代天寶年間的材料而言，行官主要的職能是出使。所以在張無價制授告身中稱其"仍並本道驅使"。天寶十載前後，以"行官＋折衝府官"形式出現的節度使府官員當不在少數。在吐魯番新出《唐天寶十載交河郡客使文書》中，這樣的官職組合形式也出現數例。

　　文書第四組：

　　　5　四鎮行官别將押寧遠國□□□□□⑤

　　第五組：

　　　4　＊北庭行官果毅曹休珪一人，八月廿一日北到，至廿四日發向北庭。
　　　6　　　　　　　　　　□□庭並行官四人，⑥

　　第六組：

---

　　① 凍國棟先生根據諸史例指出："唐代鎮、州府並有行官，其職任除行田、信使、傳令、送行、點檢飼草、主管驅馱外，還負責巡行園事、押馬、參與軍兵部署及當州（使）府軍事防虞等事。……總之，唐代行官職任十分寬泛，名目繁多，身份比較複雜。"詳參氏著《旅順博物館藏〈唐建中五年（784）孔目司帖〉管見》，《中國中古經濟與社會史論稿》，湖北教育出版社 2005 年版，第 309 頁。

　　② 北京圖書館金石組、中國佛教圖書文物館石經組編：《房山石經題記彙編》，書目文獻出版社 1987 年版，第 202 頁。

　　③ 參見《唐天寶十載交河郡客使文書》，録文、圖版俱載榮新江等主編《新獲吐魯番出土文獻》（中華書局 2008 年版，第 335 頁）。

　　④ 唐長孺主編：《吐魯番出土文書》[肆]，文物出版社 1996 年版，第 286 頁。

　　⑤ 榮新江等主編：《新獲吐魯番出土文獻》，中華書局 2008 年版，第 335 頁。録文又參畢波：《吐魯番新出唐天寶十載交河郡客使文書研究》，原載《西域歷史語言研究集刊》第一輯，後收入榮新江、李肖、孟憲實主編：《新獲吐魯番出土文獻研究論集》，中國人民大學出版社 2010 年版，第 347 頁。

　　⑥ 榮新江、李肖、孟憲實主編：《新獲吐魯番出土文獻研究論集》，中國人民大學出版社 2010 年版，第 347 頁。録文又參榮新江等主編：《新獲吐魯番出土文獻》，中華書局 2008 年版，第 339 頁。

9　使行官果毅□□ 忠 一人

16　行官果毅董昇廿人，九月廿七日北到，至十月二日發北庭。

17　押軍資甲仗官内侍大夫王獻朝並將官、行官等四人，九月①

“行官果毅”，應是簡寫，出現在客使文書中，可能表明恰如胡三省的注釋，行官在此時的職能是“使之行役出四方”“主將命往來京師及鄰道及行内郡縣”。“交河郡客使文書”中，還出現有“使果毅”“使折衝”之類的官職，具體職能還不明確，但想來也同“行官果毅”一樣，是供節度使差遣出使的官員。天寶八載（七四九）五月李林甫奏停折衝府上下魚書，兵府徒有官吏。所謂“徒有官吏”，大概就是指折衝府原有的別將、果毅都尉等並未廢除，還保留員額。② 通過客使文書可以看出，原舊府兵制下折衝府的軍官，在新節度使體制下擔任使職或差遣。前揭“行官昭武校尉、守右衛絳長祚左果毅都尉員外置同正員、上柱國、賜紫金魚袋許光景”，“行官、昭武校尉、行左領軍衛敦煌郡龍勒府右果毅都尉員外置同正員、上柱國、賜紫金魚袋張無價”，即是如此。張無價官告第 6~7 行的“甲頭”是許光景③，因爲是抄件，所以無法判斷這件告身排名第一的“甲頭”之後究竟有多少人被授予官職。但按照杜佑“每一制就同授千餘人”的説法，證明“等”字代表的人數可能以千人計。由杜佑的判斷，可以推知張無價官告後所列授官數目。開元二十一年（七三三），正是十道節度使區建立之時。④ 此後邊疆戰爭之頻繁，節度使僞奏軍功之濫，下達授官的告身數目之多，又讓杜佑曾發出這樣的感嘆：

　　　開元二十年以後，邀功之將，務恢封略，以甘上心，將欲蕩滅奚，契丹，翦除蠻、吐蕃，喪師者失萬而言一，勝敵者獲一而言萬，寵錫雲極，驕矜遂增。哥舒翰統西方二師，安禄山統東北三師，踐更之卒，俱授官名；郡縣之積，罄爲禄秩。⑤

“踐更之卒，俱授官名”的記載，還是在説明“邊將邀寵，競圖勳伐”⑥，官銜授予之濫，幾乎導致每一個普通士兵都有官號。這類官號是什麼呢？在勳官早已猥濫、人人獲得上柱國的情況下，恐怕大部分就是“別將、果毅”之類的折衝府官。冗官帶來的連鎖反應是冗費。大量武官的官禄開支，給地方財政帶來了沉重的負擔。杜佑進而以自注的形式具體指出：“關輔及朔方、河、隴四十餘郡，河北三十餘郡，每郡官倉粟多者百萬石，少不減五

①　榮新江、李肖、孟憲實主編：《新獲吐魯番出土文獻研究論集》，中國人民大學出版社 2010 年版，第 349 頁。錄文又參榮新江等主編：《新獲吐魯番出土文獻》，中華書局 2008 年版，第 339 頁。

②　谷霽光先生即舉例指出，一直到肅宗代宗之際，折衝府還保留官吏。詳參氏著《府兵制度考釋》，中華書局 2011 年版，第 217~218 頁。

③　有關團甲的問題，可以參考王國維《觀堂集林》卷一七《唐李慈藝授勳告身跋》，《王觀堂先生全集》第三冊，臺北文華出版公司 1968 年版，第 859~865 頁。《景雲二年張君義勳告》表明此時同甲授勳的人可達 263 人。此勳告錄文參考［日］大庭脩：《唐告身的文書學研究》，《西域文化研究》第三《敦煌吐魯番社會經濟資料》（下），（日本）法藏館 1960 年版，第 354 頁。

④　杜佑撰，王文錦點校：《通典》卷一七二《州郡二》，中華書局 1988 年版，第 4497 頁。

⑤　杜佑撰，王文錦點校：《通典》卷一四八《兵一》，中華書局 1988 年版，第 3780 頁。

⑥　杜佑撰，王文錦點校：《通典》卷一八五《邊防一》，中華書局 1988 年版，第 4980 頁。

十萬石，給充行官禄。"①

如所周知，唐玄宗統治時期，史稱"開天盛世"。天寶時期，有所謂"稻米流脂粟米白，公私倉廩俱豐實"的説法。按照天寶中計帳的統計，當時國家財政每年收入粟約二千五百萬石，其中"五百萬留當州官禄及遞糧"，"一千萬諸道節度軍糧及貯備當州倉"。②州倉即正倉。天寶二載改州爲郡，故州倉也隨之改爲郡倉。當時西北、河北七十餘郡經過逐年累積，到天寶中期"每郡官倉粟多者百萬石，少不減五十萬石"，這説明地方倉儲十分充裕。外官禄一般由郡倉給。仁井田陞《唐令拾遺》倉庫令第二十四所復原的開元二十五年令載："諸支給糧禄，皆以當處正倉充。無倉之處，則申省，附近有處支給。又無者，聽税物及和糴屯收等物充。"③如果上文推測不錯，大量行官多由果毅、別將、折衝都尉（或這類官的員外官）來充當。果毅、別將、折衝都尉屬於與京官相對的外官，他們的俸禄自然由地方政府承擔。按照杜佑的看法，天寶以來這些郡倉不斷地支給"行官禄"，造成的後果竟然是"暨天寶末"，郡倉無不罄盡。④ 杜佑進而感嘆："靡耗天下，若斯之甚。"⑤他的意思是説就消耗國家財富而言，没有哪方面比得上行官官禄。引文特意將行官的俸禄與地方官倉的巨額支出標明，也可以看出類似張無價這樣的"行官"數目之多。

大谷文書 3354 號 b 殘片就涉及行官與郡倉倉糧支出的問題：

16　壹阡貳佰陸人郡倉□ 支壹拾伍人及移拾壹人▢▢▢▢
　　　叄▢▢▢▢
17　　▢▢▢▢ 四 百五人 郡城界
18　　▢▢▢▢ 及叄拾叄人天山倉支及壹拾捌▢▢▢
19　　▢▢▢▢人交河倉及肆拾叄人支蒲昌
20　▢▢▢ 壹人支天山倉及
21　　▢▢▢奏傔兵健等 破除見在总九百九▢▢
22　　▢▢▢ 七人衝　　　　　　▢▢▢
23　　▢▢▢ 七 人 行 官 奏(？)　　▢▢▢
24　　▢▢▢ 破　除
25　　▢▢▢ 人　應 在 見 在　　　　▢▢▢⑥

本件文書亦缺紀年，文書内容關涉軍兵部署及郡倉倉糧事。凍國棟先生曾對文書的年代有初步的判斷：

---

① 杜佑撰，王文錦點校：《通典》一四八《兵一》，中華書局 1988 年版，第 3780 頁。
② 杜佑撰，王文錦點校：《通典》卷六《食貨六》，中華書局 1988 年版，第 111 頁。
③ ［日］仁井田陞：《唐令拾遺》，（日本）東京大學出版會 1983 年版，第 693 頁。
④ 杜佑撰，王文錦點校：《通典》一四八《兵一》，中華書局 1988 年版，第 3780 頁。
⑤ 杜佑撰，王文錦點校：《通典》一四八《兵一》，中華書局 1988 年版，第 3780 頁。
⑥ 錄文參見［日］小笠原宣秀、西村元佑：《唐代役制關係文書考》，收入《西域文化研究》第三《敦煌吐魯番社會經濟資料》（下），（日本）法藏館 1960 年版，錄文第 153 頁，圖版一三四。

件内前半曾提到交河倉、交河縣，行 16~17 也提到"郡倉""郡城界"，此郡應即交河郡，時間應在天寶二年改州爲郡之後。……行 23 上下俱缺，殘存"七人行官"，止缺數位不明，可以推斷不止 7 人，而且這些行官參與了交河郡的這次軍兵部署行動。①

總之，上件文書也證明行官頗有其人，而且郡倉支給與行官相關，只是支出數額無以知曉。這件文書也可能表明在軍事部署、行動過程中，郡倉依然要支付給行官一些糧草。

政府除要支付行官"禄米"之外，還要支付行官"月料"錢。這點在吐魯番阿斯塔那三五八號墓所出《唐行官料錢帳》中可以看出一些端倪：

1　□□□行官料錢八千六百七文
2　□□□六百文　田大珍一千一百文
3　□□□應二百一十文②

本件文書紀年不明，凍國棟先生曾根據同墓所出文書有開元二十年紀年者，指出文書或爲開元年間物。③ 這種判斷是相對穩妥的。行官常見於節度使府的幕職，與開元年間節度使開始普遍出現密切相關。文書第一行"行官料錢八千六百七文"，應即此次所支行官料錢之總數。行 2 所見田大珍等人可能即屬於行官，他一人即占了"一千一百文"。如所周知，玄宗開元末期至天寶年間，外官俸料基本上是由國家統一支付，而且主要出自户税，不足部分則由公廨錢補充。④ 杜佑指出天寶中的户税錢大約每年收入"二百餘萬貫"⑤，其中高達"一百四十萬"錢要用來供"諸道州官課料"及買驛馬，六十餘萬用於添充"諸軍州和糴軍糧"⑥。我們不知道諸道州官課料所占比例究竟是多少，但州官課料加上買驛馬錢，在二百餘萬的户税錢中占了高達百分之七十的比例。另外天寶中國家財政收入"布絹綿則二千七百餘萬端屯疋"，其中"一千三百萬"用於"諸道兵賜及和糴，並遠小州使充官料郵驛等費"。由此可見，所謂的"遠小州"的官員月料還需要中央財政支出。⑦

杜佑還開列了從開元初直到天寶末不斷增加的邊防開支：

---

① 參凍國棟：《旅順博物館藏〈唐建中五年(784)孔目司帖〉管見》，《中國中古經濟與社會史論稿》，湖北教育出版社 2005 年版，第 306 頁。

② 唐長孺主編：《吐魯番出土文書》[肆]，文物出版社 1996 年版，第 182 頁。

③ 參凍國棟：《旅順博物館藏〈唐建中五年(784)孔目司帖〉管見》，《中國中古經濟與社會史論稿》，湖北教育出版社 2005 年版，第 305 頁。

④ 參凍國棟：《隋至唐前期的俸禄制度》，黃惠賢、陳鋒主編：《中國俸禄制度史》第四章，武漢大學出版社 2005 年版，第 197 頁。

⑤ "其税錢約得二百餘萬貫(大約高等少，下等多，今一例爲八等以下户計之。其八等户所税四百五十二，九等户則二百二十二。今通以二百五十爲率。自七載至十四載六七年間，與此大數，或多少加減不同，所以言約，他皆類此)。"杜佑撰，王文錦點校：《通典》卷六《賦税下》，中華書局 1988 年版，第 110 頁。

⑥ 杜佑撰，王文錦點校：《通典》卷六《食貨六》，中華書局 1988 年版，第 111 頁。

⑦ 杜佑撰，王文錦點校：《通典》卷六《食貨六》，中華書局 1988 年版，第 111 頁。

　　　　開元初，每歲邊費約用錢二百萬貫，開元末已至一千萬貫，天寶末更加四五百萬
矣。①

這裏的邊費增加，未必全部都是行官俸禄增加的結果，但濫授官號形成數額龐大的軍官俸
料、兵賜，必定也是邊費增加的重要原因。② 東北、西北邊疆巨大的軍事投入，導致“關
中本位”的軍事格局徹底改變。邊將通過奏授大量的官階以籠絡士卒，於是驍將鋭士、善
馬精金，空於京師，全部薈萃於哥舒翰、安禄山等節度使所統領的邊防區。尾大不掉的軍
事格局形成，最終導致了安禄山的武裝叛亂。

　　安史之亂爆發後，安西駐軍大部内調。從後來張無價安葬西州高昌縣的情況看，張無
價並没有隨軍回檔救援，而是留在當地駐守。張無價晚年的生活片段，也可以通過阿斯塔
那五〇六號墓出土的其他文書獲得若干珍貴信息。

三、初步的結語：張無價晚年貧困之推測

　　根據吐魯番阿斯塔那五〇九號墓所出《唐西州道俗合作梯蹬及鐘記》記載，張無價在
寶應、大曆年間曾擔任過“鄉官折衝”，負責地方事務。③ “折衝”應是“折衝都尉員外同正
員”的簡寫。這裏可能的解釋是，張無價以“折衝都尉員外同正員”的身份擔任了鄉官。這
類似於吐魯番文書所見唐代前期的里正，常由獲得上柱國的勳官來擔任，其實並無多高的
政治、社會地位。即便張無價獲得五品高官，於晚年生活也無濟於事。復據五〇六號墓所出
《唐大曆四年(七六九)張無價買陰宅地契》，張無價於大曆四年去世。④ 他晚年家境貧寒、
子然一身，由出家女法慈收養在馬寺安養。法慈也貧困異常，以致父死都無力安葬。直到
大曆七年(七七二)，法慈始以其父生前有品秩爲由，提出“准式，身死合有墓夫賻贈”⑤，

①　杜佑撰，王文錦點校：《通典》卷一四八《兵序》，中華書局1988年版，第3780頁。
②　類似軍費增加的表述還見於《通典》卷六《食貨六》：“自開元中及於天寶，開拓邊境，
多立功勳，每歲軍用日增。其費糴米粟則三百六十萬疋段，（朔方、河西各八十萬，隴右百萬，伊西、北庭八
萬，安西十二萬，河東節度及群牧使各四十萬。）給衣則五百二十萬，（朔方百二十萬，隴右百五十萬，
河西百萬，伊西、北庭四十萬，安西五十萬，河東節度四十萬，群牧二十萬。）別支計則二百一十萬，
（河東五十萬，幽州、劍南各八十萬。）饋軍食則百九十萬石。（河東五十萬，幽州、劍南各七十萬。）大凡
一千二百六十萬，（開元以前每歲邊夷戎所用不過二百萬貫，自後經費日廣，以至於此。）而錫賚之費此
不與焉。其時錢穀之司，唯務割剝，回殘剩利，名目萬端，府藏雖豐，閭閻困矣。”（中華書局1988年
版，第111頁）按軍費達“一千二百六十萬”這個數字，點校者指出，諸本不同。但不管版本如何，一千
二百萬左右則是無疑。上述引文類似的内容亦見於《通典》卷一七二《州郡二》，只是殘存“開元、天寶每
歲邊用不過二百萬”，點校本整理者指出《舊唐書·地理志》作“開元以前每年邊用不過二百萬，天寶中
至於是數”，顯誤，天寶中早超二百萬了。但此句之上内容卻涉及邊用的兩方面：“又於邊境置節度、經
略使，式遏四夷。（節度使十，經略守捉使三。）大凡鎮兵四十九萬人，戎馬八萬餘疋。每歲經費：衣賜
則千二十萬疋段，軍倉則百九十萬石，大凡千二百十萬。”（中華書局1988年版，第4479頁）
③　唐長孺主編：《吐魯番出土文書》[肆]，文物出版社1996年版，第335頁。本件年代判定，據
原文書整理者題解。
④　唐長孺主編：《吐魯番出土文書》[肆]，文物出版社1996年版，第395頁。
⑤　唐長孺主編：《吐魯番出土文書》[肆]，文物出版社1996年版，第396頁。

纔最終入葬。張無價的晚景多少有些淒涼。

　　吐魯番阿斯塔那四號墓出土的墓誌、文書又叙述了唐代另外一個著名府兵左憧憙的經歷。左憧憙歷經唐高祖、太宗、高宗三朝，是西州高昌縣崇化鄉人，爲前庭府普通衛士。他同張無價一樣經過征戰，卻從未獲得過任何官職。當然這也表明唐前期獲得勳官等功勳的難度。雖然如此，左憧憙晚年生活卻異常富有，號稱"財豐齊景"。①

　　爲何同是府兵，作爲軍官的張無價反而比普通衛士左憧憙要貧窮很多？

　　這固然與二人的不同個體相關。左憧憙具備生意頭腦，平時善於放貸、買奴、租菜園，進行多種經營。② 他作爲唐前期的府兵，外出征戰，資裝自備，並不主要由國家財政來供養。張無價作爲職業軍人，他的生計所能仰賴的無非就是國家提供的俸禄、兵賜等。一旦國家發生動亂（安史之亂），生活當然難以維持。

　　不過，左憧憙與張無價的命運不同，又是時代、制度使然。張無價雖然獲得折衝府武職"折衝都尉員外置同正員"，但府兵制度早已名存實亡，折衝都尉員外置同正員不過類似於唐代永徽之後的勳官，榮譽多於實用，並無多大價值。而且得到這樣官職的人數衆多，杜佑謂之"雖在行間，僅無白身""踐更之卒，俱授官名"，即是如此。通過對張無價告身及其相關文書的分析，我們分明看到唐代軍事體制變遷、影響下一個唐代府兵個體的形象。

　　後記：本文曾經於 2014 年 10 月在中國社會科學院歷史所舉辦的"中國古文書學國際學術研討會"上宣讀，會上曾蒙黄正建、李錦繡、趙晶等老師提出寶貴意見。本文在寫作、修改的過程中，還曾蒙王素、劉安志、劉後濱、李軍、裴成國、周鼎、郭桂坤等師友或提供學術史信息，或批評指正。在此誠致謝意！

　　附記：本文原載《中國史研究》2019 年第 3 期，此次收入本文集，有若干修訂。

① 　參見張蔭才：《吐魯番阿斯塔那左憧憙墓出土的幾件唐代文書》，《文物》1973 年第 10 期。
② 　有關唐前期府兵左憧憙的事蹟，可參拙撰《唐西州前庭府衛士左憧憙的一生》，《唐研究》第二十四卷，北京大學出版社 2019 年版，第 397～430 頁。現已收入本書。

唐西州前庭府衛士左憧憙的一生

呂　博

> 天下惡官職，不過是府兵。
> 四面有賊動，當日即須行。
> 有緣重相見，業薄即隔生。
> 逢賊被打煞，五品無人諍。
>
> ——《王梵志詩・天下惡官職》①

　　唐代府兵制度一直是中外唐史學者十分關心的問題。二十世紀五十年代以來，中國學者唐長孺、岑仲勉、谷霽光、張國剛、孫繼民、孟彦弘、熊偉以及日本學者濱口重國、菊池英夫、谷川道雄、氣賀澤保規等對唐代府兵問題進行了一系列深入研究，經過學者們的努力，唐代府兵制的基本制度構成、運作情況已經大致明晰。② 不過，儘管我們對於府兵制度內涵認識日益清晰，卻幾乎不知道府兵制度下任何一個唐代衛士個體的生命歷程。如果從史料的角度來看，我們也會發現關於唐代府兵制度性規定的條文，史書中保留下來不少，卻鮮有史料具體描述府兵制度下個體兵員的生存狀況。幸運的是，吐魯番阿斯塔那四號墓中有關唐西州左憧憙的墓誌、文書，爲我們瞭解這方面的情況，提供了珍貴材料。這些材料，已有不少學者着重從某一角度研究利用過，有的注重西域邊防③，有的利用契約文書研究西域地區的社會經濟情況④。而本文將注重左憧憙的府兵生涯，試圖將這些文

---

　　① 項楚校注：《王梵志詩校注》卷二《天下惡官職》，上海古籍出版社 2010 年版，第 158 頁。

　　② 有關府兵制的研究情況，可參胡戟、張弓、李斌城、葛承雍等主編：《二十世紀唐研究》，中國社會科學出版社 2002 年版，第 117~136 頁。又孟彦弘：《五十年來中國大陸地區唐代兵制研究概觀》，《中國史學》第十一卷，2001 年。而日本學者的府兵制研究，可參 [日] 氣賀澤保規：《府兵制の研究》，(日本)同朋舍 1999 年版，第 3~66 頁。

　　③ 如榮新江《新出吐魯番文書所見西域史事二題》(《敦煌吐魯番文獻研究論集》第五輯，北京大學出版社 1990 年版，第 345~351 頁)、陳國燦《唐麟德二年西域道行軍的救于闐之役——對吐魯番阿斯塔那四號墓部分文書的研究》(《魏晉南北朝隋唐史資料》第十二輯，武漢大學出版社 1993 年版，第 27~35 頁)等。

　　④ 參見張蔭才：《吐魯番阿斯塔那左憧憙墓出土的幾件唐代文書》，《文物》1973 年第 10 期。陳國燦：《唐代的民間借貸——吐魯番敦煌等地所出的唐代借貸契券初探》，《敦煌吐魯番文書初探》，武漢大學出版社 1983 年版；後收入氏著《唐代的經濟社會》第六章《唐代的民間借貸》，臺灣文津出版社 1999 年版。盧開萬：《唐前期西州地區高利貸盤剝下均田百姓的分化》，《敦煌學輯刊》1984 年第 2 期。唐耕耦：《唐五代時期的高利貸——敦煌吐魯番出土借貸文書初探》，《敦煌學輯刊》1986 年第 1 期。錢伯泉：《從〈唐支用錢練帳〉考察唐初西域的政治經濟狀況》，《新疆社會科學》2005 年第 5 期。[美] 韓森著，魯西奇譯：《傳統中國日常生活中的協商：中古契約研究》，江蘇人民出版社 2008 年版。趙志超：《吐魯番出土文書所見唐代士兵借貸問題研究》，《西域研究》2009 年第 2 期。等等。

書、檔案等零散的材料串聯成叙事，復原一位原本在歷史時期籍籍無名的府兵些許生計、生活的樣態。有時候爲了理解左憧憙的一些行爲，本文將利用《木蘭詩》《王梵志詩》等涉及唐代府兵、百姓日常生活的材料進行補充論述。

一、"財豐齊景"與左憧憙的府兵身份

因爲當時發掘條件的限制，左憧憙墓葬的詳細考古信息，今天所知甚少。但墓葬中最引人注目的文物，應當是他的墓誌與十五件借貸契約。其中142字的墓誌大致勾勒了左憧憙的生平：

> 維大唐咸亨四年(六七三)，歲次甲乙(戌)；五月丁未朔廿二日。西州高昌縣人左公墓誌並序。君諱憧憙，鴻源發於戎衛，令譽顯於魯朝。德行清高，爲人析表。財豐齊景，無以驕奢。意氣陵雲，聲傳異域。屈身卑己，立行修名。純忠敦孝，禮數越常。以咸亨四年五月廿二日卒於私第。春秋五十有七，葬於城西原，禮。嗚呼哀哉！啓斯墓殯。①

據墓誌可知，左憧憙生於公元六一六年，卒於六七三年。他一生經歷了唐高祖、太宗、高宗三朝，其主要活動則屬唐高宗統治時期。從相關文書得知他是西州高昌縣崇化鄉人，身份是前庭府衛士。誌文雖然用典，但都較爲淺顯。誌文所謂"鴻源發於戎衛"的"戎衛"二字，似應指他的府兵生涯。下一句"令譽顯於魯朝"似乎在暗示他是左丘明的後裔。在左憧憙的墓誌中，我們看到另一處借助典故進行的評價，説他"財豐齊景"。《論語》提到齊景公，説他富裕，有馬四千匹，死的時候，百姓們覺得他没有什麽德行可以稱頌。而伯夷、叔齊餓死在首陽山下，百姓們到現在還在稱頌他們。墓誌誌文十分扼要，如果不結合墓葬内的契約等文書，我們對左憧憙生平相關的信息，還是知之甚少。

"財豐齊景"的程度，左憧憙應該達不到。不過，從放貸、買奴、租菜園等商業活動來看，他平時善於經營，生活理應比較富裕。墓中紀年最早的一件文書是《唐顯慶五年(六六〇)張利富舉錢契》：

> 1 顯慶五年三月十八日，天山縣南平
> 2 鄉人張利富於高昌縣崇化
> 3 鄉人左憧憙邊舉取銀錢拾文，
> 4 月別生利錢壹文。到左還須
> 5 錢之日，張即須子本具還。若身
> 6 東西不在，一仰妻兒及保人等
> 7 代；若延引不還，聽掣家資
> 8 雜物平爲錢直。兩和立契，

---

① 墓誌録文，參見張蔭才：《吐魯番阿斯塔那左憧憙墓出土的幾件唐代文書》，《文物》1973年第10期，第73頁。

```
9   畫指爲信。
10          錢主
11          舉錢人張利富
12          保人康善獲
13          知見人①
```

天山縣南平鄉人張利富向左憧憙的借貸契約屬私契，按照唐王朝法律規定："諸公私以財物出舉者，任依私契，官不爲理。"②我們不清楚顯慶五年唐政府規定的利息，但從開元二十五年前後政府的詔書來看③，張利富向左憧憙借銀錢拾文，月息達百分之十，顯然屬於高利貸。在契約第 12 行，我們看到了一位康姓的粟特人擔當了張利富的保人。西州在當時是東西方貿易的樞紐，有大量粟特商人往來、定居，商業氣息濃厚。

顯慶五年唐王朝改元龍朔，在唐高宗龍朔元年（六六一）五月的一件契約中，可以看到左憧憙的另一個身份前庭府衛士。他在柳中縣五道鄉蒲昌府衛士張慶住邊買了一名奴隸，這也表明他在做一些販賣人口的生意。買奴契具體內容如下：

```
1   龍朔元年五月廿三日高昌縣崇
2   化鄉人前庭府衛士左憧憙，交用
3   水練陸疋、錢伍文，柳中縣五道鄉蒲
4   昌府衛士張慶住邊買奴壹人，
5   字申得，年拾伍□□□不□□□奴及
6   練到日交相付□□□
7   叁日得悔，□□□
8   者，壹卿□□□
9   爲信。④
```

契約中出現了西州折衝府蒲昌府的最早記錄。無論是左憧憙所在的前庭府，還是張慶住所在的蒲昌府都是唐西州的軍府。

同樣在這一年，我們看到左憧憙於同鄉人大女呂玉玨邊租佃菜園一所：

```
1   龍朔元年九月十四日，崇化鄉人左憧憙
2   於同鄉人大女呂玉玨邊夏張渠菜園肆拾
```

---

① 唐長孺主編：《吐魯番出土文書》[叁]，文物出版社 1996 年版，第 209 頁。

② 竇儀等詳定，岳純之校證：《宋刑統校證》卷二六引"雜令"，北京大學出版社 2015 年版，第 350 頁。

③ 《唐會要》卷八八《雜錄》引開元十六年詔令："自今以後，天下負舉，祇宜四分收利，官本五分取利。"（上海古籍出版社 2006 年版，第 1919 頁）"宜"自然是建議之語。但在開元二十五年"雜令"中，我們看到唐王朝的建議是："每月取利不得過六分，積日雖多，不得過一倍。"參陳國燦：《唐代的經濟社會》第六章《唐代的民間借貸》第二節《生息借貸中的剝削率》，臺灣文津出版社 1999 年版，第 172~211 頁。

④ 唐長孺主編：《吐魯番出土文書》[叁]，文物出版社 1996 年版，第 212 頁。

3　步壹圍。要逕(經)伍年，佃食年伍。即日交

4　☐☐錢邦拾(捌)文。限一年，到九月卅日與伍⬚文⬚。

5　☐☐十月十☐☐

6　☐☐錢半文，若☐☐滿依☐☐

7　☐圍☐滿，一罰三分。圍中渠破水謫，仰

8　治圍人了；祖(租)殊(輸)伯役，仰圍主了。榆樹

9　一具付左。兩和立契，畫指爲信。

10　　　　　圍主大女☐☐☐①

契約因爲是租佃契，粗看似乎没有什麽不平等的地方。不過在契約第 8~9 行的附加條件當中，我們看到圍主吕玉斌必須將榆樹一具交付給左。這應當是左憧憙在此次交易中，所提的附加條件。如是這樣，則租金實際低於"☐☐錢邦拾(捌)文"。

透過以上三件契約以及其他契約我們大致能看到，左憧憙善於多方經營，擁有奴婢、田園，有數量可觀的銀錢可供放貸。墓誌説左憧憙"財豐齊景"，必是誇張的手法。不過，唐代前期的民間詩人王梵志有一首詩《富饒田舍兒》，最適宜描述左憧憙這樣的富裕農户：

> 富饒田舍兒，論情實好事。廣種如屯田，宅舍青煙起。
> 槽上飼肥馬，仍更買奴婢。牛羊共成群，滿圈養肫子。
> 窖内多埋穀，尋常願米貴。里正追役來，坐着南廳裏。②
> 廣設好飲食，多酒勸遣醉。追車即與車，須馬即與馬。
> 須錢便與錢，和市亦不避。索麵驢馱送，續後更有雉。
> 官人應須物，當家皆具備。縣官與恩澤，曹司一家事。
> 縱有重差科，有錢不怕你。③

根據王梵志詩記述可知，這些富裕的農户擁有數目不少的田地和宅舍，財力雄厚。家中馬槽飼養着肥馬，花費甚多，但仍然有錢購買奴婢。家中牛羊成群，猪圈擠滿小猪。窖藏不少穀物，富饒田舍兒平時内心最期待的事，就是米價上漲，以便奇貨可居。正因爲富饒田舍兒家財頗豐，所以即便面對里正催逼賦役，也毫不擔心。里正被富饒田舍兒用好酒好肉招待，常常痛飲至醉。里正需要馬，富饒田舍兒就給馬，需要車便給車，要錢遂送錢，和市也不需要東西躲避。④ 如果需要麵粉，富饒田舍兒就親自用驢運送。在麵粉後接着運送的還有雞。官家需要的東西，富饒田舍兒家無所不有。里正需要什麽，富饒田舍兒從不爲

---

① 唐長孺主編：《吐魯番出土文書》[叁]，文物出版社 1996 年版，第 210 頁。

② 有關里正與唐代賦役問題，研究前史豐富。綜合諸家學説，可參 [日] 堀敏一：《中國古代の家與集落》第八章《唐户令鄉里・坊村・鄰保關係條文の復原をめぐつて》、第九章《唐代の鄉里制和村制》，(日本) 汲古書院 1996 年版，第 375~495 頁。

③ 項楚校注：《王梵志詩校注》卷五，上海古籍出版社 2010 年版，第 553 頁。

④ 唐代和糴米也是和市的一種，吐魯番出土文書顯示出，和糴也按照百姓户等來派發。詳參盧開萬：《唐代和糴制度新探》，《武漢大學學報》(人文科學版) 1982 年第 6 期。

難。富饒田舍兒與官府合作和諧。縣衙的官員便給予恩澤，縣裏的各辦事部門與他熟絡，好似一家人。縱使有沉重的苛捐雜稅，富饒田舍兒因爲有錢也無所畏懼。這裏的富饒田舍兒相當於富農、地主。從詩歌看，富饒田舍兒因爲富足，在鄉間就可以無所不能。在詩歌中，富饒田舍兒雖然面對五花八門的徭役，卻有財力應付有餘。王梵志的這種描寫其實也透露出，鄉間的農户不得不面臨着沉重的賦役差科，或出錢、或出物、或出力。① 衆所周知，在唐代前期，賦役按照丁中制徵收。在丁中爲本的前提下，還保留"户等"的意義就在於户等是徵發雜徭的依據。户等根據人丁多寡、貧富程度來劃分。農户如果不是足夠富裕，也不一定完全有能力負荷。年復一年的賦役、不定期徵發的雜徭是唐朝百姓沉重的負擔。換句話説，在唐代前期，富裕也並不是什麼好事情。"富"意味着户等比較高，要承擔大量的差科。所謂"差科取高户，賦役千百般"②即是如此。王梵志還曾創作《他家笑吾貧》一詩，通過窮人的口吻，指出貧富相對的好處：

　　　　他家笑吾貧，吾貧極快樂。無牛亦無馬，不愁賊抄掠。
　　　　你富户役高，差科並用卻。吾無呼唤處，飽喫常展脚。
　　　　你富披錦袍，尋常被纏縛。窮苦無煩惱，草衣隨體着。③

這首詩歌流露着窮人"自我慰藉的情緒"。詩中的主人公説別人笑我貧窮，但我覺得貧窮也十分快樂。家中無牛也無馬，不擔心盜賊抄掠。你家雖富而户等高，要承擔大量雜徭。④ 因爲窮，我户等低，他們派發徭役也無處找到我，我吃飽後就能展展拳脚。你富裕穿着錦袍，平常被漂亮的衣服束縛。窮苦反而没這樣的煩惱，草衣隨身穿着便行。

　　雖然我們不能清楚左憧憙的户等，不過要以《唐開元二十一年（七三三）西州蒲昌縣定户等案卷》爲標準，左憧憙所擁有的奴婢、菜園、銀錢等財産，均是評定户等依據。⑤ 號稱"財豐齊景"的左憧憙不可能像王梵志筆下的貧兒躲過這些差科。

　　其實，左憧憙身充府兵也應該和他家的富裕情况相關。《唐律疏議》卷一六"揀點衛士征人不平"條稱："揀點之法，財均者取强，力均者取富，財力又均，先取多丁。"⑥這就是説在唐前期，除了雜徭的派發依照户等之外，能被徵發成爲衛士、征人的丁口按原則也出自富户。《舊唐書》卷七〇《戴冑傳》記"比見關中、河外盡置軍團，富室强丁，並從戎

　　① 張澤咸先生指出："差科的内涵離不開税、役兩個方面。"詳參氏著《唐五代賦役史草》，中華書局 1986 年版，第 356 頁。凍國棟先生同意這種意見，並進一步展開論證，詳參氏著《旅順博物館藏〈唐建中五年（784）孔目司帖〉管見》，《魏晉南北朝隋唐史資料》第十四輯，武漢大學出版社 1994 年版；後收入氏著《中國中古經濟與社會史論稿》，湖北教育出版社 2005 年版，第 291～292 頁。
　　② 項楚校注：《王梵志詩校注》卷二《當鄉何物貴》，上海古籍出版社 2010 年版，第 109 頁。
　　③ 項楚校注：《王梵志詩校注》卷一，上海古籍出版社 2010 年版，第 25 頁。
　　④ 所謂"你富户役高，差科並用卻"，依然透露出唐代的相關賦役法規。唐代雜徭、差科派發依照户等，原則是户多丁多。詳參劉俊文：《唐律疏議箋解》卷一三《户婚律》"差科賦役違法"條、卷一六《擅興律》"丁夫差遣不平"條，中華書局 1996 年版，第 1001、1224 頁。
　　⑤ 唐長孺主編：《吐魯番出土文書》［叁］，文物出版社 1996 年版，第 311～312 頁。
　　⑥ 劉俊文：《唐律疏議箋解》卷一六《擅興律》"揀點衛士征人不平"，中華書局 1996 年版，第 1173 頁。

旅"，説的就是這樣的情況 。① 左憧憙可能因爲家財頗豐，被揀點爲西州前庭府府兵。唐長孺先生曾仔細統計過唐西州衛士户等及户内丁口，得出這樣的結論："唐代律令要求儘先揀點富室强丁充當衛士，吐魯番文書反映高宗時期的衛士均點自七等户以上，説明當時也儘可能按律令辦理。"②根據唐先生統計的樣本以及左憧憙作爲唐高宗時西州高昌縣白丁充當府兵事實，我們大致可以推斷左家的户等也應在七等之上。

墓誌説左憧憙"純忠敦孝，禮數越常"。這裏不清楚左憧憙家庭成員的情況。值得注意的是，左憧憙的墓葬中曾出土一幅樸拙的女性畫像，上面題有"妻合端身"。③合端，即突厥語可端，指妻子。研究者曾懷疑這位女性就是他的妻子。④ 左憧憙墓中保留的《唐瀵舍告死者左憧憙書爲左憧憙家失銀錢事》，透露出他有個弟弟叫瀵舍。⑤ 據現存資料也無從得知他敦孝父母的實情，但我們知道揀點府兵"同户之内，每三丁取一丁"，成爲府兵後在出征的時候，"若父兄子弟，不併遣之；若祖父母、父母老疾，無兼丁，免征行及番上"⑥。左憧憙應當代表家庭被揀點爲府兵，凡遇戰事則需遠征。也許替父替弟從軍代役本身這點就是孝的表現。大家所熟知的木蘭，正是在"阿爺無大兒，木蘭無長兄"的情況下，代父出征，贏得了孝的美名。代父從軍的例子在唐沙洲敦煌縣也存在。《武周久視二年(七○一)沙洲敦煌縣懸泉鄉上柱國康萬善牒爲以男代赴役事》是爲例證：

- -

```
1    牒萬善今簡充馬軍，擬迎送使。萬
2    善爲先帶患，瘦弱不勝驅使，又復
                同
3    軍(年)老，今有男處琮，少軍壯仕，又便弓
4    馬，望將替。處今隨牒過，請裁。謹牒。
5         久視二軍二匝(月)   ㊀(日)懸泉鄉上柱國康萬善牒
6         付 司⑦
```

據文書，沙洲敦煌縣懸泉鄉上柱國康萬善於久視二年訴説自己因爲患病，身體瘦弱，不堪驅使，又因爲年老，所以上牒報告希望自己的兒子處琮代替自己充任"馬軍"。

當然，也有與木蘭、康處琮相比不孝的例子。在王梵志筆下，曾有一個忤逆子，自己逃役，迫使父親替代，終致母親負氣而死：

---

① 《舊唐書》卷七○《戴胄傳》，中華書局1975年版，第2534頁。

② 參看唐長孺：《吐魯番文書中所見的西州府兵》，原載《敦煌吐魯番文書初探二編》，武漢大學出版社1990年版；後收入氏著《山居存稿三編》，中華書局2011版，第250頁。

③ 參見李徵：《吐魯番縣阿斯塔那—哈拉和卓古墓發掘簡報(1963～1965)》，《文物》1973年第10期。

④ 美國學者韓森推論説："放高利貸者左憧憙與一位突厥婦女結婚了嗎？或者他本人就是突厥人。"參氏著《傳統中國日常生活中的協商：中古契約研究》，江蘇人民出版社2008年版，第35頁。

⑤ 唐長孺主編：《吐魯番出土文書》[叁]，文物出版社1996年版，第229頁。

⑥ 《唐六典》卷五"兵部郎中員外郎"條，中華書局1992年版，第156頁。

⑦ 唐長孺主編：《吐魯番出土文書》[叁]，文物出版社1996年版，第410頁。

　　父母是怨家，生一五逆子。養大長成人，元來不得使。身役不肯料，逃走背家
裏。阿耶替役身，阿娘氣病死。腹中懷惡來，自生煞人子。此是前生惡，故故來相
值。虫蛇來報恩，人子合如此。前怨續後怨，何時逍祖唯？①

　　左憧憙與忤逆子自然不同，他是在户有兼丁的情況下被派出遠征的府兵。按照唐代府
兵衛士的徵發年齡，所謂"初置，以成丁而入，六十出役"②，左憧憙於公元六三七年年
滿二十一，正式成爲前庭府府兵衛士。作爲府兵，政府對他們的生計、訓練方式，有着詳
細的規定。《唐六典》卷二五"折衝都尉"條："凡兵馬在府，每歲季冬，折衝都尉率五校之
屬以教其軍陣戰斗之法。"③像左憧憙這樣的衛士日常訓練有素，戰斗力較強。他們平時農
耕，在農閑季節參與軍事訓練，遇到戰爭，則隨時出征④，如是年復一年，直至年齡入
老⑤。前庭府衛士左憧憙麟德二年(六六五)的一次出征記錄，就保存在他墓葬中的文書
裏。

二、麟德二年出征

　　麟德二年(六六五)，突騎施聯合吐蕃、疏勒進攻于闐⑥。針對三國的聯合軍事行動，
唐王朝下發詔令，命西州都督崔知辯，將領曹繼叔等派遣府兵和征人，於是年閏三月組成
西域道行軍，救援于闐。這一年左憧憙年滿四十九，作爲西州前庭府的一員衛士加入此
行。⑦

　　府兵出征，軍資、衣裝、輕武器(弓箭、橫刀)和上番赴役途中的糧食，均須自備。
每一火十人還得共備供運輸的馬六匹(或用驢)，即所謂"六馱馬"。⑧ 木蘭出征時在"東市

　　①　項楚校注：《王梵志詩校注》卷五《父母是怨家》，上海古籍出版社 2010 年版，第 592 頁。
　　②　《唐會要》卷七二《府兵》，上海古籍出版社 2006 年版，第 1538 頁。
　　③　《唐六典》卷二五"折衝都尉"條，中華書局 1992 年版，第 644 頁。
　　④　有關府兵征行鎮戍的問題，可參唐長孺：《吐魯番文書中所見的西州府兵》，《山居存稿三編》，
中華書局 2011 年版，第 260~292 頁。
　　⑤　有關府兵的出征制度，可參孫繼民：《吐魯番文書所見唐代府兵的征行制度》，收入氏著《敦煌
吐魯番所出唐代軍事文書初探》，中國社會科學出版社 2000 版，第 121~130 頁。
　　⑥　最新的研究，可參劉子凡：《瀚海天山——唐代伊西庭三州軍政體制研究》，中西書局 2016 年
版，第 162~166 頁。
　　⑦　關於此次戰役，可參榮新江《新出吐魯番文書所見西域史事二題》(《敦煌吐魯番文獻研究論集》
第五輯，北京大學出版社 1990 年，第 345~351 頁)、陳國燦《唐麟德二年西域道行軍的救于闐之役——對
吐魯番阿斯塔那四號墓部分文書的研究》(《魏晉南北朝隋唐史資料》第十二輯，武漢大學出版社 1993 年
版，第 27~35 頁)諸文。
　　⑧　關於府兵資裝自備及自備馱馬問題，可參孫繼民《吐魯番文書所見唐代府兵裝備》(原載《敦煌
吐魯番文書初探二編》，武漢大學出版社 1990 年版，後收入氏著《敦煌吐魯番所出唐代軍事文書初探》，
中國社會科學出版社 2000 版)、陳仲安《唐府兵隨身七事辨》(《中國唐史學會論文集》，三秦出版社 1989
年版)、張國剛《所謂府兵"隨身七事"辨》(《唐代政治制度研究論集》，臺灣文津出版社 1983 年版)、孟
憲實《論唐代府兵制下的馱馬之制》(《敦煌吐魯番研究》第十六卷，上海古籍出版社 2016 年版，第 155~
179 頁)諸文。

買駿馬，西市買鞍韉，南市買轡頭，北市買長鞭”，便是府兵自備資裝的表現。府兵在什麼情形下纔有能力自備資裝呢？府兵只有在兵農合一之後，纔有能力仰賴均田收穫，準備當兵的衣裝。① 不過，即便擁有均田，籌備這些出征物資，在當時也是府兵沉重的負擔。平時府兵所有的資裝存在軍府，需支取時，向軍府領用。左憧憙充當府兵，自然也免不了購置駄馬。在左憧憙墓所出《唐支用錢練帳》（詳後）中，我們看到他在行軍途中也曾爲馬購買飼料。不過，他家足夠富裕，雖需置辦資裝，但還不至於破產敗家。

物資準備齊全，軍情緊急，府兵出征迫在眉睫。大家對於府兵出征場景最熟悉的記憶，應當還是稍顯離愁的《木蘭詩》：

> 不聞爺娘喚女聲，但聞黃河流水鳴濺濺。旦辭黃河去，暮至黑山頭，不聞爺娘喚女聲，但聞燕山胡騎鳴啾啾。

木蘭渡過黃河，北至黑山（當即今内蒙巴林右旗小罕山）。詩歌把遥遠的征途，化作筆下的豪邁。木蘭萬里遠征，翻越艱險的關山，快若飛翔。北邊的寒氣中傳來刁斗之聲，冰冷的月光照在鐵甲上，充滿了孤寂的色彩。左憧憙西域道行軍的目的地是弓月城，根據相關文書可知，他行走路綫應當是安西都護府—拔換城—河頭—史德城—胡乍城—礦城—弓月。雖然没有文字留下來反映左憧憙的行軍之苦，但他行走於塔克拉瑪干沙漠邊緣，環境惡劣可以想象。與木蘭詩雄渾、豪邁的感覺不同，王梵志詩則以出征士兵的口吻指出府兵出征的辛苦與面臨的死亡危險，甚至覺得當兵生不如死：

> 你道生勝死，我道死勝生。生即苦戰死，死即無人征。十六作夫役，二十充府兵。磧裏向前走，衣鉀困須擎。白日趁食地，每夜悉知更。鐵缽淹乾飯，同火共分諍。長頭饑欲死，肚似破窮坑。遣兒我受苦，慈母不須生。②

《木蘭詩》中，木蘭通過十年征戰，纔踏上歸程，回來覲見天子，被策勳十二轉，可以獲得最高的勳官上柱國。天子進一步問，木蘭有何要求？要不要留在京城做尚書郎？木蘭歸家心切，表示祇願還鄉，不願做官。木蘭歸來，家人重逢。詩歌用三排六句，精練地描述出木蘭父母、大姐、小弟的欣喜之情：“爺娘聞女來，出郭相扶將；阿姊聞妹來，當户理紅妝；小弟聞姊來，磨刀霍霍向豬羊。”木蘭出行數年，歷經百戰，能平安回家當然是幸運者。但如要從寫實的角度來說，生離死別，朝不保夕纔應當是出征士兵的常態。王梵志筆下另一位西征吐蕃的兵夫就没木蘭這麼幸運：

> 兒大作兵夫，西征吐番賊。行後渾家死，回來覓不得。兒身面向南，死者頭向

---

① 從木蘭獲得軍勳十二轉看，她應當是一個唐前期女扮男裝的府兵無疑。參見唐長孺：《木蘭詩補證》，原載《江漢論壇》1986 年第 6 期；後收入《唐長孺文集》之《山居存稿續編》，中華書局 2011 年版，第 112~121 頁。

② 項楚校注：《王梵志詩校注》卷五《你道生勝死》，上海古籍出版社 2010 年版，第 533 頁。

北。父子相分擘，不及元不識。①

父母生育某兒，準備衣食，含辛茹苦地將他養大。某兒長大成丁，未及孝敬父母，卻不得不按照國家法令充當兵夫。吐蕃入侵西域，某兒自當遠行禦敵。出乎意料的是，他在外遠征時，全家親人發生意外，不幸死亡。等他征戰歸來，面對的卻是父子生死異路。他悲傷感嘆，如果是像這樣父子生死相離，還不如原來就和家人不相識。王梵志詩筆調通俗、簡單，卻將兵夫的無奈與哀愁表現得恰到好處。某兒痛不欲生與木蘭幸福團聚形成鮮明對比。王梵志的數首詩歌都表明軍府將士如若出征，便隨時徘徊在死亡的邊緣。② 正因爲外出征戰九死一生，所以府兵在當時被視作天下"最惡"的官職：

> 天下惡官職，不過是府兵。四面有賊動，當日即須行。
> 有緣重相見，業薄即隔生。逢賊被打煞，五品無人諍。③

在作者王梵志看來，天下最壞的官職，沒有什麼比得上府兵。四方如果有賊人進攻，當日就需要出征打仗。出征途中，如果有緣還能相見，如果德業淺薄，則必定生死隔絕。碰到賊人需要打打殺殺，性命朝不保夕，所以即便可因軍功獲得五品的勳官，也沒有人爭奪。本來，在唐前期，府兵外出征行有一個最大的誘惑就是可以而獲得勳官，因勳官可以得到勳田、賞賜。在《舊唐書》卷八四《劉仁軌傳》中可以看到，唐初征伐高麗的時候，有很多百姓自願充當征人，所謂"人人投募，爭欲西行，乃有不用官物，請自辦衣糧，投名義征"④。人人爭相投募的原因是從軍有機會獲得巨額賞賜，贏取勳官。即便府兵不幸身死王事，家族也會受到撫恤優待。政府追贈官職給亡者，官爵可以回授"子弟"。

> 貞觀、永徽年中，東西征役，身死王事者，並蒙敕使弔祭，追贈官職，亦有回亡者官爵與其子弟。⑤

不過，在唐前期，循隋之舊，獲得勳官、軍功很難。按照唐人書寫墓誌的慣例，生前獲得的官職一定要寫在誌中。但左憧憙墓誌顯示出，他身當衛士多年從未獲得過任何官爵，連勳官也沒有。

其實錢財頗豐的家庭，最有機會逃避兵役。通過賄賂官府，可以"東西藏避，並即得脫"⑥。王梵志詩也説"縱有重差科，有錢不怕你"。沒有錢打點官府的人，縱是老弱，被推着後背，也要勞形遠征。⑦

那麼，這裏就有一個問題，號稱"財豐齊景"的左憧憙不僅沒有逃脱兵役。墓誌反而

---

① 項楚校注：《王梵志詩校注》卷五《父母生兒身》，上海古籍出版社 2010 年版，第 502 頁。
② 項楚校注：《王梵志詩校注》卷五《相將歸去來》，上海古籍出版社 2010 年版，第 536 頁。
③ 項楚校注：《王梵志詩校注》卷二《天下惡官職》，上海古籍出版社 2010 年版，第 158 頁。
④ 《舊唐書》卷八四《劉仁軌傳》，中華書局 1975 年版，第 2793 頁。
⑤ 《舊唐書》卷八四《劉仁軌傳》，中華書局 1975 年版，第 2793 頁。
⑥ 《舊唐書》卷八四《劉仁軌傳》，中華書局 1975 年版，第 2793 頁。
⑦ 《舊唐書》卷八四《劉仁軌傳》，中華書局 1975 年版，第 2793 頁。

説他"鴻源發於戎衛……意氣凌雲，聲傳異域"，好像絲毫沒有叙述出他的從軍之苦，誌中文字似乎是説他的富裕與從軍有關。左憧憙爲什麽樂意充當一個被視作惡官職的府兵？

有兩件被吐魯番文書整理者命名爲《支用錢練帳》的文書，似乎能回答這個問題（參見表一）。文書顯示出左憧憙從軍買賣、進行貿易的一些情形。這反映出儘管軍事遠征危險重重，但左憧憙能從戰爭中得到實際的好處，這也體現出普通士兵從軍最直接目的。《神機制敵太白陰經》説："軍無財，士不來；軍無賞，士不往。香餌之下，必有懸魚；重賞之下，必有死夫。"①我們大膽推測，墓誌之所以説左"鴻源發於戎衛"，是因爲從軍有利可圖。

由於《支用錢練帳》殘破不堪，其性質曾引起較大争議。有的學者從文中出現很多"校尉"稱呼以及涉及物資多爲軍資來看，認爲這似乎有可能是軍隊後勤機構的官方賬簿。②有的學者認爲賬簿出自左憧憙墓中，而且原件和抄本各一份。從同墓其他文書看，左憧憙在軍中的身份也並不是掌管後勤賬目的官員，所以把這兩件文書認爲是私人賬簿應更爲合理。③通過《支用錢練帳》透露的衆多信息來説，顯然後者的意見更爲妥當。

這兩件《支用錢練帳》雖然殘破，但卻透露出行軍路綫、行軍生活等衆多信息。《神機制敵太白陰經》云："軍無輜重，則舉動皆闕。士卒以軍中爲家，至於錐刀，不可有缺。"④府兵出征準備的輜重、資財，學者們一般用《新唐書》卷五〇《兵志》中一段史料加以説明：

> 火備六馱馬。凡火具烏布幕、鐵馬盂、布槽、鍤、钁、鑿、碓、筐、斧、鉗、鋸皆一，甲牀二，鐮二。隊具火鑽一，胸馬繩一，首羈、足絆皆三。人具弓一，矢三十，胡禄、橫刀、礪石、大觿、氈帽、氈裝、行縢皆一，麥飯九斗，米二斗，皆自備，並其介胄、戎具藏於庫。有所征行，則視其入而出給之。其番上宿衛者，惟給弓矢、橫刀而已。⑤

這段史料，應當區分同火、同隊、個人三方準備的不同輜重。同火共備的是六馱馬，烏布幕以下至鐮合計十四種。同隊共備的是火鑽至足絆共四種。而個人自備的除食物麥飯、米之外，爲弓矢至行縢共九種。⑥陳仲安先生認爲個人自備中，弓矢和胡禄當合爲一事，爲箭囊，加上其餘六項事共爲七項，是爲"隨身七事"。⑦

①　李筌著，盛冬鈴譯注：《神機制敵太白陰經》卷五《軍資篇第六十》，河北人民出版社 1991 年版，第 62~63 頁。

②　陳國燦：《唐麟德二年西域道行軍的救于闐之役——對吐魯番阿斯塔那四號墓部分文書的研究》，《魏晉南北朝隋唐史資料》第十二輯，武漢大學出版社 1993 年版，第 30 頁。

③　趙志超：《吐魯番出土文書所見唐代士兵借貸問題研究》，《西域研究》2009 年第 2 期，第 49 頁。

④　李筌著，盛冬鈴譯注：《神機制敵太白陰經》卷四《軍裝篇第四十二》，河北人民出版社 1991 年版，第 49 頁。

⑤　《新唐書》卷五〇《兵志》，中華書局 1975 年版，第 1325 頁。

⑥　日本軍防令中有關府兵資裝自備的内容，和《新唐書》此段記載略有不同。詳參《令義解》，（日本）吉川弘文館 2000 年版，第 180 頁。

⑦　陳仲安：《唐府兵隨身七事辨》，《中國唐史學會論文集》，三秦出版社 1989 年版，第 183~187 頁。

表一

支用錢練帳一	支用錢練帳二
1 ＿＿＿三將去五疋，校尉買去二疋，用買何堛馬。練＿＿＿	1 ＿＿＿＿＿二疋用買何堆
2 □織城下。用練一疋斀（羅）馬踏。更錢八文，亦用斀。胡乍城更用練一疋	2 ＿＿＿＿疋，斀馬踏。更錢
3 ＿＿用錢拾文，憧＿＿＿斀麥。用麥造糧據史德城用錢＿＿＿	3 ＿＿練＿馬踏。更用錢十
4 □文，校尉用四文，斀踏。用錢二文，買弦。更練一疋，曹師邊用斀踏。＿＿＿	4 ＿＿＿＿糧。據史德城用錢四文，与
5 忈渾。用練一疋，斀夘來廻河頭。用一疋，曹願住處買羊。更用錢＿＿	5 索＿＿＿用錢二文，買弦。更練一疋，
6 □□住內。撥換城。用練半疋斀米。買婢，闕練一疋，更用錢＿＿	6 曹師邊用斀＿＿＿廻來河
7 □□買宍（肉）。更用一疋，買白氈。用練半疋尾乳處買氈。用錢三文＿	7 頭。用練一疋，曹願住處買羊。□用錢＿＿還買肉。
8 □安西，用錢三文，斀踏。更用錢一文，買草。更用同（銅）錢貳拾二文戠（一）＿＿	8 撥換城用練半疋，羅米。買婢，闕＿＿二文，撥換
9 ＿＿＿蓿。更用同錢六文，斀夘。更用同錢十四文，斀＿	9 願住處買肉。更用練一疋買白□□用涷＿＿
10 ＿＿＿錢一十八文斀夘，更用同錢＿＿	10 用錢三文，作齋。更到安西用錢三文，斀踏。＿
11 ＿＿踏用銀錢三文買一腳宍。更用錢廿一文買戠＿	11 用同（銅）錢廿二文，買夘。用同錢六文買苜＿
12 ＿＿＿＿練＿	12 更用同錢八文，買四□苜蓿。更＿＿＿
13 ＿□錢＿＿＿＿作用□	13 用錢六文，買三束苜蓿。更用同＿＿＿
14 □□正一文索＿＿用練一疋与作□。用	14 文，買一腳。更用同錢□＿＿＿
15 錢壹拾三文，更錢＿＿＿校尉下。銀錢六文，銅錢六十文。	
16 安校尉下。銀錢六文，銅錢卅一文。韓校尉下，銀錢六，銅錢伍十文。趙師下，	
17 銀錢十文，銅錢六十文，更銅錢廿十六文。（二）張師下，銀錢七文，銅錢卅文。	
注釋	
（一）戠：據下件當是“夘”之誤（以下第 11 行同），其上疑奪一“買”字。	
（二）廿十六文：疑衍一“十”字	

需要注意的是，除同火、同隊、個人共備財物外，每個士兵出征之時還準備一定的私財。《李衛公兵法》："諸兵士隨軍被袋上，具注衣服物數，並衣資、弓箭、鞍轡、器仗，並令具題本軍營、州縣府衛及己姓名，仍令營官視檢押署。營司抄取一本，立爲文案。"①谷霽光先生認爲其中的服、被、資、物、弓箭、鞍轡、器仗等爲隨身七事。陳仲安不同意谷霽光先生的看法，認爲這條軍令是指兵士入營時，營官應檢視登記屬於兵士個人所有的衣裝財物，由於每人所帶數量不同，故須一一檢查登記，以備下番出營時減去消耗退還本人；如果戰死，則需要同火幫忙，根據所注州、縣、府衛退還給家屬。②《唐律疏議·雜律》引《軍防令》："征行衛士以上身死，行軍具録隨身資財及屍，付本府人將還。"③這條軍防令也顯示出，征行衛士除共備財物外，在征行過程中，還攜帶一部分私有錢財，供出征使用。

《支用錢練帳一》第 1 行顯示出，當同行校尉買馬隨身帶練不足，便向左憧憙買練。校尉爲什麼要在旅途中買馬呢？根據日本《軍防令》記載，府兵十人一火共備六馱馬，馬在差行日"若有死失，仍即立替"④。校尉的馱馬在路途是丟失或病死？我們不得而知。這裏有一種可能性，即校尉買馬是在補充因故缺失的六馱馬。

在唐代西州以西，購買大宗商品馬、奴婢之類，均需要用練。唐代的馬亦分等級，吐魯番出土《唐天寶二年(七四三) 交河郡市估案》曾區分幾種不同的馬：

> 突厥敦馬壹匹 次上直大練貳拾疋、次十八疋、下十陸疋
> ……
> 草馬壹匹　 次上直大練玖疋 次捌疋下 柒疋
> ……⑤

按照《新唐書·兵志》所載，每個府兵自備"麥飯九斗，米二斗"，藏於府庫，出征時按需發放。根據《神機制敵太白陰經》，可以知道每個士兵每日糧食的需求量："人日支米二升，一月六斗，一年七石二斗……其大麥八分，小麥六分，蕎麥四分，大豆八分，小豆七分，宛豆七分，麻七分，黍七分，并依分折米。"⑥按照《倉庫令》的記載，一個丁男每天的食量大約也是二升米："諸給糧，皆承省符。丁男一人，日給二升米……"⑦根據以上《神機制敵太白陰經》所列推算，每人每天吃米二升，如果是其他糧食的話，每人每天

---

① 杜佑撰，王文錦點校：《通典》卷一四九《雜教令》引《衛公李靖兵法》，中華書局 1988 年版，第 3820 頁。

② 陳仲安：《唐府兵隨身七事辨》，《中國唐史學會論文集》，三秦出版社 1989 年版，第 183 頁。

③ 劉俊文：《唐律疏議箋解》，中華書局 1996 年版，第 1829 頁。

④ 《令義解·軍防令》，(日本)吉川弘文館 2000 年版，第 184 頁。

⑤ ［日］池田温：《中國古代物價初探》，《日本學者研究中國史論著選譯》第四卷，中華書局 1992 年版，第 459 頁。

⑥ 李筌著，盛冬鈴譯注：《神機制敵太白陰經》卷五《軍資篇第六十》，河北人民出版社 1991 年版，第 61~62 頁。

⑦ 天一閣博物館、中國社會科學院歷史研究所《天聖令》整理課題組校證：《天一閣藏明鈔本天聖令校證(附唐令復原研究)》卷二三《倉庫令·唐 2》，中華書局 2006 年版，第 282 頁。

需要大麥二升五合餘，小麥三升三合餘，大豆二升五合餘，小豆近二升九合，豌豆近二升九合，麻近二升九合，黍近二升九合。也就是説，每個士兵儲存在府庫的麥飯九斗、米二斗，可供一個出征士兵吃四十天左右。左憧憙麟德二年閏三月出征，一直到是年八月二十五日還在歸途，没有到達安西都護府。如果超過四十天，每人儲備的口糧就明顯不足。而且出征途中也不能祇吃糧食，還需要肉食、豆類補充營養。士兵所使用的武器，也可能出現損耗，隨時需要購買。這樣一來，士兵必然攜帶多餘的財産出征以備不時之需。按照《李衛公兵法》的記載，這些財産似乎需要統一登記，形成文案。

《支用錢練帳一》第 6 行顯示出左憧憙途經撥換城（今阿克蘇）時，曾用"練半疋，糴米"。《支用錢練帳二》第 8 行"撥換城用練半疋，糴米。買婢，闕□□□□"。根據《唐天寶二年（七四三）交河郡市估案》的資料可以轉換。按照唐朝的習慣取中估，大練一疋值銅錢四百六十文。半疋練相當於二百三十文銅錢。按照記載，麟德三年長安每斗米低至五文，半疋練可以買約三十八斗三升米，夠一個人吃六個月。西域物價可能偏高，如果按照《交河郡市估案》推算，米麵行中估白麵一斗值三拾柒文。

> 米麵行
> 白麵壹斗　上直錢三拾八文 次三拾柒文 下三拾陸文
> 北庭面壹斗　上直錢三拾伍文
> ……①

二百三十文可以買中估的白麵買六斗多，可供一人吃三十天。六斗米重量約相當於今天一百斤，征途當中應該用馬馱行。② 除米之外，左憧憙一路還買麥造糧，買羊、買肉、買䐗（碾碎的豆子）補充營養。《支用錢練帳一》第 3 行顯示出左憧憙"□□□□用錢拾文，憧□□□糴麥。用麥造糧據史德城"。《支用錢練帳一》第 5 行記"用一疋，曹願住處買羊"。《支用錢練帳二》第 7 行"用練一疋，曹願住處買羊"。《支用錢練帳一》第 7 行記"□□買宋（肉）"。《支用錢練帳二》第 7 行"□用錢□□□還買肉"。《支用錢練帳一》第 8 行"□安西。用錢三文，糴䐗"。《支用錢練帳二》第 10 行"更到安西用錢三文，糴䐗。□□□□"。

與人的食物消耗相比，馬更需要大量的食物喂養。所以我們看到，左也用練購買大宗馬料。《支用錢練帳一》第 2 行記"□䗥城下。用練一疋糴馬䐗，更錢八文。亦用糴胡乇城更用練一疋"。

根據《神機制敵太白陰經》，可以知道馬每日的食物包括粟、盐、茭草：

> 一馬日支粟一斗，一月三百，六個月一十八石。計一軍馬一日支粟一千二百五十石，一月三萬七千五百石，六個月二十二萬五千石。

---

① ［日］池田温：《中國古代物價初探》，《日本學者研究中國史論著選譯》，中華書局 1992 年版，第 452 頁。

② 關於六馱馬，《唐六典》卷五"兵部郎中"條、《通典·職官典》皆没有記載府兵備六馱馬的功用，但根據日本《軍防令》記載，六馱馬"差行日，聽將充馱"，大概是指用於馱運征途糧食資裝。參見《令義解·軍防令》，（日本）吉川弘文館 2000 年版，第 184 頁。

　　馬鹽，一馬日支鹽三合，一月九升，六個月五斗四升。一軍馬支鹽三十七石五斗，一月一千一百二十五石，六個月六千七百五十石。

　　芺草，一馬一日支芺草二圍，一月六十圍，六個月三百六十圍。計一軍馬六個月九十萬圍。①

如果粟作爲主糧，馬每天要吃一斗。按《天聖令·廄牧令》宋令規定，馬要吃豆與蒿，具體數量，詳下記載：

　　諸繫飼，給乾者，象丁（一）頭，日給稾（十）五圍；馬一匹，供御及帶甲、遞鋪者，各日給稾八分，餘給七分，蜀［馬］給五分；（其歲時加減速之從（數）［四］，並從本司宣勅下。及諸畜立（豆）［五］、鹽、藥等，並准此。……）

　　諸繫飼，給豆、鹽、藥者，……馬一匹，俱（供）御及帶甲、遞鋪者，日給豆八升，餘給七升；蜀馬［日給］五升；驢（騾）一頭，日給豆四升、麩一升。月給鹽六兩、藥一喢。運物在（道）則（者）［五］，日給鹽五勺；（道）［六］冬月喢藥，加白米四合。驢一頭，［日］給豆三升、麩五合，月給鹽二兩、（日）藥一喢。②

如果是供皇帝及帶鎧甲、遞鋪的馬，每日給豆八升，蒿草八分。普通馬給豆七升，蒿草七分。豆的日給量少於《神機制敵太白陰經》規定的一升粟。根據喂馬者的經驗，飼馬用豆，馬的奔跑能力、耐力會加強。左憧憙在路途中不停地買馬踏、草、苜蓿，應當是出於日常飼馬的需求。③

　　另外，最能引起人們關注的是，左憧憙在西域返程的途中，準備了三種貨幣。銀錢、銅錢，還有練，備齊這三種貨幣，表明左憧憙在常年的西域生活中，已經熟悉那裏的貿易狀況。比如，左憧憙行進到安西，"用錢三文，糴踏。更用錢一文，買草"。

　　銀錢的價值較高，攜帶數量也需求較小。《支用錢練帳一》第16~17行云：

　　安校尉下，銀錢六文，銅錢卅一文。韓校尉下，銀錢六，銅錢伍十文。趙師下，銀錢十文，銅錢六十文，更銅錢廿十六文。張師下，銀錢七文，銅錢卅文。

師、佐常指工匠，但出現在軍隊裏，與校尉並列，讓人殊難理解。陳國燦先生推論這裏的師當作帥，指旅帥，所論有理。④ 我們不知道，安校尉、韓校尉、趙師、曹師下的銀錢爲什麼要羅列在這裏？是發生的借貸，還是校尉與左發生了買賣關係？不過，唐代軍令嚴格

---

①　李筌著，盛冬鈴譯注：《神機制敵太白陰經》卷五《預備人糧馬料篇第六十》，河北人民出版社1991年版，第62頁。

②　參見中國社會科學院歷史研究所《天聖令》讀書班：《〈天聖令·廄牧令〉譯注稿》，《中國古代法律文獻研究》第八輯，社會科學文獻出版社2015年版，第302~303頁。同參《天一閣藏明鈔本天聖令校證（附唐令復原研究）》，中華書局2006年版，第289頁。

③　有關唐代馬的標準食量，可參《唐六典》卷一七"典廄署"條，中華書局1992年版，第484頁。

④　陳國燦：《唐麟德二年西域道行軍的救于闐之役——對吐魯番阿斯塔那四號墓部分文書的研究》，《魏晉南北朝隋唐史資料》第十二輯，武漢大學出版社1993年版，第27~35頁。

限制軍官利用自己的身份和地位强取兵士的錢財。"官典取兵士十錢以上，絹一尺以上，重罪。"①

《支用錢練帳一》第 4 行中曾有"校尉用四文……更練一疋，曺師邊用氎錯"。好像表明有校尉或者姓曺的旅帥委托左憧憙保管錢財，一路上購買物資。安校尉、趙師下的銀錢是委托左來管理，在整個征途結束後的結餘？

左憧憙在一路上所購買的部分物品，和《新唐書·兵志》所列府兵資裝對應無遺（參見表二）：

表二

左憧憙所購部分物品	《新唐書·兵志》所列部分府兵資裝
買馬	火備六馱馬
麥，米	麥飯九斗，米二斗
買弦	人具弓一，矢三十
買白氎	氈帽、氎裝

左憧憙作爲府兵在返程的途中，除了購買糧食、資裝以供日常生活外，他還在撥換城買婢，購買的時候缺練一疋。在這樣的情況下，是要向他人借貸、買練抑或有其他什麽辦法？這裏也不得而知。我們知道的是，這時候人口販賣在西域地區也是重要的獲利之源，存在專門的"口馬行"經營這樣的生意。②

不過，如果熟知唐代軍事法令，就會明白左憧憙買婢這件事的"特殊性"。杜甫《新婚別》詩云："婦人在軍中，兵氣恐不揚。"③《通典》引《衛公兵法》云："奸人妻女，及將女婦入營，斬之。"④李筌《神機制敵太白陰經》云："侵欺百姓，奸居人子女，及將婦人入營者斬，恐傷人，軍中慎女子氣。"⑤日本《令義解·軍防令》云："凡征行者，皆不得將婦女自隨。"令後解釋强調説："謂家女及婢，亦不可得隨也。"⑥看到這樣的軍令，自然也會産生一個問題，既然軍令嚴格禁止，違規的代價是殺頭。那麽，左憧憙爲何在軍營中買一個女婢隨身攜帶？這裏很自然的聯想，便是左憧憙或許與自己府內的長官有特殊的私交，得到了某種默許或通融。

---

① 杜佑撰，王文錦點校：《通典》卷一四九《雜教令》引《衛公李靖兵法》，中華書局 1988 年版，第 3821 頁。

② 朱雷：《敦煌所出〈唐沙州某市時價簿口馬行時沽〉考》，原載《敦煌吐魯番文書初探》，武漢大學出版社 1983 年版，第 500~518 頁；後收入氏著《敦煌吐魯番文書論叢》，甘肅人民出版社 2000 年版，第 211~224 頁。

③ 杜甫著，仇兆鼇注：《杜詩詳注》，中華書局 1979 年版，第 532 頁。

④ 杜佑撰，王文錦點校：《通典》卷一四九《雜教令》引《衛公李靖兵法》，中華書局 1988 年版，第 3823 頁。

⑤ 李筌著，盛冬鈴譯注：《神機制敵太白陰經》卷五《誓衆軍令篇第三十三》，河北人民出版社 1991 年版，第 34 頁。

⑥ 《令義解·軍防令》，（日本）吉川弘文館 2000 年版，第 189 頁。

　　除《支用錢練帳》外，相關契約也顯示出左憧憙在凱旋途中從事商業活動。麟德二年西域道的行軍，除了有像左憧憙這樣的府兵之外，還有臨時徵募的兵員"征人"。所謂"征人"，"謂非衛士，臨時募行者"。① 在歸程中，西域道征人趙醜胡向同行的左憧憙借貸三疋帛練，所形成的借貸契約《唐麟德二年(六六五)趙醜胡貸練契》録如下：

1　麟德二年八月十五日，西域道征人趙[醜]
2　胡於同行人左憧憙邊貸取帛練
3　叁疋。其練回還到西州拾日内，還
4　練使了。到過其月不還，月別依
5　鄉法酬生利。延引不還，聽拽家財
6　雜物平爲本練直。若身東西不在，
7　一仰妻兒還償本練。其練到安西
8　得賜物，只還練兩疋；若不得賜，始
9　還練三疋。兩和立契，獲指爲驗。
10　　　　練主左
11　　　　貸練人趙醜胡
12　　　　保人白禿子
13　　　　知見人張軌端
14　　　　知見人竹禿子②

這個契約也有不少讓人難以理解的地方。幾乎所有研究這件吐魯番文書的人都看出問題所在。此前左憧憙簽訂的借貸契約中都是高利貸，要標明月息：月別生利錢壹文。然而在這件契約中，左憧憙卻一反常態，竟然沒有要征人趙醜胡的利息，而是相約回到西州十天之内歸還本練三疋。如果在西州發生欠錢不還的情形，纔"聽拽家財雜物平爲本練直"。如果自身逃跑，則需妻兒償還"本練"。如果到了安西都護府，得到賞賜之練，祇需歸還兩疋。問題是趙借練三疋，除不收利息外，爲何到安西都護府得賜之後，還可以少還一疋？

　　關於如何解釋這個問題，學者們也出現了較大分歧。其中，有些學者贊成"同鄉、同行優待説"。唐耕耦先生認爲，在西州借練三疋，到安西祇還兩疋，可能是因爲左憧憙作爲征人，在安西需要帛練使用，而從西州到安西路途遥遠，交通不便，少還一疋是充作運費。左憧憙和同行士兵參與軍事行動，在生死未卜的情況下，爲了求得同行士兵的照顧，就以無息貸款來買取友情。③ 對於這個問題，筆者曾請教朱雷先生。朱先生似乎也同意唐

――――――――――

① 有關兵募的研究，可參[日]菊池英夫《關於唐代兵募性格和名稱》[(日本)《史淵》67、68，1956年]、唐耕耦《唐代前期的兵募》(《歷史研究》1981年第4期)、楊鴻年《唐募兵制度》(《中國史研究》1985年第3期)、張國剛《關於唐代兵募制度的幾個問題》(《南開學報》1988年第1期)、孫繼民《從武周智通擬判爲康隨風詐病避軍役等事看唐代的兵募》(收入氏著《敦煌吐魯番所出唐代軍事文書初探》，中國社會科學出版社2000年版)等。

② 唐長孺主編：《吐魯番出土文書》[叁]，文物出版社1996年版，第213頁。

③ 參見唐耕耦：《唐五代時期的高利貸――敦煌吐魯番出土借貸文書初探(續篇)》，《敦煌學輯刊》1986年第1期，第142頁。

耕耦先生的看法。朱雷先生認爲"同行人"三字，蘊含着解開謎題的綫索。他認爲左與趙爲同行人，這裏的行並不是行走的行，而是行伍的行。在朱雷先生看來，正因爲二人是同行的火伴，行軍路途艱苦難耐，需要相互照顧，所以左憧熹在利息上給與趙醜胡特殊照顧。錢伯泉先生也大概同意這種看法，他説："如果勝利返回安西，得到朝廷獎勵和賞賜的物品，則趙醜胡祇還練兩疋，其中一疋由債主左憧熹作爲獎勵而免除了。如果趙醜胡不是左憧熹屬下的同鄉士兵，他決不會在借契中如此許願。"①

不過，在我看來，"同鄉、同行優待説"可能多少是理想化的看法，同行的軍人未必祇存溫情。《通典》引《李衛公兵法·雜教令》云："諸將士不得倚作主帥及恃己力强，欺傲火人，全無長幼，兼笞撻懦弱，減削糧食、衣資，并軍器、火具恣意令擎，勞逸不等。"②軍令如此强調，其實證明在軍隊中以暴制弱，同火間相互欺凌的情形也時有發生。按照王梵志詩的描述，如果征行的士兵因爲饑餓，發生"鐵鉢淹乾飯，同火共分諍"的事情或是常態。除征人趙醜胡外，左憧熹給府兵張海歡所貸銀錢也是免息。這反映在《唐麟德二年（六六五）張海歡白懷洛貸銀錢契》中。在前往西州的道路上，張海歡與白懷洛向左借貸四十捌文銀錢，形成一個契約：

```
1    麟德二年十一月廿四日，前庭府衛士張海歡於左憧
2    熹邊貸取銀錢肆拾捌文，限至西州十日内還本
3    錢使了。如違限不償錢，月別拾錢後生利錢壹
4    文入左。若延引注託不還錢，任左牽掣張家資
5    雜物口分田、桃（萄）用充錢直取。若張身東西没洛（落）者，一
6    仰妻兒及收後保人替償。兩和立契，畫指爲信。
7    同日，白懷洛貸取銀錢貳拾肆文，還日，別部依
8    上券同。          錢主    左
9                 貸錢人張海歡
10                貸錢人白懷洛
11                保人張歡相
12                保人張歡德
```
海歡母替男酬練，若不上，依月生利。大女李臺明
                      保人海歡妻郭如連
```
13                保人 陰 歡德③
```

麟德二年十一月二十四日，左憧熹仍然在歸途中，他們的最終目的地是西州（今吐魯番）。與左同行的不僅有征人趙醜胡，還有同處前庭折衝府的衛士張海歡、白懷洛。簡單來看，左憧熹在契約中依然"優待"同行的火伴。雙方約定到達西州之日，祇需要還本就可以，

① 　錢伯泉：《從〈唐支用錢練帳〉考察唐初西域的政治經濟狀況》，《新疆社會科學》2005 年第 5 期，第 103 頁。

② 　杜佑撰，王文錦點校：《通典》卷一四九《兵二·雜教令》，中華書局 1988 年版，第 3820 頁。

③ 　唐長孺主編：《吐魯番出土文書》[叁]，文物出版社 1997 年版，第 214 頁。

如果錯過還錢日期，找各種理由推脱不還，左可以任意拿張海歡中的家資雜物、口分田、葡萄園抵債。這裏讓我們意外的是，唐代法律嚴禁交易的口分田，也被當作抵債的資産。口分田被用來交易，還反映在吐魯番文書《唐乾封元年(六六六)鄭海石舉銀錢契》中。①得輕還重、逐利輕義是民間借貸的一般原則，王梵志《得他一束絹》詩云："得他一束絹，還他一束羅。計時應大重，直爲年歲多。"《貸人五斗米》云："貸人五斗米，送還一碩粟。籌時應有餘，剩者充臼直。"②

陳國燦先生則由商人逐利本性的角度，從蛛絲馬跡當中，做了另外一種推測。他説："出貸者都是爲了取利生息，即爲了剥削。"③《張海歡白懷洛貸銀錢契》中所借銀錢數爲四十八文、二十四文，與通常借錢多取整數不符，所以陳先生懷疑其實際應爲貸取練帛的估價。這樣，在償還時就可套取銀、練之間的差價。因此，這一借貸文書表面上不需支付利息，實則並非無息借貸。最終前庭府衛士張海歡也可能無力償還所借之錢，因爲在契約末尾看到，張海歡的母親大女李臺明被要求替子償還練。在這裏，我們傾向陳國燦先生的觀點。左憧憙在放貸之時，可能預設借貸者無力償還。一旦償還失期，左憧憙經常攫取別人的不動産(田園、口分田等)，無息貸款談不上什麼同火的溫情。唐代西州的民間借貸中，經常有人因無力償還物資，被一紙訟狀告向官府。不過，也有學者對陳國燦先生的解釋提出質疑："無息借貸文書肯定是存在的，即使陳先生文中的觀點是正確的，那也祇能對某一件文書進行解釋，而同墓所出性質幾乎一樣的《唐麟德二年(六六五)趙醜胡貸練契》，陳先生文中就沒有給出解釋。"④

至於《唐麟德二年(六六五)趙醜胡貸練契》中爲什麼趙醜胡借練三疋免息之外，到安西都護府領到兵賜之後，還可以少還一疋？我想，這裏唯一的解釋就是：之所以強調安西兵賜之練，可能是因爲兵賜之練質量較好。在《唐天寶二載交河郡物價表》中，我們看到同樣是練，但確實有品種、等級的差異。⑤安西的白練常來自中原，"無數鈴聲遥過磧，應馱白練到安西"。當時最好的絲織品都産自河南、河北。⑥

三、屈身卑己，立身修名？

麟德二年的西域道行軍之後，直至咸亨元年，西域再沒有出現過大規模的戰斗。由此

---

①　唐長孺主編：《吐魯番出土文書》[叁]，文物出版社 1997 年版，第 216 頁。

②　項楚校注：《王梵志詩校注》卷四，上海古籍出版社 2010 年版，第 458、459 頁。

③　陳國燦：《唐代的民間借貸——吐魯番敦煌等地所出的唐代借貸契券初探》，原載《敦煌吐魯番文書初探》，武漢大學出版社 1983 年版，第 218~219 頁；後收入氏著《唐代的經濟社會》第六章《唐代的民間借貸》，臺灣文津出版社 1999 年版，第 173 頁。

④　趙志超：《吐魯番出土文書所見唐代士兵借貸問題研究》，《西域研究》2009 年第 2 期，第 49 頁。

⑤　有關帛練的價格，見《唐天寶二年(七四三)交河郡市估案》，參[日]池田温：《中國古代物價初探》，《日本學者研究中國史論著選譯》，中華書局 1992 年版，第 452~453 頁。

⑥　《唐六典》卷二〇《太府寺》中所開列的八個等級絹，最高等級的絲織品産地集中在今河南、河北(中華書局 1992 年版，第 541 頁)。

可見，此次行軍達到了戰略目的。① 可以説以左憧憙爲代表的府兵、征人有力地抵禦了吐蕃的入侵。墓誌説他"意氣凌雲，聲傳異域"，頗有昂揚的氣息，可能説的就是這次勝利的遠征。在此後數年間，西域相對安定的環境大概也是左憧憙再沒有出征的原因。

左憧憙回到西州高昌縣崇化鄉後，依然從事放貸的營生，巧取豪奪。數目衆多的同墓出土契約，透露着他的"致富經"。契約顯示出一個叫張善憙的人和他往來最爲頻繁。

乾封三年(六六八)三月三日，武城鄉人張善憙大概因爲家庭遇到了困難，向左憧憙借錢渡急。張善憙爲了借貸順利，一塊喊來自己的女兒張如資、朋友高隆歡作爲擔保人。除此之外，還有見證人(知見)張軌端。他們按照慣例在紙上畫了指節，與今天的按手印頗爲相類。交易過程形成一張契約，一直被左憧憙帶入墓葬當中。內容如下：

1　乾封三年三月三日，武城鄉張善憙於
2　崇化鄉左憧憙邊舉取銀錢貳拾文，
3　月別生利銀錢貳文。到月滿，張即須
4　送利。到左須錢之日，張並須本利酬還。
5　若延引不還，聽左拽取張家財雜物平爲
6　本錢直。身東西不在，一仰妻兒保人上錢使
7　了。若延引不與左錢者，將中渠菜園半畝，
8　與作錢質，要須得好菜處。兩和立契，
9　獲指爲驗。左共折生錢，日別與左菜伍尺園，到菜干日。
10　　　　錢主　左
11　　　　舉錢人　張善憙
12　　　　保人　女如資
13　　　　保人　高隆歡
14　　　　知見人　張軌端②

根據契約可知，張善憙借左憧憙銀錢二十文，每月利息爲二文，按月結息。每月月滿的時候，張善憙必須把利息先償還給債主左憧憙。等左憧憙需要錢的時候，張善憙必須將本金利息償還。如果拖延不還，左憧憙可以拿張善憙家裏的任何財產抵償債務。假如找不到張善憙，他的女兒和擔保人要替他償還。唐代"雜令"云："如負債者逃，保人代償。"③王梵志詩《無親莫充保》云："無親莫充保，無事莫作媒。雖失鄉人意，終身無害災。"④由此可見，一旦借貸者無力償還，保人有不小經濟風險，所以在鄉間認爲親人充保更爲妥當。契約第7~8行"若延引不與左錢者，將中渠菜園半畝，與作錢質"，即指如果張過期不還，左就要將張的半畝菜園所有權拿過去。除此之外，左憧憙的利息錢還可以用菜園所產菜來

① 參劉子凡：《瀚海天山——唐代伊、西、庭三州軍政體制研究》，中西書局 2016 年版，第 162 頁。

② 唐長孺主編：《吐魯番出土文書》[叁]，文物出版社 1996 年版，第 219 頁。

③ 竇儀等詳定，岳純之校證：《宋刑統校證》，北京大學出版社 2015 年版，第 350 頁。

④ 項楚校注：《王梵志詩校注》，上海古籍出版社 2010 年版，第 223 頁。

償還，但張必須每天送菜與左，一直到菜園没法種菜的季節。

　　兩年之後，張善憙家庭似乎困難依舊，否則他不會繼續向左憧憙借錢四十文。借錢内容反映在《唐總章三年(六七〇)張善憙舉錢契》，契約内容如下：

```
1    總章三年二①月十三日，武城鄉張善憙
2    於左憧憙邊舉取銀錢肆拾文，
3    每月生利錢肆文。若左須錢之日，
4    張即子本具還。前卻不還，任掣家
5    資平爲錢直。身東西不在，仰收後代
6    還。兩和立契，獲指爲記。
7            錢主
8            貸錢人張善憙
9            保人男君洛
10           保人女如資
11           知見人高隆歡
12           知見人王父師
13           知見人曹感②
```

“銀錢肆拾文，每月生利錢肆文”，利息依然遠遠超過了唐王朝規定的百分之五、百分之六。爲了順利借貸，張善憙應當是答應了左憧憙提出的附加條件，將自己在張渠的一塊田園租給左憧憙：

```
1    總章三年二月十三日，左憧憙於張善
2    憙邊夏取張渠菜園壹所，在白赤舉
3    北分牆。其園叁年中與夏價大麥拾
4    陸研(斛)；秋拾陸研。更肆年，與銀錢叁拾文。
5    若到佃時不得者，壹罰貳入左。祖(租)殊(輸)
6    伯(佰)役，仰園主；渠破水讁，仰佃人當。爲
7    人無信，故立私契爲驗。
8            錢主　左
9            園主　張善憙
10           保人　男君洛
11           保人　女如資
12           知見人　王父師
13           知見人　曹感③
```

---

① 原録文爲“三”，經仔細辨析圖版當爲“二”。
② 唐長孺主編：《吐魯番出土文書》[叁]，文物出版社1996年版，第223頁。
③ 唐長孺主編：《吐魯番出土文書》[叁]，文物出版社1996年版，第222頁。

　　韓森敏鋭地指出租佃田地的人、放高利貸者左憧憙，顯然比這塊田地的主人要富有得多。① 那麽，左爲什麽要租佃呢？ 顯然是有利可圖。這個契約也有蹊蹺之處，簽定時間在二月十三日春季，但左卻説“夏取”。爲何要夏天纔取菜園呢？ 道理可能很簡單，三月、四月是田園的青苗期，離收穫尚遠，左不想白白付出耕作之功。另外，在契約簽訂時，左没有支付任何租金，而是將租金分解爲四年支付，“叄年中與夏價大麥拾陸酙(斛)；秋拾陸酙。更肆年，與銀錢叄拾文”。左没有説具體租佃時間，也就是不管張善憙耕種與否，樂意與否，進入夏季左對於張渠菜園隨時可取。如果張没有按時交出田園，反而要將租金雙倍返還給左憧憙。無論是舉錢契還是租佃契，我們似乎看到左憧憙最關心的是張家的田地。因此有學者推測，左憧憙正是在契約中暗設玄機，一旦借貸者無力償還，左自然會攫取别人賴以生計的土地。

　　左憧憙一貫精明，還體現在其他交易中。兩年前，在總章元年(六六八)六月三日，左憧憙向順義鄉人張潘塸買草，形成以下契約：

```
1    總章元年六月三日，崇化鄉人左憧憙交用銀
2    錢肆拾，順義鄉張潘塸邊取草玖拾申(束)。如到
3    高昌之日不得草玖申者，還銀錢陸拾文。
4    如身東西不到高昌者，仰收後者别還。若
5    草好惡之中，任爲左意。如身東西不
6    在者一仰妻兒及保人知當。兩和
7    立契，獲指爲信。如草□高昌□。
8                        錢主左
9                        取草人張潘塸
10                       保人竹阿闍利
11                       保人樊曾□
12                       同伴人和廣護②
```

上述契約的内容多少顯得有些苛刻，長距離運輸，卻不允許草料損耗。一旦發生損耗，即要求順義鄉張潘塸賠償銀錢六十文。左憧憙購買如此多的草料，用途是什麽呢？ 錢伯泉説這麽多草足夠他家的牛羊過冬。③ 韓森認爲這些草很可能是爲他的羊群和駱駝買的。④ 在没有其他證據的情況下，兩種關於草料用途的推測都很合理。從王梵志詩看，鄉間農户富裕的一項指標即是“牛羊共成群，滿圈養肫子”。

　　以上我們剖析的四個契約，都有極度不平等的地方。所以很難想象這樣一個巧取豪奪

　　① ［美］韓森著，魯西奇譯：《傳統中國日常生活中的協商：中古契約研究》，江蘇人民出版社 2008 年版，第 35 頁。
　　② 唐長孺主編：《吐魯番出土文書》[叄]，文物出版社 1996 年版，第 220 頁。
　　③ 錢伯泉：《從〈唐支用錢練帳〉考察唐初西域的政治經濟狀況》，《新疆社會科學》2005 年第 5 期，第 101 頁。
　　④ ［美］韓森著，魯西奇譯：《傳統中國日常生活中的協商：中古契約研究》，江蘇人民出版社 2008 年版，第 31 頁。

的人能在鄉間有好的名聲。墓誌説他"屈身卑己，立行修名"，讓人頗懷疑這是墓誌書寫者的諛詞。

　　王梵志詩説窮人"無牛亦無馬，不愁賊抄掠"。但像左憧憙這樣銀錢充盈，奴婢成群，牲畜滿圈的富饒田舍兒，自然免不了被賊人惦記。一件殘破的文書曾顯示乾封二年臘月十一日左憧憙家發生一起盜竊案，左家丟失銀錢五百文：

```
1  乹封二年朡(臘)月十一日，左憧憙家内失銀錢伍伯
2  文，盜(道)灢舍盜錢。其灢舍不得兄子錢，家裏
3  大小曹主及奴是等及鎧相有人盜錢者，兄子
4  好驗校分明㠯(索)取，里鎧有人取者，放令
5  灢舍知見。其灢舍好兄子邊受之往(枉)
6  罪。灢舍未服，語兄分明驗校，灢舍心下
7  得清净意。古(故)若灢舍不取之錢，家裏曹主及
8  大小奴婢及鎧人放，灢舍眼見，即於死者咸亨四
9  年四月廿九日神遇已後，見多放佅，即須知錢
10  之往，要須大小得死，灢舍即知。①
```

本件文書並未講左家丟失銀錢過程，祇是主人公"灢舍"分辨自己及家人奴婢等並未盜過銀錢。"灢舍"，人名，"灢"應即"糞"之借字，敦煌文書中多見"張糞定""穆糞子""陳糞糞"及"氾糞堆""王糞堆""李糞堆""程糞堆""索糞堆""段糞堆"等一類賤名。"灢舍"，從行文看，似亦應姓"左"，爲"左憧憙"之弟，故屢稱"兄"如何。本件是告訴"左憧憙"，自己及家人(大小曹主及奴是等及鎧相)等均未拿過"兄子"即"左憧憙"之子的伍百銀錢。"曹主"，此處應指有錢財的主人。王梵志《天下浮逃人》詩："强處出頭來，不須曹主喚。"②曹主經常與奴婢相對。《敦煌變文集・目連救母變文》："弟子於師長之床，奴婢於曹主之床。"因此，這裏的曹主應當指灢舍的家人。"鎧""里鎧""鎧人"之"鎧"，應是借字，但不解何義。我想可能是家内衛士之類。灢舍希望左憧憙的兒子拿出證據讓自己看到。但左憧憙之子好像並没有拿出什麽可靠的證據。灢舍説自己在侄兒那裏受了冤罪，希望左憧憙仔細查驗，還自己清白，使得自己内心獲得平静。③

　　四月廿九日不是灢舍陳情的日子，而是左憧憙死前一個很特殊的日子，在這一天，不但左憧憙"神遇"，即發生精神感知，而且同墓所出《唐咸亨四年(六七三)左憧憙生前功德及隨身錢物疏》記有"咸亨四年四月廿九日付曹主左□校收取錢財及練、伍穀、麥、粟……"聯繫文書前面内容，這些東西應該都是他的陪葬品。另外，左憧憙家失銀錢之事在乾封二年，何以八年之後舊事重提？可以推斷，此事應該不是灢舍先提的，因爲文書中説他"受之枉罪"，他認爲自己是被哥哥左憧憙冤枉的，所以不大可能在八年後，尤其是在他哥病中舊事重提。重提舊事的祇可能是一個人，那就是左憧憙。我們可以設想這樣一

---

①　唐長孺主編：《吐魯番出土文書》[叁]，文物出版社 1996 年版，第 229 頁。
②　項楚校注：《王梵志詩校注》，上海古籍出版社 2010 年版，第 588 頁。
③　此處解釋蒙王素先生提示，專致謝意。

種場景：咸亨四年四月廿九日，得了重病的左憧憙突然感覺身體好一些了，但他深深知道自己時日不多，於是趕忙收納、核對財產，安排自己的隨葬品和其他後事。在這時他又想起了八年前丢失銀錢五百文之事，這可能是精明了一輩子的左憧憙晚年的一大心事，他一直懷疑自己的弟弟瀵舍或者他的家人、奴婢拿了這筆錢，遂又叫瀵舍前來對質。兄弟倆究竟談得怎麼樣我們不得而知，但肯定還是不了了之。文書云"即於死者咸亨四年四月廿九日神遇已後，見多放仳，即須知錢之往"，"見多放仳"不知何意，這段話大概可以理解爲，左憧憙可以通過精神感知這筆錢到底去哪了，被誰偷了。如果知道了，就讓那人去死。這樣瀵舍就可以知道盜者爲誰，洗刷自己的冤情。

　　如何理解這種民間家庭因財產發生的糾紛？我們想到依然是王梵志所寫的兩首詩。王梵志詩有《兄弟須和順》："兄弟須和順，叔侄莫輕欺。財物同箱櫃，房中莫畜私。"①不過，在民間也經常因爲第二代的出生，兄弟分家、禍起蕭牆的事情。《兄弟義居活》：

> 兄弟義居活，一種有男女。兒小教讀書，女小教針補。
> 兒大與娶妻，女大須嫁去。當房作私產，共語覓嗔處。
> 好貪競盛喫，無心奉父母。外姓能蛆妒，啾唧由女婦。
> 一日三場鬪，自分不由父。②

四、躲過三惡道：左憧憙的死亡與信仰

　　在《支用錢練帳》中曾出現"用錢三文，作齋"字眼，在凱旋途中作齋似有祈求平安之意。根據《唐咸亨四年(六七三)左憧憙生前功德及隨身錢物疏》，可進一步印證左憧憙的佛教信仰：

1　憧憙身在之日告佛
2　憧憙身在之日，十年已前造壹佛、貳陪(菩)
3　隡(薩)。逕三年，説汙蘭貪逕(經)。左郎身自□
4　晚伍佰僧齋③銀錢用。左郎隨身去日，將
5　白銀錢叁斷，白練壹万段，清科(稞)、□麥、粟、床
6　等伍萬石。婢阿迦、婢□香、婢多不脛、婢解、奴寠
7　德、婢尾香。咸亨四年四月廿九日付曹主左□
8　校收取錢財及練、伍穀、麥、粟等斷酐(斛)收
9　領取用。鎧(？)有於人，不得拽取。付主左

---

① 項楚校注：《王梵志詩校注》卷四，上海古籍出版社 2010 年版，第 380 頁。
② 項楚校注：《王梵志詩校注》卷二，上海古籍出版社 2010 年版，第 215 頁。
③ 此字釋讀應該是"齋"的異體字"𪗉"。參見黃征：《敦煌俗字字典》，上海教育出版社 2005 年版，第 518 頁。此處釋讀蒙武紹衛博士提示，專致謝意。

10　憧憙收領。①

文書第 1～2 行表明左憧憙的信仰由來已久，十年以前曾造一佛二菩薩，還説《盂蘭盆經》三年，這是左憧憙的生前福德。可能這些功德關係到死後世界的生活。

王梵志詩可以幫助我們理解這種生前奉佛造像的行爲。《説錢心即喜》一詩説："説錢心即喜，見死元不愁。廣貪財色樂，時時度日休。平生不造福，死被業道收。但看三惡處，大有我般流。"②如果有錢人生前不造福業，不攢功德，死後有沉淪三惡道（地獄道、餓鬼道、畜生道）的可能。如果一旦墮入三惡道，將處於一個充滿酷刑、苦厄的世界：

沉淪三惡道，負特愚癡鬼。荒忙身卒死，即屬伺命使。
反縛棒駈走，先渡奈何水。倒拽至廳前，枷棒遍身起。
死經一七日，刑名受罪鬼。牛頭鐵叉扠，獄卒把刀掇。
碓擣磑磨身，覆生還覆死。③

這裏稍微需要辨析的是文書第 3～4 行，該行内容原整理者將此"齋"字釋爲"表衣"，但不可解，經仔細辨識"表衣"應合爲一字，當作"齋"的異體字"斋"。表明他曾捐出五百僧齋銀錢。南北朝以後民間有人死後累七修齋，興辦法事，以求未來冥世之福。《北史》卷八○《胡國珍傳》："詔自始薨至七七日，皆爲設千僧齋。"④王梵志詩説："有意造一佛，爲設百人齋。"⑤左"晚伍佰僧齋"應該就是設七七齋，以求渡過地獄苦難。不過，五百僧齋的規模顯然是超過了唐王朝限定的標準，非貧家可爲。《唐六典》卷四祠部對於官私設齋有嚴格的規定，其中就指出私家設齋不得超過四十九人。⑥ 五百僧齋的規模再次展現出左憧憙的巨大財富。左不惜奉獻錢財，舉辦佛教齋儀，目的還是爲了避免死後沉淪三惡道。按照王梵志的詩歌描述，一旦沉淪三惡道，人將飽受地獄之苦，家財、奴婢、美食都不能享用：

沉淪三惡道，家内無人知。有衣不能着，有馬不能騎。
有奴不能使，有婢不相隨。有食不能喫，向前恒受飢。
冥冥地獄苦，難見出頭時。依巡次弟去，卻活知有誰？⑦

---

①　唐長孺主編：《吐魯番出土文書》[叁]，文物出版社 1996 年版，第 208 頁。
②　項楚校注：《王梵志詩校注》卷二，上海古籍出版社 2010 年版，第 198 頁。
③　項楚校注：《王梵志詩校注》卷一，上海古籍出版社 2010 年版，第 31～32 頁。
④　《北史》卷八○《胡國珍傳》，中華書局 1974 年版，第 2688 頁。
⑤　項楚校注：《王梵志詩校注》卷二《好住四合舍》，上海古籍出版社 2010 年版，第 201 頁。
⑥　《唐六典》卷四《尚書禮部》："其道士、女道士、僧、尼行道散齋，皆給香油、炭料。若官設齋，道佛各施物三十五段，供修理道、佛，寫一切經；道士、女道士、僧、尼各施錢十二文。五品以上女及孫女出家者，官齋、行道，皆聽不預。若私家設齋，道士、女道士、僧、尼兼請不得過四十九人。"（中華書局 1992 年版，第 127 頁）
⑦　項楚校注：《王梵志詩校注》卷一《沉淪三惡道》，上海古籍出版社 2010 年版，第 60～61 頁。

不過，經過造像、寫經、設齋，左憧憙似乎認爲自己會躲過"三惡道"，因爲我們在文書的第 4~9 行看到左攜帶了不少奴婢、錢財、食品，企圖在地下世界享用。當然，學者們大多認爲這些奴婢應當是紙張做的偶人。

五、結語：制度與個體

左憧憙歷經唐高祖、太宗、高宗三朝，是西州高昌縣崇化鄉人。他幼年、青年的事情我們不大清楚。從他墓葬中透露出的多種信息來看，人們的直觀感受是他確實比較富有。墓中出土的多種契約表明，他日常生活中擅長高利貸經營。高利貸的月息按"鄉法生利"，達百分之十左右，明顯超出了唐政府的法律規定。但正是通過這樣的法外經營使得他生活富足無憂。富裕程度在唐王朝的法律中，用"戶等"這樣的專有名詞來標識。富有代表着他可以過衣食無憂的生活，但同時戶等高也意味着他家要承擔大量徭役以及兵役。我們不清楚左憧憙家的具體戶等，但從他被揀點爲前庭府的府兵這點來看，應當是遵循了唐王朝揀點府兵"戶高丁多"的制度原則。

按照法律規定，作爲前庭府普通衛士，他免不了外出征戰，好在此時吐蕃衹是在西域進行小規模的騷擾，戰爭規模不大，這大大降低了軍事遠征的風險。他最終凱旋，順利返鄉。返鄉過程中的一個帳本和兩件契約，反映出他很有經營頭腦，給同行士兵放貸、進行人口貿易，在出征的途中依然不放棄營利。

墓誌說他"意氣陵雲，聲傳異域"，似乎是要贊揚他的軍事功績。但如果從稍後的西域局勢來看，這顯然是他生得其時，沒有遇上吐蕃大規模入侵西域的戰爭。在他去世前三年的咸亨元年，吐蕃一舉攻陷了安西四鎮，戰爭規模則更大更慘烈，出征士兵自然九死一生。從這個角度來講，他是一名幸運兒。

左憧憙身當府兵多年，但墓誌顯示出他從未獲得過任何官爵，連一個隊長都不是。這當然也表明唐前期獲得勳官等功勳的難度。雖然如此，但這並不妨礙他過富裕的生活。回鄉之後他依然從事高利貸的經營，從縣鄉借貸人身上無情勒索，巧取豪奪。[1] 墓誌說他"立行修名"，但諸種不平等的契約讓我們看到唯利是圖纔是他生活的方式。

我們甚至可以說，左憧憙獲得了大量不義之財。金錢也常常帶來煩惱。乾封二年他家中丟失五百銀錢，他一度懷疑弟弟就是盜賊。兄弟因錢義斷大概也是他臨死前都耿耿於懷的事情。但日常生活中，有一項支出，他卻從不吝嗇。相關文書透露出，他信仰佛教。宗教的教義要求獲得錢財，需寫經造像，捐助功德，抵消罪業。否則死後有沉淪三惡道的危險。因此他不惜斥巨資造一佛二菩薩、說《盂蘭盆經》三年，積攢福德。儘管唐王朝的法律規定，私家設齋不得超過四十九人，但他曾一次性付出五百僧齋的銀錢，無視法律的規定，爲自己祈福。這些宗教行爲的目的衹有一個，就是爲了避免沉淪到惡鬼、畜生、地獄三道，受盡酷刑折磨。而躲過三惡道，他將繼續享有美食、奴婢等財富。是什麼能驅使左捨棄自己苦心經營的錢財？答案很明顯，就是信仰。

通過對左憧憙這樣一個個案研究，我們不求得到撼動整個府兵制度研究的結論，我們

---

[1] 　詳參張蔭才：《吐魯番阿斯塔那左憧憙墓出土的幾件唐代文書》，《文物》1973 年第 10 期，第 73 頁。

祇是想通過對相關材料的剖析，復原唐前期一個衛士的生活片段，給稍顯枯燥的制度史的骨架增加新的血肉。我們試圖瞭解一下在體制中一個個體對制度的遵循、背叛、挣扎與自我調適的諸多面向。有關左憧憙的一生經歷，我們目前就知道以上這麼多信息。但最近朱雷先生見告，左憧憙墓出土的文書還有一些，正在整理。本文的目的在於試圖通過這些文書片段認識統一制度下的不同個體。

　　　後記：本文在寫作修改過程中，王素、劉安志、侯旭東、陳麗萍、王安泰、孫齊、羅亮、武紹衛、馮濤、李兆宇等諸位師友多有提示指正，在此專致謝意！

　　　附記：本文原刊《唐研究》第二十四卷（北京大學出版社 2019 年版），此次收入本文集，有一定修訂。

吐魯番文書中的"雙名單稱"問題

吕冠軍

《禮記·曲禮上》云："禮不諱嫌名，二名不偏諱。"鄭注："爲其難辟也。嫌名謂音聲相近，若禹與雨、丘與區也。偏謂二名不一一諱也。孔子之母名征在，言在不稱征，言征不稱在。"但實際上很難把握。譬如孔子母名，什麼情況當諱征，什麼情況當諱在，難有一定之規。於是有所謂"二名偏諱"説。

陳垣先生《史諱舉例》有"二名偏諱例"條，云："自王莽禁二字爲名後，單名成俗者二三百年。其時帝王既無二名，自無所謂偏諱。宋齊而後，二名漸衆。南齊太祖名蕭道成，《南齊書·薛淵傳》云：'本名道淵，避太祖偏諱改。'是二名偏諱，南齊已然。"①意謂當時是"二名偏諱"。但蕭道成是皇帝，"二名偏諱"應屬特例，一般臣民未必如此。此外，《南齊書·蕭景先傳》云："景先本名道先，乃改避上諱。"②用此例解釋"二名偏諱"恐怕更合適。因爲對薛淵而言，由雙名"道淵"改單稱"淵"，實際屬於"雙名單稱"。

關於"單名""雙名"問題，利用漢晉正史，結合長沙吳簡，進行研究者似乎不少。③而關於"雙名單稱"問題，利用南北朝正史，結合吐魯番文書，進行研究者尚不多見。本文擬從南北朝正史入手，重點談吐魯番文書中的"雙名單稱"問題，希望能爲吐魯番文書再整理與研究提供參考。

一、從麴堅與麴子堅説起

二十世紀五十年代末至七十年代初點校的"二十四史"及《清史稿》中，南北朝至唐五代各朝正史"雙名單稱"較多，而"校勘記"很少，過去不知原委，現據陳允吉先生回憶上海參與點校"二十四史"往事有云：

> 記得趙守儼先生講過：如果是唐長孺先生看過的稿子，基本不會再有問題。……那次(一九七三年)去北京，我準備了一個提綱，想請教唐長孺先生一些比較困難的問題，請趙守儼先生聯繫。……趙先生幫忙聯繫了唐先生，上海的幾位老師一起去，聊了一個多小時，唐先生一一明確回答了我們的困惑。胡裕樹先生交待我去北京時問問：《舊五代史》《舊唐書》裏的"雙名單稱"要不要出"校勘記"？唐先生認爲這在南北

① 陳垣：《史諱舉例》，上海書店出版社 1997 年版，第 56 頁。
② 《南齊書》卷三八《蕭景先傳》，中華書局 1974 年版，第 662 頁。
③ 黃清敏：《漢晉人物單名現象試探》，《廣西社會科學》2004 年第 11 期，第 147~149 頁；黎石生：《〈嘉禾吏民田家莂〉中的田家姓名問題》，《故宮博物院院刊》2004 年第 1 期，第 92~94 頁；魏斌：《單名與雙名：漢晉南方人名的變遷及其意義》，《歷史研究》2012 年第 1 期，第 36~53 頁。

朝史裏就有，出"校勘記"反而顯得外行，就不要出了。①

我們終于知道了，南北朝至唐五代各朝正史"雙名單稱"較多，而"校勘記"很少，是唐長孺先生的建議。當然，這裏只是説南北朝至唐五代各朝正史關於"雙名單稱"的"校勘記"很少，並不是説完全没有。下文會提到，這裏暫不涉及。

近年，王素先生參加"點校本'二十四史'及《清史稿》修訂工程"工作，作爲其中"西域四夷外國等傳"修訂負責人，對修訂稿《梁書·諸夷傳》和《隋書》東夷、南蠻、西域、北狄四傳中"雙名單稱"出"校勘記"提出質疑，特別指出，修訂者根據新發現的明朝胡廣《記高昌碑》披露高昌王麴堅有弟名麴子燂，便擬在南北朝正史所見麴堅的"堅"上補"子"字，恐不妥當。因爲，儘管麴堅全名很有可能是麴子堅，但作麴堅屬於"雙名單稱"也並不誤。② 現將南北朝正史關於麴堅與麴子堅的記載條列於下，並對有關觀點進行評説：

> （麴）嘉死……子堅立。於後，關中賊亂，使命遂絶。普泰初（五三一），堅遣使朝貢，除平西將軍、瓜州刺史、泰臨縣伯，王如故，又加衛將軍。③
> 永熙……二年（五三三）……冬十月癸未（二十八日），以衛將軍、瓜州刺史、泰臨縣開國伯、高昌王麴子堅爲儀同三司，進爵郡王。④
> （麴嘉）子子堅……高昌王嗣位。……大同（五三五—五四六年）中，子堅遣使獻鳴鹽枕、蒲陶、良馬、氈氀等物。⑤
> （麴）嘉死，子堅立。⑥

這四條記載原有疏略。高昌麴氏王國，麴嘉是第一任高昌王，麴堅是第三任高昌王，其間還有第二任高昌王麴光。麴光是麴嘉的世子，麴堅的兄長。⑦ 因而不能説"麴嘉死，子堅立"。這四條記載，第一、四條作單名"堅"，第二、三條作雙名"子堅"。過去的主流觀點，都認爲作單名"堅"是，作雙名"子堅"因涉及父子關係而衍"子"字。⑧ 但因前揭明朝

---

①　陳允吉口述，黎文整理：《上海參與點校本二十四史整理的往事》，《文匯學人》，2015 年 8 月 14 日，第 14~16 版。

②　王素：《修訂稿〈梁書·諸夷傳〉審讀意見》，《點校本"二十四史"及〈清史稿〉修訂工程簡報》第 46 期，2010 年 4 月 10 日，第 19~20 頁；又，《修訂稿〈隋書·東夷、南蠻、西域、北狄四傳〉審讀意見》，2017 年 7 月 11 日（電子本，尚未發表）。按：這兩篇審讀意見，均爲王素先生惠贈，在此謹向王素先生深表謝意。

③　《魏書》卷一〇一《高昌傳》，中華書局 1974 年版，第 2245 頁。《北史》卷九七《高昌傳》略同，不具引。

④　《魏書》卷一一《出帝紀》，中華書局 1974 年版，第 286~288 頁。《北史》卷五《孝武帝紀》略同，不具引。

⑤　《梁書》卷五四《高昌傳》，中華書局 1973 年版，第 811~812 頁。《南史》卷七九《高昌傳》略同，不具引。

⑥　《周書》卷五〇《高昌傳》，中華書局 1974 年版，第 914 頁。《隋書》卷八三《高昌傳》同，不具引。

⑦　王素：《高昌史稿·統治編》，文物出版社 1998 年版，第 337~340、358 頁。

⑧　王素：《高昌史稿·統治編》，文物出版社 1998 年版，第 339~340 頁。

胡廣《記高昌碑》中之《重光寺銘》稱有"麴子煃"者爲"今上(指麴堅)之親弟"①。陳曉偉遂據此堅定認爲："其行輩字派爲'子'字無疑"，該高昌王的名字應作"麴子堅"，而不應作"麴堅"。② 李淑、孟憲實相對謹慎，僅稱："麴堅名字，另外一説爲'子堅'，如今有親兄弟'麴子煃'的名字比照，子堅的可能性更大。"③但均存在明顯誤解。因爲：(1)不要忘記，麴堅、麴子煃還有一位兄長麴光，没有任何記載説他又名"麴子光"。(2)即使麴堅確實雙名"子堅"，單稱"堅"也是没有問題的。這就是當時流行的"雙名單稱"。高昌王可以"雙名單稱"，高昌臣民當然也可以"雙名單稱"。吐魯番文書中的"雙名單稱"材料不少，值得整理研究。

二、吐魯番文書所見單稱前名

吐魯番文書所見"雙名單稱"中的單稱前名，無疑是從中原承襲而來。《北齊書·循吏·房豹傳》："祖法壽，《魏書》有傳。父翼宗。""校勘記"云："按《魏書》卷四三《房法壽傳》：'法壽子伯祖，伯祖子翼。'(《北史》卷三九同)……'翼宗'作'翼'乃雙名單稱。"④《北史·臨淮王譚附孫昌弟孚傳》："孟都、潘紹等數百人皆叩頭就法。""校勘記"云："按本書卷四五《潘永基傳》云：永基字紹業，爲長樂太守。時葛榮攻下信都，欲殺刺史元孚，永基請以身代孚死。則'潘紹'即'潘紹業'，雙名單稱。"⑤這些都是單稱前名的例子。

吐魯番文書所見"雙名單稱"，單稱前名出現較少，應與後名多爲"實名"，不能隨便省略有關。

吐魯番 2006 年徵集文書第二件《北涼承平(？)七年八月五日高昌廉和辭爲診病事》、第三件《北涼承平(？)七年八月高昌某人啓爲廉和得病以他人替代事》中均有"廉和"，第四件《北涼高昌某人啓爲宋萬平息、廉和謙息替代事》中有"廉和謙"，第二件題解稱："廉和又見第三件文書，即第四件所見廉和謙之雙名單稱。"⑥這三件文書内容相關，"廉和"出現兩次，"廉和謙"出現一次，判斷"廉和"爲"廉和謙"的單稱前名，應該没有問題。

但並不是每個單稱前名，都能準確判斷。譬如吐魯番阿斯塔那五一四號墓出土《高昌内藏奏得稱價錢帳》(一)中有四行釋文爲：

　　2　買銀二斤五兩，與康炎毗，二人邊得錢二文。次二日，翟阤頭買金九兩半，與

　　11　起正月□□日，安□□□買罽沙一百七十二斤，與康炎，二人邊得

---

① (明)胡廣：《記高昌碑》，《胡文穆公文集》卷一九"雜著"類，《四庫全書存目叢書》集部第二十九册，齊魯書社 1997 年版，第 158 頁。

② 陳曉偉：《胡廣〈記高昌碑〉與高昌麴氏、唐李元忠事跡叢考》，《文獻》2016 年第 6 期，第 56 頁。

③ 李淑、孟憲實：《麴氏高昌國史新探——以明人胡廣〈記高昌碑〉爲中心》，《文史》2017 年第 2 輯，第 111 頁。

④ 《北齊書》卷四六《循吏·房豹傳》，中華書局 1972 年版，第 645、648 頁。

⑤ 《北史》卷一六《臨淮王譚附孫昌弟孚傳》，中華書局 1974 年版，第 613、626 頁。

⑥ 榮新江等主編：《新獲吐魯番出土文獻》，中華書局 2008 年版，第 273、275 頁。

25　射蜜畊陁買香三百六十二斤、鹵(碯)沙二百卌一斤，與康炎願，二人邊□

51　□□香九十二斤，與康炎延，二人邊□□□二文。①

同一件文書，四行出現"康炎""康炎毗""康炎願""康炎延"四個康姓人名，康姓後均爲"炎"字，該"炎"字很可能就是"輩字"，如此，"康炎"有可能是單稱前名，但是"康炎毗""康炎願""康炎延"中誰的前名，就很難判斷了。因此，《吐魯番出土文書人名地名索引》將此四人分別出條。②

但如吐魯番阿斯塔那三五號墓出土《唐西州高昌縣諸鄉百姓配役官司名籍》中有"令狐石"，同墓出土《唐開除見在應役名籍》中有"令狐石智"。這兩件文書都屬於名籍，題解謂其年代也都大致相當於唐永淳二年(六八三)。③ 據此，可以判斷"令狐石"應爲"令狐石智"的單稱前名。

而如吐魯番阿斯塔那三五號墓出土《唐西州高昌縣崇化鄉里正史玄政納龍朔三年(六六三)糧抄》中有"史高未"④，阿斯塔那三六三號墓出土《唐麟德二年(六六五)西州高昌縣寧昌鄉卜老師舉錢契》中有"錢主高未豐"⑤。這兩件文書年代相近，後件文書中有"翟子隆"，其人見於與前件文書同出阿斯塔那三五號墓的另一件文書《唐永淳元年(六八二)西州高昌縣下某鄉符爲差人送油納倉事》⑥，説明這兩個墓葬的文書存在一定的關聯。但由於"高未"是"史"，"高未豐"未記官職，因而"高未"是否"高未豐"的單稱前名，還不能輕易判斷。

至于吐魯番阿斯塔那六一號墓出土《唐田豐洛等點身丁中名籍》中有"范隆海""張尾達"，同墓出土《唐田緒歡等課役名籍》中亦有"范隆海""張尾達"，還有"張海憧"等人名，説明這幾個人關係較近。這兩件文書無紀年，據墓解謂"本墓出有唐咸亨四年(六七三)海生墓誌"，時間應在咸亨四年前。⑦ 而阿斯塔那三五號墓出土《武周載初元年(六八九)西州高昌縣寧和才等戶手實》中有"范隆""張尾""張海"等人名。⑧ 該文書時間雖較前兩件文書晚十餘年，但從同類人名如此集中出現看，仍可判斷"范隆""張尾""張海"應爲"范隆海""張尾達""張海憧"的單稱前名。

類似例證還有一些，這裏再舉三條：

(1)吐魯番阿斯塔那一五○號墓出土《唐諸府衛士配官馬、馱殘文書一》中有"馮法馬忩"，《唐諸府衛士配官馬、馱殘文書二》中有"馮法静馬忩"。⑨ 這兩件文書出自同一墓葬，性質相同，内容一樣，"馮法""馮法静"所配均爲"馬忩"，此外，還都出現了"大池

① 唐長孺主編：《吐魯番出土文書》[壹]，文物出版社1992年版，第450~452頁。
② 李方、王素：《吐魯番出土文書人名地名索引》，文物出版社1996年版，第20頁。
③ 唐長孺主編：《吐魯番出土文書》[叁]，文物出版社1996年版，第490~491頁。
④ 唐長孺主編：《吐魯番出土文書》[叁]，文物出版社1996年版，第484頁。
⑤ 唐長孺主編：《吐魯番出土文書》[叁]，文物出版社1996年版，第568頁。
⑥ 唐長孺主編：《吐魯番出土文書》[叁]，文物出版社1996年版，第489頁。
⑦ 唐長孺主編：《吐魯番出土文書》[叁]，文物出版社1996年版，第236、251~252、254頁。
⑧ 唐長孺主編：《吐魯番出土文書》[叁]，文物出版社1996年版，第501頁。
⑨ 唐長孺主編：《吐魯番出土文書》[叁]，文物出版社1996年版，第22~23頁。

府寶仲方"等相同的府名與人名。據此，可以判斷"馮法"應爲"馮法静"的單稱前名。

（2）吐魯番阿斯塔那五號墓出土《唐諸户丁口配田簿（乙件）》（五）中有"曹消梨"，同墓出土《唐諸户丁口配田簿（丙件）》（九）中有"曹消"。後件文書題解云："本件删改部分甚多，疑是乙件的稿本。"説明這兩件文書關係近密。此外，前件文書中有"□富"，後件文書中有"段富"，前件文書中有"□郎仁"，後件文書中有"氾郎仁"，也都很可能是同一個人。① 據此，應該可以判斷"曹消"就是"曹消梨"的單稱前名。

（3）吐魯番阿斯塔那八三號墓出土《唐先天二年（七一三）隊副王奉瓊牒爲當隊兵見在及不到人事》（三）中有"史君竟"。同墓出土《唐知白人安浮㤉盆等名籍》和《唐獨孤西豐等官兵破除殘文書》中都有"史君"。這三件文書：第二件文書中有"奴典倉"，題解謂其人又見第一件文書。説明這兩件文書關係密切。第三件文書題解謂本件之"史君"又見第二件文書。② 即謂這兩件文書中的"史君"爲同一人。《吐魯番出土文書人名地名索引》亦將此二"史君"作一條。③ 據此，可以判斷此二"史君"均應爲"史君竟"的單稱前名。

三、吐魯番文書所見單稱後名

吐魯番文書所見"雙名單稱"中的單稱後名，也無疑是從中原承襲而來。《魏書·宣武帝紀》"永平元年十二月癸亥"條："中山王英破（蕭）衍將於楚城，擒（蕭）衍寧朔將軍張疑等。""校勘記"云："（同書）卷一九下《南安王楨附元英傳》'張疑'作'張道凝'，又稱'斬道凝'。這裏'疑'當作'凝'，雙名單稱。"④王素先生也曾以《南齊書·扶南國傳》的"范師蔓"，《梁書·扶南國傳》《南史·夷貊傳》等均單稱"范蔓"；梁著名畫家張僧繇，《梁書·扶南國傳》《南史·夷貊傳》《册府》卷八六九等均單稱"張繇"，等等爲例，指出："這種'雙名單稱'的情況，南北各史大都有。"⑤這些都是單稱後名的例子。

吐魯番文書所見"雙名單稱"，單稱後名出現較多，應與前名多作"董字"，可以忽略不計有關。

吐魯番二〇〇六年徵集文書第一件《北涼承平（？）七年八月三日高昌郡倉曹掾杜項符爲宋平差遣事》中有"宋平"，第四件《北涼高昌某人啓爲宋萬平息、廉和謙息替代事》中有"宋萬平"，第一件文書題解稱："'宋平'應即第四件文書中'宋萬平'之雙名單稱。"這兩件文書關係近密，稱"宋平"爲"宋萬平"之"雙名單稱"，應該没有問題。而同年徵集文書第七件《北涼高昌計貲出獻絲帳》中亦有"宋平"，儘管該文書與前揭兩件文書也有一定關係，但題解没有稱該"宋平"亦爲"宋萬平"之"雙名單稱"。⑥ 説明整理者的態度是審慎的。

吐魯番阿斯塔那四八號墓出土《高昌延昌二十七年（五八七）六月廿九日兵部條列買馬用錢頭數奏行文書》和《高昌延昌二十七年（五八七）七月兵部條列買馬用錢頭數奏行文書》

①　唐長孺主編：《吐魯番出土文書》［叁］，文物出版社 1996 年版，第 194、200 頁。

②　唐長孺主編：《吐魯番出土文書》［肆］，文物出版社 1996 年版，第 8、11、13 頁。

③　李方、王素：《吐魯番出土文書人名地名索引》，文物出版社 1996 年版，第 310 頁。

④　《魏書》卷八《宣武帝紀》，中華書局 1974 年版，第 207、219 頁。

⑤　王素：《修訂稿〈梁書·諸臣傳〉審讀意見》，《點校本"二十四史"及〈清史稿〉修訂工程簡報》第 46 期，2010 年 4 月 10 日，第 19~20 頁。

⑥　榮新江等主編：《新獲吐魯番出土文獻》，中華書局 2008 年版，第 273、275、279~281 頁。

中都有"通事令史麴慶儒"。① 這兩件文書出自同一墓葬，性質相同，内容一樣，其中"通事令史麴慶儒"爲同一人自無疑問。而阿斯塔那一五二號墓出土《高昌延昌三十四年(五九四)吕浮圖乞貿葡萄園辭》中有"通□令史麴儒"②。其中缺字可據麴氏高昌中央官制補一"事"③。即此"麴儒"任官與前二"麴慶儒"完全相同。此外，該文書時間與前兩件文書亦非常接近。因此，判斷"麴儒"爲前二"麴慶儒"的單稱後名，應該没有問題。

吐魯番阿斯塔那二〇九號墓出土《唐貞觀(六二七—六四九)年間西州高昌縣勘問梁延台、雷隴貴婚娶糾紛案卷》中有"梁台""[梁]延台"和"雷隴""雷隴貴"。④ 該案卷屬於法律檔，當事人主要就是梁延台、雷隴貴，因而"梁台"即"[梁]延台"，"雷隴"即"雷隴貴"，固無疑問。但法律檔務求簡省，其"雙名單稱"，是否與"二名不偏諱"有關，具體問題還須具體解説。尤其"梁台"即"[梁]延台"屬於單稱後名，而"雷隴"即"雷隴貴"屬於單稱前名，同一案卷，爲何"雙名單稱"會有單稱前名與單稱後名的不同？ 我懷疑："雷隴貴"單稱"雷隴"，是因爲"貴"過於常用，單稱容易重名；而"隴"屬地名，不是"董字"，單稱不易混淆。而"[梁]延台"單稱"梁台"，是因爲"延"是"董字"，阿斯塔那二二一號墓出土《唐佃人梁延憙等田畝簿》中即有"梁延憙"⑤，單稱"延"容易混淆，單稱"台"就無此虞。

吐魯番木納爾一〇二號墓出土《唐永徽四年(六五三)八月安西都護府史孟貞等牒爲勘印事》(四)中有"參軍判倉曹麴積"；二〇〇六年徵集文書第三十四件《唐永徽五年至六年(六五四—六五五)安西都護府案卷爲安門等事》第6、7行有"參□□(軍判)户曹事麴善積"。前件文書題解稱"麴積(即麴善積)"又見後件文書。⑥ 意謂"麴積"爲"麴善積"的"雙名單稱"。這兩件文書性質與時間均甚接近，判斷"麴積"爲"麴善積"的單稱後名，應該没有問題。

吐魯番阿斯塔那二三〇號墓出土《武周天授二年(六九一)安昌城知水李申相辯辭》《武周天授二年(六九一)李申相辯辭》《武周天授二年(六九一)康進感辯辭》《武周天授二年(六九一)安昌合城老人等牒爲勘問主簿職田虚實事》四件文書中均有"主簿高禎"。同墓出土《武周天授二年(六九一)老人王嘿子等牒爲申報主簿高元禎職田事》中有兩行釋文爲：

3　主簿高元禎，東南渠職田一段四畝^{東渠　西道　南王海　北孔定}
　　　　　　　　　　　　　　　　　　　舊佃人王嘿子

4　　　右主簿高禎，今見唯種職田四畝，自餘更無種處，如⑦

這五件文書均爲同墓出土，又均爲同年所寫，關係近密固無疑問。特別是第五件，前稱"主簿高元禎"，後稱"右主簿高禎"，顯示二者爲同一人。而阿斯塔那二一四號墓出土《武

① 唐長孺主編：《吐魯番出土文書》[壹]，文物出版社1992年版，第340~341頁。

② 唐長孺主編：《吐魯番出土文書》[貳]，文物出版社1994年版，第142頁。

③ 王素：《麴氏高昌中央行政體制考論》，原載《文物》1989年第11期，第39~52頁，被中國人民大學書報資料中心《魏晉南北朝隋唐史》1990年第1期全文轉載；又收入《新疆歷史研究論文選編·魏晉南北朝卷》，新疆人民出版社2008年版，第43~62頁。

④ 唐長孺主編：《吐魯番出土文書》[叁]，文物出版社1996年版，第319~321頁。

⑤ 唐長孺主編：《吐魯番出土文書》[叁]，文物出版社1996年版，第307頁。

⑥ 榮新江等主編：《新獲吐魯番出土文獻》，中華書局2008年版，第106~107、304~305頁。

⑦ 唐長孺主編：《吐魯番出土文書》[肆]，文物出版社1996年版，第73~75頁。

周君海辯辭爲高禎南平職田事》中亦有“高禎”，題解云：“（本件）所述高禎在南平種職田
事，又見於阿斯塔那二三〇號墓武周天授二年案卷。本件疑原出該墓，後混入本墓。”①但
由於本件“高禎”前面殘缺，是否主簿不明。《吐魯番出土文書人名地名索引》便將本件“高
禎”單出一條，而將前揭“主簿高禎”和“主簿高元禎”出二條：一條爲“高元禎（主簿）”，
一條爲“高禎（主簿高元禎）”，説明“主簿高禎”是“主簿高元禎”的單稱後名。②

　　吐魯番阿斯塔那六〇七號墓出土《唐神龍二年（七〇六）七月西州史某牒爲長安三年
（七〇三）七至十二月軍糧破除、見在事》中有三行釋文爲：

　　　31　八十九石三斗九升九合粟，曆元年官人職田苜蓿地子，征馬成。
　　　34　三石五斗七合，前兵曹鄭爲天元年地子，征馬定成。
　　　35　四石五斗四合六勺，前法曹姚温天元年地子，征馬成。③

其中“馬成”二見，“馬定成”一見，二者無疑爲一人。“馬成”是“馬定成”的單稱後名亦固
無疑問。

　　吐魯番阿斯塔那五一八號墓出土《唐神龍二年（七〇六）史都住則牒爲具銜參人姓名
事》中有“氾知讓”和“都住則”。同墓出土《唐西州某縣事目》中亦有“氾知讓”，又屢見“氾
讓”和“都則”，題解謂“氾知讓”和“都則”見於前件文書④，沒有提到“氾讓”，是因爲認
定“氾讓”即“氾知讓”，既已提到“氾知讓”，就無須再提“氾讓”。顯然，整理者已判斷
“氾讓”和“都則”就是“氾知讓”和“都住則”的單稱後名。

　　吐魯番阿斯塔那二三九號墓出土《唐景龍三年（七〇九）十二月至景龍四年（七一〇）正
月西州高昌縣處分田畝案卷》第 68 行有“匡君感”、第 69 行有“匡感”。⑤ 阿斯塔那五〇九
號墓出土《唐開元二十一年（七三三）唐益謙、薛光泚、康大之請給過所案卷》第 31 行有
“唐益謙”、第 39 行有“唐謙”，第 41 行有“薛光泚”、第 82 行有“薛泚”。⑥ 又同墓出土
《唐開元二十一年（七三三）西州都督府案卷爲勘給過所事》第 54 行有“麴嘉琰”、第 56 行
有“麴琰”，第 132 行有“王奉仙”、第 135 行有“王仙”，第 137 行既有“張思忠”、又二見
“張忠”，第 141 行有“任元祥”、第 142 行有“任祥”。⑦ 諸如此類甚多。⑧ 顯然，“匡感”
“唐謙”“薛泚”“麴琰”“王仙”“張忠”“任祥”分別都是“匡君感”“唐益謙”“薛光泚”“麴嘉

　　① 唐長孺主編：《吐魯番出土文書》[叁]，文物出版社 1996 年版，第 161 頁。
　　② 李方、王素：《吐魯番出土文書人名地名索引》，文物出版社 1996 年版，第 3～4 頁。
　　③ 榮新江等主編：《新獲吐魯番出土文獻》，中華書局 2008 年版，第 25、27、29 頁。
　　④ 唐長孺主編：《吐魯番出土文書》[叁]，文物出版社 1996 年版，第 454、457～463 頁。
　　⑤ 唐長孺主編：《吐魯番出土文書》[叁]，文物出版社 1996 年版，第 559 頁。
　　⑥ 唐長孺主編：《吐魯番出土文書》[肆]，文物出版社 1996 年版，第 270～274 頁。
　　⑦ 唐長孺主編：《吐魯番出土文書》[肆]，文物出版社 1996 年版，第 286～293 頁。
　　⑧ 特別是吐魯番阿斯塔那五〇六號墓出土各類抄、狀、牒、帳中，多見“麴訓”與“麴庭訓”、“樊
詮”與“樊令詮”、“陰環”與“陰嗣環”、“安願”與“安神願”、“楊卿”與“楊俊卿”、“梁賓”與“梁庭賓”、
“郭運”與“郭知運”、“鍾俊”與“鍾光俊”、“吕祖”與“吕承祖”、“楊憲”與“楊禮憲”、“楊光”與“楊崇
光”、“楊秘”與“楊景秘”、“常期”與“常秀期”、“趙慶”與“趙嘉慶”、“陳金”與“陳懷金”、“黨起”與
“黨奉起”一類單雙名組合。見唐長孺主編：《吐魯番出土文書》[肆]，文物出版社 1996 年版，第 392～
596 頁。同樣，前者大致皆屬後者的單稱後名。

琛""王奉仙""張思忠""任元祥"的單稱後名。

綜上所述，可知吐魯番文書所見"雙名單稱"，單稱後名遠較單稱前名爲多。需要注意的是，並不是每個單稱後名，都能準確判斷。譬如吐魯番阿斯塔那三九五號墓出土《唐西州高昌縣李操領錢抄》中有"張生"。該文書原無紀年，題解稱其中"趙申君"又見同墓出土《唐垂拱二年(六八六)西州高昌縣徵錢名籍》①，即含蓄認爲這兩件文書的年代大致相當。而吐魯番木納爾一○二號墓出土《唐麟德二年(六六五)西州高昌縣付龍朔三年(六六三)、二年柴抄》中有"張申生"。該文書雖與前揭《唐垂拱二年西州高昌縣徵錢名籍》相差二十餘年，但據題解稱其中"張海仁"又見阿斯塔那三五號墓出土《武周載初元年(六八九)西州高昌縣寧和才等戶手實》(七)②，可知實際上該文書的年代與前揭《唐西州高昌縣李操領錢抄》大致相當。這樣，"張生"與"張申生"就屬於同時代人，又都出現在唐西州高昌縣的"抄"類文書中，很可能"張生"就是"張申生"的單稱後名。但由於《唐西州高昌縣李操領錢抄》與《唐麟德二年(六六五)西州高昌縣付龍朔三年(六六三)、二年柴抄》兩件文書並非同一墓葬出土，"張生"與"張申生"也很難說就一定存在聯繫，整理者出於謹慎，並未在題解中對二人關係作出任何提示，這種態度是值得提倡的。

王素先生在爲《吐魯番出土文書人名地名索引》所撰《後記》中舉例說：在《吐魯番出土文書》中，里正氾歡伯一見，歡伯三見，氾歡□一見，歡伯二見，根據有關材料，可以斷定均爲一人，氾歡□所缺是伯字，歡伯前缺是氾姓。但考慮到《文書》實際存在許多同姓名人的情況，由於資料彼此間沒有必然的聯繫，很難確定姓名爲氾歡伯的都是同一個人，不得不根據身份和形式，分出四條：里正氾歡伯爲一條，氾歡伯爲一條，氾歡□爲一條，歡伯爲一條。③ 可見對於《文書》所見同姓名人是否爲同一人的鑒別需要謹慎。而對於"雙名單稱"的鑒別，情況可能更加複雜，那就需要更加謹慎了。

附記：本文原刊《西域研究》2018 年第 4 期，收入本文集時，有個別訂正。

---

① 榮新江等主編：《新獲吐魯番出土文獻》，中華書局 2008 年版，第 2 頁。
② 榮新江等主編：《新獲吐魯番出土文獻》，中華書局 2008 年版，第 113 頁。
③ 李方、王素：《吐魯番出土文書人名地名索引·後記》，文物出版社 1996 年版，第 486~487 頁。

吐魯番文書中的"雙名單稱"問題續論
——以陳仲安先生給王素先生的一封信爲中心

吕冠軍

我曾撰《吐魯番文書中的"雙名單稱"問題》①論文，以南北朝正史記高昌王麴堅又作麴子堅，麴堅是麴子堅的"雙名單稱"，作爲全文綫索，對吐魯番文書中的"雙名單稱"問題進行了初步梳理。在撰寫上文過程中，王素先生正應《澎湃新聞·上海書評》之約，撰寫紀念著名歷史學家陳仲安先生與《漢唐職官制度研究》出版的文章。王先生爲了撰寫該文，將陳仲安先生寫給自己的信全部清理掃描並編目。他知道我正在撰寫前揭論文，便將陳先生寫給自己的一封涉及《吐魯番出土文書》"雙名單稱"的信的掃描件用 E-mail 發送給我，説對我"可以提供一種思路"。我拜讀之後，感覺陳先生信所涉及的"雙名單稱"問題，較我前揭論文談的問題更爲複雜，需要另外撰文進行討論。因撰此文，就教方家。

陳仲安先生的信寫於一九八六年十二月二日，凡二頁，問題在第一頁。原文爲：

> 現我有一件事相托。《吐魯番出土文書》第三册 270 頁、272 頁見高寶，273 頁見高雅寶，277 頁見高政寶；第五册 69 頁見高雅寶。我疑此並是一人，作高寶是省稱，雅、政二字不同，疑是錯認或誤書。又第三册 274 頁見孟玉斌，271 頁、294 頁見孟斌，而第五册 194 頁、196 頁見孟仕斌。疑亦是同樣情況。唐先生指示，這需要查對照片原文，故請您代爲查核。將結果函告。

陳先生信中所引《吐魯番出土文書》，是不久前剛出版的該書釋文本(徵求意見本)。② 信中提到的"唐先生"，指《吐魯番出土文書》主編、著名歷史學家唐長孺先生。陳先生是唐先生早年的學生兼助手③，故稱"唐先生指示"云云。陳先生應該是先帶着問題去問唐先生，唐先生指示他請王素先生代爲查核。

王素先生在陳仲安先生原信上批有勾校符號，並附有簡單説明，如：（1）"270 頁、272 頁見高寶"上寫："72TAM155：46√：45√，寶爲簽署。"（2）"273 頁見高雅寶，277 頁見高政寶；第五册 69 頁見高雅寶"上寫："（72TAM155）：54√：57√，64TAM10：45，正體不錯。"（3）"又第三册 274 頁見孟玉斌"上寫："72TAM155：56，玉字模糊。"（4）"271 頁、294 頁見孟斌"上寫："（72TAM155）：44√：48√。"（5）"而第五册 194 頁、196 頁見

① 吕冠軍：《吐魯番文書中的"雙名單稱"問題》，《西域研究》2018 年第 4 期。現已收入本書。
② 唐長孺主編：《吐魯番出土文書》第三、五册，文物出版社 1981、1983 年版。
③ 關於陳仲安先生的生平事跡及學術貢獻，詳參王素：《陳仲安先生與〈漢唐職官制度研究〉》，《澎湃新聞·上海書評》，2018 年 5 月 12 日。

孟仕斌"上寫："73TAM507：012/19、012/18，仕字完整，斌字殘半。"其中"√"勾校符號表示已經校核，簡單説明是想表示，原字雖然或模糊或殘半，但釋讀無誤。王先生是唐、陳二先生的學生。可見王先生對老師交代的工作，極其認真負責和一絲不苟。

　　高寶、高雅寶、高政寶和孟斌、孟仕斌、孟玉斌，《吐魯番出土文書》圖文本（最後定本）的釋文，都維持原字，未作改動。① 從圖版看，這兩組人名，釋文也確實没有問題。王素先生曾認爲："孟斌"與"孟玉斌"應是一人。② 關尾史郎先生曾認爲："孟斌"與"孟仕斌"應是一人。③ 陳仲安先生後來撰文，先出"高寶"，再出"高雅寶"，後面括注："高寶是其省稱，另件作高政寶。"後出"孟斌""孟仕斌""孟玉斌"，稱："'仕''玉'之不同，當是由於書寫偶誤，或字跡模糊難辨所致。作'斌'則是省文。"④所謂"省稱""省文"，都是"雙名單稱"的另一種表述。綜合三位先生的觀點，可以看出，都認爲這兩組人名，實際各爲一人。高寶是高雅寶、高政寶的雙名單稱，孟斌是孟仕斌、孟玉斌的雙名單稱。爲何會出現這種情況？陳先生僅認爲孟仕斌、孟玉斌的"'仕''玉'之不同，當是由於書寫偶誤，或字跡模糊難辨所致"，而對高雅寶、高政寶的"雅""政"之不同未置一詞。陳先生没有見過圖版，僅是根據王先生的回覆進行推測。而從圖版看，"仕""玉"可以分辨，不存在"難辨"的問題。這樣，"仕""玉"二字之不同，只能説是"書寫偶誤"了。高雅寶、高政寶的情況應該相同。

　　吐魯番文書中，人名"書寫偶誤"，確有其例。譬如：吐魯番阿斯塔那三五號墓出土《唐永昌元年（六八九）西州高昌縣籍坊勘地牒》中有"唐隆仕"⑤，吐魯番阿斯塔那三九五號墓出土《唐某年二月西州高昌縣更簿》（一）中有"唐隆士"⑥，"唐隆仕""唐隆士"無疑應爲一人，"仕""士"恐有一誤。又阿斯塔那五〇六號墓出土《唐天寶十三—十四載（七五四—七五五）交河郡長行坊支貯馬料文卷》之（一）《唐天寶十四載（七五五）交河郡某館具上載帖馬食踏歷上郡長行坊狀》第 133 行有"魏秀琳"、第 134 行有"魏琳"、第 197 行有"健兒魏琳"⑦，"魏琳""健兒魏琳"無疑應爲一人，且均爲"魏秀琳"的雙名單稱。而同《馬料文卷》之（一五）《唐天寶十四載（七五五）某館申十三載三至十二月侵食當館馬料帳歷狀》第 227 至 239 行有"健兒魏林"⑧，此"魏林"之"林"無疑應爲"琳"之誤書。即此"健兒魏林"就是前揭"健兒魏琳"。據此，"書寫偶誤"説應該可以成立。不過，需要注意的是，這種"書寫偶誤"的判斷，必須非常慎重。

　　此外，還有一種雙名單稱情況，我在前揭《吐魯番文書中的"雙名單稱"問題》論文中

---

　　① 唐長孺主編：《吐魯番出土文書》[壹]，文物出版社 1992 年版，第 422~425、430 頁；唐長孺主編：《吐魯番出土文書》[貳]，文物出版社 1994 年版，第 204、267 頁。

　　② 王素：《麴氏高昌職官"儒林參軍"考略》，《文物》1986 年第 4 期，第 34 頁。

　　③ [日]關尾史郎：《トゥルファン出土高昌國税制關係文書の基礎的研究——條記文書の古文書學的分析を中心として》（二），（日本）《新潟大學人文科學研究》第七十五輯，1989 年，第 73 頁。

　　④ 陳仲安：《試釋高昌王國文書中之"劑"字——麴朝税制管窺》，《敦煌吐魯番文書初探二編》，武漢大學出版社 1990 年版，第 2、11 頁。

　　⑤ 唐長孺主編：《吐魯番出土文書》[叁]，文物出版社 1996 年版，第 494 頁。

　　⑥ 榮新江等主編：《新獲吐魯番出土文獻》，中華書局 2008 年版，第 9 頁。

　　⑦ 唐長孺主編：《吐魯番出土文書》[肆]，文物出版社 1996 年版，第 430、435 頁。

　　⑧ 唐長孺主編：《吐魯番出土文書》[肆]，文物出版社 1996 年版，第 510~511 頁。

没有提及，本文稍作續論。吐魯番阿斯塔那五〇六號墓出土《唐開元十九年（七三一）康福等領用充料錢物等抄》中有"向輔麟"和"向麟"①，"向麟"自是"向輔麟"的雙名單稱。同墓出土《唐蔣玄其等領錢練抄》中亦有"向輔麟"和"向麟"，而同時又有"向輔"②，似乎"向輔麟"雙名，有"向麟"和"向輔"兩種單稱。無獨有偶。同墓出土《唐天寶十三—十四載（七五四—七五五）交河郡長行坊支貯馬料文卷》之（一）《唐天寶十四載（七五五）交河郡某館具上載帖馬食踏歷上郡長行坊狀》第 64～66 行有"押官楊俊卿""□（押）官楊卿"和"押官楊俊"③，似乎"楊俊卿"雙名，也有"楊卿"和"楊俊"兩種單稱。但這種情況令人十分費解。因爲我們知道，"雙名單稱"之興起，是爲了"二名不偏諱"（《禮記·曲禮上》），即單稱之名需要避諱，省去之名可以不用避諱。以"向輔麟""楊俊卿"爲例，單稱"向麟""楊卿"，意謂"麟""卿"二字需要避諱，"輔""俊"二字可以不用避諱。顯然，如果"向輔麟""楊俊卿"又可單稱"向輔""楊俊"，變成"輔""俊"二字需要避諱，"麟""卿"二字可以不用避諱，無疑會讓人無所適從。因此，我懷疑這也是一種"書寫偶誤"。即將"向麟""楊卿"，偶而誤寫成"向輔""楊俊"了。

　　附記：本文原載《魏晉南北朝隋唐史資料》第三十九輯（上海古籍出版社 2019 年版），收入本文集時，有個別訂正。

---

① 　唐長孺主編：《吐魯番出土文書》[肆]，文物出版社 1996 年版，第 408 頁。
② 　唐長孺主編：《吐魯番出土文書》[肆]，文物出版社 1996 年版，第 409～410 頁。
③ 　唐長孺主編：《吐魯番出土文書》[肆]，文物出版社 1996 年版，第 425 頁。

吐魯番所出《唐景龍三至四年西州高昌縣處分田畝案卷》復原研究

肖龍祥

如所周知，文書行政是傳統中國官僚體制運行的基礎，體現着官僚體制的運作流程。① 隨着敦煌吐魯番文書的不斷刊佈，唐代公文運作的諸多具體情況逐漸得以瞭解，爲深入研究唐代律令制體系下的公文運作奠定了堅實的基礎。

敦煌、吐魯番等地所出唐代官府文書中，"案卷"是較爲特殊的一個類別，其性質與符、牒、關、解、狀等官文書有所不同。符、牒、關、解、狀等官文書大多有着固定的書寫格式與相關用語，根據文書收發機構之間的統屬關係，或下行，或平行，或上行，承載着溝通信息與傳達政令的功能。"案卷"則是"把接收文書及對其的處理、決裁結果，還有根據處理結果直到文件發出的一連串事務性記錄，統一粘連在一個卷本之後的結果"②，直觀反映了官府處理相關事務的行政運作流程。它並非某類特定的官文書，而是包含符、牒、關、解、狀等多類官文書的行政記錄。所以，探討唐代律令制體系下的公文運作，"案卷"是一個值得重視的切入點。③

---

① ［日］富谷至著，劉恒武、孔李波譯：《文書行政的漢帝國》，江蘇人民出版社 2013 年版。鄧小南、曹家齊、［日］平田茂樹主編：《文書‧政令‧信息溝通：以唐宋時期爲主》，北京大學出版社 2012 年版。

② ［日］山下有美：《計會制度と律令文書行政》，（日本）《日本史研究》第三三七號，1990 年，第 47 頁；轉引自［日］赤木崇敏：《唐代前半期的地方公文體制——以吐魯番文書爲中心》，鄧小南、曹家齊、［日］平田茂樹主編：《文書‧政令‧信息溝通：以唐宋時期爲主》，北京大學出版社 2012 年版，第 134 頁。

③ 關於唐代公文運作與案卷之間的關係，内藤乾吉、盧向前、大津透、雷聞、劉安志等先生從不同方面作了深入研究，將唐代的公文運作與案卷編連結合起來進行探討，關注案卷内部諸件文書在行政運作中的關係。詳見［日］内藤乾吉：《西域發見唐代官文書の研究》，收入氏著《中國法制史考證》，（日本）有斐閣 1963 年版，第 223~345 頁。［日］大津透：《大谷‧吐魯番文書復原二題》，唐代史研究會編：《唐代史研究會報告 VII‧東アジア古文書の史的研究》，（日本）刀水書房 1990 年版，第 90~104 頁；同著《唐日律令地方財政管見——館驛‧驛傳制を手がかりに》，《日唐律令制の財政構造》，（日本）岩波書店 2006 年版，第 243~296 頁。盧向前：《牒式及其處理程式的探討——唐公式文研究》，收入氏著《唐代政治經濟史綜論——甘露之變研究及其他》，商務印書館 2012 年版，第 307~363 頁。雷聞：《關文與唐代地方政府内部的行政運作——以新獲吐魯番文書爲中心》，《中華文史論叢》2007 年第 4 期，第 123~154 頁；同著《吐魯番出土〈唐開元十六年西州都督府請紙案卷〉與唐代的公文用紙》，樊錦詩、榮新江、林世田主編：《敦煌文獻‧考古‧藝術綜合研究——紀念向達先生誕辰 110 周年國際學術研討會論文集》，中華書局 2011 年版，第 423~444 頁。劉安志：《關於吐魯番新出唐永徽五、六年（654~655）安西都護府案卷整理研究的若干問題》，《文史哲》2018 年第 3 期，第 89~105 頁。

　　吐魯番阿斯塔那二三九號墓所出《唐景龍三年(七〇八)十二月至景龍四年正月西州高昌縣處分田畝案卷》(本文以下簡稱《田畝案卷》)是唐代西州高昌縣處理田畝事務的行政記錄，共包括 19 件文書，總計存 177 行，其中有請給田、請退田、土地訴訟、家族分產等若干起案件，蘊含着有關唐代土地、户籍、賦役等制度方面的豐富信息，歷來受到中日學者的高度關注，也積累了豐富的研究成果①，但學界前賢的研究多聚焦在《田畝案卷》的内容層面，《田畝案卷》多爲其論述相關問題提供佐證材料，對於《田畝案卷》本身的綴合編連問題並未給予充分關注②。因此，本文試圖通過分析《田畝案卷》諸件文書的行政運作關係，在此基礎之上對《田畝案卷》進行重新編連整理，通過復原"案卷"形態，直觀展現高昌縣處理田畝事務的公文運作流程。

一、《田畝案卷》編連獻疑

　　《田畝案卷》共包括 19 件文書，總計存 177 行，内容與均田制下土地的請授、還退等事有關，所涉民事較多。③

　　《田畝案卷》中，出現了趙信、"晏"、"虔▇"等人，根據李方先生考證，趙信爲司户佐，"晏"爲縣丞李晏，"虔▇"爲縣令④。其中景龍三年十二月至景龍四年正月，縣丞李晏

---

　　①　[日]池田温：《初唐西州土地制度管見》，收入氏著《唐研究論文選集》，孫曉林等譯，中國社會科學出版社 1999 年版，第 267~284 頁。宋家鈺：《唐代户籍上的田籍與均田制——唐代均田制的性質與施行問題研究》，《中國史研究》1983 年第 4 期，第 25~42 頁；同著《從敦煌吐魯番文書看唐代永業、口分田的區別及其性質》，《中國史研究》1986 年第 1 期，第 29~39 頁；同著《唐、日民户授田制度相異問題試釋——均田制與班田制比較研究之一》，《晉陽學刊》1988 年第 6 期，第 65~73 頁。陳國燦：《對唐西州都督府勘檢天山縣主簿高元禎職田案卷的考察》，收入氏著《陳國燦吐魯番敦煌出土文獻史事論集》，上海古籍出版社 2012 年版，第 371~392 頁。張志勇：《從吐魯番文書看唐代均田制的土地來源》，《中國敦煌吐魯番學會研究通訊》1989 年第 2 期，第 21~27 頁。盧向前：《唐代西州土地關係述論》，上海古籍出版社 2001 年版。張澤咸：《唐五代賦役史草》，中華書局 1986 年版，第 40 頁。李錦繡：《唐代財政史稿》(第二册)，社會科學文獻出版社 2007 年版，第 75 頁。[日]船越泰次：《唐代户等制雜考》，日野開三郎博士頌壽記念論集刊行會編：《日野開三郎博士頌壽記念論集·中國社會、制度、文化史的諸問題》，(日本)福岡中國書店 1987 年版，第 197~222 頁。凍國棟：《吐魯番文書中所見唐前期西州地區的人口結構》，收入氏著《唐代人口問題研究》，武漢大學出版社 1993 年版，第 378~423頁。

　　②　迄今爲止，日本學者竹浪隆良對於《田畝案卷》的探討最爲細緻，明確了多件文書在運作流程中的相互關係，但並未充分關注"案卷"文書的編連方式與行政處理流程之間的關係。换言之，高昌縣處理田畝事務的行政運作流程如何直觀反映在《田畝案卷》的文書編連中，仍然是一個有待解决的問題。詳見[日]竹浪隆良：《〈唐西州高昌県処分田畝案卷〉について》，(日本)《駿台史學》第七十八卷，1990年，第 130~165 頁。此外，王永興、向群兩位先生曾分別在研究勾檢制、"行判"問題時關注到《田畝案卷》中高昌縣録事、縣丞在文書處理流程中的位置、角色問題，但對《田畝案卷》的整體處理流程未作進一步探討，詳見王永興：《唐勾檢制研究》，上海古籍出版社 1991 年版，第 51~53 頁；向群：《敦煌吐魯番文書所見唐官文書"行判"的幾個問題》，《敦煌研究》1995 年第 3 期，第 137~146 頁。

　　③　唐長孺主編：《吐魯番出土文書》[叁]，文物出版社 1996 年版，第 554~566 頁。

　　④　李方：《唐西州官吏編年考證》，中國人民大學出版社 2010 年版，第 194~195 頁。

兼任高昌縣主簿，而且由於縣尉不在，縣丞李晏也代行縣尉職責，可謂身兼三職。① 如所周知，唐代官府文案的處理，採取四等官（長官、通判官、判官、主典）各司其職的方式。《田畝案卷》中，縣令“虔█”是長官，司户佐趙信是“主典”，縣丞（通判官）李晏則由於代行縣尉職責，是《田畝案卷》的主案判官。② 因爲《田畝案卷》的內容頗爲複雜，所以爲便於理解，茲將各件文書主要部分的性質、主要內容或關鍵語句、涉及時間及縫背押署等情況列表如下（參見表一）：

表一 　《田畝案卷》文書簡表

序號	文書主要部分的性質	主要內容或關鍵語句	涉及時間	縫背押署
A	主典趙信牒	麴孝逸口分常田二畝“不堪佃種，任退”事	十二月十五日	晏
B	寧昌鄉董毚頭辭	董毚頭蒙給竹玉連死退常田二畝未得事	十二月十五日	晏
C	寧昌鄉嚴令子妻阿白辭	六畝常田被堂弟嚴住君獨取四畝事	景龍三年十二月某日	
D	安樂坊狀	追送嚴住君“過對”事	廿一日	█
E	長官“虔█”判示	判示“檢”	廿二日	
F	主典趙信牒	董毚頭充口分常田事有實	景龍三年十二月廿三日	
G	某人辭	內容殘缺，存“署名”“受付”等環節③	十二月廿四日	
H	嚴住君辯辭	爲阿白田畝訟辭事	廿四日	█
I	嚴和德辯辭④	爲阿白田畝訟辭事	十二月廿五日	
J	寧昌鄉張大敏牒	請退城東部田，並於好處受地事	十二月廿五日	
K	里正嚴德□牒（？）	內容殘缺，存“署名”“受付”“判案”等環節	十二月廿六日	
L	寧昌鄉張智禮辭	請在天山縣寬鄉授田事	廿七日	晏

① 關於唐代西州官吏的兼攝，參考李方：《西州的兼攝官》，《唐西州行政體制考論》，黑龍江教育出版社 2013 年版，第 183～216 頁。

② ［日］竹浪隆良：《〈唐西州高昌縣処分田畝案卷〉について》，（日本）《駿台史學》第七十八卷，1990 年，第 148～154 頁。

③ 據盧向前先生研究，唐代牒文處理程式，包含“署名”“受付”“判案”“執行”“勾稽”“抄目”等六個環節。其實，不僅是牒文，其他公文的處理程式也大致具有這六個環節。參考盧向前：《牒式及其處理程式的探討——唐公式文研究》，《唐代政治經濟史綜論——甘露之變研究及其他》，商務印書館 2012 年版，第 307～362 頁。

④ 據 I 文書中“弟令子”可知，I 文書第 1～5 行很可能是堂兄嚴和德的“辯辭”。參考［日］竹浪隆良：《〈唐西州高昌縣処分田畝案卷〉について》，（日本）《駿台史學》第七十八卷，1990 年，第 144 頁。

續表

序號	文書主要部分的性質	主要内容或關鍵語句	涉及時間	縫背押署
M	判官李晏判詞	判詞殘缺，存判官署名及日期："晏示。廿八日。"	廿八日	
N	大女文書(性質不明)	大女阿弥和大女張和妻口分常田事	廿八日	
O	李晏文書(性質不明)	確認竹玉連死退常田給董毚頭充口分田	景龍四年正月十一日	晏
P	"勾稽""抄目"環節	"廿一日行判""下寧昌等鄉爲……""追董毚頭爲……""牒行案爲□高屈富地事"	廿一日	
Q	主典趙信牒及判官、長官判詞	追張大敏、嚴□行等推勘事；高昌縣下董毚頭牒	景龍四年正月廿一日	晏
R	某人辭	殘損嚴重，内容不詳		
S	高昌縣報告①	董毚頭、高屈富、嚴住君等案原委		晏

根據表一及録文可知，整理者在綴合編連《田畝案卷》時，主要依據各件文書所涉時間的先後順序②，未具明確時間信息的文書，如 R 文書與 S 文書，則被放置在《田畝案卷》尾部。

案卷是"把接收文書及對其的處理、決裁結果，還有根據處理結果直到文件發出的一連串事務性記録，統一粘連在一個卷本之後的結果"③，是直觀反映行政流程的文書運作記録。依據時間先後編連《田畝案卷》的做法，固然較爲嚴謹地處理了文書之間的關係，但也使得同一文案處理流程中的各環節文書分置各處，模糊了高昌縣處理田畝事務的文書運作流程。例如，董毚頭辭(B 文書第 5~9 行)與主典趙信牒(F 文書第 1~4 行)當同屬高昌縣司户處理董毚頭案的前後環節，但因嚴格依據時間先後，整理者並未將 B 文書與 F

① 此類報告常見於吐魯番所出唐代西州官府案卷中，行文多引用處理流程中的相關公文用語來説明文案原委，典型例證爲《唐開元二十一年(七三三)唐益謙、薛光泚、康大之請給過所案卷》，參見唐長孺主編：《吐魯番出土文書》[肆]，文物出版社 1996 年版，第 268~274 頁。關於 S 文書的性質討論，詳見下文。

② 可能唯一的例外是嚴令子妻阿白辭(C 文書)，其雖無明確日期(景龍三年十二月某日)，但卻排列在安樂坊狀(廿一日)之前，這可能因爲整理者編連案卷時參考了 S 文書第 13~21 行"右得嚴住君辭……得坊正白君才狀送"，故整理時將嚴令子妻阿白辭(C 文書)放置於安樂坊狀(D 文書)前。但即便如此，整理者也未據 S 文書第 21~22 行"得坊正白君才狀送，問得款"將嚴住君辯辭(H 文書)編連在安樂坊狀(D 文書)之後。因此，整理者綴合編連《田畝案卷》的主要原則，是諸件文書的時間先後順序。

③ [日]山下有美：《計會制度と律令文書行政》，(日本)《日本史研究》第三三七號，1990 年，第 47 頁；轉引自[日]赤木崇敏：《唐代前半期的地方公文體制——以吐魯番文書爲中心》，鄧小南、曹家齊、[日]平田茂樹主編：《文書·政令·信息溝通：以唐宋時期爲主》，北京大學出版社 2012 年版，第 134 頁。

文書前後編連，而是分置兩處，選擇了 B-C-D-E-F 的綴合順序。又如，安樂坊狀（D 文書第 3~7 行）與嚴住君辯辭（H 文書第 2~14 行）、嚴和德辯辭（I 文書第 1~5 行）當同屬高昌縣司戶處理嚴住君案的前後環節，但同樣因嚴格依據時間先後，整理者也選擇將 D 文書與 H、I 文書分置。

　　雖然敦煌吐魯番所出唐代前期官府案卷一般依據時間先後編連而成，但其中也有頗多特殊情況存在。如吐魯番阿斯塔那五〇九號墓所出《唐開元二十一年（七三三）西州都督府案卷爲勘給過所事》，即爲理解文書時間與案卷編連的關係提供了關鍵的例證。茲僅録其中第 37~80 行內容如下：

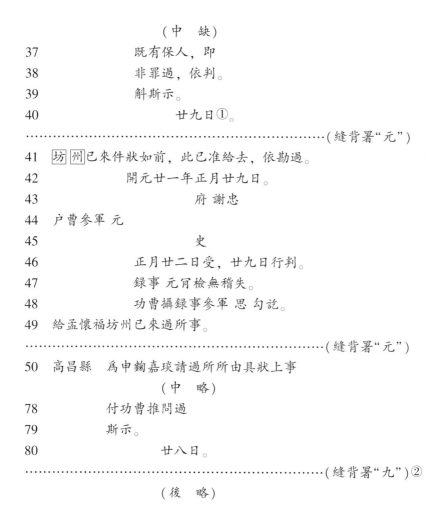

```
                    （中　　缺）
37            既有保人，即
38            非罪過，依判。
39            斛斯示。
40                  廿九日①。
……………………………………………………（縫背署“元”）
41  坊州已來件狀如前，此已准給去，依勘過。
42            開元廿一年正月廿九日。
43                  府　謝忠
44  戶曹參軍　元
45                      史
46            正月廿二日受，廿九日行判。
47            録事　元宵檢無稽失。
48            功曹攝録事參軍　思　勾訖。
49  給孟懷福坊州已來過所事。
……………………………………………………（縫背署“元”）
50  高昌縣　爲申鞠嘉琰請過所所由具狀上事
                    （中　　略）
78            付功曹推問過
79            斛斯示。
80                  廿八日。
……………………………………………………（縫背署“九”）②
                    （後　　略）
```

本案卷爲西州都督府戶曹處理有關過所申請、發放等事務的案卷。據上揭文書，第 37~45 行爲西州都督府戶曹處理孟懷福請過所案的“判案”“執行”環節，其中第 37~40 行爲西州都督王斛斯的長官終判，時間均在正月廿九日。第 78~80 行爲西州都督府長官對岸頭府界都遊弈所上"狀"文的判示，時間在正月廿八日。從時間順序上，西州都督府户曹給孟懷福過所在西州都督府長官判示岸頭府界都遊弈所上"狀"之後，但西州都督府户曹編連案卷文書時，孟懷福案"廿九日"的長官終判、"執行"等環節文書，卻放置在"廿八日"都遊弈所案的長官判示前。這説明唐代前期官府案卷的編連復原，似不能僅僅依據文書時間先後的順序，還需要仔細分析相關文案的處理方式。

二、唐代前期州縣案卷的特點與《田畝案卷》編連原則的確立

唐代地方州府設功、倉、户、兵、法、士六曹分判地方諸事務，諸曹之間各司其職，並在此基礎上形成各部門案卷。吐魯番所出唐代西州都督府案卷，都有明確的歸屬部門，如户曹案卷、功曹案卷、兵曹案卷、法曹案卷、倉曹案卷等。[1] 故而唐代前期地方州府案卷首先是以歸屬部門爲中心進行編連的。吐魯番阿斯塔那五〇九號墓所出《唐開元二十一年(七三三)西州都督府案卷爲勘給過所事》中，西州都督府處理蔣化明過所案最爲典型，兹録其中内容如下：

…………………………………………………………(縫背署"元")

69　岸頭府界都遊弈所　　　　狀上州
70　　安西給過所放還京人王奉仙
71　　　　右件人無向北庭行文，至酸棗戌捉獲，今隨狀送。
72　　無行文人蔣化明
73　　　　右件人至酸棗戌捉獲，勘無過所，今隨狀送。仍差遊弈
74　　　　主帥馬静通領上。
75　牒件狀如前，謹牒。
76　　　　開元廿一年正月廿七日典何承仙牒。
77　　　　　宣節校尉前右果毅要籍攝左果毅都尉劉敬元。
78　　　　付功曹推問過
79　　　　斯示。
80　　　　　　　廿八日。
…………………………………………………………(縫背署"九")

81　牒奉 都 督判命如前，謹牒。
82　　　　正月　日典康龍仁牒。
83　　　問。九思白。
84　　　　　　　廿八日。
…………………………………………………………(縫背署"九")

85　　王奉仙年卅 仙　－－－
86　奉仙辯：被問，身是何色。從何處得來至酸棗

---

[1]　劉安志：《關於吐魯番新出唐永徽五、六年(654~655)安西都護府案卷整理研究的若干問題》，《文史哲》2018年第3期，第89~105頁。

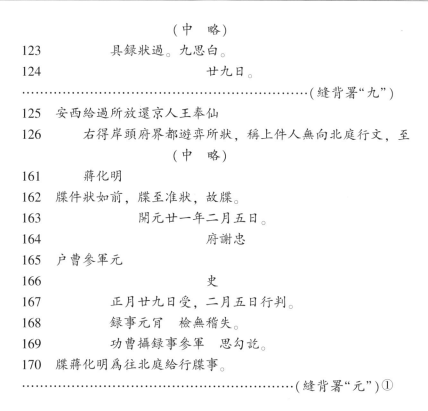

（中　略）

123　　　　具録狀過。九思白。

124　　　　　　廿九日。

···（縫背署"九"）

125　安西給過所放還京人王奉仙

126　　　右得岸頭府界都遊弈所狀，稱上件人無向北庭行文，至

（中　略）

161　　　蔣化明

162　牒件狀如前，牒至准狀，故牒。

163　　　　　　開元廿一年二月五日。

164　　　　　　　　府謝忠

165　戶曹參軍元

166　　　　　　　　　史

167　　　正月廿九日受，二月五日行判。

168　　　録事元冐　檢無稽失。

169　　　功曹攝録事參軍　思勾記。

170　牒蔣化明爲往北庭給行牒事。

·····································（縫背署"元"）①

上揭録文反映了西州都督府處理蔣化明過所案的前後環節：西州都督府接到岸頭府界都遊弈所狀文後，長官王斛斯命功曹訊問蔣化明，功曹訊問之後，最後由戶曹給蔣化明過所。第81～146行是功曹文書，其中有蔣化明"辯辭"、法曹致功曹文書等，均是在功曹奉命訊問蔣化明的過程中產生的，縫背由功曹參軍宋九思押署。② 但是這些功曹文書最終卻歸入到戶曹案卷。究其原因，乃在於戶曹負責勘給過所，是蔣化明過所案的受理部門，所以凡與蔣化明過所案密切相關的文書均彙總到戶曹，最終編連形成戶曹案卷。

　　既然唐代前期州府案卷具有明確的歸屬部門，那麼各部門是按照怎樣的原則來編連相關案卷文書呢？

　　據上揭録文第69～170行，西州都督府在處理蔣化明過所案中，都督王斛斯（長官）接到岸頭府界都遊弈所"狀"之後，於廿八日作了判示"付功曹推問過"，功曹參軍宋九思根據長官判示對王奉仙、蔣化明等人進行訊問，訊問時間在廿八日、廿九日間，功曹於廿九日將訊問結果"具狀録過"，供戶曹勘給蔣化明等人過所時參考。因此，西州都督府戶曹接到蔣化明過所案相關文書的時間當不會早於廿九日。又根據第167～169行"勾稽"環節信息"正月廿九日受"可知，戶曹自録事司接受蔣化明過所案的時間正是正月廿九日。因此推斷，西州都督府戶曹案卷編連時，主要依據戶曹自録事司受理相關文案的先後時間。這不僅生動體現了唐代前期州府案卷的歸屬部門特點，而且進一步説明了録事司在州府行

①　唐長孺主編：《吐魯番出土文書》[肆]，文物出版社1996年版，第288～295頁。

②　李方：《唐西州官吏編年考證》，中國人民大學出版社2010年版，第76～79頁。

政文書運作中的重要作用。①

如此，則前文所提孟懷福請過所案中相關文書的編連方式就可以理解了。雖然孟懷福請過所案的"判案""執行""勾稽""抄目"等環節(正月廿九日)，發生在岸頭府界都遊弈所案長官判示(正月廿八日)後，但因爲户曹受理孟懷福過所案(正月廿二日)在受理蔣化明等人過所案(正月廿九日)之前，故户曹在編連案卷文書時，將孟懷福案的相關處理文書均放置於前，通過文書編連直觀反映出連貫的行政運作流程。

總之，通過對《唐開元二十一年(七三三)西州都督府案卷爲勘給過所事》分析可知，唐代前期地方州府案卷具有明確的歸屬部門，各部門依據自録事司受理相關文案的時間先後，以案爲單位編連相關行政記録文書，最終形成本部門案卷。考慮到唐代地方縣也分設諸曹來管理事務②，故唐代前期地方縣的案卷也應具有類似特點，很可能也以歸屬部門爲中心，以案爲單位，依據受理時間的先後來編連相關行政記録文書，"受付"環節是行政文書運作的樞紐，也是編連復原案卷文書的關鍵綫索。

與此用時，唐代前期地方州縣案卷的編連，除了與文案"受付"時間先後密切相關外，還與主案判官的處理方式有關。唐代官府文案的處理程式包括"署名""受付""判案""執行""勾稽""抄目"等六個環節③，其中"判案"環節中的判官批示"檢案"或"連"，分别對應兩類不同的文案處理方式，這是理解唐代前期地方州縣案卷編連的另一關鍵綫索④。

其一，"檢案"一般屬於分案處理的方式。"檢案"的批示一般出現在"判案"之初，是主案判官受理文案之後的"初判"。此類處理方式，多見於敦煌吐魯番文書之中。如大谷2836 號《武周長安三年(七〇三)敦煌縣録事董文徹牒》作爲保存較完整的唐代前期官府案卷，爲深入瞭解和認識分案處理的方式提供了豐富的素材。兹録其中第 9~35 行内容如下：

(前　略)

9　　　　　　　　付司。辯示。

---

①　參考雷聞：《關文與唐代地方政府内部的行政運作——以新獲吐魯番文書爲中心》，《中華文史論叢》2007 年第 4 期，第 41~78 頁；同著《吐魯番出土〈唐開元十六年西州都督府請紙案卷〉與唐代的公文用紙》，樊錦詩、榮新江、林世田主編：《敦煌文獻・考古・藝術綜合研究——紀念向達先生誕辰 110周年國際學術研討會論文集》，中華書局 2011 年版，第 423~444 頁。

②　《唐六典》卷三〇《三府督護州縣官吏》云："縣尉親理庶務，分判衆曹，割斷追催，收率課調。"(中華書局 1992 年版，第 753 頁)可知縣尉是分判諸曹事務的判官。關於唐代縣尉的職務分掌，礪波護先生曾有精彩論述，參見[日]礪波護：《唐代的縣尉》，劉俊文主編：《日本學者研究中國史論著選譯》第四卷(六朝隋唐)，夏日新、韓昇、黄正建等譯，中華書局 1992 年版，第 558~584 頁。另外，據李方先生研究，西州高昌縣除依唐制設有司户、司法二曹外，大約在龍朔三年前另設有司兵，參見李方：《西州諸縣及敦煌縣縣司機構》，《唐西州行政體制考論》，黑龍江教育出版社 2013 年版，第 38~71 頁。

③　盧向前：《牒式及其處理程式的探討——唐公式文研究》，《唐代政治經濟史綜論——甘露之變研究及其他》，商務印書館 2012 年版，第 307~362 頁。

④　盧向前先生在探討唐代牒文的處理程式時，曾注意到"檢案"與"連"是判官處理牒文的兩種不同方式。此説對本節富有啓發性，但盧先生在探討"連"的處理方式時，並未注意其中存在兩種情形，所説尚有進一步探討的餘地。參考氏著《牒式及其處理程式的探討——唐公式文研究》，《唐代政治經濟史綜論——甘露之變研究及其他》，商務印書館 2012 年版，第 337~344 頁。

```
10                         一日。
11                三月一日録事   受
12              尉攝主簿   付司户
13              檢案。澤白。
14                         一日。
···································································(縫背署“澤”)
15   牒檢案連如前，謹牒。
16              三月   日氾藝牒。
17            准牒下鄉，及牓示村
18            坊，使家家知委。每季
19            點檢，有不如法者，隨犯科
20            決。諮。澤白。
21                     二日。
22            依判。諮。餘意(？)示。
23                     二日。
24            依判。辯示。
25                     二日。
···································································
26   下十一鄉，件狀如前。今以狀下鄉，宜准
27   狀，符到奉行。
28            長安三年三月二日。
29                 佐
30   尉
31                 史氾藝
32   三月一日受牒，二日行判，無稽。
33     録事張              檢無稽失。
34   尉攝主簿   自判。
35   牒爲録事董徹牒勸課百姓營田判下鄉事。①
```

本件文書是敦煌縣於長安三年三月一日、二日間處理有關勸課百姓營田判下鄉的文案。據文書第9~14行可知，敦煌縣尉“澤”(主案判官)受理録事董文徹文案之後，作了“檢案”的批示(初判)，由此開啓文案處理程式中的“判案”環節。根據判官“檢案”的批示，主典氾藝上牒。牒文之後，依次爲判官處理意見(再判)、通判官批示。第24~25行所記是長官終判，至此“判案”環節結束。第26~31行爲敦煌縣在“判案”基礎上作出的“執行”環節，由判官具體實施。第32~35行爲“勾稽”“抄目”環節。由此可知，敦煌縣尉對於董文徹文案的處理完整體現了唐代文案處理程式的六個環節，各環節之間環環

---

① ［日］小田義久編：《大谷文書集成》第一卷，(日本)法藏館1984年版，圖版一二二、一二三，釋文第107~108頁。原文有武周新字，兹統一改爲正字。

相扣。三張案紙也按照董文徹文案的先後處理流程，依次粘連而成。類似例證常見於吐魯番所出唐代西州都督府案卷，如《唐開元十六年(七二八)西州都督府請紙案卷》(黄文弼文書 35)①。

因此，唐代前期地方州縣主案判官在"判案"之初的批示爲"檢案"時，一般採用分案處理的方式。文案受理之後，一般按照"判案""執行""勾稽""抄目"的程式依次進行處理，各環節在處理過程中一氣呵成。故在編連案卷時，此類文案的各環節文書之間聯繫緊湊，處理流程一目瞭然。

其二，"連"屬於併案處理的方式，判官受理文案之後，將同類文案粘連起來進行合併處理。併案處理的方式發生在"判案"環節，而且根據"連"的批示在"判案"環節中的不同位置，大致只可分爲兩種情形：第一，"連"爲主案判官的"初判"，即判官在"判案"之初，便將同類文案粘連起來合併處理。此種情形常見於敦煌吐魯番等地所出唐代官府案卷中，盧向前先生曾通過敦煌縣案卷與西州都督府戶曹案卷作過探討②，兹不贅述。第二，"連"出現在主案判官作出處理意見(再判)之後，即併案處理的方式發生在"判案"過程之中。此種情形在敦煌吐魯番文書中也有所見，敦煌所出 P.3899v《唐開元十四年(七二六)沙州敦煌縣勾徵懸泉府馬社錢案卷》即爲其中一例。兹錄第 45~60 行内容如下：

(前　略)

45	又被符令徵前件錢，頻徵，各自立限，並
46	違不納。事恐阻違，請處分。
47	牒件狀如前，謹牒。
48	二月　日史索忠牒。
49	催。俊白。
50	廿七日。

(空約三行)

··(縫背署"俊")

51	牒 檢有事至，謹牒。
52	三月　日史宋仁牒，
53	連。俊白。
54	四日。

··(縫背署"俊")

---

① 雷聞：《吐魯番所出〈唐開元十六年西州都督府請紙案卷〉與唐代的公文用紙》，樊錦詩、榮新江、林世田主編：《敦煌文獻·考古·藝術綜合研究——紀念向達先生誕辰 110 周年國際學術研討會論文集》，中華書局 2011 年版，第 428~429 頁。

② 根據盧向前先生的研究，唐代牒文處理程式中，"連"是牒文處理的一種臨時措施，是把同類的牒文粘連起來留待以後一併加以處理的方法。盧先生所舉例證，分別是敦煌所出 P.3714v《唐總章二年(六六九)八月九日傳馬坊牒案卷》與吐魯番阿斯塔那五〇九號墓所出《唐開元二十一年(七三三)唐益謙、薛光泚、康大之請給過所案卷》，均屬本節"連"類文案處理方式中的第一種情形。參考氏著《牒式及其處理程式的探討——唐公式文研究》，《唐代政治經濟史綜論——甘露之變研究及其他》，商務印書館 2012 年版，第 338~342 頁。

55　　司 户

56　　懸泉府馬社錢壹佰三拾壹貫三佰伍拾伍文所由府史翟崇明

57　　　右件錢州司已判下府徵訖。謹録狀上。

58　　牒件狀如前，謹牒。

59　　　　　　　　開元十四年三月　日史氾光宗牒。

60　　　　　　　　　　　　參軍判司户賈履素。①

　　　　　（後　　略）

　　根據盧向前先生研究，文書第 8~50 行的内容，是敦煌縣接到沙州"符"之後進行處理的流程，内容與勾徵開元九年馬社錢有關。第 55~60 行爲沙州司户來文，同爲勾徵馬社錢事。敦煌縣對沙州"符"、沙州司户來文採取了併案處理的方式。② 其中，第 45~48 行是主典敦煌縣史索忠因勾徵馬社錢未果而請求處理意見的報告，屬於敦煌縣處理沙州"符"流程中的"判案"環節，第 49~50 行爲主案判官"弘俊"（敦煌縣尉）的處理意見"催"（再判）。值得注意的是，本件主案判官的批示"連"，並非判官受理文案之後的初判，而是發生在判官作出處理意見"催"（再判）之後。換言之，敦煌縣尉"弘俊"在"判案"之初，並未採取併案處理的方式，而是在"判案"過程中改作併案處理。所以，敦煌縣尉批示"連"之前，並非文案的"受付"環節，是"判案"環節中的主典牒文。敦煌縣尉在"判案"過程中進行併案處理，很可能與主典"牒檢有事至"有關。

　　類似的例證，還見於吐魯番所出唐開元二年（七一四）蒲昌府文書之中。如日本寧樂美術館藏《唐開元二年（七一四）閏二月九日蒲昌府折衝都尉王温玉依年前所配番上判辭》，兹録文如下：

　　　　　　　　（前　　缺）

1　　　檢此色揔(?)不

2　　　一時，牒所由依前

3　　　知，還依年前所配

4　　　上。玉示。　九日

5　　　　　　至，謹牒。

6　　　　　　閏二月　日

7　　　　連。玉示。

8　　　　　　十□③

---

① 上海古籍出版社、法國國家圖書館編：《法藏敦煌西域文獻》第二十九册，上海古籍出版社 2003 年版，第 126~131 頁。録文參盧向前：《馬社研究——P 三八九九號背面馬社文書介紹》，《唐代政治經濟史綜論——甘露之變研究及其他》，商務印書館 2012 年版，第 225~243 頁。又唐耕耦、陸宏基編：《敦煌社會經濟文獻真跡釋録》第四輯，全國圖書館文獻縮微複製中心 1990 年版，第 432~445 頁。

② 盧向前：《馬社研究——P 三八九九號背面馬社文書介紹》，《唐代政治經濟史綜論——甘露之變研究及其他》，商務印書館 2012 年版，第 246~250 頁。

③ 陳國燦、劉永增編：《日本寧樂美術館藏吐魯番文書》，文物出版社 1997 年版，第 39 頁。

本件文書第 1~4 行是"玉"有關番上事務的判詞。"玉"爲蒲昌府折衝都尉王溫玉(長官)，按照蒲昌府文書的慣例，長官王溫玉也是主案判官。①　因此，第 1~4 行所記判詞，其實是判官"再判"，屬於文案處理程式中的"判案"環節。第 7~8 行所記也是王溫玉作爲判官的批示"連"。值得注意的是，判官批示"連"之前並無"受付"環節，因此"連"並非判官"初判"，這顯然也屬於在"判案"過程之中進行併案處理的情形，與前揭 P. 3899v《唐開元十四年(七二六)沙州敦煌縣勾徵懸泉府馬社錢案卷》類似。惜第 5~6 行所記内容殘缺，僅存"至，謹牒"等字，不知是否與主典"牒檢有事至"有關。

　　對此，日本寧樂美術館藏《唐開元二年(七一四)七月二十二日蒲昌府賀方爲諸事情諸事上州聽裁判》，提供了關鍵的信息。兹録文如下：

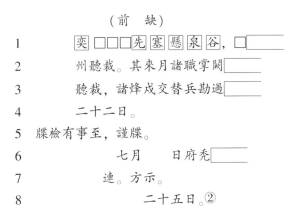

（前　　缺）
1　　奕 □□□先塞懸泉谷，□□
2　　州聽裁。其来月諸職掌闕□□
3　　聽裁，諸烽戍交替兵勘過□□
4　　二十二日。
5　牒檢有事至，謹牒。
6　　　　七月　　日府禿□□
7　　　　連。方示。
8　　　　　　二十五日。②

　　根據李方先生考證，"方"是代行長官事的蒲昌府果毅都尉賀方③，也是主案判官。第 1~4 行中，"烽""兵"等字書法與《唐開元二年(七一四)八月蒲昌府賀方判抽突播烽兵向上薩捍烽候望事》④中的賀方判詞幾乎一致，所以第 1~4 行所記很可能是判官賀方的"再判"，屬於"判案"環節。第 7~8 行是主案判官賀方的批示"連"，"連"之前並無"受付"環節。本件也屬於"判案"過程之中進行併案處理的情形。

　　本件書寫格式及相關用語，皆與上揭《唐開元二年(七一四)閏二月九日蒲昌府折衝都尉王溫玉依年前所配番上判辭》相同，均屬於"判案"過程之中進行併案處理的情形。本件下部殘缺，上件上部殘缺，二者正好相互補充參證。因此，據本件第 5~6 行府禿髮護⑤牒可知，上件第 5 行"至，謹牒"當是主典"牒檢有事至，謹牒"的牒文。

　　通過以上對敦煌縣案卷與蒲昌府文書的分析可知，唐代前期地方縣及軍府的主案判官在"判案"過程之中，對同類文案進行合併處理時，判官的批示"連"一般出現在判官的處理意見(再判)之後，而且與主典"牒檢有事至"用語的牒文對應出現。

①　參李方：《唐西州官吏編年考證》，中國人民大學出版社 2010 年版，第 370~373 頁。
②　陳國燦、劉永增編：《日本寧樂美術館藏吐魯番文書》，文物出版社 1997 年版，第 72 頁。
③　李方：《唐西州官吏編年考證》，中國人民大學出版社 2010 年版，第 373~377 頁。
④　陳國燦、劉永增編：《日本寧樂美術館藏吐魯番文書》，文物出版社 1997 年版，第 74 頁。
⑤　李方：《唐西州官吏編年考證》，中國人民大學出版社 2010 年版，第 373~377 頁。

　　唐代前期地方州府在"判案"過程之中合併處理同類文案時，是否也如此呢？吐魯番所出《唐儀鳳二年(六七七)十一月西州倉曹府史藏牒爲十月、十一月市閒柴估事》提供了這方面的信息，兹引録如下：

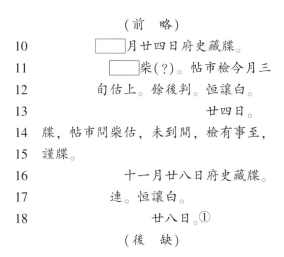

```
　　　　　　　　　　　　　（前　略）
10　　　　　　□月廿四日府史藏牒。
11　　　　　　　□柴(？)。帖市檢今月三
12　　　　句估上。餘後判。恒讓白。
13　　　　　　　　　　　　廿四日。
14　牒，帖市問柴估，未到閒，檢有事至，
15　謹牒。
16　　　　　　　十一月廿八日府史藏牒。
17　　　　　　連。恒讓白。
18　　　　　　　　廿八日。①
　　　　　　　　　　　　（後　缺）
```

本件文書由大谷1003、1259、4924號與中村文書A綴合而成，是西州都督府倉曹處理北館厨典周建智有關柴估事的文案。録文是"判案"過程中的部分内容，其中第10行爲主典史藏牒尾，第11~13行所記是主案判官李恒讓(判倉曹參軍②)的處理意見(再判)：待市司報告三旬柴估之後再作處理。由第14~16行可知，在市司向西州倉曹報告柴估之前，倉曹接到了同類文案。因此，第17~18行是判官李恒讓在"判案"過程之中，合併處理同類文案的批示("連")。西州都督府倉曹在"判案"過程之中，對同類文案進行合併處理的情形，基本與地方縣及軍府一致。因此，唐代前期地方州縣"判案"過程之中，將同類文案粘連起來進行合併處理時，主案判官的批示("連")之前並非文案的"受付"環節，而是與之對應出現的主典牒文，牒文一般有"牒檢有事至"用語，其一般出現在判官的處理意見(再判)之後。

　　總之，唐代前期地方州縣將同類文案粘連起來進行合併處理的情形，大致可分作兩種：其一，判官在"判案"之初便進行併案處理。此種情形中，判官的批示"連"跟隨"受付"環節出現，是判官受理文案的初判；其二，判官在"判案"過程之中進行併案處理。此種情形中，判官的批示"連"與主典"牒檢有事至"用語的牒文對應出現，一般出現在判官的處理意見(再判)之後。不管是"判案"之初進行併案處理，還是"判案"過程之中進行併案處理。這兩種情形均發生在"判案"環節。"判案"結束之後，"執行"環節一般會根據最

　　①　［日］小田義久編：《大谷文書集成》第一卷，(日本)法藏館1984年版，圖版一〇，釋文第1、37頁。［日］磯部彰編：《中村不折舊藏禹域墨書集成》卷下，(日本)二玄社2005年版，第134頁。［日］内藤乾吉：《西域發見唐代官文書の研究》，《中國法制史考證》，(日本)有斐閣1963年版，圖版五，第278~279頁。［日］大津透：《大谷・吐魯番文書復原二題》，唐代史研究會編：《唐代史研究會報告VII・東アジア古文書の史的研究》，(日本)刀水書房1990年版，第90~104頁。

　　②　李方：《唐西州官吏編年考證》，中國人民大學出版社2010年版，第93~95頁。

終的處理意見，對合併處理的諸項同類文案分別給出處理結果。①

綜上所論，唐代前期地方州縣案卷具有明確的部門屬性，通常以相關事務的歸屬部門爲中心，以案爲單位，依據受理時間的先後來編連相關行政記録文書，“受付”環節是行政文書運作的樞紐，是影響案卷文書編連的首要因素。

同時，唐代前期州縣處理文案時，存在分案處理與併案處理這兩類不同的處理方式，分別與判官“判案”時的批示“檢案”“連”對應，其中併案處理的情況較爲複雜，還可細分“初判”併案處理與“再判”之後併案處理兩類。文案處理方式的差異直接影響着行政記録文書的編連，直觀反映在案卷文書的形態上。

因此，案卷其實是行政運作流程的直觀再現，明確唐代前期州縣案卷的編連與文案受理時間、文案處理方式之間的關係後，《田畝案卷》的編連原則也由此得以確立。

三、《田畝案卷》董毷頭案與嚴住君案文書復原

《田畝案卷》中，與董毷頭有關的文書約有 4 件，分別是寧昌鄉董毷頭辭（B 文書）、主典趙信牒（F 文書）、李晏文書（O 文書）、高昌縣報告（S 文書）。與嚴住君有關的文書約有 5 件，分別是寧昌鄉嚴令子妻阿白辭（C 文書）、安樂坊狀（D 文書）、嚴住君辯辭（H 文書）、嚴和德辯辭（I 文書）、高昌縣報告（S 文書）。本節主要通過分析高昌縣針對董毷頭案、嚴住君案的行政處理過程，結合案卷編連特點，從文書運作流程角度對相關文書進行重新綴合編連。②

（一）董毷頭案文書復原：關於 B、E、F 文書的綴合編連問題

B 文書第 4~9 行是高昌縣董毷頭爲所給口分常田未得事而上的“辭”，F 文書第 1~4 行是司户佐趙信爲董毷頭口分常田事所上牒文，第 5~7 行爲長官批示與録事“受”。因爲

---

① 吐魯番阿斯塔那五○九號墓所出《唐開元二十一年（七三三）唐益謙、薛光泚、康大之請給過所案卷》便是最明顯的例證，參見唐長孺主編：《吐魯番出土文書》［肆］，文物出版社 1996 年版，268~274 頁。需要特别説明的是，兩種合併處理的情形不是非此即彼的關係，可以出現在同一案卷之中，如吐魯番阿斯塔那五○六號墓所出《唐天寶十四載（七五五）交河郡某館具上載帖馬食誻歷上郡長行坊狀》便是典型例證，該文書第 5~202 行爲交河郡某館向郡長行坊所上“狀”，第 203~206 爲狀文的“署名”“受付”環節，第 207~208 行爲判官焦彦莊受理狀文之後的批示“連”（初判），屬於“判案”之初便粘連文案進行合併處理，其後爲柳中縣向郡長行坊所上“牒”。文書第 3 行判官批示（“連”）之前，爲典王仙鷹牒文，牒文當作“牒檢有事至”，所謂“事”當指第 5~202 行交河郡某館所上“狀”，這顯然屬於“判案”過程之中進行合併處理的情形。因此，交河郡長行坊在合併處理屬下各館驛所上牒狀時，上述兩種情形是同時存在的，參見唐長孺主編：《吐魯番出土文書》［肆］，文物出版社 1996 年版，第 421~436 頁。

② 竹浪隆良先生曾依據諸件文書的内容關聯性分析高昌縣處理董毷頭案、嚴住君案的處理流程，所論允當，但並未充分關注文書編連與行政運作流程之間的對應關係，也未進一步探討文書綴合復原問題。參見［日］竹浪隆良：《〈唐西州高昌縣處分田畝案卷〉について》，（日本）《駿台史學》第七十八卷，1990 年，第 144~155 頁。

文書殘損，所以董毳頭辭與趙信牒在行政運作中的關係並不明確。① 其中，如何理解 F 文書是一個關鍵問題。爲便於下文論述，兹再次録文如下：

1　右<u>依</u>②□□□
2　　董毳頭充分有實□□□
3　牒件檢如前，謹牒。
4　　　　景龍三年十二月　日佐趙信 牒③。
5　　　　　　付司。虔□<u>示</u>。
6　　　　　　　　廿三<u>日</u>。
7　　<u>十</u>二月廿三日録事□□□

　　第 1~4 行是司户佐趙信所上牒文，説明董毳頭"充分有實"。第 5~6 行爲高昌縣令"虔□"於十二月廿三日所作批示，屬文案處理程式的"署名"環節。第 7 行殘存高昌縣録事接受長官批示後文書的時間"十二月廿三日"，類似記録亦見於 G 文書第 2~5 行，根據 G 文書所記"十二月廿四日録事□ 丞判主簿晏 付"，可推知本件文書後缺的第 8 行當是"丞判主簿晏 付"，第 7~8 行一起構成"受付"環節。由此可知，高昌縣佐趙信牒文之後，出現了文案處理程式的"署名""受付"環節。

　　《田畝案卷》中有關司户佐趙信所上的牒文還見於 A 文書，其中第 12 行"牒件檢如前"用語也與 F 文書第 3 行"牒件檢如前"一致。但仔細對比之後可知，A、F 文書中司户佐趙信所上的兩件牒文，其實存在較大差異：A 文書中，司户佐趙信的牒文後爲判官李晏的處理意見；F 文書中，司户佐趙信牒文後出現了"署名""受付"環節。A、F 文書性質有異④。那麼，F 文書中的司户佐趙信牒是一種什麼樣的文書呢？

　　斯坦因所獲吐魯番出土《唐神龍元年(七〇五)西州都督府兵曹處分死馬案卷》，爲理

---

① 竹浪隆良先生認爲 F 文書第 5~7 行爲高昌縣處理董毳頭辭的"署名""受付"環節，所論甚是。不過，他又認爲第 1~4 行所記是趙信在董毳頭辭"受付"前準備的報告。問題是，趙信牒爲何出現在董毳頭辭與"受付"環節之間？竹浪先生並未説明。因此，高昌縣處理董毳頭案的文書運作流程，依然有待明確。參見 [日] 竹浪隆良：《〈唐西州高昌県処分田畝案卷〉について》，(日本)《駿台史學》第七十八卷，1990 年，第 144~155 頁。

② 據文書圖版照片，改"件"作"依"。

③ 根據唐代文案的處理程式，"□"當爲"牒"。

④ 根據吐魯番所出唐代官府案卷中的類似例證，A 文書中司户佐趙信牒屬於官府在"判案"過程中使用的内部文書。劉安志先生指出，此類文書並非官府正式發出的公文，而是"判案"環節中，對應專案判官"檢"的判語出現的内部文書，其基本格式如下：

1　事由
2　　右檢(右得、右被)云云
3　牒件檢如前，謹牒
4　　　　某月某日史(府)某牒
5　　　　判官處理意見

參見劉安志：《關於吐魯番新出唐永徽五、六年(654~655)安西都護府案卷整理研究的若干問題》，《文史哲》2018 年第 3 期，第 89~105 頁。

解 F 文書中的司户佐趙信牒文提供了關鍵的綫索。兹録其第 20~42 行內容如下：

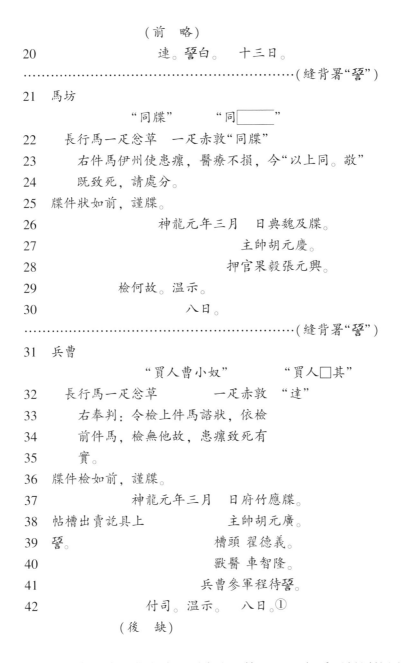

（前　略）

20　　　　　　　　連。㸔白。　十三日。

……………………………………………………（縫背署"㸔"）

21　馬坊

　　　　　　　"同牒"　　　　"同□□□□"

22　　長行馬一疋念草　一疋赤敦"同牒"

23　　　右件馬伊州使患療，醫療不損，今"以上同。敬"

24　　　既致死，請處分。

25　牒件狀如前，謹牒。

26　　　　　　　神龍元年三月　日典魏及牒。

27　　　　　　　　　　主帥胡元慶。

28　　　　　　　　　　押官果毅張元興。

29　　　　檢何故。温示。

30　　　　　　　　八日。

……………………………………………………（縫背署"㸔"）

31　兵曹

　　　　　　"買人曹小奴"　　　　"買人□其"

32　　長行馬一疋念草　　　一疋赤敦　"達"

33　　　右奉判：令檢上件馬諮狀，依檢

34　　　前件馬，檢無他故，患療致死有

35　　　實。

36　牒件檢如前，謹牒。

37　　　　　　　神龍元年三月　日府竹應牒。

38　帖槽出賣記具上　　　　主帥胡元廣

39　㸔。　　　　　　　　槽頭 翟德義。

40　　　　　　　　　　歐醫 車智隆。

41　　　　　　　　兵曹參軍程待㸔。

42　　　　　付司。温示。　八日。①

（後　缺）

本件文書屬於西州都督府兵曹處分死馬案卷。第 21~28 行爲西州馬坊因長行馬致死事向

---

① 　陳國燦：《斯坦因所獲吐魯番文書研究》，武漢大學出版社 1995 年版，第 248~253 頁。沙知、吳芳思編：《斯坦因第三次中亞考古所獲漢文文獻（非佛經部分）》第一册，上海辭書出版社 2005 年版，卷首彩圖十，第 117~120 頁。文書第 21~23 行、第 31~32 行之間的楷體字爲朱書，第 22 行右側有朱筆勾勒。原文有武周新字，兹統一改爲正字。

西州都督府所上"狀"。西州都督府長官鄧溫①在接到馬坊狀文之後，作出了"檢何故"的判示，第31~41行爲西州都督府兵曹根據長官判示所遞交的牒文，其後爲長官鄧溫的批示"付司"。其中，第31~41行兵曹牒文前後完整，牒文内容以"牒件檢如前，謹牒"句式結尾，署日期時書寫年、月、日，其後出現了長官"付司"的批示，這些特徵均與F文書頗爲相似。因此這件兵曹牒文值得細細分析。

首先，第42行"付司"的批示，是西州都督府處理馬坊狀文的"署名"環節，其與兵曹牒文無關。根據唐代文案處理程式，長官"署名"環節一般作"付司。某示。某日"②，但馬坊狀文後卻並無兵曹受理文案的"受付"環節，所以參照前後文，第42行長官批示"付司"當是西州都督府處理馬坊狀文的"署名"環節，其後殘缺的内容當是録事司"受付"環節與判官批示。長官批示"付司"與兵曹牒文無關。

其次，兵曹牒文出現在"署名"環節之前，與長官鄧溫"檢何故"的判示密切相關。如前所述，"判案"環節中產生的"牒件檢如前"格式文書(如A文書)，與主案判官"檢"的判語密切相關，兩者之間是對應關係③。兵曹牒文使用"牒件檢如前"用語，很可能也與長官鄧溫判示中明確提出了"檢"的要求有關，它實際上是文案處理過程中使用的内部文書，因此不存在"署名""受付"等環節。

與兵曹牒文類似的文書，還見於吐魯番阿斯塔那三五號墓所出《唐永淳二年(六八三)牒爲翟歡相死牛事》，茲録文如下：

```
1    翟歡相牛一頭
2      右奉判：今檢前件牛無他故死，得惡致
3      死有實。
4    牒件檢如前，謹牒。
5              永淳二年二月　日録事唐牒。④
```

本件録事牒文爲抄件，並非原件。雖然如此，但仍可與兵曹牒文相互參照，進而把握此類文書的基本特徵。首先，此類文書的正文多在事由之後空兩字另寫，大致以"右奉判：今檢……"起首，結尾作"牒件檢如前，謹牒"；其次，此類文書署日期時，有年、月、日，

①　李方：《唐西州官吏編年考證》，中國人民大學出版社2010年版，第12~13頁。

②　唐代文案處理程式中，長官"署名"環節的批示一般作"付司。某示。某日"，如正文所揭大谷2836號《武周長安三年(七〇三)敦煌縣録事董文徹牒》。但有時也存在長官"署名"環節判示的情形，如大谷5839號《唐開元十六年(七二八)西州都督府案卷爲請紙事》中長官張楚珪接到河西市馬使牒文後，判示"付司。檢令式，河西節度買馬，不是別敕令市，計不合請紙筆，處分過。楚珪示。廿九日"(參見雷聞：《吐魯番出土〈唐開元十六年西州都督府請紙案卷〉與唐代的公文用紙》，樊錦詩、榮新江、林世田主編：《敦煌文獻·考古·藝術綜合研究——紀念向達先生誕辰110周年國際學術研討會論文集》，中華書局2011年版，第427頁)。但無論是長官批示還是判示，其後通常爲"受付"環節，"署名"與"受付"一般同時出現。

③　劉安志：《關於吐魯番新出唐永徽五、六年(654~655)安西都護府案卷整理研究的若干問題》，《文史哲》2018年第3期，第89~105頁。

④　唐長孺主編：《吐魯番出土文書》[叁]，文物出版社1996年版，第490頁。

這與一般的"判案"環節中"牒件檢如前"格式文書(如 A 文書)存在差異。

總之，兵曹牒文實際上與"判案"環節中產生的"牒件檢如前"格式文書具有一定相似性，均與"檢"密切有關，是文案處理過程中使用的内部文書。但是因爲在處理流程中處於不同環節，兵曹牒文等文書與長官判示中的"檢"有關，因此此類文書之後出現的"署名""受付"環節其實與其無關。

明確兵曹牒文等文書的基本特徵後可知，F 文書正屬此類文書。首先，F 文書中司户佐趙信牒文的用語表達與兵曹牒文等文書基本一致，牒文起首部分"右依……"雖然與"右奉判：今檢……"的起首格式存在差異，但都是以"牒件檢如前，謹牒"作爲結尾；其次，F 文書中司户佐趙信在牒尾署日期時，具年、月、日三項，與兵曹牒文等文書署日期的格式相同，與其在 A 文書中署月、日的牒文有着明顯區别；再次，F 文書中司户佐趙信牒文之後便是長官"署名"、録事"受"等環節，這與兵曹牒文等文書特點一致。

因此，F 文書中司户佐趙信牒與兵曹牒文等文書一樣，是對應長官有關"檢"的判示而出現的，屬於文案處理流程中的内部文書。司户佐趙信牒文之後的"署名""受付"環節，當屬於高昌縣處理董毛頭辭的處理環節之一。①

據此可知，E 文書中的長官判示"檢"很可能與 F 文書有着密切的聯繫。② 另因 B 文書第 4~9 行是董毳頭爲所給口分常田未得事上高昌縣"辭"，所以 B、E、F 文書在文書運作流程中當存在某種關聯。

首先，根據文書圖版，B 文書第 9 行殘存一字，依稀可辨識出爲"示"③；"示"字之上仍存一筆畫殘跡，所缺字不得而知。"示"字部分的内容當是高昌縣長官"虔🔲"接到董毳頭辭文之後的批示。經仔細核對 E 文書的圖版可發現，E 文書長官所署"虔🔲"二字中，"🔲"字下方的横畫有所缺損，署名之後的"示"字因紙張裁剪僅存上方的點畫殘跡，這兩處特徵均與 B 文書互相對應。根據 B、E 文書的圖版，B、E 兩文書似可直接綴合。

其次，若 B、E 文書綴合無誤，則高昌縣長官"虔🔲"接到董毳頭辭文後，於十二月廿二日作出了"檢"的判示。因此，F 文書中的司户佐趙信牒正是對應長官"虔🔲""檢"的判示出現的。趙信牒文之後的"署名""受付"環節，屬於高昌縣處理董毛頭辭的環節之一。

---

① ［日］竹浪隆良：《〈唐西州高昌縣處分田畝案卷〉について》，(日本)《駿台史學》第七十八卷，1990 年，第 144~155 頁。

② 竹浪隆良先生認爲 E 文書屬於高昌縣處理嚴住君案的行政流程，長官判示"檢"針對的是安樂坊狀文(D 文書)，是長官要求追送嚴住君至縣接受調查的指示，"檢"之後的行政記録是嚴住君辯辭(H 文書)。這一理解恐怕有誤，高昌縣令"虔🔲"對安樂坊狀文的判示很可能是"付坊追住君過對"，而非"檢"，詳細論述詳見下文。參見［日］竹浪隆良：《〈唐西州高昌縣處分田畝案卷〉について》，(日本)《駿台史學》第七十八卷，1990 年，第 144~155 頁。

③ 據圖版，編號75TAM239：9/2(a)的文書(B 文書)第 9 行仍殘存一字，圖文本未予著録，録文本釋讀爲"禾"。根據唐代文案處理程式，第 9 行當與高昌縣令"虔🔲"接到董毳頭辭文後的處理情況有關，殘字當爲"示"。參見唐長孺主編：《吐魯番出土文書》第七册，文物出版社 1986 年版，第 508 頁。

對此，《田畝案卷》中 S 文書第 1~4 行的内容提供了明確的證據。① 其中 S 文書第 1 行"文案分明，不得牒身，未牒無憑"，當引自董毳頭辭文中"文案分明，不得……憑推逐"等語；S 文書第 2~3 行"依檢案内上件地……令注給董毳頭充分有……"等語，也與司户佐趙信牒文"右依……董毳頭充分有實……"相似。據 S 文書可知，高昌縣在處理董毳頭辭文時，首先作出了與"檢案給牒"有關的處理意見，司户佐趙信"依檢案内上件地"之後，證明"給董毳頭充分"有實。其行政處理過程，正與 B、E、F 文書綴合編連後所復原出的文書運作流程一致。

綜上所論，高昌縣處理董毳頭案的文書運作流程基本可以明確，即長官"虔▨"接到董毳頭辭文(B 文書)之後，於景龍三年十二月廿二日作出了"檢"的判示(E 文書)；司户佐趙信隨後上牒(F 文書)，證明董毳頭辭文屬實；趙信牒文之後爲高昌縣處理董毳頭案的"署名""受付"環節，其中司户自主簿處受理文案的時間爲十二月廿三日。《田畝案卷》中，B、E、F 文書因依據時間先後順序排佈，故上述文書運作流程實際上並未得到直觀呈現，兹將其重新綴合編連爲 B-E-F(録文詳後)。

(二)嚴住君案文書復原：C、D、H、I 文書的綴合編連問題

C 文書爲嚴令子妻阿白向高昌縣控告堂弟嚴住君的辭文，D 文書第 3~7 行爲安樂坊奉命將嚴住君送往高昌縣衙接受訊問的狀文，H 文書第 2~14 行爲嚴住君接受高昌縣衙訊問的記録，I 文書爲堂兄嚴和德接受高昌縣衙訊問的記録。四件文書均圍繞阿白與嚴住君田畝訟案展開，在處理流程上存在着密切聯繫。② 但因爲文書殘缺斷裂，C、D、H、I 文書在運作流程中的關係仍然有待進一步明確。

與此同時，S 文書是高昌縣有關董毳頭、高屈富、嚴住君等案原委的報告，詳細陳述了高昌縣的行政處理過程。因報告行文多引用處理過程中的相關公文用語，故可將 S 文書與《田畝案卷》中的有關公文進行對照，據此復原高昌縣處理有關文案的某些運作環節。

首先，關於 C、D 文書之間的關係，吐魯番阿斯塔那一三四號墓所出《唐麟德二年(六六五)牛定相辭爲請勘不還地子事》提供了佐證，兹録文如下：

```
1   麟德二年十二月   日武城鄉牛定相辭
2     寧昌鄉樊糞堆父死退田一畝
3   縣司：定相給得前件人口分部一畝，經今五年
4   有餘，從索地子，延引不還，請付寧昌鄉本
5   里追身，勘當不還地子所由。謹辭。
6           付坊追糞堆過縣
7           對當。果示。
```

---

① S 文書主要是高昌縣司户有關董毳頭、高屈富、嚴住君等案原委的報告，詳細陳述了高昌縣的相關行政處理過程，報告行文多引用處理過程中的相關公文用語。關於 S 文書的性質討論，詳見下文。

② ［日］竹浪隆良：《〈唐西州高昌県処分田畝案卷〉について》，(日本)《駿台史學》第七十八卷，1990 年，第 130~165 頁。

8　　　　　　　　　　十九日。①

本件文書第 6~8 行是高昌縣令果②接到牛定相辭文之後的判示，下令坊正追糞塠至縣衙
"對當"。《田畝案卷》中的阿白辭（C 文書）因紙張剪裁故，高昌縣長官"虔匭"接到辭文後
的處理情況殘缺。但參照高昌縣處理牛定相辭的情況來看，C 文書中高昌縣長官有可能作
出判示。且根據安樂坊狀（D 文書）第 5~6 行云"右奉判付坊追住君過對者。依追到，今
將隨送"，説明安樂坊追送嚴住君到高昌縣衙的行爲與"付坊追住君過對"指示有關，其
中"右奉判……"的用語表達，多與長官判示的情況有關。因此，C 文書殘缺的長官處
理情況或與牛定相辭一樣，乃高昌縣長官的判示，判示或作"付坊追住君過對"。

對此，S 文書在報告嚴住君案原委時也有明確的説明。高昌縣首先接到了嚴令子妻阿
白的辭文，報告爲叙明案件緣由，第 13~20 行基本抄録 C 文書中阿白辭文的內容；緊接
着，第 20~21 行明確説明了高昌縣處理阿白辭的意見，"判□□□追住君過對"，其後得
坊正白君才狀文，嚴住君已隨狀至高昌縣衙接受訊問，第 22 行"王渠二畝、杜渠二畝、
樊"至第 29 行的內容，正是嚴住君受訊所言，這也基本原文抄録嚴住君辯辭（H 文書）。
由此可知，"判□□□追住君過對"，正是對坊正白君才狀送嚴住君行爲的指示。安樂坊
狀文（D 文書）"右奉判付坊追住君過對者。依追到，今將隨送"，正好對應報告中"判□□
□追住君過對"；而且根據 D 文書第 1~2 行殘存長官簽署及日期可知，案情報告（S 文書）
中"判□□□追住君過對"的施令者是高昌縣長官"虔匭"。所以，高昌縣長官"虔匭"在接到
阿白辭後，作了判示，判示或即"付坊追住君過對"，D 文書第 1~2 行正是判示部分的簽
署與日期。

因此，《田畝案卷》中 C、D 文書反映了高昌縣處理阿白辭的前後流程環節，兩者不僅
關係密切，而且可以前後編連在一起。③

其次，《田畝案卷》殘存 10 處粘連騎縫綫，騎縫綫背面均押署，其中 D 文書第 2~3
行、H 文書第 1~2 行中間的縫背押署"匭"（高昌縣令），這與其他 8 處的押署（高昌縣丞李
晏）構成明顯區別。D、H 文書在縫背押署上的一致性，暗示了兩件文書很可能在高昌縣
的文書運作流程中存在密切聯繫。

唐代公文處理流程中，騎縫綫處的押署是個值得重視的問題。④ 盧向前先生曾對牒文
處理程式中的押署現象進行過探討，認爲押署是"長官和判官對職守負責的一種手續"⑤。

---

① 唐長孺主編：《吐魯番出土文書》[貳]，文物出版社 1994 年版，第 216 頁。
② 李方：《唐西州官吏編年考證》，中國人民大學出版社 2010 年版，第 177~178 頁。
③ 整理者在編連《田畝案卷》時，正是參考了 S 文書有關董毱頭案的報告，將嚴令子妻阿白辭（C
文書）放置於安樂坊狀（D 文書）之前。
④ 唐代官府案卷中的押署現象頗爲複雜，既有常見的縫背押署，也有在紙張粘連處正面押署，甚
至還有正面、縫背同時押署的現象。但由於有些文書不見原件難以瞭解全貌，有些文書在整理過程中對
押縫未給予充分重視，録文或遺漏或謬誤，因此對於唐代官府案卷中的押署問題，囿於材料零碎，目前
尚未見到系統專門的探討。
⑤ 盧向前：《牒式及其處理程式的探討——唐公式文研究》，《唐代政治經濟史綜論——甘露之變
研究及其他》，商務印書館 2012 年版，第 357~362 頁。

其實不僅是牒文，其他公文處理程式中的押署也是簽署者對其職守負責的一種手續。① 唐代前期官府案卷中，經常出現的是判官在"判案"環節中進行押署②，判官押署多是在其職掌範圍內文書需粘連的情形下發生的。長官押署的情況則較爲複雜，目前仍無法完全理解，但長官押署一般"是在接受來文後，發現有粘連現象時發生的"③。典型例證如大谷2835 號《周長安三年(七〇三)三月括逃使牒並敦煌縣牒》④，來文存在紙張粘連的現象，但第 14~15 行間的縫背押署爲"辯"，"辯"恰恰是作爲收文機構的敦煌縣長官。又如P. 3714v《唐總章二年(六六九)八月九日傳馬坊牒案卷》⑤，長官"遷"的押署發生在"署名"環節未完而紙張已完的情形下，粘連紙張之後，緊接着出現的便是"受付"環節。

　　D 文書第 1~2 行是高昌縣縣令"虔趲"接到阿白辭後的判示，第 3~7 行是安樂坊狀文，兩者並非同一件文書；而且 D 文書第 1~2 行是高昌縣令"虔趲"判示的簽署、日期部分，其在騎縫綫之前，並非長官押署中"署名"環節未完而紙張已完的情形。由此可知，D 文書雖存在高昌縣令"虔趲"押署的現象，但它並不符合唐代前期官府案卷中長官押署的一般情形。H 文書第 2~14 行爲嚴住君接受高昌縣訊問的記錄，與第 1 行殘存的日期顯然分屬不同文書；日期處於騎縫綫前，其後也並無"受付"環節。所以 H 文書中高昌縣令"虔趲"押署的現象顯然也不符合唐代前期官府案卷中長官押署的一般情形。既然如此，那麼 D、H 文書中高昌縣令"虔趲"押署的現象到底應該如何理解呢？

　　吐魯番阿斯塔那五〇九號墓所出《唐寶應元年(七六二)六月康失芬行車傷人案卷》，爲進一步理解長官押署提供了重要材料。茲錄文如下：

　　　16　靳嗔奴扶車人康失芬年卅　- - -
　　　　　　（中　略）

---

　　① 除長官與判官外，目前所知的敦煌吐魯番文書中，也出現了通判官與勾檢官押署的現象。通判官押署的現象，見於吐魯番阿斯塔那五〇九號墓所出《唐開元二十一年(七三三)染匃等保石染典往伊州市易辨辭》第 16~17 行間，是西州都督府別駕"崇"在"判案"環節中，在面臨紙張已完、文書未完情形下進行的押署。見唐長孺主編：《吐魯番出土文書》[肆]，文物出版社 1996 年版，第 277~278 頁。勾檢官押署的現象，見於吐魯番阿斯塔那二〇九號墓所出《唐貞觀十七年(六四三)符爲娶妻妾事》第(二)件第 5~6 行間，位於案卷的"執行"環節與"勾稽"環節之間，其中"執行"環節的紙張已完，"案卷"未完。押署者爲"宏"。根據第 3 行"執行"環節中的署名，西州户曹參軍"實心"爲主案判官，所以"宏"或爲西州的録事參軍。見唐長孺主編：《吐魯番出土文書》[叁]，文物出版社 1996 年版，第 318 頁。
　　② 值得注意的是，在粘連案卷時，如果"判案"環節的紙張在長官終判之後恰好寫完，"執行"環節通常需另寫一紙。這種情形下，紙張粘連騎縫綫背面的押署者也是判官，這與"執行"環節的具體實施者是判官有關。此類例證多見於吐魯番所出唐代西州官府案卷，如大谷 2842 號《唐儀鳳二年(六七七)十一月西州户曹府史藏牒爲北館厨用醬、柴付價直事》第 22 行之後的縫背押署"讓"([日]小田義久編：《大谷文書集成》第一卷，(日本)法藏館 1984 年版，圖版一五，釋文第 112 頁)，又如《唐開元二十一年(七三三)西州都督府案卷爲勘給過所事》第 40~41 行間縫背押署"元"等。
　　③ 盧向前：《牒式及其處理程式的探討——唐公式文研究》，《唐代政治經濟史綜論——甘露之變研究及其他》，商務印書館 2012 年版，第 359 頁。
　　④ [日]池田温：《中國古代籍帳研究》，中華書局 2007 年版，第 198~199 頁。
　　⑤ 盧向前：《伯希和三七一四號背面傳馬坊文書研究》，《唐代政治經濟史綜論——甘露之變研究及其他》，商務印書館 2012 年版，第 199~209 頁。

```
24    實謹辯。諍
25              元年建未月   日。
26      康失芬年卅   － － －
27      問：身旣扶車牛行，劈路見人，即合唱喚
              （中    略）
32    謹辯。諍
33              元年建未月   日。
……………………………………………………………………（正面押署"諍"）
34 靳嗔奴扶車人康失芬年卅   － － －
              （中    略）
41    款，亦無人抑塞，更無別理。被問依實謹辯。諍
42              元年建未月   日。①
              （後    略）
```

本案卷是一件訴訟案，百姓史拂那、曹沒冒控告靳嗔奴雇工康失芬行車碾傷史子金兒、曹女想子，縣司經審查，判康失芬保辜治療。② 值得注意的是，案卷保存了康失芬的三件"辯辭"，其中第24、32、41行有天山縣令"諍"的簽署，表明康失芬由"諍"負責訊問③，這或許與唐代縣令處理獄訟職責有關④，而且在目前所知的"辯辭"中，唐代西州高昌縣負責訊問當事人的官員基本上是縣令⑤。

明確天山縣令"諍"的職責之後，上述長官"諍"的押署便能得到較好理解。第16~33行爲天山縣令"諍"前後兩次訊問康失芬的"辯辭"，第34~42行爲"諍"第三次訊問康失芬的"辯辭"，正因爲訊問康失芬是天山縣令"諍"職掌範圍内的事務，所以三件"辯辭"前後粘連時，爲表明對職守負責，第33~34行之間的騎縫綫正面爲長官"諍"押署。

因此，由天山縣令"諍"押署情況可知，《田畝案卷》H文書中高昌縣令"虔▉"的押署，可以說明對嚴住君的訊問是高昌縣令親自負責的。D文書中高昌縣令"虔▉"押署或許也與

---

①　唐長孺主編：《吐魯番出土文書》[肆]，文物出版社1996年版，第329~333頁。

②　"保辜"之制規定，凡傷害罪傷情未定，皆可暫不處罰，而由官府爲立辜限，責令犯罪人爲受傷者醫治，限滿之日再視傷情定罪。其辜内平復者得減罪，辜内致殘致死者則從重論處。參考劉俊文：《敦煌吐魯番法制文書考釋》，中華書局1989年版，第561~574頁。黄清連：《說"保辜"——唐代法制史料試釋》，《第二屆國際唐代學術會議論文集》，臺灣文津出版社1993年版，第971~1005頁。

③　參考黄正建：《唐代法律用語中的"款"和"辯"——以〈天聖令〉與吐魯番出土文書爲中心》，《文史》2013年第1輯，第260~261頁。

④　《唐六典》卷三〇《三府督護州縣官吏》云："京畿及天下諸縣令之職，皆掌……審察冤屈，躬親獄訟，務知百姓之疾苦。"（中華書局1992年版，第753頁）

⑤　典型例證是吐魯番阿斯塔那六一號墓所出五件有關張玄逸家失盜事的"辯辭"，"辯辭"均由高昌縣令"式"負責處理。參見唐長孺主編：《吐魯番出土文書》[叄]，文物出版社1996年版，第237~239頁。值得注意的是，在吐魯番所出唐代西州高昌縣"辯辭"中，只有《唐貞觀十七年（六四三）何射門駞案卷爲來豐患病致死事》一例，是由高昌縣尉衛賨負責訊問相關當事人的。參見唐長孺主編：《吐魯番出土文書》[叄]，文物出版社1996年版，第2~4頁。

此有關，表明高昌縣令對訊問過程自一開始便親自負責。①

　　S 文書中有關嚴住君案的報告，爲進一步明確 D、H 文書的關係提供了證據。S 文書在報告高昌縣處理阿白田畝訟案的處理過程時，第 21~22 行云"得坊正白君才狀送，問得款：王渠二畝、杜渠二畝、樊"，據此可知高昌縣在安樂坊正白君才將嚴住君追送至縣衙後，緊接着就對嚴住君進行了訊問。通過比對 S 文書第 21~29 行與 H 文書中的嚴住君辯辭可以發現，S 文書在報告嚴住君受訊所言時，基本原文抄錄 H 文書中的嚴住君"辯辭"。因此，H 文書與 D 文書在文書運作流程中當是前後環節，H 文書第 1 行殘存的日期，很可能屬於高昌縣令"虔▨"處理安樂坊正白君才狀文的指示部分。

　　此外，I 文書第 1~5 行是嚴令子堂兄嚴和德的辯辭，這應當是高昌縣在處理嚴住君案時也對堂兄嚴和德進行了調查訊問。因 I 文書涉及的時間"廿五日"晚於 H 文書，而且 S 文書在報告高昌縣處理嚴住君案的過程時，也先述及嚴住君辯辭內容。所以高昌縣令當是在嚴住君之後訊問嚴和德，整理者編連案卷時將 I 文書放置在 H 文書之後的做法是妥當的。

　　綜上所論，高昌縣處理嚴住君案的文書運作流程基本得以明確：高昌縣令"虔▨"接到嚴令子妻阿白辭文後，立即作了判示，判示或作"付坊追住君過對"；安樂坊正白君接到長官判示後，向高昌縣遞交狀文的同時將嚴住君送至縣衙；高昌縣令下達了訊問的指示後，由縣令本人親自負責訊問嚴住君；嚴住君堂兄嚴和德因與案件有關，也在嚴住君之後接受了縣令訊問。據此分析，嚴住君案的文書綴合編連當爲 C-D-H-I（錄文詳後）。

　　通過本節討論，我們明確了高昌縣處理董毳頭案與嚴住君案的基本文書運作流程，並在此基礎上對董毳頭案、嚴住君案的相關文書進行了綴合編連，分別爲 B-E-F 與 C-D-H-I。②

四、《田畝案卷》其他文案復原

　　《田畝案卷》尚有某人辭（G 文書）、寧昌鄉張大敏牒（J 文書）、寧昌鄉張智禮辭（L 文書）、司户佐趙信牒（Q 文書）、高昌縣報告（S 文書）等多件文書，與高昌縣處理田畝事務的文書運作流程密切相關，但殘損較爲嚴重，故相關關係及文書運作流程原貌仍有待進一步明確。

（一）S-Q-P 文書綴合編連

　　P 文書第 1~3 行爲"勾稽"環節，第 4~6 行爲"抄目"環節，一般編連在文案尾部，表示文案的處理過程正式完成。③ 因此，P 文書表明高昌縣正式完成了對董毳頭、高屈富等案的處理，處理完成的時間是"廿一日"。又據《田畝案卷》錄文，高昌縣令接到司户佐趙

---

① D 文書中高昌縣令的押署目前尚不易理解，類似的文書還有《唐永淳元年（六八二）坊正趙思藝牒爲勘當失盜事》。參見唐長孺主編：《吐魯番出土文書》[叁]，文物出版社 1996 年版，第 341 頁。

② 根據 S 文書的文案陳述順序，嚴住君案排列在董毳頭案之後。

③ 盧向前：《牒式及其處理程式的探討——唐公式文研究》，《唐代政治經濟史綜論——甘露之變研究及其他》，商務印書館 2012 年版，第 307~362 頁。

信有關董毳頭案的牒文時間，是景龍三年十二月廿三日，而此時董毳頭案正在處理過程中，故而 P 文書“勾稽”環節中的“廿一日”，當是景龍四年正月廿一日。

Q 文書的時間也是景龍四年正月廿一日。根據唐代官府文案的處理程式，第 5~10 行爲“判案”環節，依次是主案判官李晏的處理意見、長官“虔□”的終判，第 11~14 行爲“執行”環節。判案、執行的時間爲“景龍四年正月廿一日”。因此，Q 文書與 P 文書存在密切聯繫，兩者很有可能是同一處理流程中的“判案”“執行”“勾稽”“抄目”環節，Q 文書與 P 文書之間當存在前後編連的關係。

值得注意的是，Q 文書第 13 行“寧昌等鄉主者，件狀如前，符到奉行”，與 P 文書第 4 行“下寧昌等鄉爲追張……”之間存在明顯對應關係。如所周知，“符”作爲唐代一種重要的下行公文，“某主者……符到奉行”是唐代符式文書的特定用語，“執行”環節中爲某事而下符也常作“某主者……符到奉行”。由此推測，很可能 Q 文書中高昌縣在“判案”之後，向寧昌等鄉下發了符文，P 文書“下寧昌等鄉爲追張……”之“下”，正對應高昌縣所發的下行公文“符”。類似例證在吐魯番所出唐代官府案卷中多有所見，如吐魯番所出《唐儀鳳二年（六七七）西州都督府案卷爲勘醬估報等事》（中村文書 E）：

（前　缺）

1　市司：件狀如前，牒至准狀，故牒。
2　柳中縣主者：件狀如前，符到奉行。
3　　　　　儀鳳二年十一月廿三日。
4　　　　　　　府　史藏
5　參軍判倉曹 讓
6　　　　　　　　史
7　　　　　十一月十三日受，其月廿三日行判。
8　　　　　錄事張文裕　檢無稽失。
9　　　　　錄事參軍　素　勾訖。
10　牒市司爲勘醬估報事。
11　下柳中縣爲供客柴用門夫采供事。①

第 1~6 行爲文案處理程式中的“執行”環節，第 10~11 行爲“抄目”環節。據第 2 行可知文案處理結果之一，是西州都督府向柳中縣下發“符”，即“柳中縣主者：件狀如前，符到奉行”。“抄目”環節第 11 行對應的記載爲“下柳中縣爲供客柴用門夫采供事”。書寫格式與相關用語，皆與 Q、P 文書上述對應情況相同。因此，Q、P 文書屬同一文書處理流程的前後環節應無疑義，Q 文書爲“判案”“執行”，P 文書爲“勾稽”“抄目”，兩者前後編連。

S 文書作爲高昌縣有關董毳頭、高屈富、嚴住君等案原委的報告，與 Q、P 文書之間存在着何種關係呢？吐魯番阿斯塔那五〇九號墓所出《唐開元二十一年（七三三）唐益謙、

<hr>

① ［日］礒部彰編：《中村不折舊藏禹域墨書集成》卷中，（日本）二玄社 2005 年版，第 272~273 頁。内藤乾吉：《西域發見唐代官文書の研究》，《中國法制史考證》，（日本）有斐閣 1963 年版，插圖 9，第 287~288 頁。

薛光沘、康大之請給過所案卷》爲理解該問題提供了重要例證。茲録其中第 20~83 行内容
如下：

‥‥‥‥‥‥‥‥‥‥‥‥‥‥‥‥‥‥‥‥‥‥‥‥‥‥‥‥‥‥（縫背押字）

20　福州都督府長史唐循忠媵薛年拾捌

21　　姪男意奴年三拾壹　　奴典信年貳拾陸

22　　奴歸命年貳拾壹　　　奴捧鞭年貳拾貳

23　　奴逐馬年拾捌　　　　婢春兒年貳拾　婢緑珠年拾三

24　　奴失滿兒年拾肆　　　作人段洪年三拾伍

25　馬捌匹一烏驃草八歲，一棗騮父九歲，一驄草八歲，一駓父六歲，一驄敦
六歲，一騮父七歲，一驃父二歲，一驄父二歲。

26　　驢五頭並青黄父，各捌歲。

27　　　右得唐益謙牒，將上件人馬驢等往

（中　略）

36　　　是寒盜等色。如後不同，求受重罪者。

37　唐長史姪益謙年廿三

38　　　右得前件人牒，請過所往福州者。檢無

39　　來文。問得益謙款：從四鎮來，見有

40　　糧馬遞者。依檢過所，更不合別給。

41　甘州張掖縣人薛光沘，年貳拾陸。母趙年陸拾柒。

42　　沘妻張，年貳拾貳。驢拾頭並青黄父，各捌歲。

43　　　右同前得上件人辭稱：將母送婆神柩

（中　略）

49　□□□□往甘州有實。

50　□□□□□狀謹牒。

51　　　　正月　日史謝忠牒。

52　　唐益謙牒，請將人拾馬

53　□□□福州薛光

54　　沘人三驢□□□

55　　來文，並責保識有□

56　　准給所由過所。唐□

57　　從西自有□□□

58　　別給□□□□

59　　申康大之□□□

60　　往輪台征債□□□

61　　同，牒知任去，謹。元

62　　　　　　　　十四日。

‥‥‥‥‥‥‥‥‥‥‥‥‥‥‥‥‥‥‥‥‥‥‥‥‥‥‥‥（縫背押署"元"）

63　　　依判，謹。延禎示。

64	十四日。
65	依判，諮。齊晏示。
66	十四日。
67	依判，諮。崇示。
68	十四日。
69	依判。斯□。
70	十四□。
71	福州甘州件狀如前，此已准給者，依勘過。
72	康大之
73	牒件狀如前，牒至准狀，故牒。
74	開元廿一年正月十四日。
75	府謝忠
76	户曹參軍 元
77	史
78	正月十三日受，十四日行判。
79	録事元冐　檢無稽失。
80	倉曹攝録事參軍 勤 勾訖。
81	給前長史唐循忠媵福州已來過所事。
82	給薛光泚甘州已來過所事。
83	牒康大之爲往輪台事。

………………………………………………………(縫背署"元")①

本件文書爲西州都督府户曹案卷。其中第 20~51 行爲西州都督府户曹史謝忠有關福州長史唐循忠媵薛氏、唐益謙、薛光泚等請過所案的報告，第 52~70 行分别爲户曹參軍梁元璟、司馬"延禎"、長史"齊晏"、别駕"崇"、西州都督王斛斯的處理意見，第 20~70 行均屬"判案"環節與其後的"執行""勾稽""抄目"等環節，共同構成西州都督府併案處理福州長史唐循忠媵薛氏、唐益謙、薛光泚等請過所案時的文書運作流程。S 文書作爲高昌縣有關董毲頭、高屈富、嚴住君等案原委的報告，在行文、格式方面基本與第 20~51 行的户曹史謝忠牒文一致。由此可以推斷，S 文書很可能屬於高昌縣併案處理董毲頭、高屈富、嚴住君等案的"判案"環節。

同時，Q 文書第 7 行主案判官李晏的處理意見"肆狀依注"，爲明確 S 文書與 Q-P 文書的關係提供了關鍵綫索。

首先，Q 文書第 1~6 行的趙信牒文中，有關於張大敏、嚴□行等人"頻追責問不到"的情形説明，高昌縣令"虔亶"批注爲"下追"。而據 P 文書第 4 行所記"下寧昌等鄉爲追張……"可知，高昌縣處理寧昌鄉張大敏案的結果正是下符給寧昌鄉，令追張大敏到縣，這與高昌縣令"虔亶"的批注是一致的。因此，所謂"肆狀依注"，表明高昌縣對四項狀況的處理，即是依據趙信牒文上的批注而進行的。

① 唐長孺主編：《吐魯番出土文書》[肆]，文物出版社 1996 年版，第 270~274 頁。

其次，Q文書所記“董毳頭□案。牒件狀如前，牒至准狀。□□”，指高昌縣處理董毳頭案的最終結果是致牒董毳頭，這與S文書第4行“給案有憑，理宜重牒”相對應；同時據圖版，S文書第4行“給案有憑，理宜重牒。晏……”的大小、筆跡，也明顯與S文書第1~3行有異，推測可能是李晏所書。結合上述對於“肆狀依注”的説明，S文書當是“判案”環節中趙信牒文的一部分，高昌縣處理董毳頭案的最終結果，主要根據S文書第4行李晏的批注而作出，S文書與Q文書屬同件文書。

綜上所論，S、Q、P三件文書其實是高昌縣併案處理董毳頭、高屈富等案的“判案”“執行”“勾稽”“抄目”環節，他們在文書運作流程中前後相連，可綴合編連S-Q-P(録文詳後)。

(二)G、J、L、N等文書編連問題

1. G文書與高屈富案

如前所述，高昌縣在處理田畝事務時，對董毳頭、高屈富、嚴住君、張大敏等案進行了合併處理，最終的多項處理結果體現在案卷尾部的“執行”“抄目”環節。S文書的趙信牒文中，其依次報告的分别爲董毳頭案、高屈富案與嚴住君案，因此高昌縣司户受理高屈富案的時間當在董毳頭案之後、嚴住君案之前，受理時間在廿三日與廿五日之間。另外，據趙信牒文第6行“右得上件人辭稱……”可知，高屈富案始于其向高昌縣所上的“辭”。

首先，G文書第1行作“□分謹辭”，“謹辭”是“辭”的特定用語，所以G文書第1行前殘缺的來文應是“辭”；其次，據G文書第2~5行的“署名”“受付”環節可知，高昌縣司户受理“辭”的時間爲十二月廿四日；再次，據G文書第6~7行爲主案判官李晏的批示“連”①可知，李晏接到G文書中的“辭”後作了併案處理。

G文書以上特點均與高屈富案相對應。因此，G文書第2~5行很可能是高屈富案處理流程中的“署名”“受付”環節，第6~7行爲“判案”環節中主案判官受理文案後的初判。

2. J文書與L、N文書

如前所述，Q文書第7行趙信牒文中的“肆狀依注”之“肆狀”②，分别指S文書中的董毳頭案(第1~3行)、高屈富案(第5~10行)、嚴住君案(第12-29行)及Q文書第1~3行關於張大敏案等報告。

張大敏案與J文書的關係顯而易見，毋須贅述。但仔細分析前後關聯文書可以發現，Q文書第1~3行並不僅僅只有張大敏案，還包括嚴□行案等多項文案。其一，高昌縣之所以處理張大敏、嚴□行等案，是因爲高昌縣接到了張大敏、嚴□行等人的“辭”“狀”，

---

① 根據文書圖版照片及唐代文案處理程式中的相關用語，主案判官李晏的批示基本可以確認爲“連”。參見唐長孺主編：《吐魯番出土文書》[叁]，文物出版社1996年版，第558頁。

② “狀”爲唐代官府公文中的常用字，意義頗爲複雜，參考吳麗娛：《試論“狀”在唐朝中央行政體系中的應用與傳遞》，《文史》2008年第1輯，第119~149頁；同著《從敦煌吐魯番文書看唐代地方機構行用的狀》，《中華文史論叢》2010年第2期，第53~113頁。值得注意的是，前揭《唐開元二十一年(七三三)西州都督府案卷爲勘給過所事》第123行“具録狀過”，或與此類報告存在某種關聯。參見唐長孺主編：《吐魯番出土文書》[肆]，文物出版社1996年版，第292頁。

但根據 J 文書第 1~5 行可知，寧昌鄉品子張大敏向高昌縣所上文書爲“牒”，並非“辭”或“狀”，所謂“辭”“狀”或與其他文案有關①；其二，據案卷“抄目”環節可知，“下寧昌等鄉爲追張……”是最終處理結果之一，張某便是寧昌鄉品子張大敏，之所以作“下寧昌等鄉”而非“下寧昌鄉”，説明最終處理結果不僅針對寧昌鄉品子張大敏案，也針對高昌縣其他鄉的相關文案。因此，高昌縣在處理張大敏案、嚴□行案時還合併處理了其他類似文案，這或許因爲這類文案均屬“頻追責問不到，無憑推勘”的情形，所以司户佐趙信在牒文中將張大敏案與其他文案放置在一起報告，而且這類文案的最終處理意見也是一樣的，即均由高昌縣下符給鄉，追相關人員至縣衙。

那麽 L 文書、N 文書是否屬這類文案呢？ L 文書、N 文書中主案判官李晏“連”的批示，爲此提供了相關綫索。

L 文書第 1~4 行爲高昌縣處理某文案的“受付”環節及“判案”之初判官李晏的批示“連”。第 5~9 行爲張智禮辭及長官批示，是高昌縣開始處理寧昌鄉張智禮案的“署名”環節。因此，L 文書實際上前後編連了兩項文案，高昌縣對這兩項文案採取了併案處理的方式。

N 文書第 1~2 行爲主案判官李晏處理某文案的批示“連”，屬於處理該文案的“判案”環節。第 3~8 行的內容在判官批示之後，是有關大女阿彌、張和妻口分常田的文書。由行文、格式可知，大女文書顯然不是“判案”環節中司户佐趙信所上的牒文，所以，大女文書當是另一件高昌縣接到的來文，是另一件有關田畝事務的文案。因此，N 文書實際上也反映了高昌縣併案處理的做法。

L、N 文書中，李晏併案處理的時間約在廿七日、廿八日。而根據 Q 文書可知高昌縣主案判官李晏對董毳頭、高屈富、嚴住君、張大敏等文案做出統一處理意見的時間，爲景龍四年正月廿一日。因此 L、N 文書當爲景龍三年十二月廿七日、廿八日，相關文案的情形可能與張大敏、嚴□行等案類似，司户佐趙信在“判案”環節的牒文中，將其放置在一起進行報告，並最終形成相同的處理意見。

綜上所論，《田畝案卷》中 G、J、L、N、S、Q、P 等文書與高昌縣處理田畝事務的文書運作流程密切相關。通過分析諸文書之間的內容關聯，解讀高昌縣處理田畝事務的相關文書運作流程，明確了 S-Q-P、G、J、L、N 等文書的編連復原順序。

五、《田畝案卷》復原録文

根據以上討論，可大致明確景龍三年（七〇八）十二月至景龍四年正月間高昌縣處理田畝事務的公文運作流程，進而據此對《唐景龍三年（七〇八）十二月至景龍四年正月西州高昌縣處分田畝案卷》進行重新編連，以期通過復原案卷形態，直觀再現高昌縣處理田畝事務的行政運作流程，爲進一步探討唐代前期地方州縣的行政與文書運作機制提供某些參

---

① 根據《田畝案卷》的內容，嚴□行或即 K 文書第 1 行的里正“嚴德□”，然而里正向高昌縣所上文書一般是“牒”，因此所謂“辭”“狀”也不太可能是嚴□行所爲。據圖版，Q 文書第 1 行“張大敏”之前當有人名缺損，不知“辭”或“狀”是否與其有關。

考。具體内容詳下①:

(A)　　　　　　　　　　　(前　缺)

1　　　　　　　　檢。晏☐☐☐

2　鞠孝逸口分常田一段二畝，城東卌里，東熹，西康熹，南渠，☐☐☐

3　　　一段一畝常田城東廿里，東索熹，西左師，南渠，北還[公]。

4　　　　右依檢案内十月三日得柳中縣牒，☐☐☐

5　　　　☐☐☐於此縣給得上件地。其地☐☐☐

6　　　惡☐[帶]沙鹵，不生苗子，請退並☐☐

7　　☐☐☐[准][狀][付]☐[佃][人]檢得罩敬☐

8　　☐☐☐件人口分地去城[遙]

9　　　遙，運☐☐☐渠堰高仰薄惡有

10　　　實者。地既不堪佃種，任退。仍牒高昌

11　　　縣准式，牒至准狀者。

12　牒件檢如前，謹牒。

13　　　　　　十二月　日佐　趙信[牒]。

·····································(縫背署"晏")

14　　　　下　鄉。諮。晏示。

15　　　　　　　　　十五日。

16　　　依判。虔[直][示]。

17　　　　　[十][五][日]。

(B+E)　　　　　(中　殘)

18　　　十二月十五日受，即日[行][判]。

19　　　　錄　　事檢無稽失。

20　　　　丞判主簿　自判。

21　下鄉爲鞠孝逸口分除附事。

·····································(縫背署"晏")

22　景龍三年十二月　日寧昌鄉董毻頭辭

23　　　太平鄉大女竹玉連死退常田一段二畝城東廿里東白永豐，西張未，南韓陶，北渠。

24　縣司：毻頭去年[蒙]給上件地充分，文案

---

①　有關《唐景龍三年(七○八)十二月至景龍四年正月西州高昌縣處分田畝案卷》的録文，雖然參考了原文書整理者的釋録成果，但據圖版有若干新的調整和訂正，故在行序、格式、標點、釋讀等方面，均與原録文有些差異。需要特別説明的是，李晏文書(O文書)雖然性質不明，但因其内容與董毻頭案關係密切，且時間(景龍四年正月十一日)處於高昌縣合併處理董毻頭、嚴住君等案過程之中，所以姑且依據文書的時間將之置於S文書之前、N文書之後。此外，R文書爲某人向高昌縣所上"辭"，因殘損嚴重，其與高昌縣合併處理董毻頭等案的行政流程關係不明，穩妥起見，姑且將其置於P文書之後。

25　分明，不 得 □□□□□憑推逐，請乞
　　　　　　　　　（中　殘）
26　　　　檢。虔直示。
27　　　　　　廿二日。
（F）　　　　　　　　（中　殘）
28　　　右依 □□□
29　　　董毳頭充分有實 □□□
30　牒件檢如前，謹牒。
31　　　景龍三年十二月　日佐趙信 牒
32　　　付司。虔直示。
33　　　　　廿三日。
34　　十二月廿三日録事□□□
（G）　　　　　　　　（中　缺）
35　□分謹辭。
36　　　付司。虔直示。
37　　　　　廿四日。
38　　十二月廿四日録事 ▮
39　　　丞判主簿 晏 付
40　　　　　連。晏示。
41　　　　　　□□日。
（C）　　　　　　　　（中　缺）
42　景龍 三年十二月　日寧昌鄉人嚴令子妻白辭
43　　夫堂弟住君
44　縣司：阿白夫共上件堂弟同籍，各自別居。一
45　户總有四丁，三房別坐。籍下見授常田十
46　畝已上。除夫堂兄和德爲是衛士，取四畝分
47　外，餘殘各合均收。乃被前件夫堂弟見
48　阿白夫並小郎等二人逃走不在，獨取四畝，
49　唯与阿白二畝充二丁分。每年被徵阿白
50　兩丁分租庸，極理辛苦，請乞處分，謹辭。
（D）　　　　　　　　（中　殘）
51　　　　　虔直示。
52　　　　　　廿一日。
………………………………………………………（縫背署"直"）
53　安樂坊
54　　嚴住君
55　　　右奉判付坊追住君過對者。依追到，今
56　　　將隨送，謹以狀言。
57　牒件 狀如前，謹牒。

（H）　　　　　　　　　　　（中　殘）

58　　　　　　　　　　　　廿四☐。

··（縫背署"匡"）

59　　　☐☐畝王渠　一段二畝杜渠☐☐☐

（中　殘）

60　　　☐☐渠　　☐兄令子分　　☐☐☐

61　一段一畝王渠　　一段一畝匡渠

62　　右同前上件地住君分

63　三易部田總廿三畝伯老一丁，每易授六畝。令子、住君二丁，每易各授二畝。

64　牒辯：被問，得堂兄妻阿白辭稱云籍下田地

65　訴有☐得者。縣判准狀問者。謹審，但住君

66　據見種田地段畝數如前。三家同籍別財，其

67　地先來各自充分訖，不敢編並授田。去八月

68　内北庭府史匡君感与堂兄妻阿白錢一千文，

69　充匡感弟迦呂☐價見付人康伏生、匡君政母

70　☐☐知。被問依實謹牒。

71　　　　　　景龍三年十二月　日嚴☐住☐君☐牒☐。

（I）　　　　　　　　　（中　缺）

72　☐☐☐廿三畝。常田六畝，☐和☐☐德☐☐☐佃☐畝☐住☐

73　君佃種。更有二畝，弟令子佃種。其逃人迦呂元

74　未給授田地。三易部田，人各每年佃食二畝。被問

75　依謹辯。

76　　　　　　景龍三年十二月　日。

77　　　　　　付司。虔☐示。

78　　　　　　　　廿五日。

79　　　十二月廿五日録事趙☐

80　　　☐丞☐☐判☐主☐簿☐☐☐☐

（J）　　　　　　　　　（中　缺）

81　　一段二畝永業部田城東五里左部渠東張陁，西☐渠☐，南☐☐，北渠。

82　　一段一畝永業部田城東五里左部渠東荒，西渠，南渠，北荒。

83　牒：上件地承籍多年，不生苗子，虛掛

84　籍書，望請退入還公，並於好處受地。謹牒。

85　　　　景龍三年十二月　日寧昌鄉品子張大敏☐牒☐①。

86　　　　　付司。虔☐示。

87　　　　　　廿五日。

① 由文書内容可知，該文書爲張大敏向高昌縣所上"牒"。根據黃正建先生研究，此類"牒"的格式中，最後一行爲"年月日　籍貫身份姓名　牒"，故此處補"牒"字。參見黃正建：《唐代訴訟文書格式初探》，《敦煌吐魯番研究》第十四卷，上海古籍出版社 2014 年版，第 301 頁。

88　　　　　十二月廿五日録事趙 [■]

（K）　　　　　　（中　缺）

89　　　□□月　日里正嚴德□ 牒。

90　　　　付 司。虔 置示。

91　　　　　　廿六日。

92　　　　　十二月廿六日録事趙 [■]

93　　　　丞判主簿晏　付

··（縫背署 "晏"）

94　　　　　　檢案。晏示。

95　　　　　　　　廿□日。

96　牒檢案連如前，謹牒。

97　　　　十二月　日佐 趙 _____

98　_____責時_____

（L）　　　　　　（中　缺）

99　　　　　_____ [■]

100　　　　_____晏　付

101　　　連。晏示。

102　　　　　　廿七日。

··（縫背署 "晏"）

103　景龍三年十二月　日寧昌鄉人張智禮辭

104　縣司：智禮欠口分常田四畝，部田六畝，未□

105　給授。然智禮寄住南城，請勘責_____

106　於天山縣寬□請授。謹辭。

107　　　　付 司。虔 置示。

（M）　　　　　　（中　缺）

108　　　　　　　_____晏示。

109　　　　　　　廿八日。

（N）　　　　　　（中　缺）

110　　　　　　　　連。晏□。

111　　　　　　　　廿八日。

112　_____□分常田二畝

113　右上件大女先已向北庭逐粮在外，死活不知。昨

114　被里正左仁德逐追阿弥分地入收授出給。比來

115　阿弥所有戶内□錢，恒是本里代出。其戶内更兩

116　人，戶見未絶，地未出。望乞處分。

117　大女張和 妻 口分常田二畝半在臨川城_____

（O）　　　　　　（中　缺）

118　　　　　□龍四年正月　日□_____

119　　　　　　　　丞　李晏

120　　　　　　　　勘。晏示。十一日。

···（縫背署"晏"）

121 大女竹玉□□□□城東廿里東白永豐，西張未仁，南韓蒲桃，北渠。

122 □□□□□蒙給上件地充

123 □□□□□准□。

(S)　　　　　　　（中　缺）

124　　文案分明，不得牒身，未牒無憑□□

125　　檢案給牒者。依檢案內上件地，去□□

126　　年十二月內，令注給董毳頭充分有□

127　　給案有憑，理宜重牒。晏□□

128 高屈富

129　　右得上件人辭稱户當第九，年老篤

130 □□□口分田地未蒙給受，□

131 □□□付庫檢籍□□

132 □□□二□□

133 □□□並無田地□□

134 □□□須准式晏□□

···（縫背署"晏"）

135 夫堂弟住君

136　　右得嚴令子妻白辭稱夫共上件堂弟

137　　同籍，各自別居。一户總有四丁，三房別□□

138　　下見授常田十畝以上。除夫堂兄和□□

139　　是衛士，取田四畝分外餘殘各均✓合□□□

140　　前件夫堂弟見阿白夫並小郎等二□

141 □□□四畝惟与阿白二畝充二丁分，每

142 □□□□庸，極理辛苦，請

143　　處分者。判□□□追住君過對。得坊正

144　　白君才狀送，問得款：王渠二畝、杜渠二畝、樊

145　　渠二畝半，充伯及堂兄一丁、一老丁分。樊渠二畝

146　　充兄令子分。一弟新丁，未授地。王渠一畝、匡渠

147　　一畝，充住君分。三易部田總廿三畝，伯老一丁每易

148　　六畝，令子、住君二丁每易各授二畝。其地據□

149　　種收如前。三家同籍別財，其地先來各□

150　　均分訖，不敢編並授田。去八月內北庭府吏□□

···（縫背署"晏"）

151 感与堂兄□□□錢一千文，充堂弟迦□□

152 □見付□□□□匡君政母等具□□

（Q）　　　　　　　　　（中　殘）

153　　　□□□張大敏 嚴□行
154　　　右得上件□等辭狀，競理田地□
155　　　頻追責問不到，無憑推勘。下追
156　　　　重
157　牒件檢如前，謹牒。
158　　　　　同正月 日佐趙信牒。
159　…………肆狀依注。諮，晏示。……………（縫背署“晏”）
160　　　　　　　　廿一日。
161　　　　　　虔重示。
162　　　　　　　　廿一日。
　　………………………………………………………………（縫背署“晏”）
163　　董毚頭□案
164　牒件狀如前，牒至准狀，故牒。
165　寧昌等鄉主者，件狀如前，符到奉行。
166　　　　　　　景龍四年正月廿一日。

（P）　　　　　　　　　（中　殘）

167
168　　　　　　　□□□廿一日行判。
169　　　　　　□□□檢無稽失。
170　　　　　　丞判主簿自判。
171　下寧昌等鄉爲追張□□□□
172　追董毚頭爲給口分地事。
173　牒行案爲□高屈富地事。

（R）　　　　　　　　　（中　缺）

174　景龍□□□□□
175　縣司□□□□□
176　窮□□□□□
177　　　　景□□□□□

　　附記：本文原爲作者2015年5月武漢大學碩士學位論文，後經一定修訂，分上、下兩編發表於《吐魯番學研究》2020年第1、2期上。此次收入本文集，又有若干修訂。

吐魯番所出《唐果毅高運達等請過所(?)殘文書》初探

李兆宇

關於唐代過所制度的研究，國內外學術界業已積累了豐碩的成果①，然因傳世文獻記載不足，仍有若干問題並不清楚。若想繼續推進相關研究，有必要對吐魯番出土文書進行深入考察與分析。阿斯塔那二九號墓所出《唐果毅高運達等請過所(?)殘文書》（本文簡稱《高文書》），即爲其中一例。② 程喜霖先生較早注意到此件文書與同墓所出《唐垂拱元年(六八五)康尾義羅施等請過所案卷》（本文簡稱《康案卷》）存在關聯③，指出《高文書》是《康案卷》中康紇槎商隊的商人篤潘、那尾達與果毅校尉高運達共請過所的文書④。其後學者引用該文書時，多沿襲其說而未見有其他不同意見者。筆者在研讀吐魯番出土文書過程中，對這件文書的性質及相關問題産生若干不成熟的想法，現提出來請各位專家學者批評指正。

一、《唐果毅高運達等請過所(?)殘文書》録文整理與分類

《唐果毅高運達等請過所(?)殘文書》存 8 行文字，兹轉抄原録文如下，並附文書圖版於後(見圖一)，以資比較：

---

① 關於過所研究的學術史綜述，可參胡戟主編：《二十世紀唐研究(經濟卷)》第八章《交通運輸》(凍國棟撰寫)，中國社會科學出版社 2002 年版，第 505~507 頁。李錦繡：《敦煌吐魯番文書與唐史研究》第五章《交通運輸》，福建人民出版社 2006 年版，第 252~267 頁。除此之外的其他研究成果，還有李全德：《〈天聖令〉所見唐代過所的申請與勘驗——以"副白"與"録白"爲中心》，《唐研究》第十四卷，北京大學出版社 2008 年版，第 205~220 頁；《再談天一閣藏明鈔本〈天聖令·關市令〉之"副白"與"案記"》，《西域研究》2012 年第 3 期，第 36~43 頁。劉馨珺：《評〈天一閣藏明鈔本天聖令校證附唐令復原研究·關市令〉》，《唐研究》第十四卷，北京大學出版社 2008 年版，第 530~534 頁。孟彥弘：《唐代"副過所"及過所的"副白""録白案記"辨釋》，《文史》2008 年第 4 輯；又收入氏著《出土文獻與漢唐典制研究》，北京大學出版社 2015 年版，第 131~157 頁。[日]吉永匡史：《律令關制度の構造と特質》，(日本)《東方學》第一一七輯，2009 年。[日]荒川正晴：《ユーラシアの交通·交易と唐帝國》第八章《唐の通過公證制度と公·私用交通》，(日本)名古屋大學出版會 2010 年版，第 385~443 頁。[日]大西磨希子：《奈良時代傳入日本的文物與〈唐關市令〉——以〈天聖令·關市令〉爲中心》，《中國古代法律文獻研究》第十二輯，社會科學文獻出版社 2018 年版，第 224~282 頁。
② 唐長孺主編：《吐魯番出土文書》[叁]，文物出版社 1996 年版，第 355 頁。
③ 唐長孺主編：《吐魯番出土文書》[叁]，文物出版社 1996 年版，第 346~350 頁。
④ 程喜霖：《唐代過所研究》，中華書局 2000 年版，第 253 頁。

（前　缺）

1 ☐☐☐☐|在檢|☐☐☐☐☐

　　　　　　　　　　六日

2 ☐☐☐☐|死其物並|☐☐|范敢歌|

3 ☐☐☐☐|黎府果毅高運達家部曲范小奴|

4 ☐☐☐☐|作人四　駝貳頭　驢小二頭　馬三|

5 ☐☐☐☐|婢一|

6 ☐☐☐☐|籍篤潘　客作二人　奴婢肆|

7 ☐☐☐☐|驢五頭　馬一|

8 ☐☐☐☐☐|那尾達　作人一　奴一　騾二　驢三|

（後　缺）

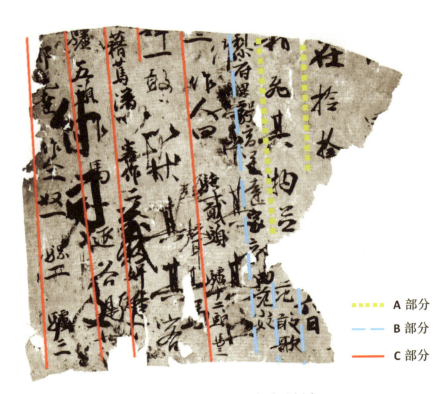

圖一　《高文書》圖版(附 A、B、C 部分示意圖)

A 部分

B 部分

C 部分

　　細審《高文書》圖版，實存在多種字體，並非一人所寫，茲按照字體將文書內容劃分爲如下 A、B、C、D、E、F 六個部分：

　　A 部分即上揭錄文的第 1 行的"在檢"和第 2 行的"死其物並"。"在檢"後據圖版可補一"栓"字。此兩行書寫整齊，字跡一致，且間距較大，頗有法度。

　　B 部分爲第 2 行尾部的"六日""范敢歌"以及第 3 行文字。"六日""范敢歌"與同行

“死其物並”字跡並不相同，而與第 3 行相近，“范敢歌”或當即第 3 行的“范小奴”。第 3 行“□□□□黎府果毅高運達家部曲范小奴”中“黎府果毅高運達”墨色較淺，“家部曲范小奴”墨色較深。而且這行文字向右傾斜，與它相近的第 2、4 兩行間距較窄，頗像後來纔寫入兩行文字中間的空白處。

C 部分爲第 4~8 行。據圖版，第 4 行“作人四”前可補“二”字，第 7 行後可補 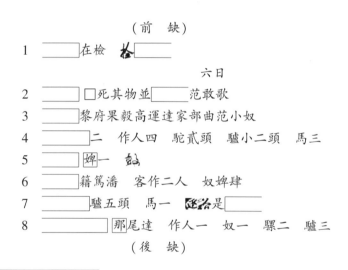是”三字。

D 部分爲第 3~4 行中間的一些大字，原文書整理者並未釋文，其内容爲“作、其、中、其、其、口”，以及第 4 行與 5 行中間的“其”“馬”，第 5 行的“以狀”“其”“其”“客”，字跡都非常相似，似爲同一人戲書。

E 部分爲第 4~5 行中間所書“聲”及“聲”字上半部分，以及第 5 行後可補“□”字。此部分筆力屢弱，可能同屬一人戲書。

F 部分爲第 6~8 行的“付司”“義”“及(示)”等字樣，乃在原文書字跡上所寫，可能屬同一人戲書。①

根據以上討論與分析，剔除戲書部分外，《高文書》可重新錄文如下：

（前　缺）

1　□□□□在檢　□□□□
　　　　　　　　六日
2　□□□□□死其物並□□□□范敢歌
3　□□□□黎府果毅高運達家部曲范小奴
4　□□□□二　作人四　駝貳頭　驢小二頭　馬三
5　□□□□婢一　□
6　□□□□籍篤潘　客作二人　奴婢肆
7　□□□□驢五頭　馬一　□□是□□□□
8　□□□□□那尾達　作人一　奴一　騾二　驢三

（後　缺）

---

① “付司”和“某”的署名形式，一般是長官在某件文書被呈送至官府後所作的判語，那《高文書》中的 F 部分“付司”“義”“及”數字是否也是長官的判語呢？首先，“義”作爲長官，僅見於儀鳳二年(六七七)的北館文書中。而通過比照北館文書圖版可以發現，“義”後的“及”確實與北館文書中長官“義”簽署的“示”字有些相似。但同墓所出《康案卷》表明，《高文書》中康尾義羅施等人是在垂拱元年申請過所的，因此 F 部分與 C 部分應無關聯。那麼，F 部分與下文即將重點討論的 A 部分是否有關呢？“付司”等字是否即對 A 部分内容的判語呢？我們認爲，“付司”等字如果是 A 部分的判語，那麼根據下文考證，它被書寫的時間應早於 C。但現在 F 與 C 部分呈疊壓關係，按常理，既然空白處先已有字，則康紇槎等人也不會故意將自己的申請文書寫上去，以致筆畫交錯難以辨認。因此，我們認爲 F 部分的書寫應該晚於 C，有可能是某人依照儀鳳年間北館文書長官判語所作的戲書。這種模仿長官判語的戲書，在敦煌吐魯番文書中並不少見，比如 S. 1344《開元户部格》殘卷正面塗有多處大字，均係後人戲書，其中第 61~66 行上有“付所由追至遲決林净林示”，“付某”“某示”等，都是長官判詞的常用語。又如大谷 2830 號文書正面爲《長安四年詩稿》，第 8 行即寫有“付司，辯示”等字樣，然此前爲某人詩稿，並非公文，其屬戲書也可判定。

上揭文書中，A 部分提供信息較少，B、C 部分則相對較多，故下文擬先考察 B、C 部分的性質，再討論其與 A 部分之間的關係。

二、《唐果毅高運達等請過所(?)殘文書》内容探析

(一)《高文書》B 部分

《高文書》B 部分，只有高運達家部曲范小奴或范敢歌一人的身份信息。整理者似認爲高運達一行的主要信息已經缺失，故根據 B 部分的内容爲整件文書進行定名，並在其後補加一問號。顯然，整理者對該文書性質的判斷仍是不確定的。程喜霖先生則進一步指出，《康案卷》中所見康絃槎和康尾義羅施兩支商隊在西州最後進行了重新組合，康絃槎加入了康尾義羅施等人的商隊，而原本屬於康絃槎商隊的篤潘和那尾達則與果毅校尉高運達結伴東行，共請過所。①

與《高文書》同墓所出的《康案卷》，由四件文書殘片拼合而成。據第(四)殘片康阿了等人辯辭可知，康絃槎商隊解散之後，康絃槎本人確實加入了康尾義羅施的商隊。但如果據《高文書》B 部分的内容，就認爲篤潘和那尾達在商隊解散後與勘黎府果毅都尉高運達等同行②，並共請過所，則是有疑問的。首先，圖版中 B 部分筆跡細小屛弱，與 A、C 部分明顯不同，"范小奴""六日　范敢歌"以及"某某家奴某某"的寫法不見於其他過所文書，很像後來纔寫入 A、C 之間的。其次，根據唐代《主客式》③相關規定，唐代法律嚴格控制本國官吏與蕃客和蕃人交往。另外，據《天聖令·關市令》宋 6 條復原唐令④，以及圓仁《入唐求法巡禮行記》中記載圓仁申請前往五臺山過程看⑤，出入中國的外國人申請過所會受到嚴格審查，程序比較繁複。因此，身爲果毅都尉且駐邊的高運達，不可能與初入中國的胡商有親密交往，更不可能與之一起申請過所。

(二)《高文書》C 部分

C 部分第 4 行原録文作"▢▢▢二　作人四　駞貳頭　驢小二頭　馬三"，然細審《高文書》圖版，第 4 行中的"驢小二頭"，實爲"驢十二頭"。值得注意的是，《康尾義羅施案卷》第(四)殘片記録了康尾義羅施商隊的基本信息，其中第 16~18 行内容如下：

```
16    康絃槎      男射鼻      男浮你了
17    作人曹野那      作人安莫迊　康▢▢▢▢
```

①　程喜霖：《唐代過所研究》，中華書局 2000 年版，第 253 頁。

②　文書中高運達的身份爲"▢黎府果毅"，陳國燦先生認爲唐軍府中第 2 字稱"黎"的只有潞州勘黎府，因此高運達當爲勘黎府果毅都尉。參氏著《陳國燦吐魯番敦煌出土文獻史事論集》，上海古籍出版社 2012 年版，第 227 頁。

③　劉俊文：《唐律疏議箋解》，中華書局 1996 年版，第 670 頁。

④　天一閣博物館、中國社會科學院歷史研究所《天聖令》整理課題組校證：《天一閣藏明抄本〈天聖令〉校證(附唐令復原研究)》，中華書局 2006 年版，第 539 頁。

⑤　[日]圓仁撰，白化文等校注：《入唐求法巡禮行記校注》，中華書局 2019 年版，第 235 頁。

　18　婢桃葉　　驢一十二頭 ——————

以之與前揭《高文書》所記相比較，則不難發現二者之間存在着密切的關聯。根據《康案卷》第 16 行所記"男射鼻""男浮你了"二男，可以推知《高文書》第 4 行"□□□二"前當缺"男"字。又《高文書》第 4 行記"驢十二頭"，與《康案卷》第 18 行"驢一十二頭"也相吻合。而《高文書》第 5 行記"婢一人"，與《康案卷》第 18 行"婢桃葉"相符合。至于《高文書》第 4 行所記"作人四"，《康案卷》第 17 行雖僅可記作人三人，但下部殘缺，其後應該還有另外一個作人姓名。《高文書》中第 4 行中還記有"駝貳頭""馬三"，而按照先寫人再寫牲畜的順序，《康案卷》中第 18 行"婢桃葉"前不會再有牲畜，"驢一十二頭"後又有占據空白的下畫綫，可見《康案卷》中的康絞槎商隊裏，已經不見了駝和馬的蹤跡，推測它們有可能是在《高文書》與《康案卷》之間的時間段被處理或賣掉了。

　　另外，C 部分中也記有康絞槎商隊的其他人員①，其中第 4、5 行的作人、婢和牲畜情況，記於第 6 行的藉篤潘之前，茲比較《康案卷》第(二)殘片所記：

　4　□□□興生胡絞槎年五十五　｜　｜　｜
　5　□□□篤潘年卅五　｜　｜　｜
　6　□□□達年卅六　｜　｜　｜
　7　□□□返年六十　｜　｜　｜

據此不難推知，第 4 行"興生胡絞槎"，實即前揭第 4 殘片所記的"康絞槎"，"篤潘"即上引《高文書》中的"藉篤潘"，第 6 行"達"則爲《高文書》中的"那尾達"。再聯繫《康案卷》第(四)殘片所記康絞槎商隊信息與《高文書》相吻合的情況，可以基本確定《高文書》中第 4、5 行所記，就是康絞槎的商隊信息，《高文書》與《康案卷》顯然存在着密切的關聯。

　　那麼，《高文書》A、B 與 C 部分三者之間到底是什麼關係？在討論這一問題之前，我們首先需要解決《高文書》中 C 部分所記康絞槎商隊信息，原本屬於什麼性質文書的問題。

　　通過反復比對，我們發現《高文書》C 部分的字跡與《康案卷》存在很大差異，其顯然不屬于《康案卷》中的組成部分，二者當不存在綴合編連的可能性。

　　在唐代，申請過所程序，大致可以分爲：申請人向尚書省司門和州級地方官府遞交申請、官府主管部門審案並問詢、審核通過後最終發放過所三個基本環節。② 以下採取發放過所、審案環節、申請環節反向逆推逐一考證的方式，以求對《高文書》的內容與性質做出基本的判定。

———————————

　　① 令人不解的是，同屬一商隊的"□"，並沒有像康絞槎、藉篤潘等人一樣另起一行，而是被寫在了第 6 行藉篤潘商隊信息之後，其下又書"□是□□□"，不知何意？暫存疑待考。
　　② 參見程喜霖：《唐代過所研究》，中華書局 2000 年版，第 88 頁。又[日]荒川正晴：《唐的州縣百姓和過所的發給——唐代過所·公驗文書劄記(1)》，(日本)《史觀》第一三七冊，1997 年，第 4~18 頁；又收入氏著《ユーラシアの交通·交易と唐帝國》，(日本)名古屋大學出版會 2010 年版，第 421~437 頁。

1. 發放過所

正式發放的過所，開頭部分需要列舉申請過所的本隊人、牲畜和攜帶物品的信息①，《高文書》形式與此相近。如吐魯番阿斯塔那五〇九號墓所出《唐開元二十年（七三二）瓜州都督府給西州百姓游擊將軍石染典過所》②，據文書第 2 行所記“安西已來上件人肆、驢拾”，可知在正式過所開頭需要首先説明申請人以及牲畜的各種信息，但是因爲文書殘缺，僅可以辨認出“家生奴移”四字，其他情況並不清楚。又吐魯番阿斯塔那二二八號墓所出《唐年某往京兆府過所》③，其中年某本人以及隨行人員的信息已經缺失，僅存他所攜帶的牲畜信息。但細審該過所内容，其中牲畜的信息不但具體到頭數，而且有性別、毛色、齒歲等記載，這比《高文書》更加詳細。據日本《養老令》規定：“凡過所，抄牓之類，有數者爲大字。”④唐代也有類似規定，如《唐會要》卷二六《牋表例》所載：“天册二年二月一日敕：‘自今以後，施敕行制，及内外官司奏狀文案，並大字。’至聖曆元年四月十一日，制敕：‘公文錢物倉庫，計臧科罪，傳符過所，各依式及别敕，作大字。餘尋常文按，解、牒進奏，並依常式。’”⑤“大字”指包括過所在内的一些文書所涉數字部分，均全部採用大寫。存世過所全部都遵循了上述規定，凡涉及數字部分都使用了大寫，而《高文書》中的數字並未大寫。還有更重要的一點，即過所被發放後，即被申請人帶走，其不可能與申請過所的案卷在申請地一起出土。而《高文書》與《康案卷》同出一墓，其並非過所原件，這是可以判定的。

2. 審案環節

《康案卷》主體部分，由審案環節中官府對當事人進行詢問的辯所組成，《高文書》有無可能是《康案卷》中出現或已丢失的某一件辯的原件？劉安志先生指出，審案環節中當事人的辯有一套嚴格規範的程式，首先是辯者的姓名、年齡及畫押，然後是“某辯：被問……謹審……被問依實謹辯”⑥。黄正建先生則進一步復原了辯的書式，同時指出之所以辯前只有當事人的姓名和年齡，是因爲當事人的其他信息在案件開始時已經交代清楚，故而在審問環節只需要注明姓名和年齡這兩個關鍵信息即可。⑦《康案卷》中，康尾義羅

---

①　日本《公式令》中有“過所式”，首先説明申請者外出事由，所去目的地及沿途關津名數，其次注明請過所人姓名、身份、年齡、籍貫，以及隨員姓名、年齡、籍貫，所攜帶的奴婢名年、物品名數和牲畜馬牛名數等，最後是主判官和通判官簽署。這與現存唐代過所先列舉人、畜信息，再説明事由的格式順序是相反的。參見《令義解》，（日本）吉川弘文館 1985 年版，第 249~250 頁。

②　唐長孺主編：《吐魯番出土文書》[肆]，文物出版社 1996 年版，第 275 頁。

③　唐長孺主編：《吐魯番出土文書》[肆]，文物出版社 1996 年版，第 199 頁。

④　《令義解》，（日本）吉川弘文館 1985 年版，第 260 頁。

⑤　《唐會要》，上海古籍出版社 2006 年版，第 587 頁。

⑥　劉安志：《讀吐魯番所出〈唐貞觀十七年（643）六月西州奴俊延妻孫氏辯辭〉及其相關文書》，《敦煌研究》2002 年第 3 期，第 63 頁。修訂稿收入氏著《敦煌吐魯番文書與唐代西域史研究》，商務印書館 2010 年版，第 58 頁。

⑦　黄正建：《唐代法律用語中的“款”和“辯”——以〈天聖令〉與吐魯番出土文書爲中心》，《文史》2013 年第 1 輯，第 261 頁。

施和康紇槎兩支商隊回答官府詢問的辯，即記有商隊成員的姓名和年齡信息。然如上所論，《高文書》C 部分所呈現的康紇槎商隊信息，比一般辯所需的信息（姓名、年齡）更爲詳細，其並非審案中的辯，也是可以推定的。

按康紇槎等人在辯中稱"並請責保"，説明《康案卷》中可能有康紇槎等人商隊的保辯。那麼，《高文書》是否爲《康案卷》中保辯的原件呢？按《康案卷》第四部分即爲康尾義羅施商隊的保辯，其中 1~5 行爲五位保人的姓名、籍貫和年齡，7~18 行則記被保商隊的申請人、作人、奴婢和牲畜等，這與《高文書》所列信息相似。但《高文書》C 部分之前，並没有與《康案卷》第四部分 1~5 行同樣的保人姓名和年齡信息，因此，《高文書》同樣也不是保辯的原件。

3. 申請環節

按照唐令規定，行人在申請過所時，需遞交一件申請文書至官府，而在現存唐代出土文書中還没有發現這類文書的原件。[1] 不過，吐魯番阿斯塔那五〇九號墓所出《唐開元二十一年(七三三)唐益謙、薛光泚、康大之請過所案卷》第 20~29 行載有：

（前　略）

20　福州都督府長史唐循忠塍薛年拾捌

21　姪男意奴年叁拾壹　　奴典信年貳拾陸

22　奴歸命年貳拾壹　　奴捧鞭年貳拾貳

23　奴逐馬年拾捌　　　婢春兒年貳拾　婢録珠年拾叁

24　婢失滿兒年拾肆　作人段洪年叁拾伍

25　馬八匹一烏驃草八歲、一棘騧父九歲、一驄草八歲、一駃父六歲、
　　　　　一驄敦六歲、一騮父七歲、一驃父二歲、一驄父二歲。

26　驢伍頭並青黃父，各捌歲。

27　右得唐益謙牒，將前件人馬驢等往

28　福州。路由玉門、金城、大震、烏蘭、㠉（潼）、蒲

29　津等關。謹連來文如前，請給過所者。[2]

（後　略）

上引文字是從西州都督府户曹史謝忠呈上户曹參軍的牒中節録的，其中第 27 行云"右得唐益謙牒"，可知這一部分内容由謝忠從唐益謙請過所牒中轉引至此，是唐益謙請過所牒原件中的内容。將其中 20~26 行部分與《高文書》C 部分對比，二者都包含有行人、作人、奴婢、牲畜，是對一隊行人具體信息的詳細羅列，形式大體相似，但二者也存在一定差異。唐《關市令》規定："需具注姓名、年紀及馬牛驢騾牝牡、毛色、齒歲，官

---

①　《唐開元二十一年西州都督府案卷爲勘給過所事》中，第 188 行所記"表兄張智實年卅五　驢兩頭並青黃父"，似是一件請過所文書殘件，惜殘缺嚴重，不能確定性質。

②　唐長孺主編：《吐魯番出土文書》[肆]，文物出版社 1996 年版，第 270 頁。

司檢勘，然後判給。”①按此規定在申請過所文書中，人員需注明姓名和年齡，牲畜需具注牝牡、毛色和齒歲，經官司檢勘後纔能判給過所。②《養老令·公式令》所載日本的“過所式”中，也需要詳細説明人員“名年”和攜帶牲畜的“毛、牡牝、馬牛若干匹頭”。③ 上引唐益謙請過所牒中，確實也詳細寫明了人員的姓名和年齡，以及牲畜的齒歲、毛色、牝牡，與規定一致，而《高文書》C 部分中卻没有這些信息，這又如何解釋呢？

按整理者復原唐令的一個重要原則，就是將日本《養老令》與宋《天聖令》進行比勘④，但《養老令》中並無此句令文，整理者遂參據唐代過所文書認爲事實確是如此，故從《天聖令》復原此條令文。整理者在文中所引重要依據有二：一是唐越州都督府發給圓珍的過所，二是吐魯番阿斯塔那五〇九號墓所出《唐開元二十一年（七三三）西州都督府案卷爲勘給過所事》中“高昌縣爲申麴嘉琰請過所所由具狀上事”。其實，這兩件文書非但不支持整理者的判斷，反而形成了反證。首先，越州發給圓珍的過所雖標有“驢兩頭”，但並無牝牡、毛色、齒歲等信息。整理者所要論證的，是過所申請者會在申請文書上標注牲畜的牝牡、毛色和齒歲，而不是官府在發放的正式過所中注明這些信息。從這一意義上講，整理者引圓珍過所來印證令文，恐怕説明不了什麽問題。其次，整理者所引“高昌縣爲申麴嘉琰請過所所由具狀上事”，其實是高昌縣爲麴嘉琰請過所事申上西州都督府户曹的解文⑤，解文轉引麴嘉琰所攜帶的牲畜有驢十頭、馬一匹，驢和馬具有毛色而無牝牡和齒歲，同樣也不符合令文規定。

《天聖令·關市令》宋 1 條原作：“諸欲度關者，皆經當處官司請遍（過）所（小注：今日公憑，下皆準此），具注姓名、年紀及馬牛騾驢牝（牝）牡、毛色、齒歲，判給。”⑥整理者復原唐令時，依據日本《養老令》在“齒歲”後補加了“官司檢勘，然後”。按唐令中自然有“官司檢勘，然後判給”這樣的記載，但“官司檢勘”四字置於令文何處，卻是需要斟酌考慮的。現有材料尚無法證明其與宋令的關係，如果依照整理者的判斷，“官司檢勘”四字置於“齒歲”之後，那麽該令文意思就是：申請者自注其攜帶牲畜的牝牡、毛色和齒歲，經官司檢勘無誤後纔能判給過所。但如果置於“皆經當處官司請過所”之後，其文義則爲：申請者提交文書後，官司對其檢勘，檢勘無誤後，官司在製作過所時，爲其牲畜標注牝牡、毛色、齒歲。那么，申請者在遞交文書時，就不用專門在文書上爲所攜帶的牲畜進行標注，而是由官府在製作過所時予以標注。如此則《高文書》C 部分中，未對牲畜進行標

---

① 天一閣博物館、中國社會科學院歷史研究所《天聖令》整理課題組校證：《天一閣藏明抄本〈天聖令〉校證（附唐令復原研究）》，中華書局 2006 年版，第 538 頁。

② “中國社會科學院歷史研究所《天聖令》讀書班”所撰《〈天聖令·關市令〉譯注稿》，對這句話的理解與《天聖令》整理者一致，參《中國古代法律文獻研究》第九輯，社會科學文獻出版社 2015 年版，第 246 頁。

③ 《令義解》，（日本）吉川弘文館 1985 年版，第 249 頁。

④ 趙晶：《〈天聖令〉與唐宋法制考論》，上海古籍出版社 2014 年版，第 172 頁。

⑤ 參見劉安志：《唐代解文初探——敦煌吐魯番文書爲中心に》，收入土肥義和、氣賀澤保規編：《敦煌·吐魯番文書の世界とその時代》，（日本）東洋文庫 2017 年版，第 123～156 頁。中文本修訂稿收入劉氏主編《吐魯番出土文書新探》，武漢大學出版社 2019 年版，第 155～185 頁。此據中文本修訂稿。

⑥ 天一閣博物館、中國社會科學院歷史研究所《天聖令》整理課題組校證：《天一閣藏明抄本〈天聖令〉校證（附唐令復原研究）》，中華書局 2006 年版，第 305 頁。

注是可以理解的。

　　然而，無論是申請者在文書中標注還是官府在過所中標注，現存唐代文書中都存在反證。申請者自行標注的反證，是石染典向沙州申請的牒文中，既未標注申請人、隨從年齡，亦未標注牲畜的具體信息。而越州都督府發放給圓珍的過所，就是官司在過所中標注信息的一個反證。考慮到現存文書中還存在一些正面例證，如前引唐益謙請過所牒，以及《唐貞觀廿年(六四八)庭州人米巡職辭爲請給公驗》中對人員和牲畜的標注等①，都比較符合令文規定。同時也存在一些標注了但並不規範的例證，如《唐年某往京兆府過所》即是如此。我們傾向於認爲唐代令文在制度上的規定可能是：申請人需自行在申請書上標注這些信息，經過官府檢勘後，再由官府直接或改動後抄寫到正式的過所上。當然，制度的執行有時並不十分規範和徹底，所以纔會出現與制度相左的例證。從《康案卷》康絍槎等人的辯來看，他們由西域初入中國，對於唐朝制度還不甚明晰。而《高文書》C 部分的書寫格式本身也存在諸多不規範之處，如：字跡雖然拘謹，但忽大忽小；行間距不統一；數字大小寫混用；前稱"作人"後又稱"客作"；同行人𤫩本應另行寫，卻寫在篤潘攜帶牲畜後，以及前述康絍槎奴婢與牲畜的位置顛倒，等等，連同未標注信息的問題，都顯示《高文書》C 部分書寫者對唐朝文書格式及行政制度並不熟悉。

　　綜上所述，我們首先排除了《高文書》屬於《康案卷》某一部分殘片的可能性。其次，我們否認了它是正式過所的可能性，並聯繫唐代過所制度以及相關過所文書，認爲這種文書格式在申請和審案兩個環節中都有可能會出現，而在審案環節中，當事人所呈辯格式與之不同，只有保辯與之類似，但同案卷中出現的保辯前會有保人信息，因此《高文書》C 部分也不屬於審案中某件辯的原件。綜合各方面跡象，我們初步判定所謂"高運達請過所"一事並不存在，《高文書》中 C 部分很有可能是康絍槎等人請過所文書的原件，該文書似可重新定名爲《唐垂拱元年康絍槎等請過所文書》。

(三)《高文書》A 部分

　　據文書圖版，《高文書》A 部分與 C 部分書法並不一致，書法水平明顯高於 C 部分，更像是官府文案，那麼 A 與 C 之間是什麼關係呢？

　　唐益謙請過所牒中先在牒前寫明請過所人、奴婢、作人以及牲畜信息，然後再叙述具體事由。《唐貞觀廿年(六四八)庭州人米巡職辭爲請給公驗》《唐開元二十年(七三二)瓜州都督府給西州百姓游擊將軍石染典過所》兩件文書中，米巡職、石染典爲請過所、公驗的辭和牒，開頭部分均首先羅列本商隊的基本信息，然後再叙述提起申請的緣由，二者稍有不同之處在於，米巡職在本商隊信息前先列本人姓名和年齡，而石染典則在牒前未列本人信息，這可能是由於其本人信息在瓜州所給過所中已經詳細說明的緣故。另外，日本藏最澄入唐文書中有一件臺州發給的公驗②，此公驗就是在最澄牒基礎上由刺史陸淳簽署後形成的。最澄牒與以上所舉諸例一樣，都是先在牒首對需要申請公驗的人員信息進行說明，然後再叙述事由。可知唐代申請過所、公驗的文書都有一套固定格式，就是首先需要羅列申請人、隨行人員、奴婢以及攜帶牲畜的具體信息，然後依次對外出事由、所達目的

①　唐長孺主編：《吐魯番出土文書》[叁]，文物出版社 1996 年版，第 306 頁。

②　[日]礪波護著，韓昇譯：《隋唐佛教文化》，上海古籍出版社 2004 年版，第 170 頁。

地及沿途關津名數進行説明，最後懇請官府予以頒發。

回到上文所提出的問題，既然《高文書》中 C 部分是康紇槎等人請過所文書原件，且都爲商隊信息的羅列，這就意味着第 4 行之前不可能再有任何與之相關的内容。更何況《高文書》A 部分與 C 部分書法並不一致。因此，二者顯然不屬於同一性質的文書，内容互相没有關聯。

按古人書寫習慣，一般是在紙張頂格從右往左寫。而《高文書》C 部分並没有頂格寫，它是從紙張的中間開始寫起的，説明在書寫之前紙張前半部分已有其他内容。而上文已論 B 部分應爲後來寫入第 2 和 4 行中間，與 A、C 都無關聯，因此應該是先有 A 部分文字，後再有 C 部分。至此，筆者初步認爲，《高文書》中的筆跡先後順序爲：先有 A 部分，再有 C 部分，最後 B 部分纔寫入了 A、C 中間的空白處。換句話説，《高文書》C 部分是在已有其他文字的紙上書寫的。那麽，如何解釋這一現象呢？

唐代時紙張雖然普遍使用，但由於當時條件所限，紙張生産仍然供不應求，不但民間對紙張很珍惜，就連唐代官府内部紙筆的支給也控制嚴格。① 因此，吐魯番地區出土的唐代文書很多都被反復使用，以致不少文書的同一面或不同面，都留下了兩種或兩種以上不同的字跡。這種例證在吐魯番文書中俯仰皆拾。這些已經被書寫過的文書不但被當作草稿用紙，而且有相當部分還被官府再次使用。如吐魯番出土《唐天寶十載（七五一）交河郡客使文書》，就是官文書在官府内部被重新使用的例證。按該文書正面有兩件府、典的牒文，寫就時間在客使文書之前，可見客使文書就是利用官府中廢棄的舊紙重新書寫而成的。② 又大谷 2835 號文書，正面爲《武周長安三年（七○三）三月敦煌縣牒上括逃御史並牒涼、甘、肅、瓜等州爲所居停沙州逃户事》，背面爲《武周聖曆二年（六九九）三月二十日前沙州敦煌縣録事司勳蔭田薄》。③ 不僅如此，有些文書被百姓以辭或牒的形式呈交至官府後，其後又被重新利用，如阿斯塔那三四一號墓所出《唐小德辯辭爲被蕃捉去逃回事》，其背面即爲《唐開元五年（七一七）考課牒草》④；又阿斯塔那九三號墓所出《武周西州高昌縣順義鄉人嚴法藥辭爲請追勘桑田事》，其背面爲《武周長安二年（七○二）西州高昌縣順義鄉人苟仁殘辭》⑤。等等，不乏其例。

以上文書雖“共用”一張紙，但都是正反兩面書寫，内容互不影響。而阿斯塔那二二一號墓所出《唐永徽三年（六五二）士海辭爲所給田被里正杜琴護獨自耕種事》⑥，其正面還

① 參見雷聞：《吐魯番出土〈唐開元十六年西州都督府請紙案卷〉與唐代的公文用紙》，樊錦詩、榮新江、林世田主編：《敦煌文獻·考古·藝術綜合研究——紀念向達先生誕辰 110 周年國際學術研討會論文集》，中華書局 2011 年版，第 423~444 頁；又收入榮新江編：《黄文弼所獲西域文獻論集》，科學出版社 2013 年版，第 60~85 頁。

② 榮新江等主編：《新獲吐魯番出土文獻》，中華書局 2008 年版，第 331~342 頁。另參畢波：《吐魯番新出唐天寶十載交河郡客使文書研究》，沈衛榮主編：《西域歷史語言研究集刊》第一輯，科學出版社 2007 年版，第 67 頁。

③ ［日］小田義久編：《大谷文書集成》第一卷，（日本）法藏館 1984 年版，圖版一二○、一二一、一二四，釋文第 105~106 頁。

④ 唐長孺主編：《吐魯番出土文書》［叁］，文物出版社 1996 年版，第 61~62 頁

⑤ 唐長孺主編：《吐魯番出土文書》［叁］，文物出版社 1996 年版，第 430~431 頁

⑥ 唐長孺主編：《吐魯番出土文書》［叁］，文物出版社 1996 年版，第 312~313 頁。

寫有《唐永徽三年士貞辯辭》，只不過書寫方向不一致而已。它的背面還寫有《唐永徽三年賢德失馬陪征牒》，其中1~4行爲賢德的牒文，5~9行爲某判官的判文。值得注意的是，除《士海辭》無具體時間外，其餘皆寫於永徽三年，特別是《賢德牒》更明確記有"五月二十九日"。考慮到此牒被遞送至相關機構後還有一系列處理流程，故《士貞辯》完成時間可能早於《賢德牒》。由此推斷，與《士貞辯》同寫一面的《士海辭》，也當早於《賢德牒》。而《士貞辯》屬於士貞在審問時回答官府的辯，其有可能是士海先將訴里正奪田辭上交官府，後再由士貞在官府中重復使用。若此推斷成立，則該文書上筆跡的書寫順序當爲：先有正面的"士海辭"，再有"士貞辯"，最後纔有背面的"賢德牒"。在永徽三年五月短短一個月時間内，這片薄薄的紙張至少有兩次被用作正式文書而呈交官府。即使最後一次被用作"賢德牒"呈交官府時，它的正面已經佈滿了字跡，但官府判官依然在牒文後寫下了判詞，這説明唐代西州官府對於普通百姓提交的各種文書，看重的是文書本身的内容，而不是内容的物質載體。

"士貞辯"與"士海辭"雖同寫在一張紙的正面上，但書寫方向卻是相反的。而在吐魯番出土文書中，也存在兩種文書書寫方向一致的情況。如《唐西州高昌縣上安西都護府牒稿爲録上訊問曹禄山訴李紹謹兩造辯事》，整理者指出"一、二兩行，似是奏疏録寫未完，改寫牒文稿"①。由此不難看出，唐代西州實存在一件文書被多次使用的情況。官府對於普通百姓提交文書更看重其内容是否真實和準確，而不在意其物質載體——紙張的品質好壞或是否存在已經被使用過的痕跡。或者換句話説，即使文書原件已經被反復使用過，但只要當事人所提交的文書上是可讀的，並且格式大致準確，那麼官府都會正常接收並處理。聯繫《高文書》，其中A部分似是官府文書，但一般官文書結尾都會另行有官吏的簽押，而A部分後卻是空白的，似乎並未完成。由此筆者推測，《高文書》的初次書寫者當爲西州都督府官吏，在書寫A部分時因某種原因並未寫完。已留有A部分的紙張廢棄後，轉而在官府(可能是録事司)留存，隨後又被提供給康紇槎等人用於書寫申請過所的文書，而後又被反復書寫，留下多處戲書字跡。

由此，可以對《高文書》筆跡書寫的先後順序進行還原：先有A部分，後有C部分，而後B部分纔寫入了A、C中間的空白處。其他D、E、F部分則全部爲戲書，或在B部分之後纔被書寫上去的。

三、餘論

以上對《高文書》各部分内容與性質作了粗淺的探討。結合《康案卷》，我們初步推導事件原委如下：垂拱元年四月，以康尾義羅施和康紇槎爲首的兩支商隊分別向西州申請過所，其間康紇槎等在西州都督府用廢棄後的紙張書寫申請文書，即《高文書》C部分。其後，康紇槎與篤潘等人因故分離，加入了康尾義羅施等人的商隊並與之共申過所。《高文書》C部分當爲康紇槎與篤潘等人分開前向官府申請過所文書原件的殘件，後與《康案卷》一起被保存了下來。所以，該文書可據C部分重新定名爲《唐垂拱元年康紇槎等請過所文書》。

---

① 唐長孺主編：《吐魯番出土文書》[叁]，文物出版社1996年版，第242頁。

　　通過考察《唐垂拱元年康絞槎等請過所文書》，我們對以往研究者未曾注意過的有關唐代過所與文書行政運作的制度細節，有了一些新的認識和思考方向：首先，申請過所的文書上是否需要注明攜帶牲畜的毛色、牝牡？我們傾向於認爲申請人可能需在文書上標注，經過官府檢勘後，再由官府直接或改動後抄寫到正式的過所上。然而制度的執行並不嚴格、規範和徹底。康絞槎等人由西域初入中國，對於唐朝制度還不甚明晰，因此他們的申請過所文書就存在若干與制度不一致的地方。其次，《康案卷》展現了官府至少同時在處理三支商隊的請過所案件，並且它們的處理程式是交織在一起的。唐長孺先生最先指出：“（吐魯番出土文書）有的案卷包含同一類型卻非一事的幾宗案件，按日交錯排列。阿五〇九號墓所出‘開元二十一年有關過所的案卷’便包括了唐益謙家口、麴孝（嘉）琰、蔣化明、王奉仙等人案件的辭牒判語，相互交錯。”①而唐《關市令》中確實有將與申請過所相關的文書“日別總連爲案”的規定②，《康案卷》就是按照這一令文的規定被最終連接起來，只是我們還不清楚一件案卷的具體時間跨度。所以，關於一件過所案卷形成過程，也是需要我們繼續思考的問題。最後，據上文可知，唐代西州無論官方還是民間都存在重複利用紙張的情況。對於普通百姓提交的文書，官府看重的是其內容的真實性與準確性。即使這件文書被反復使用過，但只要格式大致準確，內容清晰，官府都會受理。但如果將百姓提交的文書直接連成案卷的話，不但不美觀，而且不利於閱讀和保存，所以存在吐魯番所出唐代很多涉及民事的案卷前後字跡都保持一致的情況。這可能就是由於原始的案卷中夾雜着很多百姓提交的，類似於上述所論被反復使用過的文書，不得不需要官府吏員在正式的案紙上重新抄寫。《唐垂拱元年康絞槎等請過所文書》很有可能就是康絞槎等人請過所文書的原件，它雖然不屬於《康案卷》中的組成部分，然而卻與《康案卷》一起作爲官府檔案保存了下來。從這一意義上講，《唐垂拱元年康絞槎等請過所文書》對研究唐代過所及相關公文行政制度諸問題均具有重要的價值。

　　附記：本文原刊《西域研究》2021 年第 4 期，收入本文集時，有個別訂正。

---

　　①　唐長孺：《山居存稿》，中華書局 1989 年版，第 329 頁。

　　②　天一閣博物館、中國社會科學院歷史研究所《天聖令》整理課題組校證：《天一閣藏明抄本〈天聖令〉校證（附唐令復原研究）》，中華書局 2006 年版，第 305 頁。

關於吐魯番所出《武周天山府下張父團帖爲出軍合請飯米人事》及其相關文書的綴合問題

達　錟

唐長孺先生主持整理的《吐魯番出土文書》(釋文本十册，圖文本四册)，自二十世紀八十年代陸續刊行以來，爲中外學術界提供了一大批珍貴的新史料。不僅極大地推動了中國中古史的研究，而且爲中國敦煌吐魯番學的發展繁榮作出了突出貢獻。不過，隨着相關研究的不斷深入，原有的文書整理工作也存在若干有待完善和推進之處，部分文書的綴合與定性仍值得再作探討。筆者在研讀吐魯番阿斯塔那五〇九號墓所出《武周天山府下張父團帖爲出軍合請飯米人事》(本文簡稱"《合請飯米人事》")過程中，發現這件文書的兩件殘片分屬不同性質的官文書，不能前後綴合。今擬對此展開初步探討，提出若干不成熟的認識與看法，不妥之處，敬請批評指正。

一、對《合請飯米人事》的内容分析與性質判斷

吐魯番阿斯塔那五〇九號墓所出《合請飯米人事》①，上、下、中、後皆有殘缺，現存 10 行文字(見圖一)，兹録文如下：

```
1  □□□      帖校尉張父團
2  ＿＿＿比出軍合請飯米人
3  ＿＿＿已帖追令 ＿＿＿
4  ＿＿＿期限既 □依前例每月②＿＿＿
5  ＿＿＿及③文狀集府支配，下三團＿＿＿
6  ＿＿宜准狀，符到奉行
7              府
8  ＿＿＿曹參軍感
9          史馬行通
10 ＿＿＿日帖，六月廿一日番(下　殘)
```

---

① 唐長孺主編：《吐魯番出土文書》[肆]，文物出版社 1996 年版，第 254 頁。
② 原文爲武周新字，今統一改爲通用字，下同，不另作説明。
③ "及"字原録文無，此據文書圖版補。

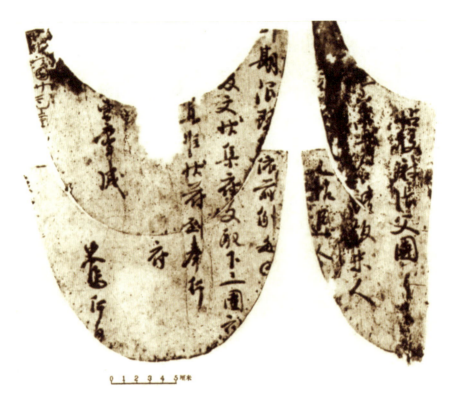

圖一　《武周天山府下張父團帖爲出軍合請飯米人事》(73TAM509：19/10；73TAM509：19/9)

　　據文書圖版，本件由 73TAM509：19/9 [第 1～3 行，以下簡稱"殘片(一)"]、73TAM509：19/10 [第 4～10 行，以下簡稱"殘片(二)"]兩件殘片綴合而成。題解稱第 4 行"期限"二字上、第 7 行"府"字上均有朱書，但不可辨識。原文書整理者根據殘片(一)首行"帖校尉張父團"數字，以及第 2 行所記"比出軍合請飯米人事"，判斷該文書是天山府下發張父團的帖文，並據以定名爲《武周天山府下張父團帖爲出軍合請飯米人事》。雷聞先生判斷其爲折衝府軍帖。①

　　"張父團"，又稱"張父師團"，是天山府下轄的校尉團。"出軍"指府兵征行，説明文書與府兵征行有關。"飯米人"一詞，典籍無考。孫繼民先生認爲，"出軍合請飯米"，即府兵征行前從軍府倉庫中領取之前交納的自備軍糧，這件文書是天山府對張父師團領取物資的批示。② 唐初府兵自備軍糧參與軍事活動，需將糧食提前交予軍府。③ 據文書圖版，"□□□比出軍合請飯米人"的"人"字後仍有書寫空間，然無内容，可見"飯米人"當是一個詞。現存吐魯番文書中常出現"某事"加"人"的結構，如"陪番人""見付(符)人""知白

①　雷聞：《唐代帖文的形態與運作》，《中國史研究》2010 年第 3 期，第 107 頁。
②　孫繼民：《敦煌吐魯番所出唐代軍事文書初探》，中國社會科學出版社 2000 年版，第 26 頁。
③　谷霽光：《府兵制度考釋》，《谷霽光學術論文集》第一卷，江西人民出版社、江西高校出版社 1996 年版，第 179 頁。

人""租田人"等，多指某一類人。從文書格式看，所謂"▢▢▢比出軍合請飯米人"，應是帖文的事由，是天山府爲"出軍合請飯米"的人而下發給張父師團的一件帖文。

據文書圖版，殘片(一)與殘片(二)書法相近，如果兩件可以前後綴合，其內容與性質應該具有一體性。殘片(一)性質爲帖文，這是肯定無疑的。問題是，殘片(二)性質是帖文嗎？其中第 5 行所記"及文狀集府支配，下三團"，與殘片(一)前 3 行所記"合請飯米人"事，前後內容無法銜接，不存在必然的邏輯聯繫，整個文書其實也很難得到貫通理解。尤其是殘片(二)所記"宜准狀符到奉行"，以及"▢▢▢曹參軍感""府""史馬行通"的簽署，昭昭顯示這件文書殘片的性質是"符文"，而非"帖文"。一爲帖，一爲符，二者性質完全不同，能否前後綴合，就值得再考慮了。爲進一步説明這一問題，我們再來看看唐代帖文、符文的格式及其相關處理程式。

帖文屬於下行文書。唐長孺先生指出，帖作爲一種文書形式在南北朝時罕見，唐代則普遍行用，帶有命令性質。① 雷聞先生認爲，帖文的內容往往圍繞具體事務展開，基本是一事一帖；帖文時效性強，往往要求下屬機構或個人在限定時間內完成某件事；帖文格式簡易，只書月日、不書年代；在文書格式和運行處理上具有很高的靈活性。他在前人研究基礎上，對帖文格式復原如下：

　　　某司　　帖　某司或者某人
　　　　　某事或某人
　　　　　右件事或人。云云，月日典某帖
　　　　　　　具官姓名②

阿斯塔那五〇九號墓所出《武周天山府下張父團帖爲府史到事》(73TAM509：19/1)，可以大致全面展示帖文格式及其特點：

1　　▢▢▢　　　帖張父團
2　　　府史張敦行　　七日知
3　　　　右件人前[後]▢▢▢
4　　　▢帖至，仰團速即▢▢▢
5　　　容▢晚，仍限今月七日到▢
6　　　五月五日，府馬行通帖
7　　　　　　隊副攝兵曹[參][軍][闚][感]▢③

根據上揭雷聞先生復原的帖式，再結合《武周天山府下張父團帖爲府史到事》書寫格式，則不難推知《合請飯米人事》殘片(一)後部殘缺內容，應爲"月日典某帖。具官姓名"，然

① 唐長孺：《〈木蘭詩〉補證》，《山居存稿續編》，中華書局 2011 年版，第 113 頁。
② 雷聞：《唐代帖文的形態與運作》，《中國史研究》2010 年第 3 期，第 87~115 頁。
③ 唐長孺主編：《吐魯番出土文書》[肆]，文物出版社 1996 年版，第 258 頁。

殘片(二)並無這方面的内容，説明兩件殘片的書寫格式並不相同，不存在前後綴合的可能性。當然，兩件殘片中間有缺，且殘缺内容並不清楚，確定二者能否前後綴合，還必須對殘片(二)有明確的解釋與判定。

上文業已指出，《合請飯米人事》殘片(二)有"符到奉行"等記載，其性質當爲"符文"。據《唐六典》載：

> 凡上之所以逮下，其制有六：曰制、敕、册、令、教、符。天子曰制，曰敕，曰册，皇太子曰令，親王、公主曰教，尚書省下於州，州下於縣，縣下於鄉，皆曰符。①

可見符文亦屬下行文書，符式在敦煌所出 P. 2819 號《唐開元公式令》中有明確記載：

```
1    符式
2    尚書省        爲某事
3    某寺主者云云。案主姓名。符到奉行。
4                      主事姓名
5    吏部郎中具官封名  都省左右司  令史姓名
                      郎中一人准
6                      书令史姓名
7           年月日②
```

此爲尚書省下發給某寺符文的格式。劉安志先生指出，尚書省下達地方州府的符文，同樣遵循這一"符式"。至於州下縣、縣下鄉的符文，除簽署官吏由四人變成三人外，其餘亦同。由都護府、都督府下發給縣的符文，簽署官吏分别爲判官、府、史；而由州下縣、縣下鄉的符文，則爲判官、佐、史。這是各級機構所發"符文"的差異。③

依據上揭"符式"，再看看《合請飯米人事》殘片(二)的相關記載，其性質爲"符文"，殆無疑義。惜前部殘缺，不知發文機構爲何。不過，據同墓所出相關文書，第8行"▢▢▢曹參軍感"，實即天山府兵曹參軍闞感達，"史馬行通"亦爲天山府吏員，可知符文由天山府發出，接收單位爲張父師團。類似的符文，同墓出有多件，如《武周天山府符爲追校尉已下並團佐等分番到府事》《武周天山府殘文書》等④。由此可見，天山府下發給

---

① 《唐六典》卷一《尚書都省》"左右司郎中員外郎"條，中華書局1992年版，第10～11頁。

② 《法國國家圖書館藏敦煌西域文獻》第十八册，上海古籍出版社2001年版，第363～364頁。

③ 劉安志：《關於吐魯番新出唐永徽五、六年(654～655)安西都護府案卷整理研究的若干問題》，《文史哲》2018年第3期。修訂稿收入氏著主編《吐魯番出土文書新探》，武漢大學出版社2019年版，第232～253頁。此據修訂稿。

④ 唐長孺主編：《吐魯番出土文書》[肆]，文物出版社1996年版，第251、260頁。按：《武周天山府殘文書》首行存"(符)到奉行"，其後有"(前缺)參軍感達""府""史(馬)"的簽署，文書性質爲"符文"無疑。

張父師團的文書，既有"符"，又有"帖"。符、帖同屬下行文書，爲什麼會使用不同的文書？換言之，上級部門在什麼情況下使用"符"？又在什麼情況下使用"帖"？這是一個值得深入研究的問題，這裏暫置不論。

　　總之，《合請飯米人事》殘片(二)屬符文，這是可以肯定的。觀其内容，文書中有"及文狀集府支配，下三團"之語，説明天山府此次所下符文，除發給張父師團外，還同時發給了下轄的另外兩團。而上文業已指出，《合請飯米人事》殘片(一)屬帖文，是天山府爲"比出軍合請飯米人"事下發給張父師團的帖文，這件帖文顯然只針對張父師團而言，與另外兩團没有關係。這兩件殘片一爲帖文，一爲符文，性質完全不同，且所記内容一爲"比出軍合請飯米人"事，一爲"及文狀集府支配，下三團"事，前後没有必然聯繫，二者明顯不存在前後綴合的可能性，這應該是可以確定的。那麼，接下來需要思考的問題是，兩件殘片與同墓所出其他文書有無關聯？

二、《合請飯米人事》殘片(二)與同墓其他文書之關聯

　　經過初步核查瞭解，阿斯塔那五〇九號墓所出武周軍府文書，總計有19件，其中作爲帖文的《合請飯米人事》殘片(一)，尚未發現其他與之相關聯的文書。而作爲符文的《合請飯米人事》殘片(二)，無論是書體、内容、性質，均與同墓所出的《武周軍府符爲番兵到州事》存在密切的關聯，二者很有可能同屬一件文書，並可以前後綴合，兹試作論證如下。

　　《武周軍府符爲番兵到州事》(73TAM509：19/13，本文簡稱《爲番兵到州事》)，前後上下缺，存4行文書，兹先録文如下：

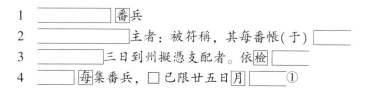

```
1 ┌─────┐番兵
2 ┌─────┐主者：被符稱，其每番帳(于)┌───┐
3 ┌─────┐三日到州擬憑支配者。依檢┌───┐
4 ┌───┐每集番兵，□已限廿五日月┌───┐①
```

原文書整理者題解稱："本件有朱書一'市'字。"②據文書内容，結合上揭"符式"，整理者判斷其爲"符文"，顯然是準確無疑的。問題是，這件符文由誰下發？接收單位爲何？尚不清楚。我們注意到，同墓所出的19件文書，多爲天山府下發給張父師團的符文、帖文。而且，《爲番兵到州事》的書體，與前揭《合請飯米人事》殘片(二)相近，尤其是"限""依"等字，明顯出自一人之手。因此，這件文書，極有可能就是天山府下發給張父師團的符文。

　　《爲番兵到州事》首行殘存"番兵"二字，當是符文的事由。第2行"主者"前缺，據同

---

① 唐長孺主編：《吐魯番出土文書》[肆]，文物出版社1996年版，第255頁。

② 唐長孺主編：《吐魯番出土文書》[肆]，文物出版社1996年版，第255頁。

墓所出《武周天山府下張父團帖爲新兵造幕事一》①第 2 行所記"校尉張父團主者：被州帖稱，被瀚海軍牒，准"，所缺當爲"校尉張父團"。其後"被符稱，其每番帳(于)"云云，當指天山府接到了西州都督府的符文，因爲第 3 行明確記載"□□□□ 三日到州擬憑支配者"，可證此點。尤其值得注意的是，這裏"支配"二字，也見於前揭《合請飯米人事》殘片(二)"及文狀集府支配"。當然，一爲"到州擬憑支配"，一爲"集府支配"，二者還是有所區別的。這裏的"府"，當然是指天山府，那麼如何理解"到州"與"集府"之差異呢？其實，從《爲番兵到州事》上下文看，第 2 行記"被符稱"，第 3 行接稱"到州擬憑支配"，顯然，"到州擬憑支配"一語，很有可能是西州都督府下發符文的內容，屬天山府轉錄。天山府下發張父師團的符文，則是要求該團"集府支配"，二者並不矛盾。另外，西州都督府下發符文提及"其每番帳(于)"，當指府兵番上的帳；而天山府下發符文則爲"文狀"，表述雖然不同，但存在相通之處，則是可以推定的。因爲據《爲番兵到州事》所記，該符文涉及府兵番上事，而《合請飯米人事》殘片(二)正文雖未見"番""番兵"之類的字眼，但末行別書"□□□□ 日帖，六月廿一日番"，明顯與府兵番上有關。從文書處理程式看，這八個字有可能爲張父師團對天山府所下符文的處理意見，可以佐證此前的符文所記，也與府兵番上有關。另外，兩件文書都提及時間期限，也表明二者存在密切的關聯性。如《合請飯米人事》殘片(二)首行記"期限既□依前例，每月"，《爲番兵到州事》末行稱"每集番兵□已限廿五日月"，顯然都與府兵番上時間有關。

　　綜上可以看出，《合請飯米人事》殘片(二)與《爲番兵到州事》兩件文書，同屬符文，且書體相同，內容相通，二者應該屬同一件文書，可以前後綴合，茲錄文如下：

1　□□□□□□ 番兵
2　□□□□□□ 主者：被符稱，其每番帳(于) □□□□
3　□□□□□ 三日到州擬憑支配者。依 檢 □□□
4　□□□ 每 集番兵，□已限廿五日 月 □□□□
　　　　　　（中　缺）
4　□□□ 期限 既 □依前例每 月 □□□
5　□□□□ 及文狀集府支配，下三團 □□□□
6　□□□□ 宜准狀，符到奉行
7　　　　　　　　府
8　□□□ 曹參軍感
9　　　　　　史馬行 通
10　□□□ 日帖，六月廿一日番(下殘)

該符文由天山府所發，要求張父師團等三團番兵及文狀在規定的時間內"集府支配"，文書可據以重新定名爲《武周天山府符爲番兵集府支配事》(見圖二)。

---

①　唐長孺主編：《吐魯番出土文書》[肆]，文物出版社 1996 年版，第 252 頁。按：原文書整理者定此件性質爲"帖"，然據相關格式，文書性質應爲"符"，而非"帖"，此點容另文探討。

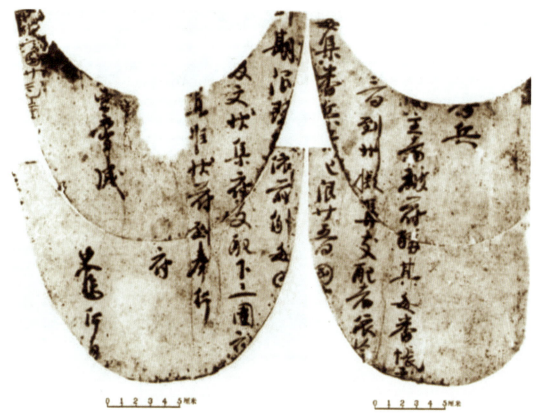

圖二　綴合後的《武周天山府符爲番兵集府支配事》圖版（73TAM509：19/10；73TAM509：19/13）

三、結語

　　如所周知，吐魯番出土文書率多殘破，整理不易。由唐長孺先生領銜的"吐魯番出土文書整理小組"，十易寒暑，將上萬枚吐魯番出土文書殘片，整理復原出 1800 件較爲完整的官私文書，尤其是總結出一套科學的文書整理規範和方法，更是嘉惠學林，澤被後學，影響深遠。作爲後學晚輩，筆者追隨前輩足跡，對吐魯番阿斯塔那五〇九號所出《武周天山府下張父團帖爲出軍合請飯米人事》及其相關文書進行若干粗淺探討，初步認爲《武周天山府下張父團帖爲出軍合請飯米人事》中的兩件殘片，分屬帖文和符文，是性質不同的官文書，前後無法綴合。而同墓所出《武周軍府符爲番兵到州事》，則與《武周天山府下張父團帖爲出軍合請飯米人事》中的符文，無論書體、內容、性質均存在一體性，二者有可能同屬一件符文，可以前後綴合爲一件內容相對完整的符文，可據以重新定名爲《武周天山府符爲番兵集府支配事》。

　　通過本文的初步研究，可以發現，唐武周時期的西州天山府，在對其所部張父師團發號施令時，既使用"符文"，又使用"帖文"，這是顯而易見的事實。目前學界對"帖文"的相關研究及其認識判斷，恐怕還需要根據這些文書材料，重新加以思考與探討。至於何種情況下使用"符文"？何種情況下使用"帖文"？爲什麽會有如此區分？則是筆者將要繼續探討的問題。

　　附記：本文原載《吐魯番學研究》2019 年第 2 期，此次收入本文集，略有訂正。

關於吐魯番所出《唐開元某年西州蒲昌縣上西州户曹狀爲録申刈得苜蓿秋茭數事》及其相關文書的綴合編連問題

李森焯

吐魯番阿斯塔那五〇九號墓所出《唐開元某年西州蒲昌縣上西州户曹狀爲録申刈得苜蓿秋茭數事》，現存 9 行文字，係由 73TAM509：23/8-1［第 1～7 行，本文簡稱“《苜蓿秋茭數事》殘片（一）”］、73TAM509：23/8-2［第 8～9 行，本文簡稱“《苜蓿秋茭數事》殘片（二）”］兩件殘片綴合而成。爲便於説明問題，兹先録文如下：

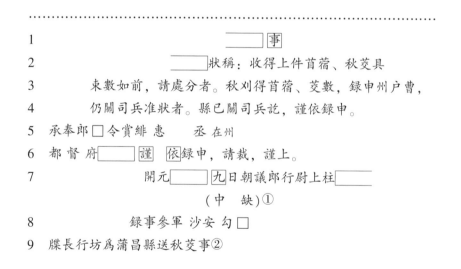

據題解，本件蓋有朱印二處，印文爲“蒲昌縣之印”。騎縫背面押“♀”字。從擬題看，原文書整理者認爲這是蒲昌縣上西州户曹的狀文，故定名爲《唐開元某年西州蒲昌縣上西州户曹狀爲録申刈得苜蓿秋茭數事》。整理者之所以把兩件殘片綴合編連在一起，當是考慮二者均提及蒲昌縣與送秋茭等事。問題是，這兩件殘片書法並不一致，性質也不相同，且不符合唐代文案處理程式，並不存在直接綴合的可能性。

---

① 録文本標有“中缺”二字，圖文本無。按録文本作這樣處理，比較妥當。
② 唐長孺主編：《吐魯番出土文書》第九册，文物出版社 1990 年版，第 116～117 頁；唐長孺主編：《吐魯番出土文書》［肆］，文物出版社 1996 年版，第 322～323 頁。

　　根據劉安志先生《唐代解文初探》①一文的最新研究，上揭《苜蓿秋茭數事》殘片（一），其實是唐西州蒲昌縣上州戶曹的“解文”，而非“狀文”。爲進一步認識《苜蓿秋茭數事》殘片（一），兹先録劉文據諸多吐魯番文書復原出的唐代縣申州解文基本格式如下：

```
1    縣解式
2    某縣        爲申某事（具狀上事或具上事）
3      事由（與本案相關的人或物）
4        右得某云云（右被某符云云）。今以狀申（謹依狀申）。
5    令具官封名                    丞具官封名
6    都督府某曹（州某司），件狀如前，謹依録申，請裁，謹上。
7                            年月日尉具官封姓名 上
8                            録事姓名
9                            佐姓名
10                           史姓名②
```

　　據此可知，《苜蓿秋茭數事》殘片（一）第7行後，當缺失蒲昌縣録事、佐、史的簽名。復據劉安志先生前揭文研究，解文送呈上級主管部門後，即進入文案處理程式。一般先由長官作出“某日。某”的批示，然後進入録事司受、付環節，再由負責判官審案提出初步處理意見，經通判官、長官批准後，形成終判，判官執行後，再經録事司勾檢，最後署目，纔最終完成解文的處理程式。③ 從這一意義上講，《苜蓿秋茭數事》殘片（一）後面，應該還有西州都督府長官批示、録事司受付、判官審案、通判官與長官終判、判官執行、録事司勾檢、署目等諸多環節，而《苜蓿秋茭數事》殘片（二）僅存録事參軍勾訖與署目2行文字，兩件殘片顯然無法直接綴合在一起，形成一件完整的文書。

　　《苜蓿秋茭數事》殘片（一）缺紀年，原文書整理者判斷爲“開元某年”，但不知具體何年。李方先生考證指出，本件第5行所記蒲昌縣令“承奉郎□令賞緋惠”，與同墓所出《唐開元二十一年（七三三）西州蒲昌縣定戶等案卷》中的“承務郎守令歐陽惠”爲同一人，“惠”當是“歐陽惠”的簡稱，不過一爲“承奉郎”，一爲“承務郎”，前者據圖版可以肯定，後者卻難以辨認。④ 李方先生判斷“惠”與“歐陽惠”爲同一人，所言極是。根據我們掌握的文書圖版，“承務郎”三字也可肯定。按承務郎爲散官從八品下，而承奉郎爲從八品上，從承務郎到承奉郎，蒲昌縣令歐陽惠顯然已官升一階。復據《唐開元二十一年（七三三）西

　　① 劉安志：《唐代解文初探——敦煌吐魯番文書を中心に》，收入土肥義和、氣賀澤保規編：《敦煌·吐魯番文書の世界とその時代》，（日本）東洋文庫2017年版，第123~156頁。中文本修訂稿收入劉氏主編《吐魯番出土文書新探》，武漢大學出版社2019年版，第155~185頁。此據中文本修訂稿。

　　② 劉安志：《唐代解文初探——以敦煌吐魯番文書爲中心》，《吐魯番出土文書新探》，武漢大學出版社2019年版，第178頁。

　　③ 劉安志：《唐代解文初探——以敦煌吐魯番文書爲中心》，《吐魯番出土文書新探》，武漢大學出版社2019年版，第180~181頁。

　　④ 李方：《唐西州官吏編年考證》，中國人民大學出版社2010年版，第225~226頁。

州蒲昌縣定户等案卷》①所記，具體時間爲"開元廿一年十二月十五日"，據此不難推知，《苜蓿秋茭數事》殘片(一)年代當在開元二十一年(七三三)十二月之後。又蒲昌縣屬於中縣，縣令爲職事官，正七品上，承奉郎爲散官，從八品上，職高階低，據唐制應爲"守某官"。從文書殘存筆畫看，也類"守"字，故所缺可補爲"承奉郎 守 令賞緋 惠"。

再看《苜蓿秋茭數事》殘片(二)最後一行所記"牒長行坊爲蒲昌縣送秋茭事"，表明西州都督府户曹最終做出的處理意見，是就蒲昌縣送秋茭事給長行坊發出牒文，而不是直接回文給蒲昌縣。因此，兩件殘片雖有關聯，但並沒有直接聯繫，其不能前後綴合，也是可以判定的。

按阿斯塔那五〇九號墓所出開元二十一年前後的文書，多爲西州都督府户曹處理文案，同墓所出的其他文書，是否與《苜蓿秋茭數事》兩件殘片存在關聯呢？經過認真比對與核查，我們發現，《唐開元二十二年(七三四)府張瑒殘牒》(本文簡稱"《張瑒殘牒》")與《苜蓿秋茭數事》殘片(二)書法相同、性質相近，二者有可能是前後大致銜接的一件文書。爲便於分析與比較，兹先就《張瑒殘牒》録文如下：

```
1   牒件狀如前，牒 至 □□□
2       開元廿二 年 十一月十六 日
3           府　張瑒
4   (判官户曹參軍署名)
5           史
6       □□□受，十六日行□。②
```

按上揭文書首行，原録文作"牒件狀如前謹□"，然仔細比對文書圖版，"前"後當爲"牒至"二字。據盧向前先生研究，唐代牒文處理程式，一般分爲"署名""受付""判案""執行""勾稽""抄目"六個環節。③《張瑒殘牒》實際是西州都督府户曹文案中的一個有機組成部分，包含"執行"與"勾稽"兩個環節，惜文書前後皆殘缺不了了。從"牒件狀如前"數字可以看出，西州都督府户曹最終發出的是牒文。有關"執行"環節的牒文表述，一般多爲"牒件狀如前，牒至准狀，故(謹)牒"，未見有"牒件狀如前謹□"之類者。兹舉一例以説明之，同墓所出《唐開元二十一年(七三三)西州都督府案卷爲勘給過所事》第 161~170 行載：

```
161       蔣化明
162   牒件狀如前，牒至准狀，故牒。
163           開元廿一年二月五日
```

---

① 唐長孺主編：《吐魯番出土文書》[肆]，文物出版社 1996 年版，第 311 頁。

② 唐長孺主編：《吐魯番出土文書》[肆]，文物出版社 1996 年版，第 321 頁。

③ 盧向前：《牒式及其處理程式的探討——唐公式文研究》，《敦煌吐魯番文獻研究論集》第三輯，北京大學出版社 1986 年版；又收入氏著《唐代政治經濟史綜論——甘露之變研究及其他》，商務印書館 2012 年版，第 307~362 頁。

164　　　　　　　　　府謝忠
165　　户曹參軍元
166　　　　　　　　史
167　　　　正月廿九日受，二月五日行判。
168　　　　録事元宵檢無稽失
169　　　　功曹攝録事參軍思勾訖
170　牒蔣化明爲往北庭給行牒事①

以之與前揭《張瑒殘牒》相比較，則不難看出原文書整理者的録文“牒件狀如前謹□”，是
有疑問的。又《張瑒殘牒》第 2 行“十六日”三字，原文書整理者釋爲“十二日”，然據第 6
行所記，文案行判時間爲十六日，而“執行”環節的時間，其實就是行判的時間，前後應
該一致。據文書圖版，“六”字僅殘剩上面兩筆，下面兩點缺，導致整理者誤釋爲“二”字。
第 4 行户曹參軍署名，文書殘缺不存，但原文也當有這一行文字。

上揭《張瑒殘牒》表明，西州都督府發出的文書是牒文，時間在開元二十二年十一月
十六日，而《苜蓿秋茭數事》殘片（二）所記“牒長行坊爲蒲昌縣送秋茭事”，也是牒文，二
者性質存在相通性。更重要的是，兩件殘片書法一致，且十一月也正是苜蓿秋茭的上交時
間。從文案處理程式看，前後能大致銜接。因此，《張瑒殘牒》與《苜蓿秋茭數事》殘片
（二）應該可以綴合，兹試作綴合如下：

1　牒件狀如前，牒到 [至][　　　]
2　　　　開元廿二[年]十一月十六[日]
3　　　　　　府　張瑒
4　（判官户曹參軍署名）
5　　　　　　　史
6　[　　　]受，十六日行□。
7　　　（録事某檢無稽失）
8　　　　録事參軍 沙安 勾□
9　牒長行坊爲蒲昌縣送秋茭事

又同墓所出《唐史張知殘牒》，録事參軍同爲“沙安”，判案開始時間也同在“十六日”，有
可能與上列文書有關，兹先録文如下：

1　史　張知[　　　]
2　[　　　]十四日録事　元宵受
3　[　　　]參軍　　　沙安付
4　　　[　　　]□白

_____

①　唐長孺主編：《吐魯番出土文書》[肆]，文物出版社 1996 年版，第 294～295 頁。

5　　　　　　十六日①

上揭第 4 行"▯▯▯▯　▯白"，原録文作"▯白"。按唐代文案處理程式，此行應是西州都督府判官的判詞，不應只有"▯白"二字。而阿斯塔那五〇九號墓所出開元二十一年前後的文書，多爲西州都督府户曹文案，故"▯白"極有可能是户曹參軍某作出的判白。據李方先生考證，這兩年間西州的户曹參軍有梁元璟、程光琦、沙安。② 經細查圖版，"▯白"與受付環節沙安簽署筆跡並不一致，其不可能爲"沙"字，應可肯定。再比較同墓所出文書中"元璟"（或作"元"）、"光琦"簽署筆跡，此字爲"光"的可能性較大。"光"即程光琦，在同墓所出《唐開元二十二（七三四）西州下高昌縣符》③中，他的官銜是"參軍攝户曹光琦"。又開元二十一年的户曹文案判官簽署多爲梁元璟，則此《唐史張知殘牒》有可能爲開元二十二年西州都督府户曹文案的一部分，包含録事司受付與户曹參軍判案兩個環節。

又《唐史張知殘牒》首行"史張知"三字，頗值得注意。據圖版，這三字字跡細小，與後 4 行粗筆草書完全不同。再從文案處理程式看，2～3 行屬西州都督府録事司受付環節，則首行"史張知"三字以上部分，應該是西州都督府所受來自其他部門或本部某曹司的公文。據目前所見敦煌吐魯番出土各種官文書情況看，"史張知"這種書寫格式，大概存在於符、關、牒、解幾種官文書中。按西州都督府接受的符文，主要來自尚書省各部，符文最後署名有主事、令史、書令史等④，並無"史"，可排除其爲"符文"的可能性。關文則主要來自西州都督府本部某曹司，據同墓所出《唐開元二十一年（七三三）西州都督府案卷爲勘給過所事》所記倉曹給户曹的關文⑤，録事司受付環節處鈐有"西州都督府之印"，然上揭《唐史張知殘牒》並無此類鈐印，則"史張知"以上內容爲關文的可能性也不大。牒文則比較複雜，存在上行牒、下行牒、平行牒諸種，書寫格式也不一樣。⑥ 不過，通過比較"史張知"三字與前揭《苜蓿秋茭數事》殘片（一）之異同，可以看出二者書法是一致的，再聯繫唐代縣申州解文的格式，則"史張知"極有可能就是蒲昌縣申西州都督府户曹解文的末行文字。而且前文已指出，蒲昌縣令歐陽惠在開元二十一年十二月爲承務郎，在本件解文中已升爲承奉郎，官升一階，説明解文時間在開元二十一年十二月之後，這與《唐史張知殘牒》年代（開元二十二年）也基本吻合。兹試作綴合如下：

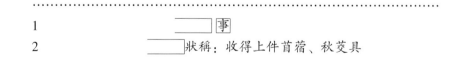

1　　　　　　　　　　　　　　▯▯▯▯事
2　　　　　　　　　　　　▯▯▯▯狀稱：收得上件苜蓿、秋茭具

①　唐長孺主編：《吐魯番出土文書》[肆]，文物出版社 1996 年版，第 326 頁。

②　李方：《唐西州官吏編年考證》，中國人民大學出版社 2010 年版，第 118～122 頁。

③　唐長孺主編：《吐魯番出土文書》[肆]，文物出版社 1996 年版，第 316 頁。

④　參見敦煌所出 P. 2819 號《唐開元公式令》所載"符式"。《法國國家圖書館藏敦煌西域文獻》第十八册，上海古籍出版社 2001 年版，第 363～364 頁。劉俊文：《敦煌吐魯番唐代法制文書考釋》，中華書局 1989 年版，第 223～224 頁。

⑤　唐長孺主編：《吐魯番出土文書》[肆]，文物出版社 1996 年版，第 282 頁。

⑥　參見盧向前前揭文《牒式及其處理程式的探討——唐公式文研究》，《唐代政治經濟史綜論——甘露之變研究及其他》，商務印書館 2012 年版。

```
3          束數如前，請處分者。秋刈得苜蓿、茭數，録申州户曹，
4          仍關司兵准狀者。縣已關司兵託，謹依録申。
5  承奉郎 守 令賞緋 惠      丞 在州
6  都督府□□□ 謹 依 録申，請裁，謹上。
7        開元□□ 九 日朝議郎行尉上柱□□□
8                (録事某)
9                (佐某)
10                史　張知□□
11      □□□ 十四日録事　元宵　　受
12      □□□ 參軍　　沙安　　付
13              □□ □白
14                  十六日
```

　　上揭綴合如果成立，則蒲昌縣申上解文時間爲開元二十二年某月"九日"，西州都督府録事司於十四日收到，轉付户曹，十六日户曹開始正式審理。又解文第 3 行提及"秋刈得苜蓿、茭數，録申州户曹"，知此事發生於秋月之後。

　　據解文所記，蒲昌縣收得苜蓿、茭數若干，向西州都督府户曹匯報，請求處理意見。而《苜蓿秋茭數事》殘片（二）末行所記"牒長行坊爲蒲昌縣送秋茭事"，顯然是西州都督府户曹對蒲昌縣送秋茭一事的最終處理意見，二者當然存在着某種關聯性。又《苜蓿秋茭數事》殘片（二）可以與同墓所出《張瑒殘牒》前後綴合，且《張瑒殘牒》明記文案行判時間爲開元二十二年十一月十六日，正值秋月之後，可證四件殘片在時間上是前後吻合的，内容上也能得到貫通理解。

　　根據上述分析，不難推斷這四件殘片存在着有機聯繫，它們很有可能俱屬西州都督府户曹處理蒲昌縣苜蓿秋茭文案的組成部分，可據以重新擬題爲《唐開元二十二年（七三四）西州户曹案卷爲蒲昌縣送苜蓿秋茭事》。兹按唐代文案處理程式，試對上揭四件殘片綴合編連如下（綴合後圖版見圖一）：

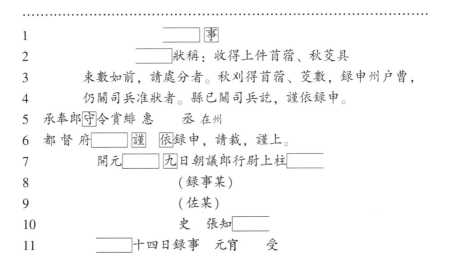

```
1            □□□ 事
2            □□□ 狀稱：收得上件苜蓿、秋茭具
3          束數如前，請處分者。秋刈得苜蓿、茭數，録申州户曹，
4          仍關司兵准狀者。縣已關司兵託，謹依録申。
5  承奉郎 守 令賞緋 惠      丞 在州
6  都督府□□□ 謹 依 録申，請裁，謹上。
7        開元□□ 九 日朝議郎行尉上柱□□□
8                (録事某)
9                (佐某)
10                史　張知□□
11      □□□ 十四日録事　元宵　　受
```

```
12    ⬚参軍　　沙安　付
13              ⬚□白
14                  十六日
         （中　缺）
15  牒件狀如前，牒至⬚
16      開元廿二年十一月十六日
17          府　張場
18  （判官户曹参軍署名）
19          史
20  ⬚受，十六日行□。
21      （録事某檢無稽失）
22      録事参軍　沙安　勾□
23  牒長行坊爲蒲昌縣送秋茭事
```

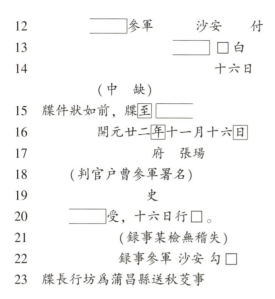

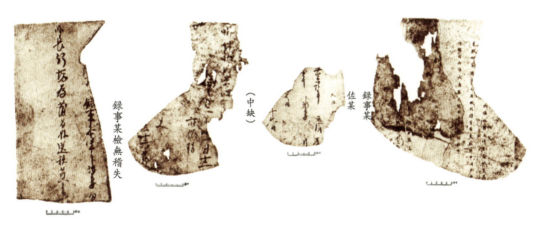

圖一　《唐開元二十二年（七三四）西州户曹案卷爲蒲昌縣送苜蓿秋茭事》綴合示意圖

以上對吐魯番阿斯塔那五〇九號墓所出《唐開元某年西州蒲昌縣上西州户曹狀爲録申刈得苜蓿秋茭數事》及其相關文書進行了再整理與研究，提出了若干不成熟的想法。限於水準與能力，所論未必妥當，敬請前輩師長批評指正！

附記：本文原載《吐魯番學研究》2019 年第 2 期，收入本文集時，增補了文書綴合圖，並對個別文字略有訂正。

附録　陳國燦先生吐魯番地名研究論文集萃

對吐魯番地名發展演變規律的探討[*]

——吐魯番古代地名研究之一

陳國燦

  吐魯番地區的地名，由古至今，變化很大，從本地出土的古代社會文獻記載看，古代的漢文地名，如柳中、蒲昌、赤亭等，在今天的吐魯番已經完全找不到了。今天吐魯番地區的地名，都是現今當地維吾爾族群衆用維吾爾語發音的地名，如 Lukchun，清代譯爲漢字作魯克沁[①]；Pichan，清代譯爲漢字作辟展[②]；Chiktam，清代譯爲漢字作齊克騰木或七克台[③]。這些維語地名，如果根據出土的歷史文獻記載，結合當地的歷史遺跡留存加以考察，就會發現今天的魯克沁就是古代的柳中，辟展就是古代的蒲昌，七克台就是古代的赤亭。名稱仍是原來的名稱，只是由於維吾爾語發音的音轉，再經清人的漢譯，使得一些古地名變得面目全非了。從這一背景看，吐魯番地區的地名，古今的變化並不大。可見，對吐魯番地區地名的研究，離不開對其地的歷史演變作追根溯源的考察，從考察中摸清地名的發展演變規律，纔能正本清源，揭示各個地名的淵源。

一、吐魯番出土漢文文獻中所見地名的特徵

  對於新疆的地名，有種觀點認爲："一般説來，本地民族語文地名是早於漢文地名的。"[④]但對吐魯番地區來説卻並非完全如此。相反，倒是許多漢文地名早於本地民族語文地名。

  吐魯番盆地高溫少雨，其農作物全靠天山積雪下泄的溝渠水和盆地自湧的泉水來灌溉成長，有水纔有生命。故這裏的古代居民，多選擇有水灌溉的一片片小緑洲居住。秦漢時盆地的居民主要是車師人，人數很少，《漢書·車師前國傳》載有"户七百，口六千五十"[⑤]。他們選擇的主要生活中心地，是兩河相交的交河臺地。其他也是少數有水源的地方，留存至今的地名很少。絶大多數是未開發的地方，也不存在本地民族語文地名問題。

  對吐魯番盆地開始進行開發的是兩漢時期，隨着戊己校尉在盆地的屯田，以及帶來的後續發展，由内地來到盆地的居民逐漸增多，勢必出現許多新的居民點，於是也就産生了

---

 * 本文爲新疆吐魯番地區文物局吐魯番學研究院課題"吐魯番古代地名研究"（TX2012—001）階段性成果。

 ① 馮承鈞原編，陸峻嶺增訂：《西域地名》，中華書局 1980 年版，第 39 頁。
 ② 馮承鈞原編，陸峻嶺增訂：《西域地名》，中華書局 1980 年版，第 76 頁。
 ③ 馮承鈞原編，陸峻嶺增訂：《西域地名》，中華書局 1980 年版，第 20 頁。
 ④ 于維誠：《新疆建置沿革與地名研究》，新疆人民出版社 1986 年版，第 33 頁。
 ⑤ 《漢書》卷九六下《西域傳》，中華書局 1962 年版，第 3921 頁。

許多新的地名，這些地名的出現，也是受到各種因素的影響而形成的。

　　一種是由歷史事件因素導出的地名。如“高昌”，史籍中最早提到的是《漢書·西域傳》。① 對於此地何以名“高昌”，人們通常遵循《北史·高昌傳》的説法：“或云：昔漢武遣兵西討，師旅頓弊，其中尤困者因住焉。地勢高敞，人庶昌盛，因名高昌。”②王素在《高昌史稿·統治編》中，已指出這是一種“望文生義的解説”。他對高昌一名的來源，提出了新的看法，認爲“高昌壁最初應爲敦煌縣高昌里派出士卒之居地”③。因爲駐於高昌壁的戊己校尉，雖由朝廷設置，其具體事務實由鄰近的敦煌郡太守領導，屯田士卒也由敦煌派出。而敦煌早有“高昌里”的建制，這已爲敦煌出土的 282 號漢簡所證實。該簡文載：

　　　　郡倉居攝三年正月癸卯轉兩，入粟小石卅一石六斗六升大。
　　　　居攝三年四月壬辰大煎都步昌候史尹欽、隧長張博受。就人敦煌高昌里滑護，字君房。④

此簡的意思是：敦煌郡倉於居攝三年（八）正月癸卯轉出糧一車，計有粟小石卅一石六斗六升多，四月壬辰大煎都步昌候史尹欽、隧長張博接受，雇請的趕車人是敦煌縣高昌里的滑護，字君房。由此簡知西漢的敦煌就有高昌里的建制。戊己校尉屬敦煌郡管轄，其屯田士卒，當首先從敦煌抽調，這些士卒隨戊己校尉到車師前國屯戌，應是按原居地籍貫編排組織的，其中由敦煌高昌里派出的士卒應該很多，他們獨立編組，成爲一個軍事單位，在高昌這塊寬闊的地方築壁居住，爲表示對故鄉高昌里的懷念，於是便將此壁名爲高昌壁，用故鄉地名呼所居之壁壘，實乃順理成章之事，這恐怕纔是高昌得名之真正原因。

　　田地城，是漢代戊己校尉屯田比較集中的地方。前涼張駿統治時，由於“戊己校尉趙貞不附於駿，至是，駿擊擒之，以其地爲高昌郡”⑤。對於此事，《初學記》卷八引梁顧野王《輿地志》稱：“咸和二年，置高昌郡，立田地縣。”所云的“至是”，乃指東晉咸和二年，即公元三二七年事。高昌建郡，其下除高昌縣以外，就是田地縣，顯然是由於屯田開發出大片田地而立名。田地一名見於史籍記載，較早者如《梁書》，該書卷五四《高昌傳》記“其國……置四十六鎮”中，列有“田地”⑥。吐魯番出土的北涼至高昌國文書中，多有記載。如阿斯塔那三八二號墓所出《北涼真興七年（四二五）高昌郡兵曹白請差直步許奴至京牒》，牒文中有：“請奉教，依前次遣許奴往。奴游居田地，請符文往録。”⑦此縣名一直沿用到

　　① 《漢書》卷九六下《西域傳》：“元始（一一五）中……（車師後王）姑句……馳突出高昌壁，入匈奴。”（中華書局 1962 年版，第 3924 頁）這應是史籍上所見有關高昌地名最早的記載。

　　② 《北史》卷九七《高昌傳》，中華書局 1974 年版，第 3212 頁。

　　③ 王素：《高昌史稿·統治編》，文物出版社 1998 年版，第 72~73 頁。

　　④ 吳礽驤、李永良、馬建華釋校：《敦煌漢簡釋文》，甘肅人民出版社 1991 年版，第 28 頁。

　　⑤ 《晉書》卷八六《張駿傳》，中華書局 1974 年版，第 2238 頁。

　　⑥ 《梁書》卷五四《高昌傳》，中華書局 1973 年版，第 811 頁。對此四十六鎮，馮承鈞《高昌城鎮與唐代蒲昌》認爲：“高昌城鎮不應多至四十有六，《梁書》‘四’字疑衍。”見氏著《西域南海史地考證論著彙輯》，中華書局 1957 年版，第 85 頁。錢伯泉《高昌國郡縣城鎮的建置及其地望考實》（《新疆大學學報》1988 年第 2 期）認爲《周書·高昌傳》作“國內總有城一十六”，四十六鎮當爲一十六鎮。

　　⑦ 柳洪亮：《新出吐魯番文書及其研究》，新疆人民出版社 1997 年版，第 7 頁。

高昌王國晚期，延壽年間《高昌侍郎焦朗等傳尼顯法等計田承役文書》中，即有"侍郎焦朗傳：張武儁寺主尼顯法田地隤略渠桃一畝半役，聽斷除"①。田地縣至唐時改名柳中縣。

　　酒泉城，關於此城的記載最早見於甘露元年《譬喻經·出廣演品·出地獄品題記》，此記云：

　　　　甘露元年三月十七日於酒泉城內齋叢中寫記。此月上旬漢人及雜類，被誅向二百人。願蒙解脫，生生信敬三寶，無有退轉。②

此"甘露元年"，原來多認定爲是前秦甘露元年（三五九）③，吳震先生依據鄯善吐峪溝所出《維摩經義記甘露二年沙門靜志題記》認爲，題記中的酒泉城"並非河西肅州治所之酒泉城，乃高昌地區之酒泉城"。甘露元年應是闞伯周在柔然支持下攻滅沮渠安周政權、稱王高昌所建年號，時爲公元四六〇年，流血事件發生在酒泉城。吳震氏認爲酒泉城的"營建與得名可能與沮渠無諱、安周兄弟進入高昌有關。來自河西酒泉的無諱兄弟部衆中當有不少原居酒泉郡者，連同無諱兄弟及其家族成員在進入高昌後，皆聚居於此酒泉城。在柔然軍隊攻殺安周這一戰役中，酒泉城如果不是首要打擊目標，也是重要攻擊目標之一"④。對於酒泉城源於酒泉郡移民聚居的推論，頗具合理性。此城在高昌城東南二十里⑤，高昌國時建縣，吐魯番出土《高昌某年傳始昌等縣車牛子名及給價文書》中，就有"酒泉令陰世晈宣"多起⑥。近年在鄯善洋海下村唐墓所出的從唐總章二年（六六九）到武后長安三年（七〇三）酒泉城人呂懃子的一批契約文書⑦，表明此城居民一直延續到唐代。

　　第二種是由地形地貌因素產生的地名。"交河"一名漢代已有，《後漢書·車師前王傳》載："車師前王居交河城，河水分流繞城，故號。"⑧

　　位於今連木沁之臨川城也是如此，由於建在水旁而名臨川，所臨之川即今二塘溝，高昌王國時期就已存在，如阿斯塔那四八號墓所出《高昌臨川等城丁輪額文書》中，有"臨川貳拾肆人"，與橫截、威神、永昌等城並列。⑨ 此地由於北控二塘溝，同時又當蒲昌往西州幹道上，直到唐開元年間，都在此城駐軍防禦，此事見於吐魯番出土的《唐開元二年三

　　① 唐長孺主編：《吐魯番出土文書》第四冊，文物出版社1983年版，補第64頁。

　　② 日本東京書道博物館藏吐魯番文書038號。參陳國燦、劉安志主編：《吐魯番文書總目（日本收藏卷）》，武漢大學出版社2005年版，第493頁。

　　③ ［日］池田溫：《中國古代寫本識語集錄》，（日本）東京大學東洋文化研究所1990年版，錄文第76頁，圖版二。

　　④ 吳震：《敦煌吐魯番寫經題記中"甘露"年號考辨》，《西域研究》1995年第1期，第17~27頁。

　　⑤ 阿斯塔那四二號墓所出《唐西州高昌縣授田簿》中載有"城東卅里酒泉辛渠""城東廿里酒泉辛渠""城南廿里酒泉璨渠"。璨渠，由高昌城東廿里的酒泉，流向城南廿里的酒泉，由此可證實酒泉城在高昌城東南二十里的地方。唐長孺主編：《吐魯番出土文書》第六冊，文物出版社1985年版，第243~269頁。

　　⑥ 唐長孺主編：《吐魯番出土文書》第三冊，文物出版社1981年版，第290~292頁。

　　⑦ 陳國燦：《鄯善新發現的一批唐代文書》，《論吐魯番學》，上海古籍出版社2010年版，第200~217頁。

　　⑧ 王先謙：《後漢書集解》卷八八《西域·車師前王傳》，中華書局1984年版，第1031頁。

　　⑨ 唐長孺主編：《吐魯番出土文書》第三冊，文物出版社1981年版，第93頁。

月一日蒲昌縣牒爲衛士麴義邊母郭氏身亡准式喪服事》。此牒文前，有蒲昌府折衝都尉王温玉的批示：“知和均既替姜德臨川城防禦，牒城並牒和均知。”①正顯現其地位之重要。

　　吐峪溝，古代名爲“丁谷”，這也是由於流向此谷的水，由東西二谷而來，形成漢文“丁”字形狀，故名爲丁谷，魏晉以後這裏已是多種宗教彙聚之地，如吐魯番出土的《高昌章和五年(五三五)取牛羊供祀帳》，即有“取屠兒胡羊一口，供祀丁谷天”②。直到唐代，佛教仍以“丁谷寺”著稱於世，出土的《唐丁谷某寺惠浄與弟書》中，即有“惠浄且在丁谷坐夏”③。

　　赤亭一名也是以地貌立名。唐代在火焰山的極東端山上建軍事亭塞，由於山爲紅砂岩，《通典》記爲“赤石山”④，故將此亭塞取名爲赤亭。唐著名詩人岑參在《火山雲歌送別》中説：“火山突兀赤亭口，火山五月火雲厚。”⑤即是對此地的描寫。赤亭既是鎮名，也是烽名，還是館驛名。類似的地名尚有龍泉驛、白水鎮、狼泉烽、懸泉烽等。

　　第三種是由物產出現的地名。如白芳，《梁書·高昌傳》作白力，《北史·高昌傳》作白棘。《資治通鑑》“唐宣宗大中十二年正月”條載，王式“至交趾，樹芳木爲柵，可支數十年”。胡三省注云：“昔嘗見一書從艸從力者，讀與棘同。棘，羊矢棗也，此木可以支久。”⑥可見，白芳爲一種植物。可能此地盛產白棘，故將此居民點名之爲白芳。此地到唐代改名爲蒲昌縣，並爲縣治所在地。

　　柳中，此名漢代就已經出現，《後漢書·車師前王傳》稱“交河去長史所居柳中八十里”⑦，西域長史爲何居此？這是因爲“柳中皆膏腴之地”⑧，可能因有大片柳林存在而得名。

　　交河城西南十五里的鹽城，以其地產鹽而立名。《北史·高昌傳》載：“出赤鹽，其味甚美。復有白鹽，其形如玉，高昌人取以爲枕，貢之中國。”⑨可能即此地所產。錢伯泉氏認爲此城在車師時代就已出現，名爲“兜訾”，他説：“車師人爲‘胡’種，其語言同於匈奴和突厥，突厥語稱鹽爲吐訾(Tuz)，與兜訾音同，所以兜訾城即鹽城。”⑩此説有一定的道理。不過，車師人應屬吐火羅語言系統，《漢書·鄭吉傳》載鄭吉“擊破車師兜訾城，功效茂著”⑪，證實兜訾城確爲車師時的城名。到了高昌王國時，此城已改名爲鹽城，並建爲縣制，吐魯番出土文書《高昌章和十一年(五四一)都官下柳婆、無半、鹽城、始昌四縣司

①　陳國燦：《日本寧樂美術館藏吐魯番文書》，文物出版社 1997 年版，第 42~43 頁。

②　唐長孺主編：《吐魯番出土文書》第二册，文物出版社 1981 年版，第 39 頁。

③　陳國燦：《斯坦因所獲吐魯番文書研究》，武漢大學出版社 1994 年版，第 454 頁。

④　《通典》卷一九一《邊防典》“車師高昌附”載：“其國北有赤石山，山北七十里有貪汗山。”王素認爲：“此處的赤石山，唐岑參詩稱爲火山，吐魯番出土文獻稱爲‘赤山’，即現在横臥高昌故城北部的著名的火焰山。”王素：《高昌史稿·交通編》，文物出版社 2000 年版，第 5 頁。

⑤　陳鐵民、侯忠義：《岑參集校注》，上海古籍出版社 1981 年版，第 171 頁。

⑥　《資治通鑑》卷二四九“唐宣宗大中十二年正月”條，中華書局 1972 年版，第 8066 頁。

⑦　王先謙：《後漢書集解》卷八八《西域·車師前王傳》，中華書局 1984 年版，第 1031 頁。

⑧　王先謙：《後漢書集解》卷八八《西域傳》，中華書局 1984 年版，第 1022 頁。

⑨　《北史》卷九七《高昌傳》，中華書局 1974 年版，第 3212 頁。

⑩　錢伯泉：《高昌國郡縣城鎮的建置及其地望考實》，《新疆大學學報》1988 年第 2 期。

⑪　《漢書》卷七〇《鄭吉傳》，中華書局 1962 年版，第 3006 頁。

馬主者符爲檢校失奴事》①即證實了這一變化。

銀山鎮乃唐時所設，吐魯番所出文書《唐神龍元年（七○五）天山縣錄申上西州兵曹爲長行馬在路致死事》載有："謹連銀山鎮公驗如前，請申州者。依檢銀山鎮狀……"②徐松《西域水道記》在叙述唐西州至焉耆之銀山道時云："又南折而西，行庫穆什大山中一百五十里。庫穆什者，回語謂銀也，故唐人謂之銀山。"③由此知銀山鎮是由於此地産銀而得名。

第四種是在高昌國時期已經存在，但其具體含義不明的地名，如無半、篤進、柳婆、由寧等，大多在盆地西部，有可能是繼承了車師原來的胡語地名發音而來。榮新江認爲："'柳婆'、'南平'其實都是一個胡語地名的不同音譯，柳婆更接近原來的胡語（應當是Lampu），之所以麴氏高昌改用'南平'的譯音，這可能是同時取漢語'南部平定'的意思，因爲柳婆一地在高昌王國的南境，故此用'南平'這樣一個音、義兩通的地名取代漢語意思不甚佳的'柳婆'。"④此説不僅合理，而且還勾勒出了吐魯番一些含義不明地名的來歷及其演變。又如篤進，榮新江認爲其源於闞氏高昌送使文書中的"喙進"，"最初也是一個當地胡語的音譯"，"到麴氏高昌時期，可能是嫌其不雅，遂改作'篤進'"。⑤另外，還有"萬度""其養""阿虎"等⑥，這些多是盆地西部的早期地名，可能都源於車師時代的胡語稱呼。至少到高昌國前期，大多已改作爲漢義的地名而存在。正如榮新江所指出的："目前所見麴氏高昌在這一地區所立縣的名稱，除涇林外，如安樂、龍泉、永安、鹽城，都是純漢語意義的地名，它們很可能是從原車師人的胡語地名改變的，或者是原語的意譯，這是很值得思考的現象。"⑦這已是一千五百多年前的地名演變，如果説要用公元九世紀來到盆地的回鶻語去追尋這些漢名縣的起源，顯然是本末倒置的做法。

綜上所論，吐魯番地區，特別是盆地東部地區，許多地名的出現都來源於漢人的開發，古代漢人定居點的形成及其對住地的命名，纔是盆地東部地名根源之所在。至於西部，原有的一些車師王國的胡語地名，到高昌王國時，也逐漸改爲漢義的地名了。

二、吐魯番地名因居民民族語言的改變而音變

縱觀有文字記載以來的歷史，在吐魯番盆地居住時間最長且居於統治地位的民族有兩個，一個是漢族，一個是回鶻（維吾爾）族。以公元九世紀爲分界綫，九世紀以前的近一

---

①　唐長孺主編：《吐魯番出土文書》第二册，文物出版社1981年版，第29頁。

②　陳國燦：《斯坦因所獲吐魯番文書研究》，武漢大學出版社1994年版，第256頁。

③　徐松著，朱玉麒整理：《西域水道記》卷二，中華書局2005年版，第114頁。

④　榮新江：《吐魯番新出送使文書與闞氏高昌王國的郡縣城鎮》，《敦煌吐魯番研究》第十卷，上海古籍出版社2007年版，第36頁。

⑤　榮新江：《吐魯番新出送使文書與闞氏高昌王國的郡縣城鎮》，《敦煌吐魯番研究》第十卷，上海古籍出版社2007年版，第36~37頁。

⑥　見於新出《闞氏高昌永康九年、十年（四七四、四七五）送使出人、出馬條記文書》，榮新江等主編：《新獲吐魯番出土文獻》（上册），中華書局2008年版，第163頁。

⑦　榮新江：《吐魯番新出送使文書與闞氏高昌王國的郡縣城鎮》，《敦煌吐魯番研究》第十卷，上海古籍出版社2007年版，第41頁。

千年，由戊己校尉屯田開始，繼而高昌郡、高昌王國，直到唐朝的西州，是漢人對盆地進行開發、建設、經營的時期，盆地大多數的地名都誕生在這一時期中，故其地名都具有漢文、漢義的特徵。九世紀中，回鶻人南遷來到盆地，建立西州回鶻王國，全盤繼承了漢人在盆地留下的物質和文化遺產，其中也包括對地名稱呼的繼承。七九二年，吐蕃雖然暫時占領了西州，可是西州的漢族居民仍在，新移徙到此的回鶻人自然接受了漢民對既成地名的稱呼。

　　然而，由於回鶻人使用的是突厥語系的語言文字，對原有的漢地名在表述上只能用譯音方式來表達，如高昌作 Qoco 或 Khoco①、蒲昌作 Pichan②、柳中作 Lukchun③、交河城作 Yarkhoto④、臨川作 Lamjin 或 Lemchin⑤、丁谷作 Toyug⑥、赤亭作 Chiktam⑦、鹽城作 Yamshi⑧、銀山作 Kumush⑨ 等。從所列這些回鶻語地名看，除銀山為意譯、臨川半音譯半意譯外，大部分地名都是對原漢名的直接音譯。

　　承繼漢文地名的傳統貫穿整個西州回鶻王國時期，多年前於吐峪溝出土的一件在公元一〇五一年前後用漢文寫成的《造佛塔記》，記中載有多位參與修造佛塔的回鶻王國官員，其中有"宰相攝西州四府五縣事、清信弟子伊難主……"⑩"西州四府五縣"是指唐初建西州以後，在吐魯番盆地建立的高昌、交河、柳中、蒲昌、天山等五個縣，和相繼建立的前庭、岸頭、蒲昌、天山等四個府兵折衝都尉府。表明西州回鶻在統治西州後，不僅對唐代的這套行政建制未做改變，而且由國之宰相兼攝管理，直到十一世紀仍是如此。既然唐西州的行政建制仍在行用，其縣、府的地域名稱也必然在繼續使用。

　　吐魯番出土的回鶻文文獻中有眾多的契約文書，根據劉戈氏的研究，認為這些契約"文書中的格式套語都是 13—14 世紀高昌社會中存在的事物"。因此，她判斷出"29 件回鶻文買賣文書都是 13—14 世紀的文書"⑪。在這些回鶻文契文中，都提到了一些行政地域界限的概念，如在《阿狄赫達幹賣地契》中，寫有："其售價我們是這樣商談的，我們以在高昌地區(qocu)以西流通的兩側有邊兒、中間有印章的一百個官布成交了。"⑫在《薩比賣地契》裏，寫有："售價官布我們這樣商談了：我們以高昌(qocu)西流通的兩端有邊兒的、中間有圖章的三千五百棉質官布成交了。"⑬使用的都是"高昌"(qocu)這個老地名，而且

①　馮承鈞原編，陸峻嶺增訂：《西域地名》，中華書局 1980 年版，第 77 頁。
②　馮承鈞原編，陸峻嶺增訂：《西域地名》，中華書局 1980 年版，第 76 頁。
③　馮承鈞原編，陸峻嶺增訂：《西域地名》，中華書局 1980 年版，第 59 頁。
④　馮承鈞原編，陸峻嶺增訂：《西域地名》，中華書局 1980 年版，第 105 頁。有一種意見，認為突厥語"雅爾"為斷崖之意，故其地又名雅爾河，實際這已是唐以後的事。
⑤　馮承鈞原編，陸峻嶺增訂：《西域地名》，中華書局 1980 年版，第 58 頁。
⑥　馮承鈞原編，陸峻嶺增訂：《西域地名》，中華書局 1980 年版，第 97 頁。
⑦　馮承鈞原編，陸峻嶺增訂：《西域地名》，中華書局 1980 年版，第 20 頁。
⑧　馮承鈞原編，陸峻嶺增訂：《西域地名》，中華書局 1980 年版，第 104 頁。
⑨　馮承鈞原編，陸峻嶺增訂：《西域地名》，中華書局 1980 年版，第 57 頁。
⑩　陳國燦、伊斯拉菲爾·玉蘇甫：《西州回鶻時期漢文〈造佛塔記〉初探》，《歷史研究》2009 年第 1 期。
⑪　劉戈：《回鶻文契約文書初探》，臺灣五南圖書出版公司 2000 年版，第 173 頁，前言第 4 頁。
⑫　李經緯：《吐魯番回鶻文社會經濟文書研究》，新疆大學出版社 1996 年版，第 42~46 頁。
⑬　李經緯：《吐魯番回鶻文社會經濟文書研究》，新疆大學出版社 1996 年版，第 47~50 頁。

規定官布流通的地界只在高昌以西的地面。另外，在《奧孜迷失·陀赫里勒等人賣地契》中，寫的是："我們以柳中(lukcung)西部流通的、蓋有皇印的一百七十個雙面兒通用的棉布成交了。"①這裏説的地界，與一份回鶻文《清帳收據》中所寫相似，即"八十個柳中(lukcung)西流通的棉布我已全部收到了"②。這裏的官布，是僅在柳中以西地域流通的棉布。與高昌一樣，是作爲行政區劃單位而出現的。再一次證明了回鶻人對西州漢文地名稱謂的繼承。

十三世紀，西州回鶻王臣屬於蒙元政權，王被封爲"亦都護"，元憲宗朝建立"別失八里行尚書省"，將盆地歸爲二十四城加以管理，甚至有時用漢字書寫這些城名，如元《通制條格》中的"女多潫死"條載：

> 至元十三年(一二七六)七月初二日，欽奉聖旨：亦都護根底，塔海不花、亦捏不花兩箇根底，火州、呂中、禿兒班爲頭貳拾肆箇城子裏官人每根底……③

聖旨中的"火州"實是由 qocu 作的漢字譯寫表述，"呂中"實是 lukcung 的漢字譯寫表述，"禿兒班"實是 turban 的漢字譯寫表述。譯音本無定字，如將回鶻語音的地名再轉譯成漢文，就必然會出現百花齊發的現象。此處經元人的轉譯，原漢名的高昌，變爲了火州，在元人《長春真人西遊記》中寫作和州，在《元史》中有作哈喇火州者，也有哈喇霍州、哈喇和州、哈喇禾州者④。原漢名的柳中，變成了呂中，宋人《王延德行記》譯作六種，《元史》作魯古塵，《西域行程記》作魯陳城⑤。原漢名的永安，變成了禿兒班。

到了清朝乾隆重新統一西域後，盆地的地名又在元人漢譯的基礎上作了調整，如哈喇火州改寫成了哈剌和卓，並由《西域圖志》加以確定，行用至今。又如呂中，改譯成魯克沁，由《新疆識略》所確定，行用至今。其他如蒲昌(Pichan)，清代新譯作辟展。交河(Yarkhoto)，清代《西域圖志》新譯作招哈和屯，而《辛卯侍行記》又作雅爾河。對於早已變爲漢名的篤進(Toksun)，《新疆識略》則譯作托克遜。

總的看來，從漢晉到唐宋，再到元明清，吐魯番的地名經歷了一個歷史的演化過程，即從漢晉高昌時期的地名創建期，到回鶻民族語言變稱期，再到元明清回鶻語音地名漢譯期。在後一時期裏，儘管漢文譯出書寫表述各異，但萬變不離其宗，這個宗就是地名原創的漢文名，這就是吐魯番地名發展演變的基本規律。只有遵循這一規律，就能揭示每一地名及其變化的來龍去脈，而不至於單純從民族語音上去對一些地名作牽強附會的解釋。

三、對盆地大小古城遺跡恢復原名的期待

吐魯番盆地至今保存着大小古城遺址數十座⑥，目前除高昌故城、交河故城已明確

---

①　李經緯：《吐魯番回鶻文社會經濟文書研究》，新疆大學出版社 1996 年版，第 119 頁。
②　李經緯：《吐魯番回鶻文社會經濟文書研究》，新疆大學出版社 1996 年版，第 225 頁。
③　《通制條格》卷四"女多潫死"條，浙江古籍出版社 1986 年版，第 63~64 頁。
④　馮承鈞原編，陸峻嶺增訂：《西域地名》，中華書局 1980 年版，第 77 頁。
⑤　馮承鈞原編，陸峻嶺增訂：《西域地名》，中華書局 1980 年版，第 59 頁。
⑥　[日]西村陽子、[日]鈴木桂、張永兵：《吐魯番地區古遺址分佈考——以麴氏高昌國、唐西州時期的古遺址的空間把握爲中心》，《吐魯番學研究》2009 年第 2 期。

外，絕大部分的古城遺址均有待確定。而吐魯番出土文獻中記載的郡、縣、鄉名和鎮、戍、烽名有上百處，這是確定這些古代故城名的依據。運用古代地名發展演變的規律，對數十座千年前的故城名進行研究，其結果是不難確定的。考古新發現的實踐也印證了這一點。

斯坦因曾在阿斯塔那墓地掘獲一批墓表墓誌，其中有一方《武周神功二年（六九八）范羔墓誌》，寫有："西州高昌縣武城城上輕車都尉、前城主范羔之靈。正月二日亡，春秋七十有四，殯葬武城東北四里。"①指明了武城在本墓西南四里的地方。武城見於高昌國時期的《武城塴作額名籍》②，塴作人數至少百人以上，應是爲修建武城城而徵發的名籍。高昌國時稱之爲城，入唐後爲鄉。出土的《唐永昌元年（六八九）西州高昌縣籍坊勘地牒》中，記兩處的田畝都在"城西十里武城渠"③，與范羔墓誌文中的武城方位大體相合。侯燦依據范羔墓誌文所記，曾親往實地調查，認爲"在今高昌故城之西北阿斯塔那古墓區之西南約兩公里有古城遺址，應是武城城址，屬高昌都城的附廓縣"④。

一九七一年在今勝金口北面，有一名烏爾塘的地方，出土了《高昌延昌廿六年（五八六）十月廿五日張武孝墓表》，編爲71TWM1：1號，表文載：

延昌廿六年丙午歲，十月廿五日。以散今補永昌令（領）兵將，後遷戶曹參軍，張武孝之墓表。⑤

張武孝原本永昌人，故死後葬在永昌，今名烏爾塘，實由古代漢名"永昌"回鶻語音轉而來。永昌故城點確定後，"永昌谷"也可隨之確定。

一九七九年二月，在吐魯番市南約二十公里名叫讓布工尚（或稱勒木丕）古城附近，發現了一方《唐天山縣南平鄉令狐氏墓誌》，誌文前三行寫的是："大唐永徽伍年十月廿九日，董□隆母令狐，年八十有餘。安西都護府天山縣南平鄉。"⑥而在此前的一九七六年，在同一墓區也出有一方上寫有"天山縣南平鄉"的殘墓誌⑦。由此即可判定，此墓附近的讓布工尚（或作勒木丕、或作工相）古城，即是唐天山縣南平鄉的所在地。此城在高昌國前期已建爲南平縣，阿斯塔那五二四號墓所出《高昌建昌三年（五五七）令狐孝忠隨葬衣物疏》，載令狐孝忠身份爲"南平主簿"，主簿爲縣級上佐，可見此時已是南平縣治所在。到高昌國後期已升格爲郡，阿斯塔那五一九號墓所出《高昌延壽十七年（六四〇）屯田下交河郡南平郡及永安等縣符爲遣麴文玉等勘青苗事》載：

①　侯燦、吳美琳：《吐魯番出土磚誌集注》（下），巴蜀書社 2003 年版，第 604~605 頁。

②　唐長孺主編：《吐魯番出土文書》第三册，文物出版社 1981 年版，第 216~271 頁。

③　唐長孺主編：《吐魯番出土文書》第七册，文物出版社 1986 年版，第 407 頁。

④　侯燦、吳美琳：《吐魯番出土磚誌集注》（上），巴蜀書社 2003 年版，第 344 頁。

⑤　侯燦、吳美琳：《吐魯番出土磚誌集注》（上），巴蜀書社 2003 年版，第 170~171 頁。

⑥　柳洪亮：《唐天山縣南平鄉令狐氏墓誌考釋》，《文物》1984 年第 5 期。侯燦、吳美琳：《吐魯番出土磚誌集注》（下），巴蜀書社 2003 年版，第 478 頁轉載墓誌。

⑦　《唐天山縣南平鄉殘墓誌》，侯燦、吳美琳：《吐魯番出土磚誌集注》（下），巴蜀書社 2003 年版，第 652 頁轉載墓誌。

令　勑交河郡、南平郡、永安縣、安樂縣、渟林縣、龍泉縣、安昌縣、□□□、□昌縣，郡縣司馬主者：彼郡縣，今遣麴郎文玉、高……①

此高昌王的符令文表明，到高昌國晚期，南平已由縣升格爲郡治了。入唐以後，南平降格爲鄉，隸屬於天山縣。

永安在高昌國時建爲縣城，不僅見於延壽十七年文書，而且見於更早的《高昌章和七年(五三七)張文智墓表》，表文載：

初除橫截郡録事參軍、司馬。□補王府左長史、領史部事，加威遠將軍，拜折衝將軍，歷安樂、永安、白芳三縣令，長史如故。②

由此表文知，早在麴朝初期，永安已建爲縣，到了唐代纔降制爲永安鄉。2004 年在吐魯番市東木納爾發掘了一批宋氏家族墓，其中 2004TMM 102 號墓出有《唐顯慶元年(六五六)二月十六日宋武歡墓誌》，誌文載："春秋六十一，顯慶元年二月十六日葬於永安城北。"③由此得知，永安城故址就在此墓葬區之南面。糾正了在此以前鄭炳林氏"當在高昌城東"的説法④，也否定了郁越祖氏認爲在"吐魯番縣城東三十里處有地名養坎井，應即永安城所在"的推斷⑤。而侯燦氏認爲"其地當在今吐魯番市西北部"的見解⑥，也需要作出調整。永安故城就在今吐魯番市，很有可能"吐魯番"一詞就是由古代"永安"音轉而來⑦，如同交河音轉爲雅爾河、柳中音轉爲魯克沁、永昌音轉爲烏爾塘一樣。

遵循着地名上的這一音轉規律，以此作爲引綫，結合出土的古代文獻所載，對現有的維吾爾語地名逐一做出查考，找出其與古代漢文地名的淵源關係，然後對其所在地域的古遺址再作實地考察研究，相信一定可以查出一大批古代的故城來。

附記：陳師此文原載《吐魯番學研究：吐魯番與絲綢之路經濟帶高峰論壇暨第五屆吐魯番學國際學術研討會論文集》(上海古籍出版社 2016 年版)，收入本文集時，因體例需要，做了個別增補訂正。弟子劉安志謹識。

---

①　唐長孺主編：《吐魯番出土文書》第四册，文物出版社 1983 年版，第 124 頁。

②　侯燦、吳美琳：《吐魯番出土磚誌集注》(上)，巴蜀書社 2003 年版，第 17~20 頁。

③　榮新江等主編：《新獲吐魯番出土文獻》(上)，中華書局 2008 年版，第 103 頁。

④　鄭炳林：《高昌王國行政地理區劃初探》，《西北史地》1985 年第 2 期。

⑤　郁越祖：《高昌王國政區建置考》，《歷史地理研究》2，復旦大學出版社 1990 年版，第 161~185 頁。

⑥　侯燦、吳美琳：《吐魯番出土磚誌集注》(上)，巴蜀書社 2003 年版，第 19 頁。

⑦　在拙著《高昌社會的變遷》中，對於吐魯番名稱的來源，原認爲由古"無半"音轉而來。經深入研究後，感到欠妥，應予糾正。永昌音變爲烏爾塘，即"永"可音變爲"烏爾"，那麼，永安之"永"也應可音變爲"烏爾"或"吐爾"，永安音變爲吐爾番或吐魯番，實乃自然之事。

吐魯番地名的開創期[*]
——吐魯番地名研究之二

陳國燦

吐魯番地名的開創期，可以追溯到兩漢時期。兩漢以前，當地居民對所居之地，也應有稱謂，由於史籍不載，現在已無從查考。能見於史籍記載或早期出土文獻的，當屬車師時代的地名或戊己校尉時代的地名。

一、車師時代的地名

車師王國的地名，見於《漢書》者有"交河城""石城""兜訾城""桓且谷"等地名。

地節二年(前六八)，漢屯田於渠犁的侍郎鄭吉、校尉司馬憙"發城郭諸國兵萬餘人，自與所將田士千五百人共擊車師，攻交河城，破之。王尚在其北石城中，未得。……歸渠犁田。收秋畢，復發兵攻車師王於石城"[①]。交河城，《後漢書·車師前王傳》載："車師前王居交河城，河水分流繞城，故號交河。"[②]以兩河相交著稱於世，即今交河故城址無疑。石城在交河城之北，故址在何地？尚有待考察證實。

《漢書·鄭吉傳》載，鄭吉"擊破車師兜訾城，功效茂著"[③]。表明兜訾城爲車師王國時的城名。錢伯泉氏説："車師人爲'胡'種，其語言同於匈奴和突厥，突厥語稱鹽爲吐訾(Tuz)，與兜訾音同，所以兜訾城即鹽城。"[④]此説有一定的道理。不過，車師人應屬吐火羅語言系統，Tuz 是否也屬吐火羅語中鹽的概念？此城在交河城西南，到麴氏高昌朝早期，已改爲漢名"鹽城"了。

桓且谷，見於《漢書·西域傳》，西漢末王莽當政，匈奴寇車師，"時戊己校尉刀護病，遣史陳良屯桓且谷備匈奴寇"[⑤]。此"桓且谷"，當是車師時代的舊地名，爲匈奴南入盆地的通道。

在出土文書中，特別是公元四五〇年車師王國滅亡後不久的漢文文書中，出現一些含義不明的地名，如新出《闞氏高昌永康九年、十年(四七四、四七五)送使出人、出馬條記

---

[*] 本文爲新疆吐魯番地區文物局吐魯番學研究院課題"吐魯番古代地名研究"(TX2012—001) 階段性成果。

① 《漢書》卷九六下《西域傳》，中華書局 1962 年版，第 3922 頁。
② 王先謙：《後漢書集解》卷八八《西域·車師前王傳》，中華書局 1984 年版，第 1031 頁。
③ 《漢書》卷七十《鄭吉傳》，中華書局 1962 年版，第 3006 頁。
④ 錢伯泉：《高昌國郡縣城鎮的建置及其地望考實》，《新疆大學學報》1988 年第 2 期。
⑤ 《漢書》卷九六下《西域傳》，中華書局 1962 年版，第 3926 頁。

文書》①中，除了此前已有的高昌、田地、高寧、白芳、橫截、威神諸城名外，還新出現有萬度、其養、乾養、柳婆、摩訶演、阿虎、㖨進等地名，這些名號，從其所列人數份額看，顯然都是居民點的名稱，應該是對大涼新征服的車師王國境域一些居民點差役的攤派②。從人數的多少也能反映出一些居民點的大小，如柳婆一次出馬攤派 47 人，兩次均爲 30 人；萬度共攤派四次，有三次是 26 人，一次 23 人；其養(乾養)攤派五次，其中兩次 15 人，又 14 人、12 人、7 人各一次；摩訶演三次攤派中最多的一次也只 16 人；阿虎兩次，最多的是 15 人；㖨進一次 18 人，一次 10 人。由此看出，柳婆是其中人數最多的居民點，這些地名應是車師王國時期就存在了的地名。

榮新江氏對這些新的地名作過專題研究，認爲最初都是車師"當地胡語的音譯"③名。對於㖨進，榮氏認爲"到麴氏高昌時期，可能是嫌其不雅，遂改作'篤進'"④。對於柳婆，榮氏認爲"'柳婆'、'南平'其實都是一個胡語地名的不同音譯，柳婆更接近原來的胡語（應當是 Lampu），之所以麴氏高昌改用'南平'的譯音，這可能是同時取漢語'南部平定'的意思，因爲柳婆一地在高昌王國的南境，故此用'南平'這樣一個音、義兩通的地名取代漢語意思不甚佳的'柳婆'"⑤。此説合乎實際和情理，當予遵從。

對於其養、乾養，榮氏認爲兩者實爲一地，但未説明高昌國時爲何地。我覺得，從其發音轉譯推測，有可能就是後來麴氏高昌改名的"始昌"。

在新疆博物館新入藏的一批吐魯番文書中，見有一些文意不明的地名，雖不一定是縣城名，列出以供研究參考：

在高昌王國早期的令聽文書中，也有些新地名，如無羅：在《高昌國嚴悦上言爲應次課歸事》中，臣嚴悦本應課歸休假，可是，"先昨被敕往無羅，因爾差錯"⑥。無羅應是距高昌城有一定距離的地名。

蒲陶谷：在《高昌被符諸色差役名籍》中，有"右七人蒲陶谷菡子被符差刈草"⑦，此蒲陶谷已具漢文文意，是否爲後來的洿林、今之葡萄溝？待考。

---

①　榮新江等主編：《新獲吐魯番出土文獻》(上)，中華書局 2008 年版，第 163 頁。

②　這件文書是闞氏政權計口出馬送使的帳曆，不是"出人出馬"，也並非每人出馬一匹，而是每次送使，按各地人數分攤出馬一匹，如"十年閏月五日送鄢耆王北山，高寧八十四人，橫截卌六人，白芳卌六人，萬度廿六人，其養十五人，威神二人，柳婆卌七人，合二百五十六人出馬一匹"，即 256 人分攤一匹馬價。又如"十年三月八日送吳客並子合使北山，高寧八十三人，白芳廿五人，合百八人出馬一匹"，則是 108 人合攤一匹馬價。如是每人出馬一匹，帳曆就會寫明"人出馬一匹"，可是帳曆寫的是"合二百五十六人出馬一匹"，或"合百八人出馬一匹"。

③　榮新江：《吐魯番新出送使文書與闞氏高昌王國的郡縣城鎮》，《敦煌吐魯番研究》第十卷，上海古籍出版社 2007 年版，第 37 頁。

④　榮新江：《吐魯番新出送使文書與闞氏高昌王國的郡縣城鎮》，《敦煌吐魯番研究》第十卷，上海古籍出版社 2007 年版，第 36~37 頁。

⑤　榮新江：《吐魯番新出送使文書與闞氏高昌王國的郡縣城鎮》，《敦煌吐魯番研究》第十卷，上海古籍出版社 2007 年版，第 36 頁。

⑥　中國文化遺産研究院、新疆維吾爾自治區博物館編：《新疆博物館新獲文書研究》，中華書局 2013 年版，第 215 頁。

⑦　中國文化遺産研究院、新疆維吾爾自治區博物館編：《新疆博物館新獲文書研究》，中華書局 2013 年版，第 218 頁。

在麴氏高昌契約中有"山帝"一名，如《高昌和平元年（五五一）三月鄭鳳安買薄田券》中，有買"山帝薄田六畝"①；在《高昌和平三年（五五三）鄭鳳安買田券暨出租田券》中，有"五月十二日衛石得從鄭鳳安邊夏山帝薄（田）"②；在《高昌建昌二年（五五六）閏八月劉玄庭從鄭鳳安邊夏田券》中，又有"山帝薄田一分"③。在《高昌建昌四年（五五八）某人從鄭鳳安邊夏田券》中，又有"（從鄭）鳳安夏山帝（薄田）"④。從多起券契看，此"山帝"並非一般的山地，應是專指的一地名。

零中：在《高昌□寅歲六月蘇法□買馬券》中，有買"馬一匹，向零中一道"⑤，此零中是買馬者要去往的目的地，當是一地名，是否爲"柳中"的別寫？或另有其地？

以上是高昌王國時期又見的新地名，如山帝、無羅，文意費解，有否可能像前面所列萬度、其養、柳婆等名一樣，也是車師時代地名音譯的遺存？這裏只是提出疑問，由於缺乏資料，尚難以判斷。

二、戊己校尉時代漢語地名的奠定

西漢元帝初元元年（前四八），漢朝廷決定在車師設戊己校尉，負責軍事屯田事務，開始了中原漢族軍民對吐魯番盆地的開發，屯田日久，必然會出現一批屯卒聚居之地。西漢末王莽當政時，戊己校尉治下發生了一場動亂，在匈奴寇車師時，"時戊己校尉刁護病，遣史陳良屯桓且谷備匈奴寇，史終帶取糧食，司馬丞韓玄領諸壁，右曲候任商領諸壘"。可是，陳良等人相謀殺校尉叛降匈奴，"將數千騎至校尉府，脅諸亭令燔積薪，分告諸壁"⑥。從這段記載看到，經過戊己校尉半個多世紀的經營，在盆地不僅出現了"諸壁""諸壘"，而且還建置了"諸亭"，壁與壘有所不同，《説文解字·土部》云："壁，垣也"；"壘，軍壁也"。諸壁，是指有城垣的居民點；而諸壘，是指專供駐軍的城垣，亭則是指傳遞信息的烽燧設置。

此諸壁，除高昌壁外，還有柳中，《後漢書·西域傳》載："（班超之子班勇）爲西域長史，將弛刑士五百人，西屯柳中。勇遂破平車師。"⑦柳中在東漢時既已是西域長史班勇屯駐之地，自然屬於諸壁之一。然而，屯田不能只在一地，應當是在一個相當大的範圍之內。

---

① 中國文化遺産研究院、新疆維吾爾自治區博物館編：《新疆博物館新獲文書研究》，中華書局2013 年版，第 201 頁。

② 中國文化遺産研究院、新疆維吾爾自治區博物館編：《新疆博物館新獲文書研究》，中華書局2013 年版，第 203 頁。

③ 中國文化遺産研究院、新疆維吾爾自治區博物館編：《新疆博物館新獲文書研究》，中華書局2013 年版，第 204 頁。

④ 中國文化遺産研究院、新疆維吾爾自治區博物館編：《新疆博物館新獲文書研究》，中華書局2013 年版，第 205 頁。

⑤ 中國文化遺産研究院、新疆維吾爾自治區博物館編：《新疆博物館新獲文書研究》，中華書局2013 年版，第 206 頁。

⑥ 《漢書》卷九六下《西域傳》，中華書局 1962 年版，第 3926 頁。

⑦ 《後漢書》卷八八《西域傳》，中華書局 1965 年版，第 2912 頁。

其他諸壁，從地理形勢分析，應該大體在高昌至柳中的這一廣大的地域區間內。後來高昌初建郡後所置的高寧縣、橫截縣、白芳縣，正是在這一地域及其附近。在戊己校尉時，這些縣所在的地域，肯定已有壁垣的存在。如吐魯番出土《西涼建平（四四一——四四二）某年兵曹下高昌、橫截、田地三縣符爲發騎守海事》①等見有高昌、橫截、田地三縣名。在西涼《高寧縣上言》文書②中，又見有高寧縣。在《兵曹條往守白芳人名文書》③中，又見有白芳。戊己校尉統治時，這些地名雖然未以縣名地，壁内已有相當數量的居民，應該已有壁垣之設，而且漢族居民是用漢文漢意來稱謂其居住地。由此推測，高寧、橫截、白芳諸地名，在戊己校尉時期已經存在了。正因爲有大量的居民，故在建郡後繼有建縣的基礎和必要。

由此看，戊己校尉治理盆地期間，已出現了一批漢文漢意的地名，至少有高昌、柳中、高寧、橫截、白芳等諸壁名，這也爲盆地的漢文漢意地名奠定了基礎。

三、高昌郡時期郡縣制的推行

對於高昌郡時期郡縣地名，諸家研究甚多，而集其大成且作出歸納性研究者，是王素氏的《高昌史稿·交通編》，他將高昌郡時期定在公元三二七—四四九年，認爲此時是"一郡五縣"時代：一郡是高昌郡，五縣是高昌、田地、高寧、橫截、白芳等五縣。④ 這一認識也是從吐魯番出土的高昌郡時期文書歸納而得出的。

高昌縣：較早載有此縣名者，有《西涼建初十四年（四一八）韓渠妻隨葬衣物疏》，疏文載"建初十四年八月廿九日高昌郡高昌縣都鄉孝敬里民韓渠妻"⑤，證實此前早已建有高昌縣，縣下還有鄉、里的建制。前引的《西涼建平（四四一——四四二）某年兵曹下高昌、橫截、田地三縣符爲發騎守海事》⑥文書中不僅列有高昌縣，而且同時列有橫截、田地兩縣名。

田地縣：最早出現於高昌建郡時，《初學記》卷八引梁顧野王《輿地志》稱："咸和二年，置高昌郡，立田地縣。"田地縣實乃漢柳中壁改名而來。出土文書中，北涼玄始十二年（四二三）前後的《高昌郡功曹下田地縣符爲以孫孜補孝廉事》，記有："田地縣主者：今以孫孜補孝廉，符到……奉行。"⑦這是高昌郡功曹爲了讓在田地縣的孫孜補爲孝廉下給田地縣主事者的符令，説明北涼時田地縣已有學校的設置。阿斯塔那三八二號墓文書《北涼真興七年（四二五）高昌郡兵曹掾范慶等白爲請差直步許奴至京事》中，説許奴現"游居田地"⑧；二〇〇六年在吐魯番鄯善縣洋海墓區一號臺地的四號墓所出《北涼高昌郡高寧縣

① 唐長孺主編：《吐魯番出土文書》[壹]，文物出版社1992年版，第67頁。
② 唐長孺主編：《吐魯番出土文書》[壹]，文物出版社1992年版，第79頁。
③ 唐長孺主編：《吐魯番出土文書》[壹]，文物出版社1992年版，第72頁。
④ 王素：《高昌史稿·交通編》，文物出版社2000年版，第34～35頁。
⑤ 唐長孺主編：《吐魯番出土文書》[壹]，文物出版社1992年版，第5頁。
⑥ 唐長孺主編：《吐魯番出土文書》[壹]，文物出版社1992年版，第67頁。
⑦ 唐長孺主編：《吐魯番出土文書》[壹]，文物出版社1992年版，第41頁。
⑧ 柳洪亮：《新出吐魯番文書及其研究》，新疆人民出版社1997年版，第7頁。

條次烽候差役更代簿》①，本件應寫於北涼緣禾二年（四三三）之前，其中所記是由高昌經高寧縣、到田地縣沿綫烽候差役值守人三日一代的情況；另有《兵曹條次往守海人名文書》，文書前列的人名已缺，後面的内容完整：“兵曹掾趙茗、史翟富白：謹條次往守海人名在右。明廿五日催遣，敕抵詣田地縣下召受辭。守十日代到□，事諾，蓬敕奉行。”②這是敕令往守海的人，廿五日都集中到田地縣聽安排。將這三件文書聯繫起來考察，表明此時的田地縣是高昌郡經大海道、通往敦煌内地的前沿基地。田地縣自然也有看守大海道的任務，故在西涼《建平（四四一——四四二）某年兵曹下高昌、横截、田地三縣符爲發騎守海事》③文書中，有“田地三騎……往海守十日”的記載。

　　高寧縣：二〇〇六年洋海一號臺地四號墓出土的《前秦建元二十年（三八四）高昌郡高寧縣都鄉安邑里籍》④，表明高寧在前秦統治時早已建縣，縣下有鄉里，居民人口繁盛，農桑興旺。前列的《北涼高昌郡高寧縣條次烽候差役更代簿》，是北涼緣禾二年（四三三）之前高寧縣“賊曹闞禄白”的文書，其上載有此時高寧縣一些官員的名字，如“主簿就”“功曹史□”“校曹主簿養”“廷掾溢”“録事猛”等，反映出縣府官吏建制的完整。另有一件《高寧縣上言》文書，僅存文字1行：“高寧縣言：謹案華豹部隤明當……”⑤這是高寧縣向郡的上言文書，從本件背面列有義和年間（四三一——四三三）“兵曹掾張預、史左法强”推斷，《高寧縣上言》文書應在此之前。

　　横截縣：除了上述《建平（四四一——四四二）某年兵曹下高昌、横截、田地三縣符爲發騎守海事》文書，在《横截縣被符責取鹿角文書》⑥裏，記載“横截縣言：被符‘劉崇、令狐受各有鹿角一頭。符到，主者將詣，當科給賈（價）’。謹案，奉符召責取崇、受，各列右……”這是高昌郡符令横截縣主者出價收購兩頭鹿角，横截縣完成任務後向郡上的報告。反映出五涼時期高昌郡與横截縣上下級的隸屬關係。

　　白芳縣：在義和年間（四三一——四三三）“兵曹掾張預”《條往守白芳人名文書》中，有大批百姓因未輸租，被罰“各謫白芳守十日”。白芳在盆地的東面，東面隔戈壁與伊吾相望，北接往山北的通道，是需要加强防守的重鎮。文書中多次見《條往守白芳人名文書》⑦，而且有些犯規的百姓受處罰，常被謫罰到白芳，如“右五人坐閲馬逋，有謫白芳”⑧。在此建縣，具有與田地建縣同等重要的意義。

　　在北涼統治期間的文書中，只見有上述五縣的記載。這與《魏書·唐和傳》的記載遥相印證，《傳》云：唐和與兄唐契“爲蠕蠕所逼，遂擁部落至於高昌。蠕蠕遣部帥阿若率騎討和，至白力城。和率五百騎先攻高昌，契與阿若戰殁，和收餘衆奔前部王國。時沮渠安

　　①　榮新江等主編：《新獲吐魯番出土文獻》（上），中華書局2008年版，第197~209頁。原擬題作《北涼高昌郡高寧縣差役文書》，此處略作調整。
　　②　唐長孺主編：《吐魯番出土文書》［壹］，文物出版社1992年版，第73頁。
　　③　唐長孺主編：《吐魯番出土文書》［壹］，文物出版社1992年版，第67頁。
　　④　榮新江等主編：《新獲吐魯番出土文獻》（上），中華書局2008年版，第177~180頁。
　　⑤　唐長孺主編：《吐魯番出土文書》［壹］，文物出版社1992年版，第79頁。
　　⑥　唐長孺主編：《吐魯番出土文書》［壹］，文物出版社1992年版，第100頁。
　　⑦　唐長孺主編：《吐魯番出土文書》［壹］，文物出版社1992年版，第72頁。
　　⑧　唐長孺主編：《吐魯番出土文書》［壹］，文物出版社1992年版，第75頁。

周屯橫截城，和攻拔之，斬安周兄子樹，又克高寧、白力二城"①。《傳》文中已涉及高昌、橫截、高寧、白力，白力即是白芳。幾乎攪動了盆地全境的唐和與沮渠之戰，就差沒有驚動田地一城了。

四、大涼政權時期新增諸縣城名

公元四四三年，北涼餘部沮渠無諱、沮渠安周兄弟在盆地建大涼政權，行年號爲"承平"。作爲大涼王國政權，下面不能只有一個高昌郡，爲了擴大其政權基礎，便將田地上升爲郡，下轄田地縣外，還應轄有白芳縣和酒泉縣。

鄭炳林氏認爲之所以有酒泉縣，是由於"北涼殘部以酒泉西遷的人建立的僑治縣"②。王素補充説："沮渠無諱曾封酒泉王，設置此縣，紀念意義明顯大於安置僑民的意義。"③吳震先生從出土的甘露元年《譬喻經》題記中，也論證了大涼時期有酒泉城的存在，但並未言縣。④ 此記云：

甘露元年三月十七日於酒泉城内齋叢中寫記。此月上旬漢人及雜類，被誅向二百人。願蒙解脱，生々信敬三寶，無有退轉。⑤

對此"甘露元年"，吳震先生依據鄯善吐峪溝所出《維摩經義記甘露二年沙門静志題記》認爲，題記中的酒泉城在吐魯番，甘露元年應是闞伯周在柔然支持下推翻大涼政權、稱王高昌所建年號，時爲公元四六〇年，攻滅沮渠安周流血事件的地點，據寫經題記看，就發生在酒泉城。⑥ 這一推論，頗具合理性。

高昌郡下轄高昌縣外，還應有橫截縣、高寧縣和威神縣。威神縣見於闞氏政權時期的文書，大涼被闞伯周取代建高昌國時，時局未定，不大可能建置新縣，只能繼承大涼郡縣建制，通過闞氏時期的文書記載，也能推斷出大涼政權新建的一些地名。在闞氏永康年間的《諸縣駝馬文書》中，記有："高寧駝一頭，馬……□截馬二匹，威神駝一頭。田地縣駝兩頭。"⑦其中新見的威神縣，有可能在大涼時期已經建立。在前引《闞氏高昌永康九年、十年(四七四、四七五)送使出人、出馬條記文書》⑧中，就列有高昌、田地、高寧、白芳、橫截、威神諸名，這應是對大涼政權建制的繼承。

承平八年(四五〇)沮渠安周出兵消滅車師王國，收交河城設置郡縣。交河既然建郡，

---

① 《魏書》卷四三《唐和傳》，中華書局 1974 年版，第 962 頁。

② 鄭炳林：《高昌王國行政地理區劃初探》，《西北史地》1985 年第 2 期。

③ 王素：《高昌史稿·交通編》，文物出版社 2000 年版，第 36 頁。

④ 吳震：《敦煌吐魯番寫經題記中"甘露"年號考辨》，《西域研究》1995 年第 1 期。

⑤ 日本東京書道博物館藏吐魯番文書第 038 號。參陳國燦、劉安志主編：《吐魯番文書總目(日本收藏卷)》，武漢大學出版社 2005 年版，第 493 頁。

⑥ 吳震：《敦煌吐魯番寫經題記中"甘露"年號考辨》，《西域研究》1995 年第 1 期，第 17~27 頁。

⑦ 唐長孺主編：《吐魯番出土文書》[壹]，文物出版社 1992 年版，第 120 頁。

⑧ 榮新江等主編：《新獲吐魯番出土文獻》(上)，中華書局 2008 年版，第 163 頁。

其下必有縣予以充實，依王素判斷，其下應有附郭的交河縣①。除交河縣外，是否也有新置縣？錢伯泉氏認爲："從交河的地理位置及其在王國中的重要性看，必然也設爲郡，下屬鹽城一縣。"②從章和十一年(五四一)以前的《高昌臨川等城丁輸額文書》③考察，列在最西邊的鹽城，很可能在大涼時已建爲縣，歸屬於交河郡治下了。

據上分析，承平八年(四五〇)以後的大涼政權建制是三郡九縣，即：

高昌郡，下轄高昌縣、橫截縣、高寧縣、威神縣。
田地郡，下轄田地縣、白芳縣、酒泉縣。
交河郡，下轄交河縣、鹽城縣。

《魏書·高昌傳》載："晉以其地爲高昌郡，張軌、呂光、沮渠蒙遜據河西，皆置太守以統之，去敦煌十三日行。國有八城，皆有華人。"④此云"國有八城"，頗值得注意，究竟指何時的八城？錢伯泉氏認爲："所記載的大致爲麴氏王朝立國之前，闞伯周父子、張孟明和馬儒統治時期的城數。"⑤從《魏書》所記"皆置太守以統之"看，只說到前涼張軌、後涼呂光、北涼沮渠蒙遜三涼政權，並未言及闞、張、馬朝改太守爲國王的時政巨變。所記"國有八城"之國，究竟指何國？應該就是指北涼末期在高昌地區延續的大涼國。所謂"國有八城"應是指大涼國都的高昌城之外，加上已建有縣制的田地、白芳、橫截、高寧、威神、酒泉、交河、鹽城等八城。

附記：陳師此文原載《吐魯番學研究》2015 年第 2 期，收入本文集時，因體例需要，做了個別增補訂正。弟子劉安志謹識。

---

①　王素：《高昌史稿·交通編》，文物出版社 2000 年版，第 36 頁。
②　錢伯泉：《高昌國郡縣城鎮的建置及其地望考實》，《新疆大學學報》1988 年第 2 期。
③　唐長孺主編：《吐魯番出土文書》[壹]，文物出版社 1992 年版，第 348 頁。
④　《魏書》卷一〇一《高昌傳》，中華書局 1974 年版，第 2243 頁。
⑤　錢伯泉：《高昌國郡縣城鎮的建置及其地望考實》，《新疆大學學報》1988 年第 2 期。

高昌王國對郡縣的擴建

——吐魯番地名研究之三

陳國燦

公元四六〇年闞伯周推翻大涼統治，被柔然立爲王開始，闞氏統治二十八年，四八八年由高車扶植張孟明爲王所替代，四九六年張氏被殺，更立馬儒爲王，五〇〇年高昌國人因不滿馬儒內遷政策，殺馬儒而擁儒之右長史麴嘉爲王，開始了麴氏對高昌長達一百四十年的統治。在這一百四十年統治期內，高昌王國的地名有了很大的發展，大體可分爲三個時期。

一、闞、張、馬朝及麴朝初期

從《闞氏高昌永康九年、十年(四七四、四七五)送使出人、出馬條記文書》①中所列高昌、田地、高寧、白芳、橫截、威神諸地名看，闞氏王朝基本上繼承大涼行政建制，此帳曆既列有盆地東部的六城名，也列有盆地西部的萬度、其養、乾養、柳婆、摩訶演、阿虎、喙進等地名，是闞氏朝高昌王國的計口出馬送使帳曆。但未見交河、酒泉二城名，反映出了闞氏政權統治者在行政建制上局部調整的傾向性。

闞氏政權是通過對沮渠大涼政權進行流血鬥爭而建立的，故對敵對勢力據點的行政建制很敏感，酒泉縣曾是誅殺沮渠勢力的焦點地區，甘露元年(四六〇)三月"上旬漢人及雜類，被誅向二百人"②，城內各族百姓，爲了避禍，也會四處亡散，故闞氏立國後撤銷了沮渠的酒泉縣建制。交河曾是車師國之都，闞氏爲防止其地方勢力重新坐大，對其郡制也降爲縣而加以限制。因此，在闞氏朝的文書中，既不見酒泉縣，也不見有交河郡，基本上維持一都(高昌)一郡(田地)六縣(高寧、白芳、橫截、威神、交河、鹽城)的狀態。

其後張孟明、馬儒掌權時間短，且局勢不穩，統治集團內部矛盾重重，對地方行政建制不可能有所作爲。

麴嘉立爲高昌王後，在麴嘉、麴光父子兩朝經營的三十年裏(五〇〇—五三〇)，社會統治秩序漸趨穩定，對地方行政建制有所發展。吐魯番阿斯塔那四八號墓出有五件缺紀年的官府丁輸文書，其中有二件屬諸城"丁輸木薪額"文書，均殘缺不全，經過排比考訂，可以補全成一件能反映高昌國地方行政建制的完整文書③，現將增補後的文字轉錄如下：

---

① 榮新江等主編：《新獲吐魯番出土文獻》(上)，中華書局 2008 年版，第 163 頁。

② 《譬喻經·出地獄品》題記，參[日]池田溫：《中國古代寫本識語集錄》，(日本)東京大學東洋文化研究所 1990 年版，第 76 頁。

③ 陳國燦：《對高昌國諸城"丁輸木薪額"文書的研究——兼論高昌國早期的諸城分佈》，《吐魯番學研究》2015 年第 1 期。

1 (白芳)伍拾捌人，出薪貳拾玖車。高寧壹佰肆人，出薪

2 (伍)拾貳車。橫截肆拾人，出薪貳拾車。威神肆拾肆人，

3 出薪貳拾貳車。臨川貳拾肆人，出薪拾貳車。永昌

4 捌拾人，出薪肆拾(車，寧戎三拾玖人，出薪拾玖車半)。

5 交河三拾捌人，出(薪拾玖車。永安伍拾伍人，出薪貳)

6 拾柒車半。安樂陸拾伍人，出薪三拾三車。泠林貳

7 拾捌人，出薪拾肆車。鹽城柒拾伍人，(出)薪三拾柒(車半)。

8 　　　　都合得丁木薪三伯貳拾伍車半

　　丁輸木薪額文書中所列的城名，即白芳、高寧、橫截、威神、臨川、永昌、寧戎、交河、永安、安樂、泠林、鹽城十二城，未列都城“高昌”及郡城“田地”，同時也不列王國新統治不久的萬度、乾養、柳婆、喙進等地名，由此看此十二城應是王國從東到西全境有置縣建制的城名。

　　高昌王國的行政建制有郡有縣，但郡、縣互不統屬①。縣一旦升格爲郡後，原縣名就不存在了②，一切均以郡名出現。本件未列“田地”而列有“交河”，是由於本件寫於田地已屬郡級，而交河撤郡爲縣後尚未恢復郡制之時。在吐魯番出土文獻中，高昌王國最早見有“交河郡”記載者，是哈拉和卓八九號墓所出《高昌章和十一年(五四一)都官下交河郡司馬主者符爲檢校失奴事》③，證實章和年間交河又重行建郡。同出的還有《高昌章和十一年(五四一)都官下柳婆、無半、鹽城、始昌四縣司馬主者符爲檢校失奴事》④，柳婆、無半、鹽城、始昌在章和十一年以前均已爲縣，理應都有丁輸薪額，但只列鹽城卻未列柳婆、無半、始昌，這暗示出此丁輸薪木額帳，是在章和十一年以前柳婆、無半、始昌尚未立爲縣時的文書。又據《高昌章和七年(五三七)張文智及夫人馬氏、鞏氏墓表》，張文智曾“初除橫截郡録事參軍、司馬”⑤，從“初除”一詞推測橫截是章和七年升爲郡制的，而本“諸城丁輸木薪額文書”卻載有交河、橫截縣名，證明本文書應在章和初年，至遲也是章和七年(五三七)以前數年的文書，所反映的十二城當是高昌王國初期麴嘉、麴光父子兩朝的縣制設置。

　　① 高昌國的郡縣互不統屬，直到延壽末年都是如此，如阿斯塔那五一九號墓所出《高昌延壽十七年(六四〇)屯田下交河郡、南平郡及永安等縣符爲遣麴文玉等勘青苗事》，將交河、南平二郡與永安、安樂、泠林等七縣並列下達敕令，要求“符到奉行”。[日]荒川正晴在《麴氏高昌國における郡縣制の性格をめぐつて—主としてトウルフアン出土資料による》[(日本)《史學雜誌》第九十五編第三號，1986年，第64頁]一文中，也認爲“郡縣互不統屬”。

　　② 在已出土的墓表中，唯有《高昌延昌十三年(五七三)唐忠賢妻高氏墓表》載有“爲交河縣小門散望將”，見於侯燦、吳美琳：《吐魯番出土磚誌集注》，巴蜀書社2003年版，第118頁。交河縣小門，語意不通，只有交河城小門，纔語意通順。本表不見圖版，故疑其“縣”字爲“城”字之誤，墓表中常稱“鎮西府散望將”，如《延昌十二年張阿□墓表》《延昌十五年張買得墓表》等，未見縣有散望將者。又《建昌六年(五六〇)麴惇墓表》中有“□武城縣，出爲橫截令”，這是指橫截縣尚未升爲郡時事。

　　③ 唐長孺主編：《吐魯番出土文書》[壹]，文物出版社1992年版，第128頁。

　　④ 唐長孺主編：《吐魯番出土文書》[壹]，文物出版社1992年版，第128頁。

　　⑤ 侯燦、吳美琳：《吐魯番出土磚誌集注》，巴蜀書社2003年版，第18頁。

由此看，高昌王國在進入麴朝後，對地方行政建制作了擴大，在原闞氏朝一都（高昌）一郡（田地）六縣（高寧、白芳、橫截、威神、交河、鹽城）基礎上，又新建置了六個縣，即臨川、永昌、寧戎、永安、安樂、洿林。如此，就變成了一都一郡十二縣。不過，此十二縣的體制維持時間不長，在麴堅執政的章和年間，地方行政建制又有了新的擴大。

二、麴朝章和年間郡、縣及府制的確立

在麴堅執政的章和年（五三一—五四八）中，除已有田地郡外，還恢復了交河郡，將橫截縣也升級爲郡制，除前列《高昌章和十一年（五四一）都官下交河郡司馬主者符爲檢校失奴事》和《高昌章和七年（五三七）張文智及夫人馬氏、鞏氏墓表》證實外，還見於《高昌章和十八年（五四八）氾靈嶽墓表》，表文載"田地郡虎牙將軍，内幹將，轉交河郡宣威將軍"①，表明章和年間，已有了三個郡的建制。

章和年間，還新出現了一些縣名，在《高昌章和十一年（五四一）都官下柳婆、無半、鹽城、始昌四縣司馬主者符爲檢校失奴事》中，新出現了柳婆縣、無半縣、始昌縣。《梁書·高昌傳》在記載高昌國"置四十六鎮"（實爲十六鎮之誤）②時，列舉了"交河、田地、高寧、臨川、橫截、柳婆、洿林、新興、由寧、始昌、篤進、白力等，皆其鎮名"③。這應是"大同中，子堅遣使"於梁時報告的情況，梁大同元年（五三五），爲高昌章和五年，所云大同中，應是章和十一年（五四一）前後的情況，所列諸城鎮名單中，又新見有新興、篤進。如此則章和年間新增了五縣，此五縣基本上是對盆地西部原車師諸城的建縣定位。

柳婆縣，在出土文獻中，僅見於闞氏朝永康九、十年（四七四、四七五）送使文書和章和十一年（五四一）符文，其後再不見此名，榮新江認爲後來改名南平縣④，其推斷合理。據《唐神龍三年（七〇七）正月西州高昌縣開覺等寺手實》載某寺多段永業田均在"城西六十里南平城"⑤，黃文弼認爲在"今雅爾湖（交河城）東南七十里讓布工商（即勒木丕）"，應是南平城故址所在⑥。二〇一四年十月，我們前往勒木丕實地考察，看到古城現尚遺存有西牆、南牆殘垣數段，高達 4~5 米。

始昌縣，此縣名在出土文獻中，最早見於《高昌章和十一年（五四一）都官下柳婆、無半、鹽城、始昌四縣司馬主者符爲檢校失奴事》，"始昌"與"其養"發音相近，且聲母相同，應是對車師時其養（或作乾養）的改名建縣，當始昌一名出現後，再也不見其養或乾

①　侯燦、吳美琳：《吐魯番出土磚誌集注》，巴蜀書社 2003 年版，第 40 頁。

②　《周書》卷五〇《高昌傳》載："國内總有城一十六。"可證"四十六鎮"當爲十六鎮之誤。故馮承鈞先生在《高昌城鎮與唐代蒲昌》中，認爲《梁書》·'四'字疑衍（收入氏著《西域南海史地考證論著彙輯》，中華書局 1957 年版，第 85 頁）。錢伯泉氏《高昌國郡縣城鎮的建置及其地望考實》一文也據此做過糾正（《新疆大學學報》1988 年第 2 期）。

③　《梁書》卷五四《高昌傳》，中華書局 1973 年版，第 811 頁。

④　榮新江：《吐魯番新出送使文書與闞氏高昌王國的郡縣城鎮》，《敦煌吐魯番研究》第十卷，上海古籍出版社 2007 年版，第 35 頁。

⑤　榮新江等主編：《新獲吐魯番出土文獻》（上），中華書局 2008 年版，第 53 頁。

⑥　黃文弼：《高昌疆域郡城考》，收入氏著《西北史地論叢》，上海人民出版社 1981 年版，第 159 頁。

養了，直至高昌王國末年。《通典·邊防典》"車師"條載，唐克高昌國後，以"始昌城爲天山縣"①，《元和郡縣圖志》稱，"天山縣，東至州一百五十里"②。可見天山是唐在盆地最西面建的縣，地當高昌往焉耆的通道上，在高昌往西的交通上發揮着重要的作用，《新唐書·地理志》載："自州西南有南平、安昌兩城，百二十里天山西南入谷……至焉耆鎮城。"③所言"天山"，當指唐天山縣城，由高昌國時的始昌城改名而來。由始昌西南入谷往焉耆，表明始昌正當驛路交通要道。阿斯塔那一五五號墓所出《高昌某年傳始昌等縣車牛子名及給價文書》中，載"傳始昌遠行車牛子名：董安伯牛得銀錢貳拾陸文……合車牛捌具，供侍郎史歡太馱往塢耆得遠道價"④，在始昌雇請遠行車牛八具，供侍郎史歡太馱運物資往焉耆，即生動證實了這一點。阿斯塔那五一九號墓所出《高昌延壽十七年(六四〇)屯田下交河郡、南平郡及永安等縣符爲遣麴文玉等勘青苗事》載：

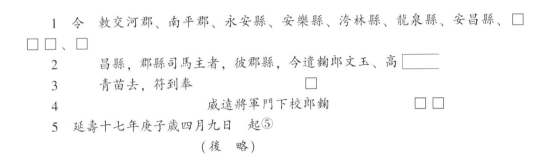

```
1  令  敕交河郡、南平郡、永安縣、安樂縣、洿林縣、龍泉縣、安昌縣、□
      □□、□
2     昌縣，郡縣司馬主者，彼郡縣，今遣麴郎文玉、高□□□□
3     青苗去，符到奉              □
4              威遠將軍門下校郎麴            □□
5  延壽十七年庚子歲四月九日    起⑤
              (後　略)
```

本敕令所下均爲王國西面的二郡七縣，縣名中四缺字，應爲"鹽城縣、始"，最後一縣即是始昌縣，表明此縣一直存續到高昌王國末的延壽年間。

無半縣，此縣名在出土文獻中，最早亦見於《高昌章和十一年(五四一)都官下柳婆、無半、鹽城、始昌四縣司馬主者符爲檢校失奴事》。此縣何以名"無半"？諸家無言，疑此名與渴盤陀有關，渴盤陀，梵語爲 Khabandha，如取 bandha，漢譯音爲"萬度"，如取 Khaban，漢譯音爲"無半"。故此，疑"無半"由車師國之"萬度"地名轉化而來，這只是一種推測。《大慈恩寺三藏法師傳》載，貞觀三年(高昌延壽六年)八月初，玄奘在高昌城辭別王室上下後，國王麴文泰"自與大德以下各乘馬送數十里而歸……從是西行，度無半城、篤進城後，入阿耆尼國"⑥。此"從是西行"之是，推測指南平城，南平距高昌城六十里，與高昌王"送數十里而歸"也正相符，由高昌—南平—無半—篤進，這是一條由高昌去往焉耆最近的道路。由此知無半縣也處於交通道上。

新興縣，《梁書·高昌傳》所列十二鎮名中有"新興"，反映出此縣章和間已置。延昌十五年(五七五)刊刻的《寧朔將軍麴斌造寺碑》載，新興縣令麴斌於建昌元年(五五五)十

①　《通典》卷一九一《邊防七》"車師"條，中華書局 1988 年版，第 5205 頁。

②　《元和郡縣圖志》卷四〇"西州天山縣"條，中華書局 1983 年版，第 1032 頁。

③　《新唐書》卷四〇《地理四》"西州"條，中華書局 1975 年版，第 1046 頁。

④　唐長孺主編：《吐魯番出土文書》[壹]，文物出版社 1992 年版，第 428 頁。

⑤　唐長孺主編：《吐魯番出土文書》[貳]，文物出版社 1994 年版，第 71 頁。

⑥　慧立、彦悰著，孫毓棠、謝方點校：《大慈恩寺三藏法師傳》，中華書局 2000 年版，第 23 頁。

二月廿三日"乃於所領城西顯望之處，磐捨珍財，建茲靈刹"①。麴斌施給此寺的田産四十畝，多在"秦城澤"（疑即今七康湖）一帶②，另外，還施給寺"城中里舍壹區，西詣（道，北）詣孫寺，東詣城壁，南詣辛衆祐舍"③。城内垣壁道路，寺刹民居，具呈眼前。如此看，高昌城北廿里新興谷至卅里之間皆爲新興縣境地。

篤進縣，見於《梁書·高昌傳》所列，表明章和年間已有此縣名，榮新江推測可能由原車師國時的"㖸進"改名而來④。出土文獻目前尚未見此名，但《大慈恩寺三藏法師傳》卻載玄奘"度無半城、篤進城後，入阿耆尼國"。説明此縣直到延壽年間，仍在高昌去往焉耆的南道上發揮着作用。

《梁書·高昌傳》所記"由寧"，未見於出土文獻，黄文弼先生將其改作"寧由"，未言所改依據⑤。錢伯泉氏認爲"由寧"當做"寧戎"，如此解釋是合理的。因所列鎮名中，正缺早已存在的"寧戎"，卻多出一"由寧"，"由寧"顯係對"寧戎"的誤寫。

由上看到，章和年間（五三一—五四八），高昌王國的行政建制繼續擴充爲一都（高昌）三郡（田地郡、橫截郡、交河郡）十五縣（白芳、高寧、威神、臨川、永昌、寧戎、永安、安樂、洿林、鹽城、柳婆、新興、始昌、篤進、無半）。基本上奠定了高昌國全境行政體制的構建。這一數據比之於《梁書·高昌傳》所言的一十六鎮多出了三個，或許由於高昌使者説的是章和中的情形，何況所列城鎮名也不齊全，這只能作爲一種參考，重要的是應依據出土的當時人留下的文獻記載而立論。

除了行政上的郡、縣系統外，高昌王國還設置了三個軍府，即：

撫軍府：置於王都，由國王世子、高昌令尹帶中軍將軍號統領。
平遠府：置於田地郡，由王子、田地公、田地郡太守帶平遠將軍號統領。
鎮西府：置於交河郡，由王子、交河公、交河郡太守帶鎮西將軍號統領。

三個軍府從其名稱便能見其軍事功能的性質，目的在於從軍事上加强對王國的控制，確立王室對轄區軍政事務的中央集權統治。有關"三府"的情況，王素已有詳細如實的研究⑥。從出

---

① 黄文弼：《吐魯番考古記》，科學出版社 1954 年版，第 51~55 頁。

② 據《寧朔將軍麴斌造寺碑》碑陰載，所施四十畝産，其地塊分佈：一爲"澤東詣道，南枕谷"；一爲"寺北澤，北與潘守志獨塔、周耀真菜園共限；東與鎮家菜園子得師菜園同□□下園田，悉用漫水溉"；一爲"寺下潢田，北詣張寺田；東詣坑；西詣□"；一爲"秦城澤中潢，東詣巳忠玄受鎮家□□□渠；南詣螺中道；西詣秦城澤；北詣苟居潢□忠郭田"；一爲"平上□三分，北詣道；西詣卜家潢"；一爲"三亭潢，□□□，北詣渠；西詣侯干□田；南詣曹武安潢子；東詣平上潢田"；一爲"□家潢中壹分"。見黄文弼：《吐魯番考古記》，科學出版社 1954 年版，第 51~55 頁。

③ 黄文弼：《吐魯番考古記》，科學出版社 1954 年版，第 51~55 頁。

④ 榮新江：《吐魯番新出送使文書與闞氏高昌王國的郡縣城鎮》，《敦煌吐魯番研究》第十卷，上海古籍出版社 2007 年版，第 36~37 頁。

⑤ 黄文弼：《高昌疆域郡城考》，收入氏著《西北史地論叢》，上海人民出版社 1981 年版，第 158 頁。

⑥ 王素：《高昌史稿·交通編》，文物出版社 2000 年版，第 44~49 頁。又王素：《麴氏王國軍事制度新探》，《文物》2000 年第 2 期。

土文獻考察，三府名最早見於《高昌章和七年(五三七)張歸宗夫人索氏墓表》①，表文載：
"章和七年丁巳歲，十一月壬戌朔，十五日乙亥，平遠府録事參軍張歸宗夫人索氏墓表。"
章和七年是索氏亡年，平遠府的建置肯定早於此年。由此推斷，三府之設至遲也在章和之
初，而且置鎮西府很可能與改交河縣爲交河郡同時。

三、建昌至延壽間(五五五—六四〇)增置的縣與郡

麴寶茂執政的建昌年以後，只有少量新縣的增置，據出土文獻所載，有武城、安昌、
酒泉、龍泉四縣，分論如下：

武城縣，一九五三年在交河溝西古墓中出土的《高昌建昌六年(五六〇)麴惇墓表》中
載，麴惇"初拜長史，廣威將軍領兵部事，□武城縣，出爲橫截令，入補宿衛事"，表明
在建昌六年(五六〇)以前，武城已建爲縣制。表文中之□，疑爲"戌"字。阿斯塔那三三
九墓所出《高昌武城塌作額名籍》②，缺紀年，據同出延和十九年(六二〇)舉麥券推測，
或爲延和年間對武城修建的記録。"塌作"就是修築城牆，殘存六片文書所記人名至少在
百人以上，規模不小，一些人名旁注的各種分工名目，均有待研究。

安昌縣的建制較晚，首見於出土文獻者，爲阿斯塔那一五四號墓所出《高昌民部索送
安昌去人符》，符載："去人索安昌去人。符到，期此月　日仰僮一事，人送到安昌，不
得違失，承旨奉行。"③本件缺紀年，同出有重光二年(六二一)文書，時間或與之相近。
前列《高昌延壽十七年(六四〇)屯田下交河郡、南平郡及永安等縣符爲遣麴文玉等勘青苗
事》中，列有安昌縣，如前所論，安昌處於南平與始昌之間，構成一條由東北向西南的通
道。

酒泉縣在高昌王國重行恢復建縣恐也較晚，在阿斯塔那一五五號墓所出《高昌某年傳
始昌等縣車牛子名及給價文書》中，載有"□□歲二月廿二日，酒泉令陰世晈宣：門下校
郎司空明犖、通事令史辛孟護貳人傳"④。酒泉令，應是指酒泉縣的縣令，證實有酒泉縣
的存在。"酒泉令陰世晈"名在同出官文書中一再出現，同墓所出文書起重光二年(六二
一)止延壽十年(六三三)，酒泉令陰世晈活動的時間也應與之相當。

龍泉縣僅見於阿斯塔那五一九號墓所出《高昌延壽十七年(六四〇)屯田下交河郡、南
平郡及永安等縣符爲遣麴文玉等勘青苗事》，也是較晚出現的縣名。

在延壽十七年《勘青苗符》中，出現了"南平郡"名，表明到王國晚期，三郡改成了四
郡。南平郡實爲柳婆縣改名升郡而來。故到延壽年間，其建制爲一都(高昌)四郡(田地
郡、橫截郡、交河郡、南平郡)十八縣(白苃、高寧、威神、臨川、永昌、寧戎、永安、
安樂、洿林、鹽城、新興、始昌、篤進、無半、武城、安昌、酒泉、龍泉)。

延壽十七年，即唐貞觀十四年八月，唐軍攻克高昌王國，對此次攻城克地的成果，史
籍均有記載。《通典·邊防典》載："十四年八月，交河道行軍大總管侯君集平高昌國，下

---

① 侯燦、吳美琳：《吐魯番出土磚誌集注》，巴蜀書社2003年版，第24頁。
② 唐長孺主編：《吐魯番出土文書》[壹]，文物出版社1992年版，第396~398頁。
③ 唐長孺主編：《吐魯番出土文書》[壹]，文物出版社1992年版，第363頁。
④ 唐長孺主編：《吐魯番出土文書》[壹]，文物出版社1992年版，第428頁。

其郡三、縣五、城三十二。"①其中"三十二"當是二十二之誤。《舊唐書·高昌傳》云："君集分兵掠地，下其三郡、五縣、二十二城。"②而《新唐書·高昌傳》作"君集分兵略定，凡三州、五縣、二十二城"③。三書的記載除在郡與州有所不同外，資料都是一致的，當有所本，應是來自侯君集對朝廷的牒報。但是，這一情況與上論高昌末年建制有差距。

關於"三郡"，實是指高昌的三府，即撫軍府、平遠府、鎮西府，在唐人看來，此三府相當於三個郡。

關於"五縣"，實是説高昌的郡，高昌國末有田地、交河、橫截、南平四郡，再加上都城高昌，正好可稱爲五郡，在唐人看來，此五郡只不過相當於内地的五個縣而已。

關於"二十二城"，此數實指延壽末年的十八縣城加四個郡城。由於高昌的郡、縣之下再無行政單位，對應唐人的縣、鄉、里制系統而言，只能稱之爲城。高昌王國的居民點本是由天山水源灌溉的二十二片大小緑洲所組成，而將這些居民點稱爲城，更符合實際。所言二十二城似乎並不包括高昌王城，如果計算在内，實爲二十三城。

由上看到，麴氏王朝建立後，主要在初始的麴嘉、麴光、麴堅三代統治期間，大力擴展了地方行政建制，特別是在麴堅的章和年間，基本上奠定了高昌王國地方行政體系結構和規模。在新建郡、縣地名時，都是使用的漢語漢意加以命名，即使對於原車師語地名，也用漢語漢意作了重新的表達和定位，如將原來的"柳婆"改名爲南平，將原"乾養"改名爲始昌，將原"喙進"改名爲篤進等，反映出高昌王國在地名文化上的一種導向。

高昌王國郡縣建制的發展，直接源於社會比較安定帶來的經濟發展，人口有較大的增加，延壽十七年(六四〇)唐滅高昌時有"户八千四十六，口三萬七千七百三十八"④，這可能是根據王國户籍檔案提供的數字。即使户口比高昌郡時期增加了許多，如按二十二城平均計算，每城只有三百二十户，一千七百一十五口，如此小規模的縣，還不如内地的一個鄉，反映出偏居盆地的高昌王國統治集團，用增設郡縣、虛張聲勢以謀求政治利益的心態。

附記：陳師此文原載《吐魯番學研究》2016 年第 1 期，收入本文集時，因體例需要，做了個別增補訂正。弟子劉安志謹識。

①　《通典》卷一九一《邊防七·車師條》，中華書局 1988 年版，第 5205 頁。
②　《舊唐書》卷一九八《高昌傳》，中華書局 1975 年版，第 5295 頁。
③　《新唐書》卷二二一上《高昌傳》，中華書局 1975 年版，第 6222 頁。
④　《唐會要》卷九五《高昌》，上海古籍出版社 1991 年版，第 2016 頁。

唐西州的四府五縣制

——吐魯番地名研究之四

陳國燦

唐貞觀十四年,即高昌國延壽十七年(六四〇),唐太宗由於高昌王麴文泰聯結西突厥對抗朝廷,阻斷唐與西域諸國的往來,決定派吏部尚書侯君集組建交河道行軍,率步、騎兵數萬進軍高昌,八月在唐軍兵臨城下時,高昌王室上下決定歸順唐朝廷。面對長期獨立割據一方的高昌王國龐雜的軍政建制及官僚系統,唐朝廷決定對其作出全面的調整和改革。總的指導思想是:廢除獨立王國一都三府四郡十八縣體制,讓高昌地區的軍政建制回歸到唐現行體制中,與全國的地方軍政建制保持完全一致。

一、行政上建立了西州州縣鄉里制度

唐軍占領高昌國後,決定廢除王國行政體制,建立西州。唐太宗奪取高昌,決不祇限於這塊盆地,而是要匡復漢代以來就屬於中華版圖的整個西域的管理,故在九月廿一日,又建置安西都護府,駐於交河城,負責經營西域事務。

貞觀十六年(六四二),唐朝任命郭孝恪爲"金紫光禄大夫、行安西都護、西州刺史"①,爲了節約人力,提高辦事效率,長官的一身二任使安西都護府也由交河遷到了高昌城,與西州州府合併,都護府代行西州職能,安西都護府直接向縣級機構發號施令,承敕下符。如在《唐貞觀廿二年(六四八)安西都護府承敕下交河縣符爲處分三衛犯私罪納課違番事》②中,唐朝廷尚書省於貞觀二十二年三月簽發敕旨給"安西都護府主者",六月廿☐日到,都護府七月五日便直接簽發下交河縣,文書第31~33行載:

31　都護府

32　交河縣主者:被符奉　敕旨連寫如右,牒☐☐☐☐☐

33　敕者,縣宜准　敕,符到奉行。

都護府將朝廷敕旨直接下發給交河縣,中間没有經過西州這個環節,類似的文書尚有多件。由此看,實際是安西都護府在行使州官的職能,這種情況直到顯慶三年(六五八)安西都護府遷至龜兹後,西州纔改建爲西州都督府,單獨行使州的職權。

---

①　《舊唐書》卷八三《郭孝恪傳》,中華書局1975年版,第2774頁。

②　唐長孺主編:《吐魯番出土文書》第七册,文物出版社1986年版,第6頁;唐長孺主編:《吐魯番出土文書》[叁],文物出版社1996年版,第305頁。

　　原高昌國的地域並不大，行政區劃上卻建了四郡十八縣，且郡縣互不統屬，平均一個郡縣祇有三四百戶，人口不足二千，對此唐決定按內地縣鄉制度加以調整。唐制規定：在城者設有坊，坊有坊正管理坊務。在野者置鄉，百户爲里，五里爲一鄉，鄉務由五里正共管，若干鄉組成爲一縣。按此制結合盆地居民以綠洲聚居的特點，唐將原郡縣併省爲五個縣，即高昌、交河、柳中、蒲昌、天山五縣，改變了原來高昌王國郡縣林立的狀態。原來的許多縣如高寧、武城、寧戎、安樂、永安等都變成唐代的鄉，有的甚至變爲唐代的一個里，如洿林、酒泉、龍泉等。還有一些既不足列爲鄉，又未見稱里，而是將其集中居住的居民點稱爲"城"，如鹽城、新興城等。

　　不論是安西都護府還是西州都督府，都執行的是一套垂直行政管理系統，即安西都護或西州—縣—鄉—里的體制。從下面一件永淳元年(六八二)高昌縣下給太平鄉的符文，即可看出縣—鄉—里的體制運行：

　　高昌縣
　　(中略)
　　太平鄉主者：得里正杜定護等牒稱："奉處分令百姓各貯一二年糧，並令鄉司檢量封署，然後官府親自檢行者下鄉。今准數速貯封署訖上，仍遣玄政巡檢者。"令判："准家口多少各貯一年糧，仍限至六月十五日已來了。其大麥今既正是收時，即宜貯納訖速言，德即擬自巡檢。"今以狀下鄉，宜准狀符到奉行。

佐　朱貞君

　　主簿判尉　思仁

史
永淳元年五月十九日下①

　　此符是高昌縣爲令百姓各貯一二年糧，下給太平鄉主事者的符令，先復述了鄉主事者杜定護等里正的報告內容，然後轉抄了縣令在該報告上的判語：各户按家口多少各貯一年糧，限定到六月十五日前辦了。目前正是收大麥時，應貯納完成後迅速報告，德(縣令本人自稱)準備親自巡查檢看。符令由縣佐朱貞君草擬，由名叫思仁的主簿兼尉的長官簽發，於永淳元年五月十九日下達。由此可以看到，縣有事下文至鄉，鄉由主事的里正承辦的一套管理程式。

　　對西州下屬各縣的鄉、里名稱，張廣達先生曾依據當年所見出土的唐代文獻，作過一個列表統計②，現依據目前所見資料再作一些補充③，列如下：

---

　　①　《唐永淳元年(六八二)西州高昌縣下太平鄉符爲百姓按户等貯糧事》，唐長孺主編：《吐魯番出土文書》第七册，文物出版社1986年版，第392~393頁；唐長孺主編：《吐魯番出土文書》[叁]，文物出版社1996年版，第487頁。
　　②　張廣達：《唐滅高昌國後的西州形勢》之一《唐滅高昌國後在西州地區的政軍建置》，收入氏著《西域史地叢稿初編》，上海古籍出版社1995年版，第114~144頁。
　　③　所列鄉里名資料來源中所標"大谷"，指[日]小田義久主編《大谷文書集成》所編文書號；"文書"指《吐魯番出土文書》(錄文本)册頁數；"池田：籍帳"指[日]池田温《中國古代籍帳研究》所載出土文書頁；"中央民大博"指中央民族大學博物館所藏鹽城文書。

高昌縣：高昌鄉：高昌里　（大谷 2873 號）

　　　　　　　　歸化里　（大谷 4382 號）

　　　　　　　　慕義里　（大谷 2865 號）

　　　　　　　　安義里　（大谷 2897、3406 號）

　　　　太平鄉：忠誠里　（大谷 2862 號）

　　　　　　　　歸政里　（大谷 2858 號）

　　　　　　　　德義里　（大谷 2856 號）

　　　　　　　　成化里　（大谷 2857 號）

　　　　順義鄉：順義里　（貞松堂西陲秘笈叢殘；文書四第 83 頁）

　　　　　　　　敦孝里　（《唐龍朔二年正月西州高昌縣思恩寺僧籍》①）

　　　　　　　　禮讓里　（文書四第 84 頁）

　　　　　　　　和平里　（文書四第 83 頁、文書六第 348 頁）

　　　　寧昌鄉：淳風里　（文書七第 551 頁）

　　　　　　　　長善里　（文書六第 197 頁）

　　　　　　　　正道里　（《唐龍朔二年正月西州高昌縣思恩寺僧籍》）

　　　　尚賢鄉：尚賢里　（大谷 2868 號）

　　　　　　　　投化里　（大谷 3397 號）

　　　　　　　　永善里　（大谷 1205c 號）

　　　　崇化鄉：安樂里　（文書七第 468 頁“崇化鄉神龍三年點籍樣”有“安樂里”）

　　　　　　　　淨泰里　（貞松堂西陲秘笈叢殘；大谷 2877 號）

　　　　寧大鄉：昌邑里　（文書六第 522 頁）

　　　　　　　　仁義里②（大谷 2861 號；《唐龍朔二年正月西州高昌縣思恩寺
　　　　　　　　　　　　　僧籍》）

　　　　歸義鄉：善積里③（大谷 1202 號）

　　　　歸德鄉：淨化里　（大谷 1416 號）

　　　　武城鄉：六樂里　（《張海佰墓表》④）

　　　　安西鄉：安樂里　（文書八第 314 頁背有“安西鄉安樂里開元四年籍”）

　　　　寧戎鄉：（文書四第 220、221 頁）

　　　　新興城　（大谷 3494 號）

交河縣：安樂鄉：長垣里　（大谷 1087）

　　　　　　　　高泉里　（貞松堂西陲秘笈叢殘；北圖周字 68 號）

　　　　永安鄉：橫城里　（大谷 1087）

　　　　　　　　浮林里　（大谷 1403）

---

① 榮新江等主編：《新獲吐魯番出土文獻》，中華書局 2008 年版，第 61 頁。

② 此仁義里前作“寧泰鄉”，古太、泰相通，應即寧大鄉。

③ 張廣達誤作“積善里”。

④ 侯燦、吳美琳：《吐魯番出土磚誌集注》(下)，巴蜀書社 2003 年版，第 445 頁。

　　　　龍泉鄉：獨樹里　（大谷 1087）

　　　　　　　　新塢里　（大谷 1087）

　　　　　　　　新泉里　（大谷 1403）

　　　　名山鄉：（池田：籍帳第 286 頁）

　　　　神山鄉：（唐貞觀年辛英疆墓表："交河縣神山鄉民"；王朋顯墓表：

　　　　　　　　"交河縣神山鄉人"）①

　　　　　　　　鹽城　（中央民大博 10 號）

　　柳中縣：欽明鄉：淳和里（大阪四天王寺藏品，池田：籍帳第 249 頁）

　　　　高寧鄉：柔遠里　（文書八第 113 頁）

　　　　　　　　酒泉里　（大谷 4162 號）

　　　　承禮鄉：弘教里（文書七第 117 頁）

　　　　　　　　依賢里　（文書八第 284 頁；北圖周字 68 號）

　　　　五道鄉：（文書六第 410 頁）

　　蒲昌縣：鹽澤鄉：歸□里　（文書八第 284 頁）

　　　　　　　　于諶城　（池田：籍帳第 243 頁）

　　天山縣：南平鄉：（文書六第 404 頁）

　　　　　　　　安昌城　（文書八第 152 頁）

　　上列西州五縣以下的鄉、里建制名稱，均據出土文獻而來。多年來由於地下文獻的出土主要集中於古高昌縣境，故高昌縣下的鄉里名稱所得比較充分，而其餘諸縣所列甚少，均有待未來地下發掘資料的繼續補充。從所列的鄉里名稱中，透露出濃厚的儒家忠孝仁義倫理道德思想，反映了統治者對鄉里進行禮制管理的期待。在上列 39 個里名中，基本上沒有同名者，但有一例外，即"安樂里"，在神龍三年(七〇七)《崇化鄉點籍樣》中列有"安樂里"，居民戶姓多爲康、安、何、石、曹、竹諸姓，而在開元四年(七一六)的《安西鄉安樂里籍》中，也有"安樂里"，這種情況的出現，有否可能是鄉里歸屬調整的結果，即原屬崇化鄉的安樂里，到了玄宗朝的開元初，調整歸屬於安西鄉？尚有待未來出土文書的落實。各鄉的鄉務由五里正計議操辦，如貞觀十九年武城鄉列報各戶交納油類斤兩的牒文，就是由四名里正趙延洛、康隆士、左相柱、張慶相共同署名上報的。②

　　唐制規定：百戶爲里，五里爲鄉。西州農戶如按此制重組，有的一個綠洲居民點沒有五百戶，不夠一個鄉，祇能稱爲里，如原高昌泠林縣戶不過百戶左右，調整時祇能給以里的編制，歸屬在交河縣永安鄉之下。可是永安至泠林約四十里③，鄉里之間聯絡不便，泠

―――――――――――――――

　　①　侯燦、吳美琳：《吐魯番出土磚誌集注》(下)，巴蜀書社 2003 年版，第 452、459 頁。

　　②　《唐貞觀十九年(六四五)里正趙延洛等牒》，唐長孺主編：《吐魯番出土文書》第六册，文物出版社 1985 年版，第 40~41 頁；唐長孺主編：《吐魯番出土文書》[貳]，文物出版社 1996 年版，第 21 頁。

　　③　高昌國時的永安縣，據 2004 年在吐魯番市東郊木納爾發掘出土的《唐顯慶元年(六五六)二月十六日宋武歡墓誌》載："春秋六十一，顯慶元年二月十六日葬於永安城北。"(榮新江等主編：《新獲吐魯番出土文獻》，中華書局 2008 年版，第 103 頁)由此得知，永安城故址就在此墓葬區之南面，即今吐魯番市區東南近郊。泠林城，據考在今葡萄溝口東側。《新疆圖志》卷二《建置》載："葡萄溝，(吐魯番)城北四十里。"

林常以"泠林城"名義直接與縣發生關係，如《唐長安二年（七〇二）泠林城主王交行牒爲僧尼赴縣事》①，就是泠林城主王交行爲送所在僧尼赴縣檢勘之事，以"泠林城"名義直接牒上交河縣的報告。

類似以"城"或"城主"名義作爲獨立單位而活動的現象，各縣都有。這是在唐精簡高昌舊縣治過程中，基於盆地緑洲地理分佈的原因，施行的一種便宜措施。集中於一城居住的居民，其事務由城主操辦，直接對縣負責。如開元年間交河縣要到各鄉對户口進行巡查貌閱，曾下帖（通知）鹽城，帖文提頭爲"交河縣　帖　鹽城"，帖文説："右奉處分：令今月十七日的入鄉巡貌前件色，帖至，仰城主張璟、索言等火急點檢排比，不得一人前卻，中間有在外城逐作等色，仍仰立即差人往追，使及應過。"②這是讓鹽城城主協助縣令入鄉，對可疑人核對面貌、查實年名的事。從帖文文意看，鹽城實爲一鄉，但又不夠一鄉編制，故將其稱爲"城"，帖文反映出交河縣直接與鹽城城主發生轄屬關係的情況。近年新出的《唐麟德二年（六六五）閏三月三日西州交河縣張秋文帖永安城主爲限時到縣司事》③，帖文提頭爲"交河縣　帖　永安城主"，是交河縣令永安城的某人"限今日午時到縣"的帖文，尾署"主簿判尉李秀"，也是縣直接與城主發生關係的一例。不過，永安城是永安鄉的所在地，表明常有城、鄉並稱的情形。此外，柳中縣下的"酒泉城"④，蒲昌縣下之"于諶城"⑤，高昌縣下之"新興城"⑥，天山縣下之"安昌城"⑦，都不是用鄉名，多是以城名繼續存在於唐政治生活中，這是唐在西州調整建置縣鄉里制時，考慮西州地域實際，採取的具有特色措施的方面。

①　《唐長安二年（七〇二）泠林城主王交行牒爲僧尼赴縣事》，唐長孺主編：《吐魯番出土文書》第七册，文物出版社1986年版，第318~320頁；唐長孺主編：《吐魯番出土文書》[叁]，文物出版社1996年版，第450頁。

②　中央民族大學博物館藏吐魯番文書《十一月十五日交河縣帖鹽城爲入鄉巡貌事》（中央民族大學博物館藏吐魯番文書10號），見張榮强、張慧芬：《新疆吐魯番出土唐代貌閱文書》，《文物》2016年第6期，圖版見封二；參張銘心：《吐魯番學研究新資料》，《光明日報》，2010年12月16日，第11版；張銘心、凌妙丹：《中央民族大學收藏吐魯番出土文書初探》，《中央民族大學學報》（社科版）2013年第6期。

③　榮新江等主編：《新獲吐魯番出土文獻》，中華書局2008年版，第120頁。

④　酒泉在户籍上名爲"酒泉里"，實爲城。《唐咸亨四年（六七三）張尾仁舉錢契》等中的"酒泉城人張尾仁"，唐長孺主編：《吐魯番出土文書》第六册，文物出版社1985年版，第525~527頁；唐長孺主編：《吐魯番出土文書》[叁]，文物出版社1996年版，第268~269頁。

⑤　原梁素文藏《柳中遺文册》中的《唐開元廿九年真容寺買牛契》載："開元廿九年六月十日真容寺於于諶城交用大練捌匹買興胡安忽婆鳥柏特牛一頭。"[日]磯部彰編：《台東區立書道博物館所藏中村不折舊藏禹域墨書集成》下册，第134頁。大谷文書5370號有"薄田一畝在于諶城"。又據開元四年柳中縣籍載，于諶在柳中"城東六十里"（池田籍帳第243頁）。

⑥　大谷文書3494號《唐天寶間新興城狀上高昌縣爲訪捉磧西逃兵事》，文中提頭爲"新興城　狀上"。[日]小田義久主編：《大谷文書集成》第二卷，（日本）法藏館1990年版，圖版三五，釋文第112頁。

⑦　大谷文書2841號《儀鳳二年北館文書》記送茹柴給北館厨人名中，有"一車主安昌城王隆"。[日]小田義久主編：《大谷文書集成》第一卷，（日本）法藏館1984年版，圖版一四，釋文第111頁。《吐魯番出土文書》第八册《武周天授二年（六九一）安昌城知水李申相辯辭》（文物出版社1987年版，第152頁），提頭爲"安昌城知水李申相年六十七"，表明唐代安昌城的存在。

二、軍事上新建了四個軍府及鎮戍系統

唐建西州後，廢棄了高昌國原來由王室掌控的軍府制，推行了以軍府爲基礎的府兵制度。先後在西州建置了四個軍府。對原設於高昌城的撫軍府，改造成前庭府；對原設於交河城的鎮西府，改造成岸頭府；對原設於田地城的平遠府加以廢除，由蒲昌、柳中兩縣爲基礎另建蒲昌府；並建天山府，設在天山縣。

軍府是隋唐以來在内地推行的主要軍事制度，特點是兵農合一的義務兵役制，凡授田的均田制農民，都有義務服兵役，成丁而入，六十而免，農忙時在鄉種地，農閑時被組織到軍府内進行訓練，每三年簡點一次，點名入兵役者稱爲衛士，每 10 人編爲一火，火有長；五火爲一隊，隊有隊正、副隊正各一人；二隊 100 人爲一旅，有旅帥一人；二旅 200 人爲一團（大的團可達 300 人），團有校尉執掌，通常每一軍府下有五個團。軍府的最高長官爲折衝都尉，故軍府又稱爲折衝都尉府，下有左、右果毅都尉各一人，即"諸府折衝都尉之職，掌領五校（尉）之屬，以備宿衛，以從師役，總其戎具、資糧、差點、教習之法令"①。府兵直隸於中央十二衛大將軍，首要任務在於宿衛京師，其次從師征役。然而，西州遠處西北邊地，宿衛京師的任務由於地域偏遠而免除。更重要的是對西州本地的軍防守衛，"主要的職務就是鎮守邊境"②。

西州北鄰西突厥，西接焉耆，故在州的沿邊建立了若干鎮城、戍、烽，形成一套軍防警衛系統，凡涉及地方防守軍務，均由西州兵曹參軍負責，由各軍府安排本轄區鎮、城、戍、烽駐守衛士的任務分配。對於西州鎮戍，通過開元年間有關諸鎮戍營田的牒文可見其大概，現列其前 10 行文字如下：

```
1   西州都督府          牒上  敕□□□□
2   合當州諸鎮戍營田，總壹拾□頃陸拾□□□□
3     赤亭鎮兵肆拾貳人，營□□頃，    維磨戍□□□□
4     柳谷鎮兵肆拾人，□□□肆頃，    酸棗戍□□□□
5     白水鎮兵三拾□□，營田陸頃，    曷畔戍兵□□□
6     銀山戍兵□□□□，營田柒拾伍□□□□
7         右被□度營田使牒，當州諸鎮戍營田頃畝□□□
8         戍兵□□□及營田頃畝□□□□
9     方亭戍   □谷戍   狼井□□□□
10        右□□□③
```

①　《唐六典》卷二五"諸衛府"條，中華書局 1992 年版，第 644 頁。

②　張廣達：《唐滅高昌國後的西州形勢》，氏著《西域史地叢稿初編》，文物出版社 1990 年版，第139 頁。

③　《唐西州都督府上支度營田使牒爲具報當州諸鎮戍營田頃畝數事》（72TAM226：51），唐長孺主編：《吐魯番出土文書》第八册，文物出版社 1987 年版，第 219～220 頁；唐長孺主編：《吐魯番出土文書》[肆]，文物出版社 1996 年版，第 101 頁。

本件雖缺紀年，但同出有開元十年（七二二）爲諸鎮戍營田上支度營田使牒，當與之同時。第2~6行所記爲進行營田的鎮、戍，第9行所列，據其方位推斷，爲無條件營田之諸戍。① 所記鎮三、戍六，並非西州鎮戍全部，就鎮而言，除赤亭、柳谷、白水鎮外，東邊還有羅護鎮，西頭置有鸚鴿鎮，隨形勢變化和需要，鎮、戍建制會有所調整，如銀山戍後升爲銀山鎮。鎮戍之外，設有軍城，如臨川城。鎮負責其防區内諸戍、烽的防守警報，鎮照看若干戍，戍照看若干烽。軍鎮的設置均在於扼守要路，全州境軍鎮由東而西有如下諸鎮：

羅護鎮：清代名納呼，在今鄯善縣東北二百一十里西鹽池之古城遺址，"四圍皆山，濱湖之地可駐牧。其西谷口狹而深，爲辟展東境關隘"②，扼控東來或東北來之道路安全。由蒲昌府衛士駐守。

赤亭鎮：清代名齊克塔木，在今鄯善縣東北七十里，即今七克台南赤山頭上之鎮城遺址，扼控東來之道路安全。由蒲昌府衛士駐守。

柳谷鎮：扼守在西州往北庭的他地道上，北向北庭，南經酸棗戍直抵交河縣，由岸頭府衛士駐守。

白水鎮：在今達板城南、白楊河南入山谷口臺地上之古城遺址。控守由北來之道路安全。由岸頭府衛士駐守。

鸚鴿鎮：今阿拉溝口之石儸城遺址。控守由西北處月部落來西州之道路安全。由天山府衛士駐守。

銀山鎮：今托克遜縣庫米什鎮所在地，原爲銀山戍，後升爲鎮。控守通向焉耆、龜茲西西去絲路幹道之安全。由天山府衛士駐守。

在出土文獻所見戍守名單中，由州境東起，往西再南有蓯蓉戍、方亭戍、維磨戍、狼井戍、酸棗戍、葛畔戍、磧石戍等。

蓯蓉戍在羅護鎮以西，今東鹽池一帶。③ 唐前期出土文書中不見此名，《唐景龍三年（七〇九）後西州勾所勾糧帳》中有"一石七斗，蓯蓉戍主馬藝重徵"④。此戍當新開的伊西北道上，同時扼守往北庭之道口，可能以前歸屬伊州管轄，景龍以後由西州蒲昌府管轄。

方亭戍在赤亭鎮以東莫賀延磧中，處於伊西南道即赤亭道上，其戍兵由蒲昌府派出番上戍守⑤，約當今之十三間房，在赤亭鎮以東一百三十里⑥。

---

① "方亭戍"爲西州與伊州界戍，在東面枯磧中；"□谷戍"，疑爲天山谷中的柳谷戍；"狼井戍"亦處於沙磧中，均缺乏農耕環境和條件，不宜耕墾。參見《陳國燦吐魯番敦煌出土文獻史事論集》，上海古籍出版社2012年版，第284-287頁。

② 鐘興麒、王豪、韓慧校注：《西域圖志》卷一四，新疆人民出版社2002年版，第232頁。

③ 陳國燦：《唐西州蒲昌府防區内的鎮戍與館驛》注76，氏著《陳國燦吐魯番敦煌出土文獻史事論集》，上海古籍出版社2012年版，第287、294頁。

④ 榮新江等主編：《新獲吐魯番出土文獻》，中華書局2008年版，第39頁。

⑤ 大谷3030號《唐西州蒲昌府衛士番上配注仗身、守備番佐及送上名簿》中，有"六人來月一日方亭戍上"。[日]小田義久主編：《大谷文書集成》第二卷，（日本）法藏館1990年版，圖版五一，釋文第7頁。新出的《武周長安三年（七〇三）三月酒泉城人雇車往方亭戍契》也證實了這一點，見陳國燦：《鄯善縣新發現的一批唐代文書》，《吐魯番學研究》2005年第2期。

⑥ 據清光緒陶保廉《辛卯侍行記》卷六由哈密瞭敦至鄯善七克台里程計算而得。

維磨成遺址今尚存完好，在今漢墩以北八十里，位於今科克亞爾河出山後西岸高臺地上①，可耕可守，扼控通往山北北庭的維磨道南口。此成兼管鄰近的突播烽和上薩捍等烽，由蒲昌府衛士戍守。

狼井成，原名狼泉烽，可能由於伊州有同名之狼泉烽，故而改名爲狼井烽，唐開元年間文書中已升爲狼井成，位在赤亭鎮與蒲昌之間驛道旁，在蒲昌縣城東三十里，今名三十里大墩②，乃蒲昌府東的前衛成，由蒲昌府衛士戍守。

酸棗成處於交河往北庭的他地道上，位在柳谷鎮以南③，爲柳谷鎮至交河城之間的中繼成守地，據前引營田文書，本成有少量營田，由岸頭府衛士戍守。

曷畔成在天山縣西北境，扼守於西突厥鷹娑川通往盆地的通道上，有少量營田，由天山府衛士戍守。④

礌石成與礌石館同處於一地，處於西州西南往焉耆幹道邊，在今托克遜縣向南進山谷後不久河彎處一臺地上，其成館遺跡尚存，由天山府衛士戍守。⑤

鎮成爲了防止周邊民族的侵掠，需要依靠所設前哨諸烽隨時提供的警報，因此每個軍府在其鎮守區內置有鎮、城、戍外，還在地勢高望處設置有烽，以便候望報警。例如東面的蒲昌府，據開元二年《唐蒲昌府番上烽鎮人名簿》，其中便記有：

> 一人小嶺烽　王感達
> 五人狼泉烽　主帥宋光智　趙思恭　呂勤□　淳于端住　范思智
> 五人羅護烽　康天實　郭住貞　雷小住　李□□　長探虞候安上木
> 一人達匪烽　長探虞候孫立通
> 一人赤亭鎮　李□子
> 四人塞亭烽　康安住　氾申才　氾立成　張守仁⑥

在出土的蒲昌府文書中，除上述小嶺、狼泉、羅護（後擴爲鎮）、挎谷、達匪、赤亭、塞亭等烽鎮外，還有臨川城、懸泉烽、突播烽、胡麻泉烽、上薩捍烽、下薩

①　陳國燦：《唐西州蒲昌府防區內的鎮戍與館驛》注54，氏著《陳國燦吐魯番敦煌出土文獻史事論集》，上海古籍出版社2012年版，第282、293頁。

②　陳國燦：《陳國燦吐魯番敦煌出土文獻史事論集》，上海古籍出版社2012年版，第284~286頁。

③　《唐神龍元年（七〇五）西州都督府兵曹處分死馬案卷》中載："送使，往至北庭……卻回至柳谷鎮……漸發向酸棗，其馬行至鎮南五里，忽即急黃致死。"表明酸棗成在柳谷鎮南。陳國燦：《斯坦因所獲吐魯番文書研究》，武漢大學出版社1994年版，第249頁。

④　美國普林斯頓大學圖書館藏吐魯番文書《唐西州高昌縣下武城城爲賊至泥嶺事》載："得天山縣五日午時狀稱：得曷畔成主張長年等狀稱：今月四日夜黃昏，得探人張父師、簿君洛等二人云：被差往鷹娑已來探賊，三日辰時行至泥嶺谷口，遙見山頭兩處有望子。"見陳國燦：《美國普林斯頓所藏幾件吐魯番文書跋》，《魏晉南北朝隋唐史資料》第十五輯，武漢大學出版社1997年版，第107頁。

⑤　大谷3473號《西州天山縣到來文書》中有"倉曹符爲支礌石等成遊弈等馬三月料事"，可證爲天山府轄。［日］小田義久主編：《大谷文書集成》第二卷，（日本）法藏館1990年版，圖版八，釋文第105頁。

⑥　陳國燦：《日本寧樂美術館藏吐魯番文書》，文物出版社1997年版，第105頁。

捍烽、維磨戍等。① 類似的上烽名簿在出土文書中還可以見到很多，通常是輪番上役，規定每名應兵役的衛士一年上烽、鎮三次，每次服役十五天。② 烽上如果發現敵情，烽兵或烽子要燃烽報警，若是白晝，放煙；若是夜間則燃火，緊急時必須馳馬上報。

　　二〇一六年吐魯番市文物局考古隊在對吐峪溝石窟清理中，發現在一件殘紙上有下列文字：

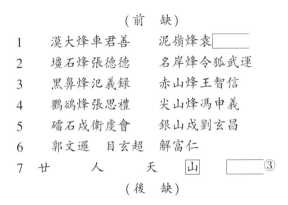

　　（前　　缺）
1　　漢大烽車君善　　　泥嶺烽袁□□□
2　　壇石烽張德德　　　名岸烽令狐武運
3　　黑鼻烽氾義録　　　赤山烽王智信
4　　鸇鴿烽張思禮　　　尖山烽馮申義
5　　磧石戍衛虔會　　　銀山戍劉玄昌
6　　郭文遷　　目玄超　解富仁
7　　廿　人　　天　山　　　□□□③
　　　（後　　缺）

　　從第 7 行知這是天山府府兵上烽的名籍，列寫了磧石、銀山二戍及漢大、泥嶺、壇石、名岸、黑鼻、赤山、鸇鴿、尖山八個烽，當是天山府轄境內一部分烽名，據王炳華先生一九七六年在阿拉溝古堡所獲鸇鴿鎮文書所載，尚有阿施烽、崑水烽、白水烽、小白水烽、檳恣烽等。另有一些鋪名，如揔見鋪、臨蕃鋪、斷賊鋪、□覺鋪等。④ 鋪，實指馬鋪，與烽一樣也是報警的前哨單位，烽是以燃煙火報警，鋪則以馳馬報警⑤，這些都是州西面的防禦機構系統。

　　在盆地中部，由於北邊面臨天山，所列烽堠較少，現在可知者有山頭烽和橫城烽，德藏吐魯番文書 Ch 2403（T II 1976）號《唐西州高昌縣典周建帖山頭等烽爲差人赴葦所知更事》⑥，載有此二烽名，轉録文於下：

1　□□□帖　山頭烽
2　□□□三人並鐮自隨
3　□□□被州帖奉處分，令山頭、橫城

　　① 陳國燦：《唐西州蒲昌府防區內的鎮戍與館驛》，氏著《陳國燦吐魯番敦煌出土文獻史事論集》，上海古籍出版社 2012 年版，第 259、260 頁。
　　② 《唐西州上烽文書》中有載："人別三幡，計當四十五日上烽，□□三百一十九日不役。"柳洪亮：《新出吐魯番文書及其研究》，新疆人民出版社 1997 年版，第 86 頁。據上烽衛士一年番上三次，每次十五日，餘下的三百一十九日則不役。
　　③ 本件現藏吐魯番學研究院考古所。
　　④ 王炳華：《阿拉溝古堡及其出土唐文書殘紙》，氏著《西域考古歷史論集》，中國人民大學出版社 2008 年版，第 95~120 頁。
　　⑤ 參見程喜霖：《漢唐烽堠制度研究》，三秦出版社 1990 年版，第 225~241 頁。
　　⑥ 榮新江主編：《吐魯番文書總目（歐美收藏卷）》，武漢大學出版社 2007 年版，第 197 頁。

4 ☐☐☐件抽三人，帖至，仰烽帥

5 ☐☐☐□差人付左慈謹進止，

6 ☐☐☐日赴葦所，夜依式知更。

7 ☐☐☐月十三日典周建帖

8 　　　帖　令陳巴

此件是高昌縣通知山頭、橫城等烽派出三人帶鐮刀到葦所割葦，入夜知更。山頭烽在永昌谷(今七康湖)旁高山頭上，至今烽址屹立，山下通北蕃之道路。橫城烽，高昌國時有"橫城門"在永昌谷中①，故橫城烽又名城門烽②，具體今在何處？待考。

另有神山烽，在交河縣③，有可能就在交河縣的神山鄉。

處於周邊有多個部族的唐西州，在一個半世紀的時間裏，能夠固若金湯，長期保持和平安穩的狀態，應該歸功於唐西州四個軍府及其鎮、戍、烽、鋪預警系統的建置。這套軍事系統的建設，不僅保證了西州自身的安全和社會繁榮發展，而且也爲唐朝廷在整個西域的軍事活動，提供了强有力的支撐。

三、交通上建立了一套館驛系統

西州東接伊州，西南連焉耆，是東西絲綢之路上的樞紐之地，在較早的高昌郡時期，由盆地通向內地，通常走大海道至敦煌，再轉往內地。到了高昌國時代，由於大沙海"往來困弊"難行④，改走莫賀延磧路至伊州轉往內地，即從盆地的赤亭向東，直穿莫賀延磧至伊吾，故稱之爲伊吾路。高昌國之初，國王麴儒遣使北魏"求內徙"，北魏使者西來，走的都是這條道路。然而"莫賀延磧，長八百餘里，古曰沙河，上無飛鳥，下無走獸，復無水草"⑤，故在唐克高昌後，於貞觀十六年新開闢了一條沿山行通往內地的道路，故名新開道⑥，這是在伊吾路以北沿山行的西州向東往伊州(今哈密)的北道，沿途所設諸驛

① 《高昌延壽十四年(六三七)兵部差人上現文書》載："伍人往永昌谷中橫城門里邏伍日。"唐長孺主編：《吐魯番出土文書》第四册，文物出版社 1983 年版，第 129 頁；唐長孺主編：《吐魯番出土文書》[貳]，文物出版社 1996 年版，第 73 頁。

② 大谷 3475 號《岸頭府到來文書》有"兵曹符爲城門烽"。[日]小田義久編：《大谷文書集成》第二卷，(日本)法藏館 1990 年版，圖版五，釋文第 107 頁。

③ 《唐西州高昌縣陽某雇人上烽契》載："雇交河縣人……用神山烽上壹次拾伍日。"唐長孺主編：《吐魯番出土文書》第七册，文物出版社 1986 年版，第 271 頁；唐長孺主編：《吐魯番出土文書》[叁]，文物出版社 1996 年版，第 427 頁。

④ 敦煌文書 P. 2009 號《西州圖經殘卷》載："大海道右道出柳中縣界，東南向沙州一千三百六十里，常流沙，人行迷誤，有泉井鹹苦，無草，行旅負水擔糧，履踐沙石，往來困弊。"唐耕耦、陸宏基編：《敦煌社會經濟文獻真跡釋録》第一輯，書目文獻出版社 1986 年版，第 54 頁。

⑤ 慧立、彥悰著，孫毓棠、謝方點校：《大慈恩寺三藏法師傳》卷一，中華書局 2000 年版，第 16 頁。

⑥ 唐耕耦、陸宏基編：《敦煌社會經濟文獻真跡釋録》第一輯，書目文獻出版社 1986 年版，第 54 頁。

及走向是：

> 高昌城→寧戎驛→蒲昌縣→狼泉驛→赤亭驛→草堆驛(今四十里大墩)→達匪驛(今城泉子)→羅護驛(今西鹽池)→神泉驛(今東鹽池)→駝泉驛→西華驛→東華驛→獨泉驛→納職驛→伊州。

此路走的是一條弓形綫，其里程比走東西直綫的赤亭道要多一百六十里，但沿途山泉重出，水草充沛，便於行旅。① 據出土天寶十三載長行坊馬料帳所記，盆地内的路綫調整爲：高昌城→柳中館→蒲昌館→赤亭館→達匪館。

由高昌城向西南去焉耆的諸驛走向，高昌國時走的是高昌城→南平城(今勒木丕)→無半城(今布干吐拉)→始昌城(今阿薩墩古城)→篤進城(今托克遜)→入山谷。麴文泰送玄奘西去走的就是這條路綫。《新唐書·地理志》所載唐官道是"自州西南有南平、安昌兩城，百二十里至天山西南入谷"②。安昌城即今之帕克拉克，天山即原始昌城。據出土的天寶十三載長行坊馬料帳所記，結合《新唐書·地理志》所載，這條路綫到唐中期其全程走向是：交河館→天山館→礌石館→銀山館→吕光館→磐石→張三城→新城館→西抵焉耆。這條道路又被稱爲銀山道。

除此向東向西幹道外，向北通北庭的道路，據《西州圖經》所載，本有多條，如花谷道(洿谷道)、移摩道(維摩道)、薩捍道、突播道、烏骨道、他地道、白水澗道，均爲山谷小路，唐代選擇了在他地道上設置館驛，成爲官府幹道，《新唐書·地理志》載：

> 交河：中下，自縣北八十里有龍泉館，又北入谷百三十里，經柳谷，渡金沙嶺，百六十里，經石會漢戍，至北庭都護府。③

依據吐魯番出土天寶十四載(七五五)交河等館馬料帳所載，這條驛館路綫是：交河館→石舍館(原龍泉館)④→酸棗館→柳谷館→金沙嶺→石會漢戍→北庭。⑤

古代陸路交通運輸靠馬、牛、驢等畜力運送。早在高昌王國時期，就建有遠行馬制度，由百姓承擔遠行馬的費用，名爲"劗遠行馬錢"。⑥ 唐建西州後，整頓了西州通往境外的道路交通，一方面改革高昌國的遠行馬制度，將原全由百姓負擔馬匹的高昌遠行馬制，改由州政府建立"長行坊"，直接由官府管理長行馬的飼養，百姓每户一年祇交一次

---

① 陳國燦：《唐西州蒲昌府防區内的鎮戍與館驛》，氏著《陳國燦吐魯番敦煌出土文獻史事論集》，上海古籍出版社 2012 年版，第 265~274 頁。

② 《新唐書》卷四〇《地理志》"西州交河郡"條，中華書局 1975 年版，第 1046 頁。

③ 《新唐書》卷四〇《地理志》"西州交河郡"條，中華書局 1975 年版，第 1046~1047 頁。

④ 石舍館，推測開元初由龍泉館改名而來，疑爲避唐玄宗李隆基名諱所致。

⑤ 唐長孺主編：《吐魯番出土文書》第十册，文物出版社 1991 年版，第 64、68、73、226 頁；唐長孺主編：《吐魯番出土文書》[肆]，文物出版社 1996 年版，第 428、431、435、538~539 頁。

⑥ 唐長孺主編：《吐魯番出土文書》第三册，文物出版社 1981 年版，第 270、272、277 頁；唐長孺主編：《吐魯番出土文書》[壹]，文物出版社 1992 年版，第 422~425 頁。

長行馬價銀錢二文，又稱"眾備馬價"錢，供給軍政交通需要。

長行坊由州兵曹參軍統領，進行軍事化的管理，直接對西州都督負責。長行坊以蓄養馬匹兼及驢、牛，以服務於迎送官吏、客使爲主要任務。阿斯塔那五〇六號墓所出《唐天寶十三載(七五四)西州長行坊申勘十至閏十一月支牛驢馬料帳歷》中，記有每日配給馬料數，如閏十一月廿二日記："兩槽馬二百廿六匹，各七升；驢六十五頭，各二升；牛一十二頭，各四升。計壹拾柒碩陸斗。"①這是西州長行坊在槽馬、驢、牛匹頭數最多時的數位記錄，共有大牲畜三百匹頭以上。長行坊除在槽服役的馬外，還有一些是在其下"牧馬所"飼養的馬，這兩部分的馬匹，合稱爲"兩槽馬"。長行坊馬匹遠行一次回來，體力消耗很大，或瘦弱、或傷損病患，都須要牧養一段時間，因此在長行坊下專設了"牧馬所"，調集士卒組成牧馬兵，負責對這些馬匹的牧養、治療和體能的恢復。吐魯番出土的唐開元九、十年(七二一、七二二)西州牧馬所的狀文甚多，如其中有一件載：

　　西州牧馬所　　　　　　狀上
　　　　使馬壹匹驃草
　　　　　右件使馬卒患冷要，起止不得。既是官馬，請乞處分。
　　　牒件狀如前，謹牒。

　　　　　　　　　　　　　　(開元九)年十二月牧馬兵王佐璁(牒)②

這是由西州牧馬所牧馬兵王佐璁對曾出使的一匹驃草馬病患"起止不得"情況牒上西州長行坊的報告。

西州牧馬所對馬匹實行群牧制管理，從出土文書知有高昌群、蒲昌群等，如《唐張從牒爲計開元十年(七二二)蒲昌群長行馬事》載：

　　蒲昌群長行馬壹佰肆拾陸疋
　　　右檢案內去閏五月廿五日得槽頭梁遠狀，通上件馬見在蒲昌群。後至六月
　　　三日得蒲昌縣申三匹死，六月十七日更得蒲昌縣申兩匹死。除死外，計在
　　　群有馬壹佰肆拾壹疋見在，未經點閱，所由檢校人鞠威見在州，請處分。
　　　牒　件　檢　如　前。　謹　牒
　　　　　　　　　　　　　月　　　日　典張從牒③

這是典吏張從得到蒲昌群的槽頭梁遠報告馬匹死亡後，向州長官作的報告。

對於馬匹的死亡及皮肉的處理，都要求必須明確交代，出土的《唐總章二年(六六九)至咸亨元年(六七〇)西州長行坊死馬價及皮價帳》，就是逐月逐日記錄每匹馬死亡地點及

　　① 唐長孺主編：《吐魯番出土文書》第十冊，文物出版社 1991 年版，第 141 頁；唐長孺主編：《吐魯番出土文書》[肆]，文物出版社 1996 年版，第 479 頁。
　　② 日本有鄰館藏吐魯番文書 45 號。
　　③ 陳國燦：《斯坦因所獲吐魯番文書研究》，武漢大學出版社 1994 年版，第 210 頁。

皮肉處理情況的帳曆，如：

> 一匹者白敦。正月四日從伊州使回，磧内死，皮肉棄卻不收，剥印將來檢分明毁
記。
> 一匹瓜敦。正月五日柳中縣東十里死，肉賣得錢三文送司倉。
> 一匹留敦。二月廿四日在槽死，肉賣與質子文得錢貳文送司倉，皮納庫記。
> □□□敦。三月一日從伊州使回，磧内死，肉棄不收，剥皮將來納庫記。①

如此健全的驛遞管理制度及嚴格的馬匹流動管理章程，保證了西州對外交通與通信的暢通無阻，從而提高了官府軍政部門的職能效率。

爲了應對官府及軍需物資的運輸，西州又於天山縣組建"長運坊"，以車牛供作長途運送的工具，坊内設有"車坊營"，專門負責車的營建、車乘供給。還有專門的群牧，負責牛驢的孳生、牧放、勘印及配發等。長運坊直屬州兵曹管理，常年備有車牛數十乘及驢駄，隨時聽從官府的調遣。

每個館驛建有驛舍、馬坊，爲運送官人使者服務，驛設驛長，下有驛丁館子若干人，任務是飼養馬匹，迎送來往官人、客使。驛丁來源於對百姓力役的徵調，基本上與上烽制相似，也是每丁一年三番，每番十五日上役，出土文書《唐開耀二年（六八二）寧戎驛長康才藝牒爲請處分欠番驛丁事》即反映了此事：

> （前 3 行所列各鄉人名從略）
> 牒：才藝從去年正月一日，至其年七月以前，每番各欠五人，於州陳訴。爲上件人等並是闕官白直，符下配充驛丁填數。准計人別三番合上，其人等准兩番上訖，欠一番未上，請追處分。謹牒。
>
> 開耀二年二月　日　寧戎驛長康才藝牒②

此牒是説民户服役配充驛丁，應是一年三次番上，現祇上兩番，尚欠一番未上，請上級追查處理。

唐代在西州對新開道、銀山道及他地道的開發和館驛建設，使得西州進一步成爲地連南北、貫通東西的交通樞紐之地，爲絲綢之路中段的新開拓和持續的繁榮和發展，作出了重大的歷史貢獻。

通過以上一系列基本體制的變革和建設，使得西州在建制上完全與中原融爲一體，在生產力的發展水準上、在管理制度和文明程度上，都能與内地一致起來。爲整個封建時代吐魯番盆地的開發和全面建設奠定了基礎。

從地名發展史的視角觀察，唐代是吐魯番地名大發展的時期，不論是縣、鄉、里地

---

① 陳國燦：《斯坦因所獲吐魯番文書研究》，武漢大學出版社 1994 年版，第 369、370 頁。
② 唐長孺主編：《吐魯番出土文書》第六册，文物出版社 1985 年版，第 570 頁；唐長孺主編：《吐魯番出土文書》[叄]，文物出版社 1996 年版，第 290 頁。

名，還是軍制上的府、鎮、戍、烽、鋪，或是交通館驛名稱，都出現了一系列的新地名，它拓展了吐魯番地名的進一步漢意化，也爲吐魯番盆地人文地理的發展奠定了全面的基礎。

　　附記：陳師此文原載《吐魯番學研究》2016 年第 2 期，收入本文集時，因體例需要，做了個別增補訂正。弟子劉安志謹識。

西州回鶻時期吐魯番地名的音變[*]
——吐魯番古代地名研究之五

陳國燦

一、唐末回鶻人入住西州

公元八世紀末，西州屬唐伊西庭節度使轄下的一部分，貞元二年（七八六）節度使李元忠卒，朝廷於五月任命楊襲古爲"北庭大都護、伊西北庭節度度支營田瀚海等使"[①]，常駐北庭，節度使楊襲古有時也到西州，從吐魯番柏孜克里克出土的《節度使楊公重修寧戎寺窟功德記碑》[②]中殘存有"節度使、御史大夫□□楊公天下一傑"等語推測，楊襲古曾在西州有過修建寧戎窟寺宇的活動。可是，到了貞元六年（七九○）冬，北庭受到了已侵入伊州的吐蕃的軍事攻擊，楊襲古在回鶻大相頡干迦斯率衆支持下，進行了抵抗，然而"頻戰敗績。吐蕃攻圍頗急，北庭之人既苦回紇，是歲乃舉城降之於吐蕃"[③]。楊襲古祇好帶領餘下的二千餘人出奔西州，七年秋，頡干迦斯又領其丁壯五六萬人將復北庭，仍召襲古偕行，再遭吐蕃、葛邏禄等所擊敗，死者大半。頡干迦斯收合餘衆，晨夜奔還。楊襲古之衆，僅餘六七百人，將復入西州，途中也被暗算而死。[④]

北庭的陷落與節度使楊襲古的被害，使唐伊西庭節度使轄地祇剩下西州了。然而，唇亡而齒寒，西州危在旦夕。可是，西州的地方官員們並没有動員民衆作積極抵抗的準備，而是寄希望於佛陀神靈的保佑。約在貞元六年以前，西州長史兼判前庭縣事的李曰孚，遇到一本由安西傳來譯寫的《佛説金剛壇廣大清净陀羅尼經》，認爲是獲得了"衆生修行解脱之捷徑"，於是"遂割減俸料之餘資，敬於彼州妙德寺寶方像祇園之買地。創造精室，徵召良工，鐫礪貞石，崇寫此經，將傳不朽"。他甚至"舍官入道"，改名爲"比丘僧利貞"。[⑤] 又近

　＊　本文爲新疆吐魯番地區文物局吐魯番學研究院課題"吐魯番古代地名研究"（TX2012-001）階段性成果。

　①　《舊唐書》卷一三《德宗紀》貞元六年末云："是歲，吐蕃陷我北庭都護府，節度使楊襲古奔西州。回紇大相頡干迦斯紿襲古，請合軍收復北庭，乃殺襲古，安西因是阻絶，唯西州猶固守之。"（中華書局1975年版，第370頁）此記殊爲可疑，回紇大相頡干迦斯既然請楊襲古合軍收復北庭，就不可能殺襲古，因爲殺了楊襲古，削弱了抗擊吐蕃的實力，祇能使北庭回紇孤立無援。疑襲古被殺，非回紇所爲。

　②　柳洪亮：《柏孜柯里克新發現的〈楊公重修寺院碑〉》，《敦煌研究》1987年第1期。

　③　《册府元龜》卷四五二《將帥部·識闇類》，中華書局1960年版，第5361頁。

　④　陳國燦：《安史亂後的二庭四鎮》，《唐研究》第二卷，北京大學出版社1996年版，第428頁。

　⑤　敦煌文書P.3918號《佛説金剛壇廣大清净陀羅尼經譯記及西州没落官趙彦賓題記》，見[日]池田温：《中國古代寫本識語集録》，（日本）東京大學東洋文化研究所1990年版，第315~316頁。參陳國燦：《安史亂後的二庭四鎮》，《唐研究》第二卷，北京大學出版社1996年版，第427頁。

年在柏孜克里克新發現的貞元六年(七九〇)二月所立《西州寧戎窟寺創營窟堂施功德記碑》①，在施功德者中，特別提到了"節度判官、殿中侍御史朱公□明"，反映出此時西州官民忙於"創營龕窟"，崇飾"諸窟殿堂彩畫尊像"，還在州城妙德寺營造僧院。貞元七年(七九一)在柳中縣城附近有人造建佛塔。② 所有這些活動，反映出西州官府毫無抗敵備戰的準備。德國探險隊在吐魯番發現的一寫經殘紙，末署"貞元八年出此經"，題記云："告一切衆生等，欲免此難，別無它路，當須澄政身心，供養諸佛，求恩原福，禮拜持齋。"③所云"此難"，結合貞元八年出此經的時間看，當是指吐蕃陷北庭後，兵指西州之難。面對吐蕃的軍事進攻，求神念經以求解脫，顯然是自欺欺人之舉。出土文獻顯示，貞元八年(七九二)吐蕃陷落了西州④，吐蕃將所俘獲的唐西州官員均移送至甘州，成了甘州寺户⑤，斷絶了唐再復西州的可能性。不過，吐蕃占領西州之後不太久，就被回鶻兵馬趕走了，故在吐魯番出土的文獻中，少有吐蕃文文獻的出土。

　　回鶻人最早是九世紀初來到西州的，約在貞元十八年(八〇二)，吐蕃由於在西川、維州連連失敗，損失嚴重，不得不收縮北方兵力救援南方，故而出現"吐蕃連敗，靈、朔之寇引衆南下"⑥，吐蕃很可能就在這時(八〇二)退出了西州。八〇三年，回鶻的卜古汗，即懷信可汗來到了西州⑦，開啓了回鶻統治西州的歷史。

　　唐與回鶻的關係，在共同對付安史內亂和吐蕃侵犯的鬥爭中，得到了進一步的密切和發展。乾元元年(七五八)肅宗以女寧國公主與回鶻可汗和親，寧國公主之後又有小寧國公主繼之和親。貞元四年(七八八)回鶻可汗又送回鶻公主到長安和親，受到唐德宗親迎，"時回紇可汗喜於和親，其禮甚恭，上言'昔爲兄弟，今爲子婿，半子也'"。同時唐又"詔咸安公主降回紇可汗"⑧。長慶元年(八二一)唐穆宗新即位後，封其第十妹爲太和公主，出降於回鶻。如此多次的聯姻和親，使唐與回鶻形成了一種舅甥關係，《五代史記》稱：

　　① 柳洪亮：《高昌碑刻述略》，《新疆文物》1991 年第 1 期。參見陳國燦：《吐魯番出土唐代文獻編年》，臺灣新文豐出版公司 2002 年版，第 339~340 頁。

　　② 黄文弼《吐魯番考古記》(中國科學院 1954 年版，第 12 頁)載："在魯克沁使力克普溝口，塔木和塔什地方有一廢塔頗高峻，四周有佛像遺跡，多已殘毀；塔頂部作圓弄形，朱書'貞元七年'年號，知爲唐代遺物。並題有'僧辯真畫'等字。"

　　③ 柏林藏吐魯番卷 Ch 576(T III 1069)號，見榮新江主編：《吐魯番文書總目(歐美收藏卷)》，武漢大學出版社 2007 年版，第 47 頁。

　　④ 貞元九年，被吐蕃俘爲甘州寺户的原伊西庭節度留後使判官趙彦賓，在一寫經題記中説："其經去年西州頃陷，人心蒼忙，收拾不著，不得本來。"見敦煌文書 P. 3918 號《佛説金剛壇廣大清淨陀羅尼經譯記及西州没落官趙彦賓題記》，參陳國燦：《八九世紀間唐朝西州統治權的轉移》，《陳國燦吐魯番敦煌出土文獻史事論集》，上海古籍出版社 2012 年版，第 610~620 頁。

　　⑤ 據敦煌文書 P. 3918 號《佛説金剛壇廣大清淨陀羅尼經譯記及西州没落官趙彦賓題記》載，遷移西行者中除原伊西庭節度留後使判官趙彦賓外，還有原西州長史兼判前庭縣事的李日孚、僧廣林闍梨等。

　　⑥ 《舊唐書》卷一九六下《吐蕃傳下》，中華書局 1975 年版，第 5260 頁。

　　⑦ 柏林藏吐魯番回鶻文卷 T II D 173 號載："在羊年，卜古汗到高昌，同摩尼教的高級僧侶相商，讓三名宣教僧到漠北本土去居住。"此羊年，應即唐貞元十九年癸未(八〇三)。參見[日]安部健夫著，宋肅瀛、劉美崧、徐伯夫譯：《西回鶻國史的研究》，新疆人民出版社 1985 年版，第 155~156 頁。

　　⑧ 《舊唐書》卷一九五《回紇傳》，中華書局 1975 年版，第 5208 頁。

"回鶻……唐嘗以女妻之，故其世以中國爲舅。"①這也使政治上的藩屬關係進一步得到了加强，在對付吐蕃的侵犯中，纔得以共同抗敵，聯合作戰。

　　太和二年(八二八)八月，回鶻首領安寧率四十人入朝進貢，唐文宗對其"宴賜有差"②。可是，這位安寧在二十多年後，又以"西州牧首"身份到長安朝貢。大中五年(八五一)末，唐宣宗頒賜給安寧的褒獎制文云：

　　　　西州牧首頡干迦思俱宇合逾越密施莫賀都督宰相安寧等，忠勇奇志，魁健雄姿，懷西戎之腹心，作中夏之保障，相其君長，頗有智謀。今者交臂來朝，稽顙請命。丈組寸印，高位重爵，舉以授爾，用震殊鄰，無忘敬恭，宜念終始，可雲麾將軍，守左驍衛大將軍，外置同正員，餘如故。③

安寧既是西州牧首，又是相其君長的回鶻宰相，他多次到長安朝貢，表明西州回鶻是受唐敕封的藩屬國，制文稱安寧"忠勇奇志"，忠是贊其對朝廷的忠心不二，勇乃指對吐蕃的英勇抗擊，在吐蕃再次入侵西州後，能再次將其奪回。從"懷西戎之腹心，作中夏之保障"二語看，唐對西州回鶻是當作西部各族中的心腹勢力看待的，是中夏朝廷的保障力量。不僅肯定了回鶻助唐打擊吐蕃的鬥爭，也認可了回鶻代替唐朝廷對西州的管理。故而賜給安寧以"雲麾將軍，守左驍衛大將軍，外置同正員"，還授予"丈組寸印"。在吐魯番地下發現的一件回鶻文文書上，多處鈐有高 10 釐米、寬 9.5 釐米漢文朱印，印文 4 行，文爲"大福大回鶻國中書門下頡干迦思諸宰相之寶印"④。這應該就是唐朝廷頒賜給回鶻諸宰相們的"丈組寸印"。

　　回鶻對西州的統治，初期並不穩定，八三六年以後，回鶻統治者内部傾軋，吐蕃可能乘虛再占西州，故纔有八五〇年，回鶻宰相安寧再克西州，受唐褒獎賜封。其後可能再度易手，直到八六六年，回鶻僕固俊再行收復，西州纔比較穩定地處於回鶻僕固氏家族的統治之下。⑤

二、西州回鶻對唐制的全面繼承

　　回鶻人來到西州面對的是，當地仍存在着大量漢族農耕居民，還存在着延續了近千年的中原政治、經濟、文化制度。作爲代替唐在西州進行管理的新來回鶻統治者們，面對新的農耕環境和中原文化制度，祇有努力加以適應，並全盤地加以繼承。因爲他們認爲：從

---

① 《新五代史》卷七四《回鶻傳》，中華書局 1974 年版，第 916 頁。
② 《册府元龜》卷九七六《外臣部·褒異三》載，太和二年"八月丙子，對入朝回鶻安寧四十人於麟德殿，宴賜有差"(中華書局 1960 年版，第 11465 頁)。
③ 杜牧：《樊川文集》卷二〇《西州回鶻授驍衛大將軍制》。此制文由大中五年"知制誥"的考功郎中杜牧所草擬，故收録於《樊川文集》中。
④ 黄文弼：《吐魯番考古記》，中國科學院 1954 年版，第 63 頁，圖 87 第 95～100 頁。
⑤ 《資治通鑑》卷二五〇唐懿宗咸通七年(八六六)載："春，二月，歸義節度使張義潮奏北庭回鶻僕固俊克西州、北庭、輪台、清鎮等城。"(中華書局 1956 年版，第 8113 頁)參見陳國燦：《高昌社會的變遷》，新疆人民出版社 2013 年版，第 183～184 頁。

吐蕃手中奪回西州，是在爲唐收復失地，替天行道，而自己占領西州，也是在爲唐朝守衛、管理着西州，故將在此所建的政權，稱爲西州回鶻國。爲了證明這一點，他們還在其王宮内，專門修有"敕書樓，藏唐太宗、明皇御札詔敕，緘鎖甚謹"①。

在政治統治上，回鶻承襲了唐西州的四府五縣地方行政體制，並由回鶻宰相兼任西州牧首加以統領，此制從九世紀中的"西州牧首頡干迦思俱宇合逾越密施莫賀都督宰相安寧"以來，到十一世紀中一直都是如此。德國探險隊在吐魯番所獲紀年爲"丁未歲二月"的回鶻文"木簡文書"載："丁未歲二月，新月第三日，我們是王者……的統治，其統治範圍東自沙州（Sačiu），西至笈赤（Nuč）、巴爾渾（Barsxan），於是頡干迦思合都督逾越莊嚴地爲高昌國（qočo ulusuč）之長。"②對此丁未歲，安部健夫氏認爲訂在公元九四七年最可靠，表明十世紀中仍延續着頡干迦思宰相爲西州牧首之制。多年前吐峪溝出土的一件漢文寫的《造佛塔記》，據考證屬於公元一〇五一年前後所寫，參與造佛塔活動的官員中，就列有"宰相攝西州四府五縣事清信弟子伊難[主]"③。證實了直到十一世紀中，西州回鶻仍繼續施行着四府五縣制的行政區劃治理。

在經濟生活上，回鶻人接受了西州原住漢民的農耕定居生活方式，並在各種經濟交往關係中，接受了當地原很發達的契約制度。吐魯番出土回鶻文《某年臘月阿狄赫·達干賣地契》④，應屬西州回鶻王國前期的一件契約，現將諸家譯文，綜録於下：

（正面）

　　[□年戒]月⑤初一，我阿狄赫·達干需要通貨用的（官布），把我位於奇姆胡克的（播）一石（種子）的田地，（公正合法地）賣給了艾勒甫·塔西將軍，其售價我們是這樣議定的：斷爲高昌市場上通行的、兩邊有條紋道、中間有官印的一百個官布。這一百個官布在立文書之日，我艾勒甫·塔西將軍已全部付清，我阿狄赫·達干也全部收到了。該地的四至界是：北邊以艾勒甫·塔西·僧庫爾將軍的地爲界；西邊以將軍于伽的地爲界；南邊以庫瑪爾將軍的地爲界；東邊以艾勒甫·塔西將軍的地爲界。該地將千年萬日地歸艾勒甫·塔西將軍所有，我阿狄赫·達干的兄弟、親友均不得過問，若想過問，其言無效，祇有艾勒甫·塔西將軍的話有效。若有人倚仗官吏之力製造糾紛，就要付出與該河渠上屬於艾勒甫·塔西將軍地相當的地。此言之證人：庫……恩；證人：統喀刺將軍；見證人：我弟弟哺吐爾。這個印章是我阿狄赫·達干的兒子喀喇木克的。在詳細地訊問了買方和賣方之後，我卜薩爾圖·新喀伊·喀亞寫

---

①　王延德：《西州使程記》，《宋史》卷四九〇《高昌傳》，中華書局1977年版，第14112頁。

②　[德]繆勒：《吐魯番出土的兩個木簡文書》，1915年。轉引自[日]安部健夫著，宋肅瀛、劉美崧、徐伯夫譯：《西回鶻國史的研究》，新疆人民出版社1985年版，第297頁。

③　陳國燦、伊斯拉菲爾·玉蘇甫：《西州回鶻時期漢文〈造佛塔記〉初探》，《歷史研究》2009年第1期。參見陳國燦：《高昌社會的變遷》，新疆人民出版社2013年版，第185~189頁。

④　李經緯：《回鶻文社會經濟文書輯解》上册，甘肅民族出版社2012年版，第136~140頁。劉戈：《回鶻文買賣契約譯注》，中華書局2006年版，第53~54頁。兩書對於本契均有釋文。此處取二書之所長作綜合録文。

⑤　劉戈引用森安孝夫的論證，認爲十二月爲"戒月"，實爲臘月。見氏著《回鶻文買賣契約譯注》，中華書局2006年版，第77~78頁。

了（該文書）。

（背面）

　　該文書是阿狄赫·達干（所賣）土地的文書。

　　透過這件契約，可以觀察出西州回鶻社會經濟方面的許多制度。首先是農耕制度，農田成了有價值的生産資料，可以買賣，對於原從事畜牧經濟、“居無恒所，隨水草流移”的回鶻民族來説，由遊牧轉爲地著務農，是一個很大的轉變，這也是對西州原社會經濟模式的適應。其次是在土地交易中訂立契約的制度，形諸文字者，有土地地塊方位的確定（含土地的四至），賣價的明確，賣主對産權出賣的保證，違約悔約要受一罰二的處罰，證人列名蓋印等，這些顯然是對原西州民間生活法則的繼承。再次是市場交易制度，使用在一定地域合法流通的貨幣，自主公平交易，等價自願交換。表明原西州發達的封建商品經濟意識觀念在回鶻社會中也得到了發展。

　　在宗教信仰上，回鶻人原在漠北信奉薩滿教、摩尼教。八〇三年回鶻卜古汗到西州之初，讓當地的摩尼教僧侶派三名宣教僧到漠北去居住之舉也證實了這一點。① 然而，整個西州盛行的是對佛教的信仰，“佛寺五十餘區，皆唐朝所賜額”②。以回鶻可汗爲首的統治集團，在西州定居的時間一長，也逐漸接受了對佛教的信仰。《宋史·高昌傳》載：“乾德三年（九六五）十一月，西州回鶻可汗遣僧法淵獻佛牙、琉璃器、琥珀盞。”③派遣高僧法淵向新立國的宋朝廷貢獻珍貴的佛牙等物，既表現出對宋的友好臣屬，也反映出回鶻可汗對佛的崇信。敦煌漢文書 S. 6551 號講經文，據研究，乃公元九三〇年前後在西州回鶻地區寫成的漢文文書，文中記道：“天王乃名傳四海，德布乾坤，卅餘年國安人泰。早授諸佛之記，賴蒙賢聖加持，權稱帝主人王，實乃化身菩薩。”④是説已當政三十多年的西州回鶻可汗，早已奉信佛教經義，在賢聖高僧們的開導加持下，雖然是帝主人王，實際上已是菩薩的化身。這段文字反映出，以可汗爲首的西州回鶻統治集團在十世紀初已是深懂佛經教義的佛教信徒了。柏孜克里克佛窟第 20 窟爲回鶻王室供養窟，内有回鶻文“王子都督”榜題的供養畫像，另有三位僧都統供養畫像，榜題用漢文和回鶻文並列書寫，應是崇佛興盛時繪製的。⑤ 在佛教系統中，也推行了内地和原西州行之已久的僧都統管理制度。⑥

---

　　① 柏林藏吐魯番卷 T II D 173 號載：“在羊年，卜古汗到高昌，同摩尼教的高級僧侶相商，讓三名宣教僧到漠北本土去居住。”

　　② 王延德：《西州使程記》，《宋史》卷四九〇《高昌傳》，中華書局 1977 年版，第 14112 頁。

　　③ 《宋史》卷四九〇《高昌傳》，中華書局 1977 年版，第 14110 頁。

　　④ 張廣達、榮新江：《有關西州回鶻的一篇敦煌漢文文獻——S. 6551 講經文的歷史學研究》，《北京大學學報》1989 年第 2 期。又載張廣達：《西域史地叢稿初編》，上海古籍出版社 1995 年版，第 218、225 頁。

　　⑤ 陳國燦：《高昌社會的變遷》，新疆人民出版社 2013 年版，第 205 頁。

　　⑥ 敦煌文書 P. 3672 號是一件西州回鶻《賞紫金印檢校廿二城胡漢僧尼事内供奉骨都禄沓密施嗚瓦伊支都統大德致沙州宋僧政等狀》，書中稱：“昨近十月五日，聖天恩判：補充都統大德。”都統，即僧都統，統管着西州廿二城胡漢僧尼事務，這封問候信爲漢文書寫，推測這位僧都統也是漢僧。據研究，這件文書爲公元十世紀後半期所寫。參張廣達：《西域史地叢稿初編》，上海古籍出版社 1995 年版，第 223 頁。

在文化制度上，回鶻文與漢文並行使用，特別是在佛教事務上，如九三〇年的講經文爲漢文書寫，而九四八年回鶻"公主殿下"和"沙州將軍"二人在高昌故城爲營建某佛寺院奠基的木杵祈福文，則用回鶻文書寫。① 到了九八三年，回鶻"天特銀、天公主"在"新興谷内"施建伽藍功德記的木杵，又是用漢文所寫。② 甚至到了十一世紀，還有用漢文書寫者，如吐峪溝所出的《造佛塔記》，經考證爲一〇五一年前後用漢文所書寫。③ 除兩種文字通行外，在度量衡制上，也襲依唐西州舊制，如石、斗、升、斤、兩、丈、尺之類。在曆法上"用開元七年曆，以三月九日爲寒食，餘二社、冬至亦然"④。由上看到，回鶻人到西州，從政治、經濟生活，到宗教信仰，文化習俗，無一不繼承了原唐在西州建立的制度和文化傳統。正是這種開明開放的決策，帶來了整個回鶻人社會的進步。

三、回鶻語對唐地名繼承中的音變

回鶻人占領西州，既然是在爲唐朝守衛、管理着西州，故對於原來唐施行的各種社會制度均不變更，一直自稱爲西州回鶻國。這樣也就減少了統治權更迭中的許多阻力。對於唐在西州各地沿用高昌國的地名，也保持了原稱，吐魯番勝金口寺廟遺址中，出土的回鶻"天特銀、天公主"在"新興谷内高勝岩嶺福德之處"施建伽藍用漢文所寫的功德記，首行存有"歲次癸未之載五月廿五日辛巳"，經研究判斷爲公元九八三年⑤，這已是僕固俊正式建立西州回鶻王國一百多年以後，建寺的地點仍稱"新興谷内"。新興谷即今木頭溝，麴氏高昌國章和年間已在谷北口建新興縣⑥，唐代降爲"新興城"，城東面臨的東西相通的山谷即是新興谷，説明唐時地名在西州回鶻建國一百多年以後仍依襲不改。

前已論及，西州回鶻建國後，在西州仍然行用唐四府五縣的管理體制，四府是指唐時軍事上所建前庭、岸頭、蒲昌、天山四個軍府，五縣是指唐時在地方行政上所建的高昌、交河、柳中、蒲昌、天山等縣。在已發現的西州回鶻時期回鶻文文獻中，雖未見四軍府名的再現，但對五縣的地域概念，卻多有出現。如回鶻文《羊年雅爾普·雅阿等人賣地契》中，對出賣的七石種糧土地，"以當今在高昌(qočo)市場上流通的、兩側及後面、中間蓋有印章的三千二百五十個官布成交了"⑦。類似的用高昌市場上流通的官布成交者，還見

---

① 楊富學：《西域敦煌宗教論稿》，甘肅文化出版社1998年版，第257～276頁。

② 岑仲勉：《吐魯番木柱刻文略釋》，收入氏著《金石論叢》，上海古籍出版社1981年版，第453～456頁。

③ 陳國燦、伊斯拉非爾·玉蘇甫：《西州回鶻時期漢文〈造佛塔記〉初探》，《歷史研究》2009年第1期。參見陳國燦：《高昌社會的變遷》，新疆人民出版社2013年版，第185～189頁。

④ 王延德：《西州使程記》，《宋史》卷四九〇《高昌傳》，中華書局1977年版，第14111頁。

⑤ 對此件，伯希和最早將其斷爲公元九八三年。參見岑仲勉：《吐魯番木柱刻文略釋》，氏著《金石論叢》，上海古籍出版社1981年版，第453～456頁。

⑥ 陳國燦：《高昌王國對郡縣的擴建——吐魯番地名研究之三》，《吐魯番學研究》2016年第1期，第21頁。現已收入本書。

⑦ 李經緯：《回鶻文社會經濟文書輯解》上册，甘肅民族出版社2012年版，第132頁。關於"在高昌西部"，劉戈依據森安孝夫的研究，將"西部"譯作"市場"。見氏著《回鶻文買賣契約譯注》，中華書局2006年版，第55、95～96頁。

於《鼠年薩比賣地契》①《狗年某人租田契》②等。除高昌外，還有柳中，如回鶻文《牛年奧爾迷失・陀赫里勒等人賣地契》中記："我們以柳中(lükčüng)市場上流通的蓋有皇印的一百七十個雙面兒的通用的棉布成交了。"③相同地欄位型別的成交，還見於《兔年奧爾迷失等人賣地契》④。另外，在回鶻文《某年清帳收據》中，寫有"八十個柳中(lükčüng)市場上流通的棉布我已全部收到了"⑤。由此看，官布的流通地域是以縣爲單位劃定的，它反映出唐縣的行政區劃仍在起作用。以此類而推之，當時或許還應有交河、蒲昌、天山等市場上流通的官布。

　　唐代的這些地名，當其用回鶻語言文字表述時，由於民族語言發音轉換的不同，就會出現一些音變，如高昌發音作 qoĉu，柳中發音作 lukchun，交河發音作 yarho。類似的音變規律也出現在其他地名上，如麴氏高昌國建昌元年(五五五)立《寧朔將軍麴斌造寺碑》，記麴斌芝施給寺的田產多段，其中載有一段"次秦城澤中潢，東詣巳忠玄受鎮家□□□渠；南詣螺中道；西詣秦城澤；北詣苟居潢"⑥。秦城澤，又稱秦城湖，在回鶻文《薩比賣地契》中，有"把我位於 tsinkuu ogan 上可播一石八斗種子的水澆地賣給了拔悉密"⑦，李經緯先生將 tsinkuu ogan 譯作"秦渠河"，實即古"秦城湖"的音變，今之七康湖。

　　原由漢字長期固定表述的地名，一旦用回鶻語言文字來表述時，往往會因時、因地、因人而異，出現多種表現形式。如高昌對音 qoĉu，或作 khocho，或作 khoco，或作 qoĉuta。⑧ 柳中對音 lükčüng，或作 lukchun，或作 lukchyn。交河對音 yarho，或作 yar⑨，或作 yarhoto。而當這些回鶻語對音再轉爲漢字表述時，就變得與原漢字本名不同，以致面目全非，最突出的代表是北宋初王延德出使西州回鶻，於雍熙元年(九八四)所寫《西州使程記》中所記：

　　　　次歷伊州……次歷納職城……凡三日至鬼谷口避風驛……凡八日，至澤田寺。高昌聞使至，遣人來迎，次歷地名寶莊，又歷六種，乃至高昌。⑩

---

　　① 李經緯：《回鶻文社會經濟文書輯解》上册，甘肅民族出版社 2012 年版，第 135 頁。劉戈：《回鶻文買賣契約譯注》，中華書局 2006 年版，第 56 頁將"高昌"譯爲"火州"。

　　② 李經緯：《回鶻文社會經濟文書輯解》上册，甘肅民族出版社 2012 年版，第 80 頁。

　　③ 李經緯：《回鶻文社會經濟文書輯解》上册，甘肅民族出版社 2012 年版，第 119 頁。劉戈：《回鶻文買賣契約譯注》，中華書局 2006 年版，第 58 頁"柳中"譯作"魯克沁"。

　　④ 李經緯：《回鶻文社會經濟文書輯解》上册，甘肅民族出版社 2012 年版，第 124 頁。劉戈：《回鶻文買賣契約譯注》，中華書局 2006 年版，第 58 頁"柳中"譯作"魯[克]沁"。

　　⑤ 李經緯：《回鶻文社會經濟文書輯解》上册，甘肅民族出版社 2012 年版，第 308 頁。

　　⑥ 《寧朔將軍麴斌造寺碑》摹文(碑陰)第 9～10 行，黃文弼：《吐魯番考古記》，中國科學院出版社 1954 年版，第 54～55 頁。

　　⑦ 李經緯：《回鶻文社會經濟文書輯解》上册，甘肅民族出版社 2012 年版，第 133、135 頁。

　　⑧ [德]茨默著，趙崇民、楊富學譯：《高昌回鶻王國的商業》，楊富學譯：《回鶻學譯文集》，甘肅民族出版社 2012 年版，第 234 頁。

　　⑨ 在吐魯番所出回鶻文《摩尼教寺院文書》中，載有"要向交河(yar)摩尼教寺院繳二闊薑棉花"。見李經緯：《回鶻文社會經濟文書輯解》上册，甘肅民族出版社 2012 年版，第 352、358 頁。

　　⑩ 《宋史》卷四九○《高昌傳》，中華書局 1977 年版，第 14111 頁。

　　從此記知，王延德走的是唐伊西南路，即赤亭道。① 進入盆地遇到的首站地名 chiq-
tim，由於他不知此地即唐"赤亭鎮"名的背景，祗能根據當時人的發音，寫成了"澤田
寺"。經過 pichen(蒲昌)，據其音寫成了"寶莊"。又歷 lukchyn(柳中)時，據其音寫成了
"六種"。譯音本無定字，然而，在漢名發回鶻語音後，再由回鶻語轉爲漢字時，字雖不
同，語意變了，但原來漢地名的語根音卻未變，仍可讓我們能追尋到回鶻語地名的淵源。
如《西域土地人物略》記説："又西爲北昌，又西爲魯珍城兒。"北昌含有"蒲昌"語音根，
魯珍仍含有"柳中"語音根。岑仲勉先生根據這一特點，對俄國東方學者 N. Th. Katanoy 於
一八九〇年至一八九二年著《新疆地區民族記》中所記吐魯番一帶的回鶻語地名，與所知
漢文名，作了相對應的考證，於一九四五年發表了《吐魯番一帶漢回地名對證》一文②，
對證了六十餘個地名，現將其中源於古代高昌—西州郡縣鎮城及相關漢文地名可相對應
者，以方位由東往西爲序，列表於下(見表一)：

表一

漢文地名	回鶻語音名	由回鶻語音轉換出的諸漢譯音地名	今地名
赤亭	Čïqtïn	澤田寺，鐵堆子，齊克塔木，七克騰	七克台
蒲昌	Pučang	寶莊、辟展、必殘、北昌，皮禪	辟展
柳中	Lükčüng	六種，魯陳，吕中，魯克塵，柳城，魯珍城	魯克沁
大海	Dighar	底坎兒，的卡	迪坎
臨川	Limčin	連木沁，勒木津，懶真，連木齊木	連木沁
丁谷	Tïyoq	土域溝，土玉溝	吐峪溝
新興	Singing	勝金，森尼木，色更木，僧吉穆	勝金
高昌	Qočo	高昌，和綽，和州，霍州，火州	哈剌和卓
交河	Yar-khoto	崖兒城，雅爾河，招哈和屯	雅爾河
鹽城	Yimši	雅木什，也木什，俺石	也木什
南平	Nampï	勒木丕，拉木拍、讓布工尚	勒木丕
無半	Wupan	布干	布干
篤進	Toqsïn	托遜，托克遜，他古新，托克三	托克遜

　　岑仲勉先生的考證，開創了回鶻語地名與原漢語名的對應研究，惜當時各國收藏回鶻

---

　　① 陳國燦：《唐西州蒲昌府防區內的鎮戍與館驛》，《陳國燦吐魯番敦煌出土文獻史事論集》，上
海古籍出版社 2012 年版，第 283 頁。
　　② 岑仲勉：《吐魯番一帶漢回地名對證》，該文寫於 1942 年，刊於 1945 年《歷史語言研究所集刊》
第十二本，後收入氏著《中外史地考證》下，中華書局 2004 年版，第 705~736 頁。

語歷史文獻多未公佈，能提供出上列對證成果已經是十分不易的了。"二戰"以後至今六七十年間，世界各地收藏的回鶻語歷史文獻紛紛公佈，各國學者的研究也在不斷深入。在此基礎上，日本回鶻歷史語言學家松井太在二〇一五年發表了《吐魯番諸城古回鶻語稱謂》一文①，他利用了新見回鶻語歷史文獻中提供的地名信息，列出了蒲昌、赤亭、威神、横截、臨川、新興、寧戎、南平、鹽城、納職、丁谷、柳中、高昌、篤進等十四個回鶻文地名，作了與出土文獻中漢文地名的對應考察，其中除 Napčik（納職）屬哈密地區以外，屬吐魯番盆地者十三個，其中未見於岑氏所考者有三個，即 Soim，Qongsir，Limčin。對於此三個地名，松井太引用了稍晚的蒙古文文書 MongHT 070（TM93）中的記載：

　　　　在 S［oim］，Qongsir 和 Limčin 三個村鎮 Mormu，Saqal and Qayiči 率領下的人民，已經疏散了。

　　　　搜羅和選擇（非法占有）屬於 Soim，Qongsir 和 Limčin 的人。

　　　　無論是誰，都不能非法侵占 Soim，Qongsir 和 Limčin 三個村鎮人民的耕地，也不可欺壓（這裏的人民）。②

　　松井太通過本件和其他多件文書的比對，確定了 Qongsir 爲横截，Limčin 爲臨川後，對於 Soim，在找不到其漢語起源時，認爲"可以將之與鋼和泰藏卷中于闐語地名 īśumä（～yūśumä）相聯繫。這個地名位於横截和色爾克普之間，並確定爲吐魯番漢文文書中的威神。我懷疑：威神是否轉換爲 īśumä（～yūśumä），然後由回鶻語轉換成蒙語 Soim（～Suim）？"但在最後的列表中，松井太氏卻又無法確定威神今地在何處。

　　問題出在松井太氏將 Qongsir（横截）定爲今"漢都"的錯位。據大谷文書 2604 號《唐高昌縣給田文書》載："一段三畝薄田：城東六十里横截城阿魏渠。"③知横截城位於高昌城東六十里。而今之漢都（罕都），據《西域圖志》載，罕都至連木齊木（連木沁）二十五里，連木齊木至蘇巴什二十五里④。蘇巴什向南至洋赫（古高寧）三十里⑤，高寧至高昌三十里⑥。據此，漢都距離高昌城約一百一十里，顯然與上記"六十里"不合。而"城東六十里横截城阿魏渠"，則與今蘇巴什正相合。因此，早年嶋崎昌先生將"横截比定爲現代地名 Khandu（即漢語之罕都、漢墩）"之說⑦，也就不能再被接受了。横截城應在吐峪溝出北口

---

① ［日］松井太所著文，初以英文刊於《智慧之書——勞特六十大壽紀念文集》（Kutadgu Nom Bitig. Festschrift für JENS PETER LAUT zum60. Geburtstag），德國威斯巴登 2015 年版，第 275～303 頁。楊富學、陳愛峰譯：《吐魯番諸城古回鶻語稱謂》，《吐魯番學研究》2017 年第 1 期，第 95～116 頁。

② ［日］松井太著，楊富學、陳愛峰譯：《吐魯番諸城古回鶻語稱謂》，《吐魯番學研究》2017 年第 1 期，第 97 頁。

③ ［日］小田義久主編：《大谷文書集成》第一卷，（日本）法藏館 1984 年版，圖版四九，釋文第 101 頁。

④ 鍾興麒、王豪、韓慧：《西域圖志校注》卷一四，新疆人民出版社 2014 年版，第 308 頁。

⑤ 二〇一七年五月十一日，筆者實地考察，由古高寧遺址驅車翻山走吐蘇公路，十四公里抵蘇巴什，古代行人秖能傍吐峪溝谷水北行，其路程多有迂曲，故以三十里計爲宜。

⑥ 《唐高昌縣授田簿》中，有多起常、部田在"城東卅里高寧宋渠"之記載，見唐長孺主編：《吐魯番出土文書》第六册，文物出版社 1985 年版，第 244、258、259 頁。

⑦ ［日］嶋崎昌：《高昌國の城邑について》，（日本）東京大學出版會 1977 年版，第 121 頁。

的蘇巴什村，遺址尚在①。古城遺址現實的存在，證實了多年前錢伯泉氏認爲橫截"故地當在今新疆鄯善縣吐峪溝北口偏東的蘇巴什"的正確。②

"罕都"也有古居民點的遺存③，它應是威神城遺址之所在。威神一名在高昌國時一直存在到末期的延壽年間④，入唐以後，此名便從此消失。經唐併省郡縣後，卻出現了一個新的城名——于諶城⑤，兩城名發音的高度一致表明，于諶很可能是威神城入唐後的變稱。否則，不好解釋"威神"入唐以後再也不見記載，而"于諶"城名卻悄然出現于唐代文書中這一現象。對此，筆者曾經一度據《唐開元四年(七一六)柳中縣高寧鄉籍》中"城東六十里于諶城"⑥，認爲其地"在蒲昌城南三十里的柏樹溝"⑦。現在來看，這一認識不確，須在此糾正。于諶城實際在柳中縣城東北六十里，在唐戶籍中祇寫東西南北方位時，是可以寫作城東六十里的。松井太將 Soim 與于闐文卷中 īšumä(～yūšumä)地名相聯繫作出考察是對的，西州回鶻早期以 yūšumä 稱威神(于諶)，到了蒙元以後，纔音變以 Soim 呼之。但是，將其定在"位於橫截和色爾克普之間"則欠妥，這是將威神放在橫截以南，並不符合歷史實際。早年錢伯泉氏説："連木沁東北 20 公里左右，遺留廢棄古城一處，西南小山上又有烽燧遺址，威神縣城很可能在這裏。"⑧此説也是認定威神縣城在今漢墩一帶。

吐魯番出土漢文文書《唐上元二年(七六二)蒲昌縣界長行小作具收支飼草數請處分狀》中，記有"壹仟貳伯玖拾伍束，山北橫截等三城作"⑨。此山北橫截等三城應是指橫截、臨川、于諶(原威神)。

Nižüng，松井太將其比定爲"寧戎"十分正確，但又説："Nižüng～Nišüng～Lišüng 是'寧戎'，果無任何證據證明就是柏孜克里克，我們就不得不考慮另一種可能性，即今日勝金口。"⑩同時

<hr>

①　錢伯泉：《高昌國郡縣城鎮的建置及其地望考實》，《新疆大學學報》1988 年第 2 期，第 39 頁。

②　二〇一五年六月二十六日、二〇一七年五月十一日，筆者兩次帶吐魯番古地名考察小組，考察了吐峪溝北口東側山坡臺地上的古城遺址，在蘇巴什村南側，古城面積頗大，高臺地、中臺地均有古民居遺存，多掘地而建，有的是在原基址上的再築，遺址西面爲臨河之徒崖，中有豁口，斜坡下至河谷，疑似城門，遺址内多魏晉至唐陶片，在維吾爾族馬札之下有許多漢式斜坡墓葬。表明此城早期爲漢民所居，後爲回鶻族人所繼承。

③　二〇一五年六月二十六日，筆者帶吐魯番古地名考察小組，也找尋了威神城遺址所在，在漢墩五大隊的阿霍佳木阿勒的村北側河床臺地上，有城牆百餘米，雖爲晚期建築，有可能在舊基址上的加築。從城址東南古墓群判斷，古威神城或即在此處。二〇一七年五月十一日再訪漢墩村時，當地老人又提出了在馬札村的看法。

④　大谷 1501 號爲高昌延壽元年(六二四)"敕威神縣司馬主者"爲輸三月劑逋錢文書。

⑤　大谷 5370 號中有"薄田一畝在于諶城"，從行文用武周新字知爲武周時期文書。見[日]小田義久主編：《大谷文書集成》第三卷，(日本)法藏館 2003 年版，圖版二四，釋文第 151 頁。遼寧檔案館藏唐蒲昌府文書有《唐開元二年閏二月二日蒲昌府范阿祚牒爲張建方等倚團及入于諶城事》，表明于諶城在蒲昌縣境内。

⑥　日本東京博物館藏品。見[日]池田温：《中國古代籍帳研究》，中華書局 2007 年版，第 243 頁。

⑦　陳國燦：《遼寧省檔案館藏吐魯番文書考釋》，《魏晉南北朝隋唐史資料》第十八輯，武漢大學出版社 2001 年版，第 87~99 頁。

⑧　錢伯泉：《高昌國郡縣城鎮的建置及其地望考實》，《新疆大學學報》1988 年第 2 期，第 39 頁。

⑨　唐長孺主編：《吐魯番出土文書》第十册，文物出版社 1991 年版，第 252 頁。

⑩　[日]松井太著，楊富學、陳愛峰譯：《吐魯番諸城古回鶻語稱謂》，《吐魯番學研究》2017 年第 1 期，第 105 頁。

還認爲："此處的 Nižüng 並不能立即判定爲是柏孜克里克石窟，因爲寧戎是一個行政區劃的名字（高昌國爲縣，唐西州爲鄉）。學界普遍認爲，寧戎的政府所在地在今勝金口（Sänggim-Aghiz）。"①這是認爲寧戎是指的今勝金口。應該指出的是，以"寧戎"爲名者有城、驛、谷、窟寺之區別，寧戎城在火焰山北坡的烏江布拉克，即松井氏所言"柏孜克里克以北 4 公里處"②。這裏應是高昌國寧戎縣、唐寧戎鄉之所在，此城面臨大道旁，今有遺址尚存③。寧戎驛在寧戎城以西八公里，而今仍屹立在戈壁灘上。松井太所引 g 號回鶻文獻④應出自此城或驛。在寧戎城以南近四公里即柏孜克里克千佛洞，即寧戎窟寺之所在⑤，松井太所引 a、b、c、d、e、f 號均爲修功德題記⑥，當出自寧戎窟寺無疑。至於 h 號所載"Lišüng 寺的帶有葡萄藤的［庭院］"⑦，應出自寧戎窟寺下之寧戎谷（今木頭溝），祇有谷地纔有帶葡萄藤的庭院。但所有這些文獻所記之 Lišüng，均與勝金口（Sänggim-Aghiz）無關。

現依前例將松井太氏新比定出的地名作出調整後，續列表於下（見表二）：

表二

漢文地名	回鶻語音名	由回鶻語音轉換出的諸漢譯音地名	今地名
威神（于諶）	Soim		漢都
橫截	Qongdsïr		蘇巴什
寧戎	Niˏžüng		烏江布拉克

四、蒙元以後音變地名的發展

一二一一年，西州回鶻的亦都護巴而術阿而忒的斤朝見了蒙古大汗成吉思汗，願歸屬於蒙古，由原爲西遼國的附庸，轉而依附於蒙古汗國。由此西州回鶻作爲蒙元帝國屬下的畏兀兒亦都護王國，越來越多地受到蒙元語言文化的影響。在地名稱呼上也出現了一些變

---

① ［日］松井太著，楊富學、陳愛峰譯：《吐魯番諸城古回鶻語稱謂》，《吐魯番學研究》2017 年第 1 期，第 105 頁。

② ［日］松井太著，楊富學、陳愛峰譯：《吐魯番諸城古回鶻語稱謂》，《吐魯番學研究》2017 年第 1 期，第 104 頁。

③ 二〇一四年十月三十一日，筆者帶吐魯番古地名考察小組，考察了烏江布拉克古城遺址，城依山坡東西向而建，西北倚山，東南城門面臨大道，城內居民住宅斷墻殘跡歷歷在目，多是用減地法而建。

④ 中國國家博物館藏 K7717 號載："由 Bayïq 支付租金給住在 Nižüng 的 Örü-Tam。"

⑤ P. 2005 號《唐西州圖經》載："寧戎窟寺一所，右在前庭縣界山北廿二里寧戎谷中。"

⑥ ［日］松井太著，楊富學、陳愛峰譯：《吐魯番諸城古回鶻語稱謂》，《吐魯番學研究》2017 年第 1 期，第 103 頁。

⑦ 德藏 U5288（TM77，D51）號。

化，如 Qočo（高昌），蒙元時稱爲 Khojaor（火州），《遼史》《金史》從其音變而爲和州，於是高昌回鶻被稱爲和州回鶻。繼而到元明間又在 Khoco 之前加上 Kara，演化爲 Karakhoja，如《元史》中的哈剌火州、哈剌和州、哈剌禾州、哈剌霍州、火州等，均爲其音譯，清《西域圖志》則稱其爲哈剌和卓。

松井太氏的研究，不僅將回鶻文獻中的地名與出土漢文文獻中之漢文名作了比對，還對回鶻語地名前後期演變作了語言學的探討，例如：①論證了蒙古時期在地名上出現了輔音的變異，他指出："古代南平（Nan-ping）和現代 Lampu 的差異在於初始輔音 N 與 L 的不同，即用輔音 L 替換了輔音 N，這樣的例子還有 Nišüng〉Lišüng（寧戎）或 Napčik〉Lapčuq（納職）。"由此他指出説："回鶻文 Nampi〉Lampi 填補了古代漢語南平和現代維吾爾語 Lampu 在時間上的缺環。"②指出了蒙古時期在地名上出現了鼻音化，如"新興在回鶻早期被讀爲 Singing，晚期被讀爲 Singging：第一個音節 sin-鼻音化後變成 sing-。而-ging 則異化爲-gim，最後形成現代地名 Sänggim＝勝金。"③對於晚期 Tsingging（新興）的出現，他認爲"Tsingging 爲 Singging 的變體，即由初始的 s-變爲 ts-而引起的"。④指出了蒙古時期在地名上將原帶 ž 音者轉化爲 š 音，如"10—12 世紀的西回鶻時期的文書寫寧戎爲 NYZWNK＝Nižüng，但是在 13—14 世紀，外來/ž/音轉化爲回鶻固有的/š/"。⑤提出了由回鶻語轉換或異化爲蒙古語的問題，如"威神"，由 yūšumä 變而爲 īšumä，再變而爲蒙語 Soim（或 Suim）。⑥指出了河西方言在西回鶻王國早期的烙印，認爲"回鶻字音"體系的建立是在 10 世紀末回鶻人接受漢傳佛教並在河西方言的強烈影響下產生的。松井太氏以上的這些論證和思路，對於認識西州回鶻王國的回鶻語地名和蒙元時期一些新地名的出現，均具有指導性。

蒙元時代的吐魯番以二十四城著稱。至元十三年（一二七六）七月初二日，元朝廷針對吐魯番普遍溺死女嬰事下過一道聖旨："欽奉聖旨：亦都護根底，塔海不花、亦捏不花兩箇根底，火州、呂中、禿兒班爲頭貳拾肆箇城子裏官人們根底……"①這裏説的二十四城的官人，是一種基層行政單位，它是在原高昌二十二城基礎上的發展，唐初侯君集大將軍平高昌國時的奏報就是克其"二十二城"②。回鶻來到盆地，在承襲唐四府五縣制後，也沿用"二十二城"這一概念，如出土的回鶻文摩尼教文書中就記有"高昌國和二十二個城鎮的幸福和（守護）神"③。又如敦煌文書 P.3672 號爲西州回鶻"賞紫金印檢校廿二城胡漢僧尼事内供奉骨都禄沓密施嗚瓦伊支都統大德致沙州宋僧政等狀"④，此"廿二城"，應該就是高昌王國先後建置的二十二個郡縣城名，即田地（柳中）、高寧、白芳（辟展）、威神（于諶）、臨川、横截、永昌、寧戎、永安、安樂、洿林、交河、鹽城、柳婆（南平）、始昌、無半、新興、篤進、武城、安昌、酒泉、龍泉等城⑤。至元十三年聖旨中説的是二十

────────────────

① 《通制條格》卷四"女多溺死"條，浙江古籍出版社 1986 年版，第 63~64 頁。

② 《舊唐書》卷一九八《高昌傳》，中華書局 1975 年版，第 5295 頁。

③ ［德］馮·勒柯克：《高昌的突厥語手稿》Ⅲ，第 40 頁所刊 T·M·176 號文書。轉引自［日］安部健夫著，宋蕭瀛、劉美崧、徐伯夫譯：《西回鶻國史的研究》，新疆人民出版社 1985 年版，第 313 頁。

④ 唐耕耦、陸宏基編：《敦煌社會經濟文獻真跡釋録》第五輯，全國圖書館文獻縮微複製中心 1990 年版，第 35 頁。

⑤ 參見陳國燦：《高昌王國對郡縣的擴建——吐魯番地名研究之三》，《吐魯番學研究》2016 年第 1 期。

四個城子，除加上王城高昌（火州）外，或有可能加上銀山①，正好是二十四城。

　　聖旨對二十四個城子具體祇提到三個：火州即 Qočo（高昌），呂中即 Lukchyn（柳中），而禿兒班一名，未見於出土的五涼至唐的漢文文獻中，應是回鶻來到西州後出現的地名，其同音名見於回鶻文獻《摩尼教徒懺悔詞》，作 Turupan②。在鋼和泰藏敦煌卷于闐文《使西河記》中，其中記所經地有 Ttuypa-na，學界對此件的時間公認在公元九二五年③。另外，敦煌文書 P.2988 號的背面，是回鶻文的發願文，其中提到了"tunpan 人"。這些同音的地名都出在公元十世紀，或譯爲土爾潘，或爲禿兒班，陳誠《西域行程記》中即寫作"土爾番"④。對於 Turupan 一名的來源，中外學界諸家見解不一，持外來語説者，有出於吐火羅語或于闐語者，持内來語説者，則以來自"吐蕃"一詞爲盛，早者始於《辛卯侍行記》作者陶保廉，他説："'吐魯番'之'番'字，纏回呼若'潘'……蓋西州於晚唐爲吐蕃人所據，疑其時呼爲吐蕃城，音轉爲吐魯番耳。"⑤岑仲勉對此説提出懷疑："陶氏自注固嘗歷舉之，名内無流音，何緣轉爲'吐魯'乎？"⑥儲懷真在《"吐魯番"名稱小議》中引用了陶説，並云："吐蕃於公元七九〇年占據過吐魯番達幾十年"，將此地"稱吐蕃，這應説是很自然的事情"。需要説明的是，吐魯番自貞元八年（七九二）陷蕃後，如前所論，吐蕃占領約祇十年，就被回鶻人趕走了。可以説，吐蕃人在吐魯番沒有留下什麼歷史文化痕跡，故爾"吐蕃説"因無史料的支持而無法成立。不過，儲先生也謹慎地指出："如果在吐蕃占據吐魯番前的史書中再也不出現'吐魯番'地名的史料，那麼這個論點是可以成立的。"⑦現在我們已發現了與本地名相關的新出土墓誌，是完全可以否定"吐蕃"説的。

　　從岑仲勉、松井太的考證中，二十四個城子比對出回鶻語地名基本上源出於麴氏高昌至唐的漢文地名。可以明顯地看到，回鶻語音的地名均是由來有自，在這一發展規律面前，Turupan 一名也當不例外，也應該是來自二十二城或二十四城中某一城的音變。在這些古漢文城名中，唯有"永安"能與之相對應。永安在高昌國章和年間已建爲縣城⑧，入唐後降爲永安鄉。二〇〇四年，在吐魯番市東郊木納爾發掘的唐代宋氏家族墓中，出土有《唐顯慶元年（六五六）二月十六日宋武歡墓誌》，誌文載："春秋六十一，顯慶元年二月十六日葬於永安城北。"⑨據此方位，永安城應在今吐魯番市區東二公里磚廠一帶。現在地表已不見古城墙，然而在二十世紀五十年代蘇聯航拍圖上，卻明顯存在一方形城圈（即磚廠

　　① 銀山在唐時爲鎮，地當西向爲着的通道，又爲館驛所在。其地有銀礦，在回鶻至蒙元重視銀幣的時間裏，此城設官人治理，自應在情理中。

　　② 李經緯：《古代維吾爾文獻〈摩尼教徒懺悔詞〉譯釋》，《世界宗教研究》1982 年第 3 期。

　　③ 張廣達：《出土文書與穆斯林地理著作研究中亞歷史地理的意義》，《新疆大學學報》1984 年第 1 期。

　　④ 陳誠《西域行程記》載："（火州城）向西北行平川地，約有七十里，至土爾番城。"

　　⑤ 陶保廉著，劉滿點校：《辛卯侍行記》，甘肅人民出版社 2002 年版，第 405 頁。

　　⑥ 岑仲勉：《吐魯番一帶漢回地名對證》，《中外史地考證》下，中華書局 2004 年版，第 717 頁。

　　⑦ 儲懷真：《"吐魯番"名稱小議》，《吐魯番文史資料》第六期，第 32 頁。

　　⑧ 《高昌章和七年（五三七）張文智墓表》中，載張文智曾任永安縣令。見侯燦、吳美琳：《吐魯番出土磚誌集注》上，巴蜀書社 2003 年版，第 170~171 頁。

　　⑨ 榮新江等主編：《新獲吐魯番出土文獻》，中華書局 2008 年版，第 103 頁。

所在位置），或許古永安城址的消失與磚廠數十年的經營取土有關①。出土墓誌及永安城殘城墻的存在，已客觀真實地將千年前的永安城與今日的 Turupan 貫連爲一體了。

問題在於永安如何變而爲 Turupan？不妨借鑒一下永昌變爲 yūś chan 和安昌變爲 ana-jan 例。"永"之河西方音爲 yūś，異變而爲 . tūr，"安"爲 an 或 ana，異變而爲 pan 或 ban，如此的音變，使本音"永安"之名變成了 turban（禿兒班），再進而爲 turupan（吐魯番）。可見吐魯番一名，既非外來語詞，也與吐蕃無關，它是由漢文地名"永安"回鶻語化過程中，由音變蛻化而來。

類似的音變蛻化地名，在二十四城中，還可再比對出多個，試列表（含永安城）如下（見表三）：

表三

漢文地名	回鶻語音名	由回鶻語音轉換出的諸漢譯音地名	今地名
永安	Turpan	禿兒班，圖爾瑞，土爾番，吐魯番	吐魯番
洿林	Buleghi	葡萄溝	葡萄溝
安昌	Anajan		
永昌	yūś chan	烏爾塘，烏堂	烏爾塘
安樂	Anjalik	安伽勒克	廣安城
銀山	Kumush	庫穆什，庫木什	庫米什

蒙元時期，一些地名又趨向於蒙古語音化而出現新的變異，如 Qočo（高昌）變而爲 khojaor（火州）或 karakhoja（哈刺和卓），Yar（交河）變而爲 Yarkhoto（招哈和屯）②，Siggik（新興）變而爲 Singging（勝金）③，Yūś umä（威神）變而爲 Soim（罕都）之類，等等。

由以上所列不難看出，回鶻人來到盆地後，仍用回鶻語音稱呼舊地名。當回鶻語音地名再轉而音譯成漢字時，由於譯音字回歸不到原位，纔出現了再譯成漢文名的百花齊放現象。祇有瞭解到這一歷史變遷的背景，纔能科學地認識各個地名的産生、發展及其變異的源流。然而，清代以來，有些學人對回鶻語音地名，強作意解，對於這種望文生義的做法，清光緒間學人陶保廉就曾提出過批評：

釋西域土地，必先考漢唐時有無此稱，往往沿用舊名，無意義可釋。若聽彼族斷爲近世回語、蒙古語，強爲立解。（哈密，或云蒙古語瞭望台也，或云回語美地也，

①　二〇一七年五月二十三日，我們地名考察小組在磚廠西側臺地上，發現了一段夯土古城墻遺存，墻基厚 5 米左右，殘高 2 米左右，長 6~8 米，這應是古永安城南墻的一段，地理位置爲東經 89°12′55″，北緯 42°56′1″。

②　馮承鈞：《西域地名》，中華書局 1980 年版，第 105 頁。

③　松井太著，廣中智之譯：《吐魯番出土回鶻文書中所看到的七康湖和其灌溉》，《吐魯番學研究》2010 年第 1 期。

或云沙窩也。言人人殊，究不知一千年前之俱密當作何解）象鞮不學，妄言妄聽，雖身履其境，傳訛更甚。乾隆時遊西域者，多坐此弊。庫車明係龜兹，喀什原是迦師，釋以回語，轉昧古名。……甚者以圖古里克爲土胡盧，以雅圖庫爲丫頭溝。泥音定訓尤俗，説之堪噴飯也。①

對吐魯番回語地名作出這類妄言表現最爲突出的，莫過於清乾隆《欽定西域同文志》②，這業經岑仲勉先生的多方批評糾正過。如 Lukchyn，《同文志》二作魯克察克，云"回語，攢簇之謂，其地居民稠密，故名，舊對音魯克沁，漢柳中地"。岑先生對此批評説："既知地即柳中，又信回語之誤解，良由轉末音爲喉音收聲，故致失察。"③又如 Chiq-tim，《同文志》云"回語，齊克，長也；塔木，墙也，其地墙垣迤邐，故名"。岑先生指出："按回語解釋地名，往往不可信，前人已嘗言之，'亭'義既失，於是訛轉爲'墙'（tam）。"④其他如"辟展，回語草積之謂"，"吐魯番，回語積水之謂"，"托克三，九十數也，九十户居之，故名，轉音爲托克遜"等，多爲望文生義、牽强附會、割斷歷史源流、違背地名發展演變規律之論，均不足爲據。

附記：陳師此文原載《吐魯番學研究》2017 年第 2 期，收入本文集時，因體例需要，做了個別增補訂正。弟子劉安志謹識。

---

① 陶保廉著，劉滿點校：《辛卯侍行記》，甘肅人民出版社 2002 年版，第 372 頁。
② 《欽定西域同文志》，清乾隆二十八年傅恒等奉敕撰，共二十四卷，《四庫全書》本。
③ 岑仲勉：《吐魯番一帶漢回地名對證》，《中外史地考證》下，中華書局 2004 年版，第 705 頁。
④ 岑仲勉：《吐魯番一帶漢回地名對證》，《中外史地考證》下，中華書局 2004 年版，第 706 頁。

對高昌東部諸古城遺址的查訪
——吐魯番古代地名研究之六

陳國燦

　　高昌王國時期建造的郡縣城有二十二個，到了唐代調整爲五縣，那些非縣邑的城，在行政上或編爲鄉，或成爲里，它們一如既往以城爲單位進行着活動，賦予本城以生命活力，經歷西州回鶻時期，直到元朝，仍然如此。明清時期，盆地内多股勢力的對立和紛爭，外來勢力的侵擾，打破了原有自然資源配置的平衡，一些古城居民逃離遷徙，使得古城衰落荒廢。辛亥革命至今的這一百年間，商品經濟的大發展，加速了許多古城遺址的破壞和毀滅，這便導致了學術界對古城的研究及其遺址的查訪。

　　黃文弼是我國最早到吐魯番對盆地内古城遺址進行系統考察的考古學家，在他於一九三二年發表《高昌疆域郡城考》後，岑仲勉、馮承鈞、嶋崎昌、松田壽男等都對高昌地區古城的名稱、方位、今地等發表過意見。二十世紀八十年代以來，《吐魯番出土文書》系統整理出版後，學術界又多結合出土文書所載，對高昌諸城進行了新一輪的研究，鄭炳林、侯燦、李徵、荒川正晴、榮新江、錢伯泉、郁越祖等都相繼發表過論文，其中錢伯泉的《高昌國郡縣城鎮的建置及其地望考實》①，是既結合出土文獻和史籍記載，又結合古城遺址實際的研究，很值得重視。而將各家意見總合起來，分門別類加以細緻分析研究的，則是王素的《高昌史稿·交通編》②，該編第一章第二節"高昌的行政地理"，對史籍所記古城名稱、數額的異同及演變發展、古城之今地等，結合出土文書，都一一作了比較分析，其結論大部分是經得起檢驗的。由於缺乏對實地的考察，有些結論有待具體化，有些則尚須作出調整。

　　二十世紀末，巫新華出版了《吐魯番唐代交通路綫的考察與研究》，涉及古代城鎮的是其第四章"唐代西州的主要城鎮"③，對盆地内十七處古城遺址作了考古學調查和報導，但未對該遺址原爲唐及唐以前何城作出論證研究，而這正是我們今天需要做的工作。

　　對於學界已有公認的高昌故城、交河故城、柳中故城，此處不再作遺址查訪，對於一些史籍文書有載而古城已毀，或雖存斷垣殘壁而又不知其原名的古城，則是我們查訪的重點。

---

　　①　錢伯泉：《高昌國郡縣城鎮的建置及其地望考實》，《新疆大學學報》1988 年第 2 期，第 34~41 頁。

　　②　王素：《高昌史稿·交通編》第一章第二節"高昌的行政地理"，文物出版社 2000 年版，第 26~84 頁。

　　③　巫新華：《吐魯番唐代交通路綫的考察與研究》，青島出版社 1999 年版，文物出版社 2000 年版，第 26~71 頁。

一、白苪古城遺址

白苪一名，諸書多訛寫作白力、或白刃，而出土文書均習慣寫作"白苪"，發音當作白棘①。嚴耕望考證説："此白棘城與《唐和傳》、《慈恩傳》之白力城地望頗相當，蓋其一音而異寫耳。《南史》作白刃、《梁書》作白刀，皆白力之形訛，非'力'訛也。胡《注》誤。其地，《辛卯侍行記》六以爲在辟展，即今圖之鄯善縣。中外學人如馮承鈞、松田壽男、嶋崎昌等皆承其説，蓋略近之。"②錢伯泉説白力與車師語"北胥鞬"有關，認爲《漢書·西域傳》所記"於是徙屯田，田於北胥鞬，披莎車之地"，北胥鞬並不在莎車，而在吐魯番的白力。③ 對此，周軒的《北胥鞬新考》已用事實指出《漢書》所記不誤，"北胥鞬"在莎車，即今名白什坎特鎮的地方，而不在吐魯番盆地④，由是錢氏所論不能成立。松田壽男認爲"白力二字是意味着城堡的突厥語 Baliq 的音譯"⑤，此説也難於成立。因爲白苪一名早見於公元四五世紀的文書⑥，那時盆地尚無突厥。白苪即白棘，可能與當地多生長棘樹有關，"棘，羊矢棗也"⑦，乾旱沙地植物，又名酸棗樹，多刺，葉背發白，或因此而得名，故《魏書·高昌傳》將此地直接名爲"白棘"⑧。

白苪地當東去伊吾、東北通往北山的要路，高昌郡時期已建爲縣，並由郡兵曹經常派兵前往白苪守候，高昌國後期在此增設了軍事上的"東鎮城"。入唐以後，白苪縣改名爲蒲昌縣，並在軍事上建"蒲昌府"於此。西州回鶻時期繼承不改，祇是發音將"蒲昌"變成了"辟展"音。清末陶保廉在《辛卯侍行記》中，將白棘的沿革作了簡明的概括："北魏以後爲高昌國之白棘城（《北史·高昌傳》：白棘城去高昌百六十里）。或作白刃（《南史·夷貊傳》），訛爲白力（《魏書·唐和傳》，又唐開成四年劉軻撰《玄奘塔銘》）、白刀（《梁書·諸夷傳》）。宋人稱寶莊（王延德《高昌記》）。明曰北昌（《西域土地人物略》）。今呼辟展，仍白棘、白刃之音譯。"⑨

《魏書·高昌傳》云：白棘"去高昌百六十里"，《元和郡縣圖志》卷四〇蒲昌縣條載："西南至州一百八十里。"兩記差距二十里，乃所走路綫不同之故。前者所記爲走山南綫（即蒲昌—柳中—高寧—高昌），後者走的是山北綫（即蒲昌—威神—臨川—橫截—新興—高昌），南北兩里程與今鄯善縣城所在地基本相合。學界普遍認爲白苪、蒲昌古城址在今

---

① 王素：《高昌史稿·交通編》，文物出版社 2000 年版，第 66 頁。

② 嚴耕望：《唐代交通圖考》第二卷，臺灣史語所專刊之八十三，1985 年，第 457 頁。

③ 錢伯泉：《北胥鞬考》，《新疆社會科學》1985 年第 2 期，第 118 頁。

④ 周軒：《北胥鞬新考》，《中國歷史地理論叢》1995 年第 3 期。

⑤ ［日］松田壽男著，陳俊謀譯：《古代天山歷史地理學研究》，中央民族學院出版社 1987 年版，第 140 頁。

⑥ 《北涼玄始十二年（四二三）兵曹牒》中，有"李豪子近白苪還"，又文書中多次見有《條往守白苪人名文書》。唐長孺主編：《吐魯番出土文書》第一册，文物出版社 1981 年版，第 65、142~144 頁；唐長孺主編：《吐魯番出土文書》［壹］，文物出版社 1992 年版，第 31、72 頁。

⑦ 《資治通鑑》卷二四九"唐宣宗大中十二年正月"條胡三省注"苪木"文。

⑧ 王素：《高昌史稿·交通編》，文物出版社 2000 年版，第 66 頁。

⑨ 陶保廉著，劉滿點校：《辛卯侍行記》，甘肅人民出版社 2002 年版，第 390 頁。

鄯善縣城，一九八八年第二次全國文物普查，確定東巴扎村古城遺址即古白艻、蒲昌古城址所在，"位於鄯善縣東巴扎回族鄉前街村小學後面，地處沙山北、天山南麓的洪積扇地帶，面積40000平方米，墙體高於地表2米，墻體周邊的農田中仍可見夾砂紅陶片和灰色厚胎陶片、唐錢幣等。文化層距地表深2米，厚30釐米。地表被後建的東巴扎城址打破，早年地層斷面上曾採集到石磨盤、少量陶片和動物骨骼"。遺址中心點的"地理座標：東經90°13′31″，北緯42°51′33″，海拔352.5米"①。二〇〇五年筆者走訪鄯善時，尚見在東巴扎村有一段老城墻，應是高昌國至唐古城的遺存。二〇一六年六月二日，筆者與地名考察小組一行再訪老城墙，令人大失所望的是，原有的一段古城墙，被城區建居民廉租房給推掉了，千年古城就如此輕易地被毀得一點蹤跡也不留下，實在痛心。當即會同有關領導，立即採取措施制止此損壞古物行爲。據當地老人言，辟展（蒲昌）城在一九四九年時還有城墙，如今都不見了。

二、威神古城遺址

威神縣，有可能在大涼時期已經建立，闞氏高昌國時因之，一直延續到麴氏高昌末年。威神縣城遺址，王素列舉了荒川正晴的"魯克沁至斯爾克普之間說"和錢伯泉的"漢墩遺留廢棄古城"說後，由於他信從了嶋崎昌的"橫截今地在漢墩"說，認爲"不可能繼續容納威神"在漢墩，故也衹好認同荒川說了。荒川說的缺陷在於指不出實地，且在今魯克沁至斯爾克普之間，也不存在有古居民點的跡象。基於此，就不能不重視錢伯泉的"漢墩說"了。

《西域圖志》載："罕都在連木齊木東北二十五里，東南距辟展一百里，有土城，西南小山上有二墩，相傳漢時所築，並訛稱其爲漢墩。"②這大概就是錢氏認爲此土城爲威神城的依據。巫新華推測："威神可能在連木沁東北20公里左右的漢墩阿克墩村一帶，村莊東南1.3公里處有一唐代戍堡遺址，正東2.2公里處有一唐代烽燧遺址。"③依據這些綫索，我們多次前往漢墩查訪古城遺址，二〇一五年六月二十六日考察小組到漢墩五大隊阿霍佳木阿勒的村，在村委會派出幹部帶領下，在一小隊北側河床臺地上，見有一百餘米城墙，墙體單薄不高，屬晚期建築。二〇一六年六月二日，找到了漢墩烽火臺，在其周圍未發現古城跡象。二〇一七年五月十一日，再訪漢墩，在馬扎村高臺地上，現建有一八七三年在此地傳教時的大馬扎，河水從臺地西北向東南流過，當地老人云：從前馬扎臺地都有高墙，現已毀。這裏有可能是古城遺址所在，但尚須未來發掘來證實。地理座標爲東徑90°02′53″，北緯42°55′35″，海拔382.6米。

在出土文獻中，高昌國時期一直使用"威神"爲其名，闞氏高昌國的《張祖墓表》上，

---

① 新疆維吾爾自治區文物普查辦公室、吐魯番地區文物普查隊：《吐魯番地區文物普查資料》，《新疆文物》1988年第3期，第23頁。

② 鍾興麒、王豪、韓慧校注：《西域圖志校注》卷十四天山南路辟展屬，新疆人民出版社2002年版，第237頁。

③ 巫新華：《吐魯番唐代交通路綫的考察與研究》，青島出版社1999年版，第70頁。

就書寫有"威神城主張祖"①。直到麴朝的延壽年間,威神還在以"威神縣司馬主者"的地位,被敕輸納劑通錢事②。可是,在入唐以後的出土文獻中,卻再也不見威神這一地名的記載,代之而起的是新見的"于諶",諶與神音同,於爲破音字,按照古西北方音,亦可發聲爲威。"威神"完全可以用"于諶"發聲,據此,可以斷定唐代新出的"于諶"名,乃是對高昌國時"威神"地名之繼承。至於因何原因有此改名,有待今後的查考。

唐代于諶城居民有在蒲昌府當兵服役的記載③,可證于諶城屬唐蒲昌縣所轄,日本東京博物館藏《唐開元四年柳中縣高寧鄉籍》中給田"壹段伍畝永業部田,城東陸拾里于諶城"④,于諶城實在柳中縣東北六十里,嶋崎昌將于諶比定爲楚輝,誤。實際上于諶就是高昌國時威神的改名⑤。吐魯番阿斯塔那五〇六號墓所出《唐上元二年(七六一)蒲昌縣界長行小作具收支飼草數請處分狀》中,提到了"山北橫截等三城"小作事⑥,此山北三城實乃指橫截、臨川、于諶。三城均在火焰山以北,相距均在二十五里⑦,地理位置相連,均在蒲昌縣界內,經常被連在一起稱呼,如松井太在《吐魯番諸城古回鶻語稱謂》中引用元代蒙古文敕令:"無論是誰,都不能非法侵占 Soim,Qongsir 和 Limčin 三個村鎮人民的耕地,也不可欺壓(這裏的人民)。"⑧對此三村鎮,松井太將 Soim 比定爲威神,Qongsir 比定爲橫截,Limčin 比定爲臨川,仍保持着唐代山北三城的概念。

三、橫截古城遺址

橫截早在北涼時已置爲縣,高昌國升爲郡治,入唐以後,撤銷郡、縣治,歸屬於蒲昌縣所轄,仍以橫截城名出現。對其今地,學術界大多遵循嶋崎昌的在今漢墩説,唯有錢伯泉、郁越祖認爲"故地當在今新疆鄯善縣吐峪溝北口偏東的蘇巴什"。因爲出土文書載有"(高昌)城東六十里橫截城阿魏渠"⑨,這六十里應是指高昌城東三十里爲吐峪溝口,即古高寧城,再沿溝谷北行三十里至蘇巴什,即橫截城址所在的這一段。也被前引唐上元二

①　榮新江等主編:《新獲吐魯番出土文獻》,中華書局 2008 年版,第 124 頁。

②　大谷 1501 號《高昌延壽元年下威神縣司馬主者敕爲輸入劑通錢使畢事》,見[日]小田義久主編:《大谷文書集成》第一卷,(日本)法藏館 1984 年版,圖版三,釋文第 71 頁。小田氏原擬作"劑運行馬價錢敕符",據同出同年大谷 1497 號中"沿三月劑通錢"語,知爲輸入劑通錢使畢事。

③　遼寧檔案館藏唐蒲昌府文書第 2 號《唐開元二年閏二月二日蒲昌府范阿祚牒爲張建方等倚團及入于諶城事》中,張建方等人要求上于諶城,判文則説,"待賊寧"後,再讓他們到于諶城去。參見陳國燦:《遼寧省檔案館藏吐魯番文書考釋》,《魏晉南北朝隋唐史資料》第十八輯,武漢大學出版社 2001 年版,第 87~99 頁。

④　[日]池田温著,龔澤銑譯:《中國古代籍帳研究》,中華書局 2007 年,論文插圖第 100 頁。

⑤　鋼和泰藏卷中于闐語地名 īśumä(~yūśumä),即是于諶城的于闐語發音。參見[日]松井太著,楊富學、陳愛峰譯:《吐魯番諸城古回鶻語稱謂》,《吐魯番學研究》2017 年第 1 期。

⑥　唐長孺主編:《吐魯番出土文書》[肆],文物出版社 1996 年版,第 556 頁。

⑦　鍾興麒、王豪、韓慧校注:《西域圖志校注》卷一四,新疆人民出版社 2002 年版,第 237 頁。

⑧　[日]松井太著,楊富學、陳愛峰譯:《吐魯番諸城古回鶻語稱謂》,《吐魯番學研究》2017 年第 1 期,第 97 頁。

⑨　大谷文書 2604 號,見[日]小田義久主編:《大谷文書集成》第一卷,(日本)法藏館 1984 年版,圖版四九,釋文第 101 頁。

年(七六一)《蒲昌縣界長行小作具收支飼草數請處分狀》提到的"山北橫截等三城"小作,即火焰山以北的橫截、臨川、于諶三城的現實存在所證實。

《西域圖志》載:"蘇巴什,在連木齊木西二十五里,東距辟展城一百五里。地有小堡,迆西入北山口,東西兩岸石壁削立,或沙坡斜倚,谷間水流甚急,艱於行,名土域溝。"①依據"地有小堡"的綫索,二〇一五年六月二十六日,我們地名考察小組在吐峪溝北口東側,即今蘇巴什村北面的臺地作了考察,看到了面積較大的建築群遺存,散落在高臺地、中臺地上,疑似交河、安樂城的減地建築法而成,故城牆輪廓不明顯,有些民宅是在原基址上的再修築,地上散落魏晉至唐的陶片不少,還撿到一木質古紡輪殘件,遺址東側墓區,在一些漢式墓葬之上,層壓着許多維吾爾族的馬扎。遺址西面爲懸崖,崖下即吐峪溝水。二〇一七年五月十一日再訪時,注意到西側懸崖中間有一斜坡下至溝水邊,疑似遺址西門,這裏應是由高寧沿溝谷水北行至橫截入城之古道處。

橫截古城址在今蘇巴什村北側臺地上,向北面對一片平川,往南扼守丁谷南向之山口,在軍事上具有重要的戰略地位,沮渠無諱在高昌建大涼政權時(四四三),爲了剪除敵對的唐和勢力襲擊,"沮渠安周屯橫截城,(唐)和攻拔之,斬安周兄子樹。又克高寧、白力二城,斬其戍主"②。可見橫截城襟帶火焰山南北,控制了橫截城後,南可克山南之高寧城,東能控山北之白芳城。故到了高昌王國時,便將橫截城設爲了郡治。

四、臨川古城遺址

臨川城早在高昌國已置爲縣,入唐後仍以城名,《唐上元二年(七六一)蒲昌縣界長行小作》③文書中,所記"山北三城"即包括臨川城在內,既然已指明在蒲昌縣界,當然應屬蒲昌縣④,其故址,諸家均認爲在今連木沁,錢伯泉說:"從縣名含義看,其城必處在大河旁,臨川音近'連木沁',故地必在今新疆鄯善縣二塘溝河旁的連木沁。"但具體城址在何處? 均未能言。《西域圖志》云:"連木齊木,在辟展城西八十里。由山南色爾啓布入谷,迤邐東行二十里出山北口,東傍山麓有小城,有水經城西北流。"⑤二〇一六年六月二日,我們地名考察小組到連木沁查訪古城址,遍尋而未得。二〇一七年五月十一日再訪此地,在連木沁老鎮阿思塔納村十二隊訪得 85 歲老人尕依提·納依,問到古城墻,他說:"古城墙現在已經沒有了。我家祖祖輩輩都住在這裏,最早祇有我們一家,在我家對面是清真寺,寺的後面馬扎地原有 10~15 米高的城牆,墻基厚 4~5 米,在五六十年前還存在。此地面臨的河叫連木沁河,又叫洪水渠。"又訪納依老人斜對面住的夾帕爾·忙里克(62歲)及姊胡瑪汗·忙里克(70歲),他們說:"現馬扎地原四周都有城牆,高 10 米左右,

---

① 鍾興麒、王豪、韓慧校注:《西域圖志校注》卷十四,新疆人民出版社 2002 年版,第 237 頁。

② 《魏書》卷四三《唐和傳》,中華書局 1974 年版,第 962 頁。

③ 唐長孺主編:《吐魯番出土文書》第十冊,文物出版社 1991 年版,第 252 頁;唐長孺主編:《吐魯番出土文書》[肆],文物出版社 1996 年版,第 556 頁。

④ 王素《高昌史稿·交通編》認爲"唐滅高昌,降爲城,屬高昌縣"(第 72 頁),不確,應屬唐蒲昌縣,唐蒲昌府屬下置有"臨川城防禦",有駐軍防守可證,參見陳國燦、劉永增編:《日本寧樂美術館藏吐魯番文書》,文物出版社 1997 年版,第 42 頁。

⑤ 鐘興麒、王豪、韓慧校注:《西域圖志校注》卷十四,新疆人民出版社 2002 年版,第 236 頁。

東西都有墙，南面靠小山阜也有墙，六十年代修公路，將古城切成兩半後，城墙也就被拆毀了。"原來的臨川古城，現已是維吾爾族馬扎墓地。此次查訪，證實了古臨川城遺址就在連木沁老鎮阿思塔納村。二塘溝水從城西北面由西向東流去，與《西域圖志》所云之"東傍山麓有小城，有水經城西北流"完全一致。

以上白芳、威神(于諶)、横截、臨川四城，入唐後均屬蒲昌縣所轄。

五、高寧古城遺址

高寧在高昌郡時期已建爲縣，二〇〇六年洋海一號臺地四號墓出土文獻中，有《前秦建元二十年(三八四)三月高昌郡高寧縣都鄉安邑里籍》①，這也證實洋海一號臺地以北的農耕區，應即高寧縣都鄉的所在地。高昌王國時期高寧一直以縣名存在，入唐以後，高寧縣始降爲鄉，成爲唐柳中縣轄下之高寧鄉。

高寧城在出土的《唐西州高昌縣授田簿》中又多次出現，如"(高昌)城東卅里高寧宋渠"，"(高昌)城東卅里高寧北部渠"②，諸家大多認爲其城故址在吐峪溝南口，但其城址在溝口裏，還是溝口外？從洋海四號墓同出的《北涼高昌郡高寧縣條次烽候差役更代簿》③的内容考察，高寧縣作爲高昌通田地幹道上的一環，祇能在溝口外的交通通暢處。二〇一五年六月二十四日，地名調查小組在吐峪溝口外詢問當地老人，都説在老水渠邊有古城墙，在正對溝口公路南側，在廢舊水渠旁一户人家，居屋比其他要高。經仔細觀察，其屋舍建在古城墙基上，墙基夯築，厚約 5~6 米，屋舍主人乃托乎的之孫，他説，原渠水從家舍東側流過，民國十一年祖父托乎的從毛垃阿西木依瑪目手中買過來水磨地基而建，説着還拿出當年買水磨地基的契約給我們看。他還説，原來宅舍北爲很高很寬的城墙，從家舍到水磨要向北繞行過去。這一情況説明古高寧城就在此，此民居就在城墙根，所云城墙一段很有可能是高寧城的東城墙。現在渠水改道，這裏已近荒蕪。

另一説高寧故址在溝口裏，在溝水的西側臺地上，與東側臺地有橋相接，現在西側臺地已整爲梯田，無從查看到古城的跡象。高寧古城遺址，尚有待進一步的查訪落實。

六、酒泉古城遺址

吐魯番盆地出現酒泉這一地名，應與北涼殘餘勢力沮渠無諱、沮渠安周在盆地建"大涼"政權有關。承平八年(四五〇)以後沮渠氏的大涼政權建制是三郡九縣，即高昌郡、田地郡、交河郡，在其田地郡，下轄田地縣、白芳縣、酒泉縣④。之所以新設置酒泉縣，很有可能被安置在此地居住的居民，來自甘肅酒泉郡，故而保留其故籍名稱。

---

① 榮新江等主編：《新獲吐魯番出土文獻》，中華書局 2008 年版，第 177~179 頁。

② 唐長孺主編：《吐魯番出土文書》[叁]，文物出版社 1996 年版，第 128~143 頁。

③ 榮新江等主編：《新獲吐魯番出土文獻》，中華書局 2008 年版，第 197~209 頁。原擬題爲《北涼高昌郡高寧縣差役文書》，陳國燦：《〈北涼高昌郡高寧縣條次烽候差役更代簿〉考釋》一文將其改訂爲今名(《吐魯番學研究》2013 年第 2 期)。

④ 陳國燦：《吐魯番地名的開創期——吐魯番地名研究之二》，《吐魯番學研究》2015 年第 2 期。現已收入本書。

甘露元年(四六〇)三月上旬發生在酒泉城的政變流血事件①,使得酒泉城元氣大傷而走向衰落,直到麴氏高昌國後期纔恢復爲縣。入唐之後由於人口少而編爲高寧鄉下之一里"酒泉里"②。出土的《唐西州高昌縣授田簿》中載"(高昌)城東廿里酒泉纁渠"③,又記"(高昌)城東卅里酒泉辛渠"④,"城南廿里酒泉璨渠",由此看酒泉城在高昌城東南。二〇〇二年七月,筆者曾在鄯善幫助文管所整理了一批出自洋海夏村附近的墓葬文書,墓主吕勤子即爲酒泉城人,它也證實了酒泉城之所在⑤。其後吐魯番文物局在洋海墓群西南約6公里處,找到酒泉城南城牆殘垣,"基部夯築,上面垛泥,中部殘高2米。南城牆處有一殘高3.5米、寬約5米的拱形建築,西南角有殘存建築遺跡,地表有大量碎陶片,多爲灰陶片,有少量夾砂紅陶,還有燒陶用過的黑色殘渣。疑是陶器加工場。酒泉古城中心點地理座標:東經89°36′54″,北緯42°48′07″,海拔68.00米⑥。二〇一五年六月二十四日,考察組到城內看到遍地都是陶片和窯燒變形的殘陶器,從城中向北望去此城正當吐峪溝水流出後略偏西的位置。據58歲的當地居民色依提·艾爾提說:"城南有三間拱形門頂的存在,現在没有了。我十多歲時還看到城內有三四處房舍。"一百多歲的阿木罕·鐵木爾說:"人們都把此城叫做艾格爾塔木(羊圈的牆)。"

以上高寧、酒泉,再加柳中,在唐代均屬柳中縣所轄。

七、新興古城遺址

新興城高昌國時已建縣,《梁書·高昌傳》中列有其名,《寧朔將軍麴斌造寺碑》的主人麴斌即是新興縣令,入唐後以城名顯,出土文書載其方位在高昌城北二十里至三十里之間,如大谷2855號記"(高昌)城北廿里新興屯亭",《唐西州高昌縣授田簿》中有"(高昌)城北卅里新興馬帳史潢"⑦。清末以來,由於《寧朔將軍麴斌造寺碑》的發現被說成在三堡出土,於是對新興城故址說法不一,王素將其歸納爲"三堡說""勝金台說""勝金口說",然三說都缺乏實地考察的依據。

新興,《西域圖志》稱爲森尼木,"在蘇巴什西北三十里,西距辟展城一百三十五里,有城,城西有長河"⑧。《辛卯侍行記》云:"森尼木,一名僧吉木,回云潮濕地也,今訛爲勝金台。"⑨實際都是由"新興"一名訛變而生。新興有新興谷與新興城之别,而新興谷又有谷北口與谷南口之分,巫新華認爲新興既不在勝金,也不在三堡,而應在勝金口附

---

① 陳國燦:《吐魯番地名的開創期——吐魯番地名研究之二》,《吐魯番學研究》2015年第2期。現已收入本書。

② [日]小田義久主編:《大谷文書集成》第二卷,(日本)法藏館1990年版,圖版四〇,釋文第210頁。

③ 唐長孺主編:《吐魯番出土文書》[叁],文物出版社1996年版,第128~143頁。

④ 唐長孺主編:《吐魯番出土文書》[叁],文物出版社1996年版,第133頁。

⑤ 陳國燦:《鄯善新發現的一批唐代文書》,收入同著《論吐魯番學》,上海古籍出版社2010年版,第200~217頁。

⑥ 新疆文物普查辦公室、吐魯番地區文物普查隊:《吐魯番地區第三次文物普查資料》,2009年。

⑦ 唐長孺主編:《吐魯番出土文書》[叁],文物出版社1996年版,第128頁。

⑧ 鍾興麒、王豪、韓慧校注:《西域圖志校注》卷十四,新疆人民出版社2002年版,第237頁。

⑨ 陶保廉著,劉滿點校:《辛卯侍行記》,中國國際廣播出版社2016年版,第392頁。

近。所指當是勝金口南口①，不過此地缺建城的條件和環境。二〇一四年十月三十一日，我們考察小組在勝金谷內及近南口地帶，對諸寺廟群作了排查，谷中無耕地，也不見有爲城址興建的開闊平臺，新興城不可能建在谷內或谷南口。至於說《寧朔將軍麴斌造寺碑》發現於三堡，顯然是訛傳誤記②。根據文書所記新興城在高昌城北二十里至三十里，二〇一六年六月十日我們考察小組曾在勝金口北口一帶查訪，在北口官店村，60歲的馬德華說：“小時候經常爬村頭的墩墩台玩，台高2~3米，方形，不大。”同村虎姓住户說：“墩墩台台下有半圓洞，台中部有洞，可東西穿過。此台在二三十年前被平整土地推掉。”官店村17號住户蔡成義說：“墩墩台的北面，原爲荒灘，爲古墳地，七十年代平整土地，推土機推出了好多棺木和枯骨，還有瓦罐，陶片。”79歲的白世仁補充說：“荒灘上還挖出過大缸、小陶罐，人們夜間常見有鬼火。”蔡、白還說：“這裏是古官道，原祇十幾户人家，由於在官道邊，故稱官店村，這應是古代的絲綢之路。”但大家都不知其附近有古城或高墻殘垣之事，祇能說這裏曾有過類似烽火臺的建築。

二〇一七年六月一日，地名考察小組再訪勝金口東北口靠北的臺地，據考古工作者張永兵介紹，臺地一直延伸到西南現代公路，存在着大片晉唐墓葬，至少有百餘座，此地現稱烏爾塘。三普資料對“烏堂墓群”的記載也證實了這一情況：“烏堂墓群位於勝金口東面一處山前臺地上，臺地東西向呈長條狀，南面臨溝，溝南爲現鄯—吐國道，東面有一水庫。”③這些墓群中的亡者，生前應當就是新興城的居民。墓區東面的水庫現名勝金高潮水庫，古新興城原來就應該在此水庫的位置裏，其地理座標爲東經89°37′5″，北緯42°56′23″，古城遺址雖已被淹没掉了，好在還有大批漢式斜坡墓可以作證。這裏距高昌故城將近15公里，也符合文書所記高昌城北二十里至三十里的記載。

八、永昌古城遺址

永昌在高昌國時置爲縣，從章和以前的《丁輸木薪文書》，到《延壽十四年（六三七）兵部差人上現文書》都列有其名，不存在錢伯泉說的永昌“當由新興縣改名”而來的事實④。王素引用在烏爾塘出土的《高昌延昌廿六年（五八六）十月廿五日張武孝墓表》中所記“以散令補永昌縣令（領）兵將，後遷户曹參軍”⑤後，“推測張武孝本爲永昌人，在永昌任職，卒葬亦在永昌。如此，墓表的出土地烏爾塘，即爲永昌的今地。烏爾塘在高昌故城以北偏

---

① 巫新華：《吐魯番唐代交通路綫的考察與研究》，青島出版社1999年版，第65頁。

② 《麴斌造寺碑》明確記載“於新興縣城西造立一寺”，而造寺碑祇能立於寺中，何以《新疆圖志》會載碑自三堡？一種可能是碑原在新興城西，清代時有人將碑從新興城西拽運到三堡，然後在三堡賣給了德國探險隊，造成碑出三堡說。另一種是地理概念上的混亂，人們將勝金北口新興古城及其附近都當作三堡的範圍。第三種是訛傳所致。

③ 新疆維吾爾自治區文物局編：《新疆維吾爾自治區第三次全國文物普查資料彙編：吐魯番市不可移動文物》下，2011年，第1147~1148頁。

④ 錢伯泉：《高昌國郡縣城鎮的建置及其地望考實》，《新疆大學學報》1988年第2期，第36頁。

⑤ 據吐魯番地區文管所《高昌墓磚拾遺》載，1971年出土於吐魯番勝金公社烏爾塘。文載北京大學中國中古史研究中心編：《敦煌吐魯番文獻研究論集》第三輯，北京大學出版社1986年版，第591頁。

東約 12 公里處，與新興所在的勝金口不是一個地方，二者不可能取代改名"①。

王素的論證很符合客觀實際。二○一四年十月三十一日，我們地名考察小組從勝金口往北尋找古永昌城遺址，行二三公里即抵七康湖水庫，水庫及周邊地勢很低，爲天然形成之谷地，谷地西北爲一列高聳群山，山頭上立有一烽堡，谷地之南又以火焰山爲屏。此次雖未見永昌古城墻體，但見古代佛寺一座，殿堂形制仍在，當爲古永昌城内之建築。二○一七年六月一日，考察小組再訪永昌谷地，看到在谷地兩側臺地上均爲漢式斜坡墓道的古墓葬區，永昌古城應該也在谷側的臺地上，古城居民死後即就高地而葬，前列高昌國時張武孝墓表便表明此點。古城地理座標爲東經 89°40′24″，北緯 42°57′48″，基本上與稍南的新興城遺址處於同一經綫上，一南一北，相距約二公里。在永昌城故址西面靠山地區殘存三座佛塔（三座佛塔中有一座坍塌，衹剩基座），三普資料介紹七康湖佛塔時說："位於火焰山北麓山前臺地上，地勢南高北低。其坐落於一條東西向沖溝的崖壁中，沖溝北岸爲七康湖石窟。東 400 米處爲七康湖水庫。"②這條東西向的沖溝，很可能就是文書中所云"永昌谷"，再西山谷内還有七康湖石窟。這一切應屬古永昌城地域的文化特徵。

阿斯塔那一七一號所出《高昌延壽十四年（六三七）兵部差人往青陽門等處上現文書》，是高昌王國兵部派人到重點地域進行安全巡邏的記録，其中涉及永昌谷者有兩起，轉引原文如下：

> 10~11　次趙養憙、左憙兒、樊相憙、李□憙、陰歡子，右伍人，往永昌谷中橫城門里邏伍日。
>
> 24~25　次張延相、賈□□、□□□□、令狐歡悦、竺園得，右伍人，往永昌谷中山頭邏伍日。③

由此二條透露出，在永昌谷中的橫城門裹和山頭，是王國重要安全所繫之地。孫麗萍《德藏文書〈唐西州高昌縣典周達帖〉札記》認爲："延壽十四年文書中的橫城門應該是永昌城的一個城門。"④從上引文書看，永昌谷是一大的地域概念，而橫城門里則是指谷中某一具體地點，尚難於認定橫城門就是永昌城的一個城門。《隋書‧高昌傳》載，高昌"國中羊馬牧於隱蔽之處，以避外寇，非貴人不知其所"⑤。高昌王國這種非貴人不知其所在的隱僻羊馬牧場，恐怕就是指的永昌谷中的橫城，橫城門里應是大批羊馬的牧養地，此處地勢低平，氣候溫濕，水豐草茂，是絶佳的天然牧場。而在其西北側山頭上的烽堡，又是其安全預警系統的一部分。羊馬乃高昌國經濟、軍事命脈之所繫，故王國兵部特别重視對永昌谷中的橫城門里和山頭的安全巡邏。

入唐以後，永昌谷雖然不一定再作爲牧場基地，但在此仍設有"葦所"，德藏 Ch 2403

---

① 王素：《高昌史稿‧交通編》，文物出版社 2000 年版，第 70 頁。

② 新疆維吾爾自治區文物局編：《新疆維吾爾自治區第三次全國文物普查資料彙編：吐魯番市不可移動文物》上，2011 年，第 123~124 頁。

③ 唐長孺主編：《吐魯番出土文書》[貳]，文物出版社 1994 年版，第 73~74 頁。

④ 孫麗萍：《德藏文書〈唐西州高昌縣典周達帖〉札記》，《西域研究》2014 年第 4 期，第 103 頁。

⑤ 《隋書》卷八三《高昌傳》，中華書局 1975 年版，第 1847 頁。

號是一件《唐西州高昌縣典周建帖山頭等烽爲差人赴葦所知更事》：

1　　□　　帖山頭烽
2　　三人並鐮自隨
3　　□被州帖，奉處分，令山頭、橫城
4　　□烽抽三人，帖至仰烽帥
5　　□各差人付左慈隆進止。
6　　□日赴葦所，夜依式知更。
7　　□月十三日典周建帖
8　　丞　　令陳一□①

這是高昌縣接西州通知後，下帖至山頭等烽，抽派三人並帶鐮刀到左慈隆處報到，白日赴葦所刈葦，入夜依式知更的通知。對於“葦所”，孫麗萍認爲：“應該是長滿蘆葦的地方。蘆葦的用途十分廣泛，嫩葦可食用，也可做牲畜飼料，還可用於搭棚建屋、編席造紙、用作燃料等等。”②這些分析和認識都是對的。不過，關於“葦所”，是否還具管理蘆葦生産機構的性質，也值得考慮。

　　以上所列是對白芳、威神、橫截、臨川、高寧、酒泉、新興、永昌等古城遺址的探訪和察考，基本上都屬於高昌故城以東的地區。至於以西地區，將另作專章來陳述。

---

① 陳國燦：《吐魯番出土唐代文獻編年》，臺灣新文豐出版公司 2002 年版，第 54 頁。此據德國國家圖書館東方部圖版録文。

② 孫麗萍：《德藏文書〈唐西州高昌縣典周達帖〉札記》，《西域研究》2014 年第 4 期，第 102 頁。

附：

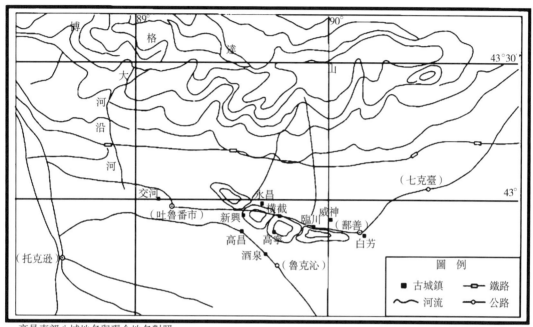

高昌東部八城地名與現今地名對照

白芳（東巴扎村）　　　橫截（蘇巴什村）　　威神（漢墩馬扎村）

酒泉（洋海夏村）　　　永昌（七康湖水庫）　　高寧（吐峪溝南口）

新興（勝金高潮水庫）　臨川（連木沁老鎮阿思塔納村）

高昌東部諸古城遺址位置圖

　　附記：陳師此文原載《吐魯番學研究》2017 年第 1 期，收入本文集時，因體例需要，做了個別增補訂正。弟子劉安志謹識。

後　記

　　筆者曾於二〇一九年在由武漢大學出版社出版的《吐魯番出土文書新探》"後記"中指出："希望以此爲第一編，以後還會有第二編、第三編、第四編……連續出版下去，形成系列出版物。"這當然不是一句空話，因爲"大道至簡，貴在堅持"一直是我們踐行的理念與信條。如今呈獻給讀者諸君的，正是《吐魯番出土文書新探(第二編)》，可證明此點。

　　二〇二一年，適逢著名歷史學家唐長孺先生一百一十周年誕辰。爲緬懷追思先生對中國吐魯番學的開創之功與卓越貢獻，繼承弘揚先生的學術事業與學術精神，本編收入國家社科基金重大招標項目"吐魯番出土文書再整理與研究"(17ZDA183)項目組成員、武漢大學中國三至九世紀研究所研究生論文十六篇，作爲先生一百一十周年誕辰的紀念專輯，以表追思緬懷之情。同時，還附收陳國燦先生研究吐魯番地名論文六篇，總二十二篇。這些論文無論是紀念性文章，還是專題性研究論文，都緊緊圍繞着吐魯番文書整理與研究而展開，可以視爲國家重大項目"吐魯番出土文書再整理與研究"的階段性成果。

　　本編在整理編輯過程中，繼續得到王素先生、黃正建先生等學者的大力支持。此外，新疆維吾爾自治區吐魯番學研究院暨《吐魯番學研究》編輯部李亞棟博士，還整理並惠賜陳國燦先生六篇論文的 WORD 文檔。碩士研究生李森煒、畢康健、王圣琳等同學，也對論文集的整理付出若干辛勞。謹向各位老師、同學表示由衷的感謝！

　　本編的出版，繼續得到國家社科基金規劃辦公室、武漢大學人文社會科學研究院、武漢大學歷史學院的大力支持，武漢大學出版社編輯李程女史也一如既往給予關照支持，謹此一併表示誠摯的謝意！

　　中國吐魯番學作爲國家冷門絕學，我們會賡續傳承唐長孺先生等前輩學者開創的學術事業，不懈努力，開拓進取，砥礪前行，爲中國吐魯番學的發展繁榮作出積極貢獻。真誠期待來自海內外學術同行的批評與指正！

劉安志謹識

二〇二一年六月於珞珈山